吉林省"十四五"普通高等教育本科省级规划教材
应用型高等院校财经类专业教学改革系列教材
应用型高等院校"书证融通"系列教材
国家级一流本科专业建设点——会计学专业建设教材

税　　法

主　编　冯英利　徐言琨
副主编　詹克钰　马妍馨
参　编　邱明健　邢译文　贾　凯　李心浩

机械工业出版社

本书是"1+X"书证融通创新教材，以有关税收法律、法规、规章和规范性文件为基础，较为完整地阐述了税收基本理论、税收实体法、税收程序法等内容。本书分为三大部分：第一部分为税收法律制度概述，主要介绍了相关税收、税法的概念和法律要素；第二部分为税收实体法，主要介绍了流转税、所得税、财产税、行为和目的税及资源税共五大类18个税种，每个税种分别按照实体法的纳税人、征税范围、税率、应纳税所得额的计算、税收优惠、纳税申报等要素展开；第三部分为税收程序法，主要介绍了税收征收管理法律制度。

本书不仅全面介绍了税收的基本理论，而且详尽地介绍了相关理论的实际应用，站在纳税人的角度，全面体现纳税人应该了解和掌握的税收法律制度，以及相关岗位应该具备的职业能力。在应纳税额计算和纳税申报方面，更多地考虑了中小企业的实际情况，具有较强的实用性，注意税收理论和实际工作的结合，设计了部分案例，重点介绍应纳税额的计算。

本书适用于高等院校经济管理类相关专业的学生，同时也可作为财会类专业学生在校期间考取初级会计职称的参考书。

图书在版编目（CIP）数据

税法 / 冯英利，徐言琨主编. —北京：机械工业出版社，2022.2（2025.8 重印）
应用型高等院校财经类专业教学改革系列教材　应用型高等院校"书证融通"系列教材　国家级一流本科专业建设点——会计学专业建设教材
ISBN 978-7-111-70130-9

Ⅰ.①税…　Ⅱ.①冯…②徐…　Ⅲ.①税法－中国－高等学校－教材
Ⅳ.① D922.220.4

中国版本图书馆 CIP 数据核字（2022）第 012888 号

机械工业出版社（北京市百万庄大街22号　邮政编码　100037）
策划编辑：曹俊玲　刘鑫佳　责任编辑：曹俊玲　刘鑫佳　何　洋
责任校对：史静怡　李　婷　封面设计：张　静
责任印制：单爱军
中煤（北京）印务有限公司印刷
2025年8月第1版第4次印刷
184mm×260mm・21.25印张・554千字
标准书号：ISBN 978-7-111-70130-9
定价：69.00元

电话服务　　　　　　　　网络服务
客服电话：010-88361066　机 工 官 网：www.cmpbook.com
　　　　　010-88379833　机 工 官 博：weibo.com/cmp1952
　　　　　010-68326294　金 书 网：www.golden-book.com
封底无防伪标均为盗版　　机工教育服务网：www.cmpedu.com

前 言

2017年，《国家教育事业发展"十三五"规划》指出，将推动具备条件的普通本科高校向应用型转变作为高等教育结构调整的重要内容之一；2019年，《国家职业教育改革实施方案》进一步提出"一大批普通本科高等院校向应用型转变"的发展目标，并指出在应用型高等院校启动"学历证书＋若干职业技能等级证书"（"1+X"证书）制度试点工作，鼓励学生在获得学历证书的同时，积极取得多类职业技能等级证书。

编者将应用型高等院校财经类专业核心主干课程之一的"税法"与初级会计职称考试大纲相结合，编写了这本针对应用型高等院校财经类专业的"1+X"书证融通《税法》教材，以推进教材改革与创新，助力"一流专业"和"一流课程"建设，深化教学改革，加速普通本科高等院校从实质上向应用型转变。

本书将理论知识与实务案例相结合，介绍了税法的基础概念、基本原理和基本规定。本书介绍的税法知识涵盖了初级会计职称考试中税法的全部内容，适用于高等院校经济管理类相关专业的学生，同时也可作为财会类专业学生考取初级会计职称的参考书。

本书的主要特点如下：

（1）体例新——针对目标群体编写，难度适中，与实际工作相联系，增加"学习导读""知识拓展""知识小结""学习提示""实务案例""思维导图"等模块。

（2）内容新——结合我国最新财税政策编写，为读者提供最前沿的解读。

（3）无忧考证——集学历教育与职业技能教育于一体，既能体现学历教育的体系完整性，为学生在毕业后胜任工作奠定坚实的基础，又能突显初级会计职称考试的考纲与考点，力图使学生在学习专业课程的同时提高考证通过率。

本书由冯英利、徐言琨担任主编，詹克钰、马妍馨担任副主编，邱明健、邢译文、贾凯、李心浩等参与编写。本书在编写过程中得到了北京东奥会计在线的大力支持，在此表示衷心的感谢！

由于本书是书证融通创新型教材，加之编者水平和经验有限，书中难免存在疏漏之处，敬请广大读者批评指正。

编 者
2021年11月

目 录

前 言

第一章 税收法律制度概述 ………………………………………………………………… 1
   本章导读 ……………………………………………………………………………………… 1
   第一节 税收与税收法律关系 ……………………………………………………………… 1
   第二节 税法原则 …………………………………………………………………………… 2
   第三节 税法要素 …………………………………………………………………………… 6
   第四节 现行税种与征收机关 ……………………………………………………………… 8
   第五节 税收立法与我国现行税法体系 …………………………………………………… 9
   本章导读分析 ……………………………………………………………………………… 14
   实务案例 …………………………………………………………………………………… 14
   思维导图 …………………………………………………………………………………… 15
   复习思考题 ………………………………………………………………………………… 15

第二章 增值税 …………………………………………………………………………… 17
   本章导读 …………………………………………………………………………………… 17
   第一节 增值税概述 ……………………………………………………………………… 17
   第二节 增值税纳税人、征税范围及税率 ……………………………………………… 21
   第三节 增值税应纳税额的计算 ………………………………………………………… 34
   第四节 增值税税收优惠 ………………………………………………………………… 43
   第五节 增值税纳税申报 ………………………………………………………………… 49
   第六节 增值税专用发票使用及管理 …………………………………………………… 55
   拓展知识 增值税会计处理 ……………………………………………………………… 57
   本章导读分析 ……………………………………………………………………………… 59
   实务案例 …………………………………………………………………………………… 59
   思维导图 …………………………………………………………………………………… 60
   复习思考题 ………………………………………………………………………………… 61

第三章 消费税 …………………………………………………………………………… 64
   本章导读 …………………………………………………………………………………… 64
   第一节 消费税概述 ……………………………………………………………………… 64
   第二节 消费税纳税人、征税范围及税率 ……………………………………………… 66

目 录

  第三节 消费税应纳税额的计算……………………………………………………74
  第四节 消费税纳税申报……………………………………………………………82
  拓展知识 消费税会计处理……………………………………………………………91
  本章导读分析………………………………………………………………………………94
  实务案例……………………………………………………………………………………94
  思维导图……………………………………………………………………………………95
  复习思考题…………………………………………………………………………………96

第四章 企业所得税……………………………………………………………………99

  本章导读……………………………………………………………………………………99
  第一节 企业所得税概述………………………………………………………………99
  第二节 企业所得税纳税人、征税对象及税率……………………………………102
  第三节 企业所得税应纳税所得额的计算…………………………………………105
  第四节 资产的税务处理………………………………………………………………120
  第五节 企业所得税税收优惠…………………………………………………………127
  第六节 企业所得税应纳税额的计算…………………………………………………136
  第七节 企业所得税纳税申报…………………………………………………………142
  拓展知识 企业所得税会计处理…………………………………………………………149
  本章导读分析………………………………………………………………………………152
  实务案例……………………………………………………………………………………152
  思维导图……………………………………………………………………………………153
  复习思考题…………………………………………………………………………………154

第五章 个人所得税……………………………………………………………………157

  本章导读……………………………………………………………………………………157
  第一节 个人所得税概述………………………………………………………………157
  第二节 个人所得税纳税人、征税对象及税率……………………………………160
  第三节 个人所得税应纳税所得额的确定…………………………………………173
  第四节 个人所得税应纳税额的计算…………………………………………………182
  第五节 个人所得税税收优惠…………………………………………………………192
  第六节 个人所得税纳税申报…………………………………………………………195
  拓展知识 个人所得税会计处理…………………………………………………………231
  本章导读分析………………………………………………………………………………234
  实务案例……………………………………………………………………………………234
  思维导图……………………………………………………………………………………235
  复习思考题…………………………………………………………………………………236

第六章 其他税收法律制度……………………………………………………………239

  本章导读……………………………………………………………………………………239
  第一节 房产税…………………………………………………………………………239
  实务案例……………………………………………………………………………………244
  思维导图……………………………………………………………………………………245

第二节　契税 · 245
　　　实务案例 · 249
　　　思维导图 · 250
　　第三节　土地增值税 · 250
　　　实务案例 · 259
　　　思维导图 · 260
　　第四节　城镇土地使用税 · 260
　　　实务案例 · 266
　　　思维导图 · 267
　　第五节　车船税 · 267
　　　实务案例 · 273
　　　思维导图 · 274
　　第六节　印花税 · 274
　　　实务案例 · 280
　　　思维导图 · 281
　　第七节　资源税 · 281
　　　实务案例 · 289
　　　思维导图 · 290
　　第八节　关税 · 290
　　　实务案例 · 296
　　　思维导图 · 297
　　第九节　其他相关税 · 298
　　　实务案例 · 309
　　　思维导图 · 310
　　本章导读分析 · 311
　　复习思考题 · 311

第七章　税收征收管理法律制度 · 313

　　本章导读 · 313
　　第一节　税务管理 · 313
　　第二节　税款征收与税务检查 · 319
　　第三节　税务行政复议 · 322
　　第四节　税收法律责任 · 326
　　本章导读分析 · 330
　　实务案例 · 330
　　思维导图 · 331
　　复习思考题 · 332

参考文献 · 334

第一章

税收法律制度概述

本章导读

中秋节前，老王所在公司给每位员工发了两盒月饼，老王开开心心提着月饼回到家，正向老婆炫耀时，做会计的老婆对他说："你别高兴得太早，月饼还要交'月饼税'呢。"老王一脸诧异："单位发的福利月饼，也得交税？"老王的老婆一脸淡定地回答："这有什么奇怪的，我告诉你，吃馒头还有'馒头税'呢。"老王一听又是"月饼税"又是"馒头税"的，一时丈二和尚摸不着头脑，脑子里十万个问号在打转：这"月饼税""馒头税"到底表示的是什么税种呢？我国到底有多少税种？各个税种是怎么征收的？……同学们，你们是否也有同样的疑惑呢？学完本章内容后，这些问题就迎刃而解了。下面让我们一起学习"税收法律制度概述"的内容吧。

第一节 税收与税收法律关系

学习导读

小王在学习的过程中了解到税收具有无偿性和强制性，依法纳税是每个公民的义务。这学期小王准备学习"税法"这门课程了，于是他产生了一个疑问：我们为什么要学习税法呢？税法与人们口中常说的税收所阐述的问题是否一致？同学们是否也有同样的疑惑？让我们一起通过学习本节内容去寻找答案吧。

一、税收与税法

（一）税收的概念

税收是指以国家为主体，为实现国家职能，**凭借政治权力**，按照法定标准，**无偿取得**财政收入的一种特定分配形式。

税收与其他财政收入形式相比，具备**强制性**、**无偿性**、**固定性**的特征。

（二）税法的概念

税法是调整税收关系的法律规范的总称，即调整国家与社会成员在征纳税上的权利与义务关系。

（三）税收与税法的辨析

税收与税法有区别。税收是经济学概念，侧重**解决分配关系**；税法是法学概念，侧重解决**权利义务关系**。

学习提示：税法有广义和狭义之分。广义的税法是各种税收法律规范形式的总和。从立法层次上划分，包括税收法律、行政法规和部门规章。狭义的税法仅指国家最高权力机关正式立法的税收法律。

二、税收法律关系

税收法律关系是税法所确认和调整的国家与纳税人之间、国家与国家之间以及各级政府之间在税收分配过程中形成的权利与义务关系。它体现了国家征税和纳税人纳税的利益分配关系。税收法律关系与其他法律关系一样，由主体、客体和内容三方面构成。

（一）税收法律关系的主体

税收法律关系的主体是指税收法律关系中享有权利和承担义务的当事人，一般分为征税主体和纳税主体。在我国，征税主体为代表国家行使征税职责的国家行政机关，包括国家各级税务机关及海关。纳税主体包括法人、自然人和其他组织。对这种权利主体的确定，我国采取属地兼属人原则，即在华的外国企业、组织、外籍人、无国籍人等凡在中国境内有所得来源的，都是我国税收法律关系的主体。

（二）税收法律关系的客体

税收法律关系的客体是指主体的权利、义务所共同指向的对象，也就是征税对象。例如，增值税法律关系的客体为增值额。

（三）税收法律关系的内容

税收法律关系的内容是指主体所享受的权利和所应承担的义务。这是税收法律关系中最实质的东西。

本节导读分析：由本节内容可见，导读中所提到的小王的疑问就可以解决了：税收是经济学概念，强调经济收入分配；而税法是法学概念，强调权利义务关系。税法规范纳税人的纳税行为，是实现税收的法律保障。

知识小结：

1．税收与税法总结

税收	经济学概念，侧重解决分配关系
税法	法学概念，侧重解决权利义务关系

2．税收法律关系总结

税法三要素	含　义
主体	分为征税主体和纳税主体
客体	主体的权利、义务所共同指向的对象
内容	主体所享受的权利和所应承担的义务

第二节　税法原则

/学习导读/

馋得很餐饮公司是某县著名餐饮品牌，最近其因为纳税问题与税务机关发生了争议：馋得很餐饮公司认为县税务局为其认定的纳税义务不合理，于是拒绝缴纳税款，并通过税务行政复议向市税务局寻求法律保护,没想到市税务局要求馋得很餐饮公司按照县税务局认定的纳税义务先行缴纳税款,否则对其申诉不予受理。馋得很餐饮公司表示很不认同,明明是县税务局认定的纳税义务不合理,为什么公司还必须先履行县税务局认定的纳税义务呢?同学们,你们是否也有同样的疑惑?学完本节内容后,我们就能清楚其中的原因了。下面让我们一起学习税法原则。

一、税法基本原则

税法原则反映税收活动的**根本属性**,是税收法律制度**建立的基础**。任何国家的税法体系和税收法律制度都要建立在一定的税法原则基础上。税法原则可以分为税法**基本原则**和**适用原则**两个层次。

从法理学的角度分析,税法基本原则可以概括为**税收法律主义**、**税收公平主义**、**税收合作信赖主义**和**实质课税原则**。

(一)税收法律主义

税收法律主义也称**税收法定性原则**,是指税法主体的权利义务必须**由法律加以规定**。税法的各类构成要素都必须且只能由法律予以明确规定,征纳主体的权力(利)义务只以法律规定为依据,没有法律依据,任何主体不得征税或减免税收。税收法律主义可以概括成**课税要素法定**、**课税要素明确**和**依法稽征**三个具体原则。

(二)税收公平主义

税收公平主义是指税收负担必须根据纳税人的**负担能力**分配,负担能力相等,税负相同,负担能力不等,税负不同。税收公平主义源于法律上的**平等性原则**,所以许多国家的税法在贯彻税收公平主义时,都特别强调"**禁止不平等对待**"的法理,禁止对特定纳税人给予歧视性对待,也禁止在**没有任何正当理由**的情况下对特定纳税人给予特别优惠,因为对一部分纳税人特别优惠,很可能就是对其他纳税人的歧视。

(三)税收合作信赖主义

税收合作信赖主义也称**公众信任原则**,它认为税收征纳双方的关系就其主流来看是**相互信赖**、**相互合作**的,而不是对抗的。一方面,纳税人应按照税务机关的决定及时缴纳税款,税务机关有责任向纳税人提供完整的税收信息资料,征纳双方应建立起密切的税收信息联系和沟通渠道;另一方面,没有充足的依据,税务机关不能对纳税人是否依法纳税有所怀疑,纳税人有权利要求税务机关予以信任,纳税人也应信赖税务机关做出的决定是公正和准确的。

📢 **学习提示**:纳税人已构成对税务机关表示的信赖,但没有据此做出某种纳税行为,或者这种信赖与其纳税行为没有因果关系,则不能引用税收合作信赖主义。

(四)实质课税原则

实质课税原则是指应根据纳税人的**真实负担能力**决定纳税人的税负,不能仅考核其**表面上是否符合**课税要件。实质课税原则的意义在于**防止**纳税人避税与偷税,增强税法适用的**公正性**。

二、税法适用原则

税法适用原则是指税务行政机关和司法机关**运用税收法律规范**解决具体问题所必须遵循的

准则。税法适用原则并不违背税法基本原则，而是在一定程度上体现税法基本原则。但与税法基本原则相比，税法适用原则含有更多的法律技术性准则，更为具体化。

（一）法律优位原则

法律优位原则也称行政立法不得抵触法律原则，其基本含义为法律的效力高于行政立法的效力。法律优位原则在税法中的作用主要体现在处理不同等级税法的关系上。法律优位原则明确了税收法律的效力高于税收行政法规的效力，税收行政法规的效力高于税收行政规章的效力。效力低的税法与效力高的税法发生冲突时，效力低的税法即是无效的。

（二）法律不溯及既往原则

法律不溯及既往原则的基本含义为一部新法实施后，对**新法实施之前**人们的行为不得适用新法，而只能沿用旧法。在税法领域实施这一原则，目的在于维护税法的**稳定性**和**可预测性**，使纳税人能在知道纳税结果的前提下做出相应决策，这样税收的调节作用才会较为有效。

> **学习提示**：在某些特殊情况下，税法对这一原则的适用也有例外。一些国家在处理税法的溯及力问题时，还坚持"有利溯及"原则，即对税法中溯及既往的规定，对纳税人有利的，予以承认；对纳税人不利的，则不予承认。

（三）新法优于旧法原则

新法优于旧法原则也称**后法优于先法原则**，是指新法与旧法对同一事项有不同规定时，**新法效力优于旧法**。新法优于旧法原则在税法中普遍适用，但是当新税法与旧税法处于普通法与特别法关系时，以及某些程序性税法引用"**实体从旧、程序从新**"时，可以例外。

（四）特别法优于普通法原则

特别法优于普通法原则是指对同一事项两部法律分别订有一般和特别规定时，特别规定的效力**高于一般**规定的效力。特别法优于普通法的原则**打破了税法效力等级**的限制，即居于特别法地位级别较低的税法，其效力可以高于作为普通法级别高的税法。

（五）实体从旧、程序从新原则

实体从旧、程序从新原则是指实体法**不具备溯及力**，而程序法**在特定条件下**具备一定溯及力，即对于一项新税法公布实施之前发生的纳税义务在新税法公布实施后进入税款征收程序的，原则上新法具有约束力。一定条件下允许"程序从新"是因为程序法主要涉及税款征收方式的改变，其效力时间适当提前，不构成对纳税人权利的侵犯，也不违背税收合作信赖主义。

（六）程序优于实体原则

程序优于实体原则是指在税收争讼发生时，程序法**优于**实体法适用，以保证国家**课税权的实现**，即纳税人通过税务行政复议或者税务行政诉讼寻求法律保护的前提条件之一，是必须**先履行**税务行政机关认定的纳税义务，而不管这项纳税义务实际上是否完全发生。实行这一原则的目的是确保国家课税权的实现，不因争议的发生而影响税款的及时、足额入库。

> **本节导读分析**：由本节内容可见，市税务局要求傺得很餐饮公司先行缴纳税款，否则对其申诉不予受理，这是源于税收程序法优于实体法原则，即在税收争讼发生时，程序法优于实体法适用，以此保证国家课税权的实现。纳税人通过税务行政复议或者税务行政诉讼寻求法律保护的前提条件之一，是必须先履行税务行政机关认定的纳税义务，而不管这项纳税义务实际上是否完全发生。

第一章 税收法律制度概述

知识小结：

1. 税法原则总结

两类原则	具体原则
税法基本原则	（1）税收法律主义 （2）税收公平主义 （3）税收合作信赖主义 （4）实质课税原则
税法适用原则	（1）法律优位原则 （2）法律不溯及既往原则 （3）新法优于旧法原则 （4）特别法优于普通法原则 （5）实实体从旧、程序从新原则 （6）程序优于实体原则

2. 税法基本原则总结

税法基本原则	含义
税收法律主义	主体的权利义务必须由法律加以规定，税法的各类构成要素都必须且只能由法律予以明确规定
税收公平主义	必须根据纳税人的负担能力分配
税收合作信赖主义	一方面，纳税人应按照税务机关的决定及时缴纳税款；另一方面，没有充足的依据，税务机关不能对纳税人是否依法纳税有所怀疑
实质课税原则	纳税人真实负担能力决定其税负，不能仅考核其表面上是否符合课税要件

3. 税法适用原则总结

税法适用原则	含义	解析
法律优位原则	关系：法律＞法规＞规章 税收法律的效力高于行政法规的效力，税收行政法规的效力高于税收行政规章的效力，效力高的税法高于效力低的税法	上位法优于下位法：效力低的税法与效力高的税法发生冲突，效力低的税法即是无效的
法律不溯及既往原则	新法实施后，之前人们的行为不适用新法，而只沿用旧法	例如，"营改增"纳税人2016年5月1日之前的业务，仍然沿用"营改增"之前的相关法律规定
新法优于旧法原则	新法与旧法对同一事项有不同规定时，新法效力优于旧法	例如，自2019年4月1日起，增值税原适用16%和10%税率的，税率分别调整为13%和9%
特别法优于普通法原则	对同一事项两部法律分别订有一般和特别规定时，特别规定的效力高于一般规定的效力	居于特别法地位级别较低的税法，其效力可以高于作为普通法的级别较高的税法
实体从旧、程序从新原则	实体法不具备溯及力，而程序法在特定条件下具备一定的溯及力	实体性权利义务以其发生的时间为准；而程序性问题（如税款征收方法、税务行政处罚等）原则上新税法具有约束力
程序优于实体原则	在税收争讼发生时，程序优于实体，以保证国家课税权的实现	纳税人通过行政复议或行政诉讼寻求法律保护的前提条件之一，是必须事先履行税务行政执法机关认定的纳税义务

第三节 税法要素

> /学习导读/
>
> 刚开始学习税法的小张为了更好地理解税法原理，便把不同的税种进行了对比，他发现无论学习哪个税种，都会学到其纳税人、征税对象、税目、税率、计税依据、税收优惠等内容，而且只要把这些内容掌握了，对该税种就完全理解了。下面让我们一起学习有关税法要素的内容吧。

税法要素是指各单行税法**所共同具有的**基本要素。税法要素一般包括纳税义务人、征税对象、税目、税率、计税依据、纳税环节、纳税期限、纳税地点、税收优惠、法律责任等。

一、纳税义务人

纳税义务人简称**纳税人**，也称**纳税主体**，是税法规定的直接负有纳税义务的单位和个人，一般分为**法人**和**自然人**。

纳税人与负税人、扣缴义务人均不是同一概念。负税人是**实际负担税款**的单位和个人。现实中，纳税人与负税人有时一致（直接税），有时不一致（间接税）。扣缴义务人是税法规定的，在其经营活动中负有**代扣税款**并向国库缴纳义务的单位。

二、征税对象及税目

征税对象又称**课税对象**，是税收法律关系的客体。它是指税收法律关系中权利义务所指的对象，即对什么征税。征税对象是区别一种税与另一种税的重要标志。

税目是税法中具体规定应当征税的项目，是**征税对象的具体化**，**代表征税的广度**，反映具体的征税范围，解决课税对象的归类，如消费税中"卷烟"即为列举税目。

三、税率

税率是计算税额的尺度，代表**课税的深度**，关系着国家的收入多少和纳税人的负担程度。税率的形式[①]主要有比例税率、累进税率和定额税率。

（一）比例税率

比例税率是指同一征税对象或同一税目，不论数额大小只规定一个比例，都按同一比例征税，税额与课税对象呈正比例关系。比例税率根据不同的情况又分为**产品比例税率**、**行业比例税率**、**地区差别比例税率**、**有幅度的比例税率**等。

> 📢 **学习提示**：比例税率的基本特点是税率不随课税对象数额的变动而变动，且计算简便；其

知识拓展

① 其他形式的税率还有：

（1）名义税率与实际税率。

（2）边际税率与平均税率。

（3）零税率与负税率。

不足是比例税率调节纳税人收入的能力不及累进税率。

（二）累进税率

累进税率是指同一课税对象，随着数量的增大，征收比例也随之增高的税率，表现为将课税对象按数额大小划分等级，不同等级规定不同税率。累进税率又分为**全额累进税率**、**超额累进税率**和**超率累进税率**三种。

（三）定额税率

定额税率又称固定税额，是根据课税对象的**计量单位**（如数量、重量、面积、体积等）直接规定**固定的征税数额**，适用于对价格稳定、质量等级和品种规格单一的大宗产品征税的税种。

四、计税依据与纳税环节

计税依据是指计算应纳税额的依据或标准，即依据什么来计算纳税人的应纳税额。计税依据一般有两种：一是**从价计征**；二是**从量计征**。从价计征，是以**计税金额**为计税依据，计税金额是指征税对象的数量乘以计税价格的数额；从量计征，是以**征税对象**的重量、体积、数量等为计税依据。

纳税环节是指征税对象在**从生产到消费**的**流转过程**中应当缴纳税款的环节。

广义的纳税环节是指全部课税对象在再生产中的分布情况，如资源税分布在资源生产环节，增值税分布在生产或流通环节，所得税分布在分配环节。狭义的纳税环节特指税商品在流转过程中应纳税的环节。商品从生产到消费要经历诸多流转环节，各环节都存在销售额，都可能成为纳税环节。但考虑到税收对经济的影响、财政收入的需要以及税收征管的能力等因素，国家常常对在商品流转过程中所征税种规定不同的纳税环节。按照某种税征税环节的多少，税种可以划分为一次课征制或多次课征制。

五、纳税期限与纳税地点

纳税期限是指纳税人按照税法规定缴纳税款的期限，包括**纳税义务发生时间**、**纳税期限**和**缴库期限**。规定纳税期限是为了及时保证国家财政收入的实现，也是税收强制性和固定性的体现。纳税人必须在规定的纳税期限内缴纳税款。

纳税地点是指根据各种税收的纳税环节和有利于对税款源泉控制而规定纳税人（包括代征、代扣、代缴义务人）具体申报缴纳税款的地方。

六、税收优惠

税收优惠是指国家对某些纳税人和征税对象的鼓励或照顾措施。制定这种特殊规定，一方面是为了鼓励和支持某些行业或项目的发展，另一方面是为了照顾某些纳税人的特殊困难。税收优惠主要包括**减税**和**免税**、**起征点**和**免征额**。

减税是从应征税款中减征部分税款。

免税是免征全部税款。具体又分为两种：一种是税法直接规定的长期减免税项目；另一种是依法给予的在一定期限内的减免税措施，期满之后仍依规定纳税。

起征点是征税对象达到一定数额开始征税的起点，也称**征税起点**。征税对象的数额没有达到规定起征点的不征税；达到或超过起征点的，就其全部数额征税。

免征额是在征税对象的全部数额中免予征税的数额，即对纳税对象中的一部分减免，只就减除后的剩余部分计征税款。

七、法律责任

法律责任是指对违反国家税法规定行为人采取的处罚措施，一般包括**违法行为**和因违法而应承担的**法律责任**两部分内容。税法中的法律责任包括**行政责任**和**刑事责任**。纳税人和税务人员违反税法规定，都将依法承担法律责任。

（一）行政责任

行政责任是指犯有一般违法行为的单位或个人，依照法律法规的规定应承担的法律责任。

（二）刑事责任

刑事责任是指犯罪人因实施犯罪行为应当承担的法律责任。

本节导读分析：由本节内容可见，这些具备"神奇魔力"的内容，其实是税收实体法的构成要素，是每一个税种的必备组成内容。所以，学习税法，实质就是学习其构成要素，理解了各构成要素，也就理解了基本的税法原理。

知识小结：税法要素总结

税法要素	要　　点
纳税义务人	纳税主体，包括自然人和法人，与负税人、扣缴义务人不同
征税对象	纳税的客体，区分税种的重要标志
税目	征税对象的具体化，代表征税的广度
税率	课税的深度，有比例税率、累进税率和定额税率
计税依据	计算应纳税额的依据，一般有两种：从价计征和从量计征
纳税环节	应当缴纳税款的环节
纳税期限	包括纳税义务发生时间、纳税期限和缴库期限
纳税地点	纳税人具体申报缴纳税款的地方
税收优惠	主要包括减税和免税、起征点和免征额
法律责任	税法中的法律责任包括行政责任和刑事责任

第四节　现行税种与征收机关

> /学习导读/
>
> 小李最近应聘到一家生产化妆品的公司实习，该公司的化妆品大部分自行生产，也有少部分是从国外进口的。小李想，销售自产的化妆品和从国外进口的化妆品都需要缴纳增值税，却由不同的征收机关征收，这是怎么回事呢？下面让我们开始本节的学习吧。

一、税种

直至目前，我国共开征18个税种，分别是增值税、消费税、企业所得税、个人所得税、房产税、契税、车船税、船舶吨税、资源税、土地增值税、城镇土地使用税、耕地占用税、印花税、城市维护建设税、烟叶税、环境保护税、车辆购置税、关税。

二、征收机关

现阶段，我国的税收征收管理机关有**税务局**和**海关**。

（一）税务局负责征收和管理的税种

税务局主要负责下列税种的征收和管理：①国内增值税；②国内消费税；③企业所得税；④个人所得税；⑤房产税；⑥契税；⑦车船税；⑧资源税；⑨土地增值税；⑩城镇土地使用税；⑪耕地占用税；⑫印花税；⑬城市维护建设税；⑭烟叶税；⑮环境保护税；⑯车辆购置税。

（二）海关负责征收和管理的税种

海关主要负责下列税种的征收和管理：①关税；②船舶吨税；③委托代征的进口环节增值税、消费税。

本节导读分析：由本节内容可见，处于两个不同征税环节的同一税种可能是由不同的征税机关负责征收的。销售自产化妆品的增值税由税务局负责征收，进口化妆品的增值税由海关负责征收。

知识小结：税种及征收机关总结

征税机关	税　种
税务局	①国内增值税；②国内消费税；③企业所得税；④个人所得税；⑤房产税；⑥契税；⑦车船税；⑧资源税；⑨土地增值税；⑩城镇土地使用税；⑪耕地占用税；⑫印花税；⑬城市维护建设税；⑭烟叶税；⑮环境保护税；⑯车辆购置税
海关	①关税；②船舶吨税；③委托代征的进口环节增值税、消费税

第五节　税收立法与我国现行税法体系

/学习导读/

小王在上"税法"课程的时候发现，税法老师对不同的税种叫法不统一，如讲到企业所得税时，老师会说《企业所得税法》，但是讲到增值税时，老师却不说"增值税法"，而是说《增值税暂行条例》。这是什么原因呢？让我们开始本节的学习吧。

一、税收立法原则

税收立法是指国家机关依照其职权范围，通过一定程序制定（包括修改和废止）税收法律规范的活动，即特定的国家机关就税收问题所进行的立法活动。

税收立法原则是指在税收立法活动中必须遵循的准则。我国的税收立法原则是根据我国的**社会性质**和**具体国情**确定的，是立法机关根据社会经济活动、经济关系，特别是税收征纳双方的特点确定的，并贯穿于税收立法工作的始终。我国的税收立法原则主要包括以下几个方面：

（一）从实际出发的原则

为贯彻这个原则，首先要求税收立法必须根据经济、政治发展的客观需要，反映客观规律，也就是从我国国情出发，充分尊重社会经济发展规律和税收分配理论。其次，要客观反映一定时期国家、社会、政治、经济等各方面的实际情况，既不能被某些条条框框束缚，也不能盲目抄袭别国的立法模式，在此基础上，充分运用科学的知识和技术手段，不断丰富税收立法理论，完善税法体系，以适应社会主义市场经济发展的客观需要。

（二）公平原则

在税收立法中一定要体现公平原则。所谓公平，就是要体现合理负担原则。公平主要体现在以下三个方面：

（1）从税收负担能力来看，负担能力大的应多纳税，负担能力小的应少纳税，没有负担能力的不纳税。

> 学习提示：税收负担能力是指负税人所具有的承受国家税收负担的能力。

（2）从纳税人所处的生产和经营环境来看，由于客观环境优越而取得超额收入或级差收益者应多纳税，反之应少纳税。

（3）从税负平衡来看，不同地区、不同行业间及多种经济成分之间的实际税负必须尽可能公平。

（三）民主决策的原则

民主决策的原则是指税收立法过程中必须充分倾听群众的意见，严格按照法定程序进行，确保税收法律能体现广大群众的根本利益。坚持这个原则，要求税收立法的主体应以人民代表大会及其常务委员会为主，按照法定程序进行；对税收法案的审议，要进行充分的辩论，倾听各方面意见；税收立法过程要公开化，让广大公众及时了解税收立法的全过程，以及立法过程中各个环节的争论情况和如何达成共识的情况。

（四）原则性与灵活性相结合的原则

在制定税法时，要求明确、具体、严谨、周密。但是，为了保证税法制定后在全国范围内、在各个地区都能贯彻执行，避免与现实脱节，因此在制定税法时，不能规定得过细过死。这就要求必须坚持原则性与灵活性相结合的原则。具体来讲，就是必须贯彻法制的统一性与因时、因地制宜相结合。

（五）法律的稳定性、连续性与废、改、立相结合的原则

制定税法，是与一定经济基础相适应的，税法一旦制定，在一定阶段内就要保持其稳定性，不能朝令夕改、变化不定。如果税法经常变动，不仅会破坏税法的权威性和严肃性，而且会给国民经济和人民生活造成非常不利的影响。但是，这种稳定性不是绝对的，因为社会政治、经济状况是不断变化的，税法也要进行相应的发展变化。这种发展变化具体表现在：有的税法，已经过时，需要废除；有的税法，部分失去效力，需要修改、补充；根据新的情况，需要制定新的税法。此外，还必须注意保持税法的连续性，即税法不能中断，在新的税法未制定前，原有的税法不应随便中止、失效；在修改、补充或制定新的税法时，应保持与原有税法的承续关系，应在原有税法的基础上，结合新的实践经验，修改、补充原有的税法和制定新的税法。只有遵循这些原则，才能制定出符合社会政治、经济发展规律的税法。

二、税收立法权及其划分

税收立法权[②]是指特定的国家机关依法所行使的，通过制定、修订、废止税收法律规范，调

> **知识拓展**
>
> ② 一般来说，立法权分为以下几种类型：
>
> （1）国家立法权。
> （2）专属立法权。
> （3）委托立法权（又称授权立法）。
> （4）行政立法权。
> （5）地方立法权。

整一定税收法律关系的综合性权力体系。它包括两方面的内容：一是什么机关有税收立法权；二是各级机关的税收立法权是如何划分的。税收立法权的划分是税收立法的核心问题。税收立法权的划分可按以下不同的方式进行：

（一）按照税种类型的不同来划分

如按商品和劳务税类、所得税类、地方税类来划分。有关特定税收领域的税收立法权通常全部给予特定一级的政府。

（二）根据税种的基本要素来划分

任何税种的结构都由几个要素构成：纳税人、征税对象、税基、税率、税目、纳税环节等。理论上，可以将税种的某一要素，如税基和税率的立法权，授予某级政府。但在实践中，这种做法并不多见。

（三）根据税收执法的级次来划分

立法权可以授予某级政府，行政上的执行权给予另一级，这是一种传统的划分方法，适用于任何类型的立法权。根据这种模式，有关纳税主体、税基和税率的基本法规的立法权放在中央政府，更具体的税收实施规定的立法权给予较低级次政府或政府机构。因此，需要指定某级政府或政府机构制定不同级次的法规。我国税收立法权的划分就属于这种类型。

📢 **学习提示**：我国划分税收立法权的直接法律依据主要是《宪法》与《立法法》的相关规定。

三、税收立法机关

税收立法机关是指享有税收立法权，负责制定、修改、废止税法的国家机关。

我国的税收立法机关包括：

（一）最高立法机关

根据我国宪法的规定，全国人民代表大会及其常务委员会（简称"全国人大及其常委会"），负责制定、修改、废止全国性的税收法律及确立地方税法的指导性原则，对税法的执行进行监督。

（二）地方立法机关

地方立法机关主要是省、自治区、直辖市的人民代表大会及其常务委员会，根据宪法和法律，制定、修改、废止地方性税收法规。

（三）行政机关

根据宪法和有关法律的规定，国务院、财政部、国家税务总局负责制定税收行政法规和规章。在一定范围内，地方政府也有权制定地方性税收规章。

📢 **学习提示**：由于制定税收法律法规和规章的机关不同，其法律级次不同，因此其法律效力也不同。

税收立法制定机关层级如下：

（1）全国人大及其常委会制定的税收法律。
（2）全国人大及其常委会授权国务院制定的暂行规定或条例。
（3）国务院制定的税收行政法规。
（4）地方人大及其常委会制定的税收地方性法规。
（5）国务院税务主管部门制定的税收部门规章。
（6）地方政府制定的税收地方规章。

四、税收立法程序

税收立法程序是指国家立法机关或其授权机关在制定、修改和废止税收法律、法规、规章的活动中，必须遵循的**法定的步骤和方法**。税收立法程序由法律规定。税法的制定和修改必须依法定程序进行，才具有法律效力。

（一）税收法律创制程序

根据《立法法》规定，只能由**全国人大及其常委会**制定法律。我国税收法律也是由全国人大及其常委会制定的，其法律地位和法律效力仅次于宪法，而高于税收法规、规章。

税收法律的创制程序包括：

（1）税收法律案的提出。实践中，一般由国务院向全国人大及其常委会提出税收法律案。

（2）税收法律案的审议。有法案审判权的机关对法律案运用审判权，决定是否应列入议事日程、是否需要对其加以修改的专门活动。

（3）税收法律案的通过。它是采取表决方式进行的，通常由全体代表过半数或常委会全体组成人员过半数同意，方可通过。

（4）税收法律案的公布。经过全国人大及其常委会通过的税收法律案，均应由国家主席签署主席令予以发布，并以全国人大常委会公报上的法律文本为标准文本。

目前我国现行税法体系中，属于全国人大通过的税收法律有《中华人民共和国企业所得税法》（简称《企业所得税法》）、《中华人民共和国个人所得税法》（简称《个人所得税法》）；属于全国人大常委会通过的税收法律有《中华人民共和国税收征收管理法》（简称《税收征收管理法》）、《中华人民共和国车船税法》（简称《车船税法》）、《中华人民共和国环境保护税法》（简称《环境保护税法》）、《全国人民代表大会常务委员会关于惩治偷税、抗税犯罪的补充规定》等。

（二）税收法规创制程序

税收法规是指**国家最高行政机关**根据其职权或者经国家最高权力机关的授权，根据宪法和税收法律，通过一定法定程序制定的有关税收活动的实施规定或办法。国务院是最高行政机关，依宪法或法律授权制定行政法规。

税收法规的创制程序包括：

（1）立项。国务院税务主管部门（财政部或国家税务总局）向国务院报请立项。

（2）起草。根据《立法法》，行政法规由国务院负责起草，通常由国务院税务主管部门负责拟定。

（3）审查。国务院法制机构负责审查，提请国务院常务会议审议。

（4）决定和公布，国务院通过行政法规实行的是决定制，由总理最终决定，并由总理签署国务院令公布实施，税收行政法规应在公布后的30日内报全国人大常委会备案。

税收行政法规是目前我国税收立法的主要形式。《中华人民共和国个人所得税法实施条例》（简称《个人所得税法实施条例》）、《中华人民共和国增值税暂行条例》（简称《增值税暂行条例》）等都属于税收行政法规。

五、我国现行税法体系

我国现行税法体系由**税收实体法体系**和**税收程序法体系**两大部分构成。

（一）税收实体法体系

我国的现行税制就实体法而言，是中华人民共和国成立后经过几次较大的改革逐步演变而来的，按征税对象大致分为五类：①商品（货物）和劳务税类；②资源税和环境保护税类；③所得税类；④特定目的税类；⑤财产和行为税类。

我国现行税收实体法体系见表1-1。

表1-1 我国现行税收实体法体系

税种分类	税种名称	作　　用
商品（货物）和劳务税类	增值税	主要在生产、流通或服务业中发挥调节作用
	消费税	
	关税	
资源税和环境保护税类	资源税	主要调节因开发和利用自然资源差异而形成的级差收入
	环境保护税	
	城镇土地使用税	
所得税类	企业所得税	主要是在国民收入形成后，对生产经营者的利润和个人的纯收入发挥调节作用
	个人所得税	
	土地增值税	
特定目的税类	城市维护建设税	主要是为达到特定目的，调节特定对象和特定行为，发挥调节作用
	车辆购置税	
	耕地占用税	
	烟叶税	
	船舶吨税	
财产和行为税类	房产税	主要是对某些财产和行为发挥调节作用
	车船税	
	印花税	
	契税	

（二）税收程序法体系

除税收实体法外，我国对税收征收管理适用的法律制度，是按照税收管理机关的不同分别规定的。

（1）由税务局负责征收的税种的征收管理，按照全国人大常委会发布实施的《税收征收管理法》及各实体税法中的征收管理规定执行。

（2）由海关负责征收的税种的征收管理，按照《中华人民共和国海关法》（简称《海关法》）及《中华人民共和国进出口关税条例》（简称《进出口关税条例》）等有关规定执行。

✦ **本节导读分析**：由本节内容可见，小王的税法老师对企业所得税和增值税的不同叫法，源于这两个税种的立法机构及法律层级不同。其中，《企业所得税法》是由全国人大通过的税收法律，而《增值税暂行条例》属于国务院制定的税收行政法规，所以前者为法律，后者为法规。因此，小王的税法老师的表达是正确且严谨的。

知识小结：

1. 税收立法原则总结

税收立法原则	
	从实际出发的原则
	公平原则
	民主决策的原则
	原则性与灵活性相结合的原则
	法律的稳定性、连续性与废、改、立相结合的原则

2. 税收立法程序总结

法的类型	制定机关及立法程序	举例
税收法律	制定机关：全国人大及其常委会 立法程序：提出→审议→表决通过→公布（国家主席签署主席令公布）	《中华人民共和国税收征收管理法》《中华人民共和国车船税法》《中华人民共和国环境保护税法》《全国人民代表大会常务委员会关于惩治偷税、抗税犯罪的补充规定》等
税收行政法规	制定机关：国务院（国家最高行政机关），目前是我国税收立法的主要形式 立法程序：立项→起草→审查→决定和公布（总理签署国务院令公布实施）	《中华人民共和国个人所得税法实施条例》《中华人民共和国增值税暂行条例》等

本章导读分析

本章导读中的"月饼税"和"馒头税"并非税务机关开征的具体税种，而是由于我国税种较多，公众对税的说法。比如，"月饼税"是指个税中对实物福利也要征税；而"馒头税"其实是指对馒头生产企业征收的增值税，并不是专门开征的"馒头税"。

实务案例

根据《中华人民共和国耕地占用税法》制定过程看立法过程：

（1）2017年1月16日，财政部国家税务总局起草了《中华人民共和国耕地占用税法（征求意见稿）》，向社会公开征求意见。

（2）2018年9月5日，第十三届全国人民代表大会常务委员会第五次会议对《中华人民共和国耕地占用税法（草案）》进行了审议，并在中国人大网公布，向社会公众征求意见。

（3）2018年12月29日，中华人民共和国第十三届全国人民代表大会常务委员会第七次会议投票通过了《中华人民共和国耕地占用税法》，通过后公布，自2019年9月1日起施行。

（4）《中华人民共和国耕地占用税法》由国家主席签署主席令公布，是第十八号中华人民共和国主席令。

上述案例可以体现税收法律的制定程序：提出→审议→表决通过→公布（国家主席签署主席令公布）。

思维导图

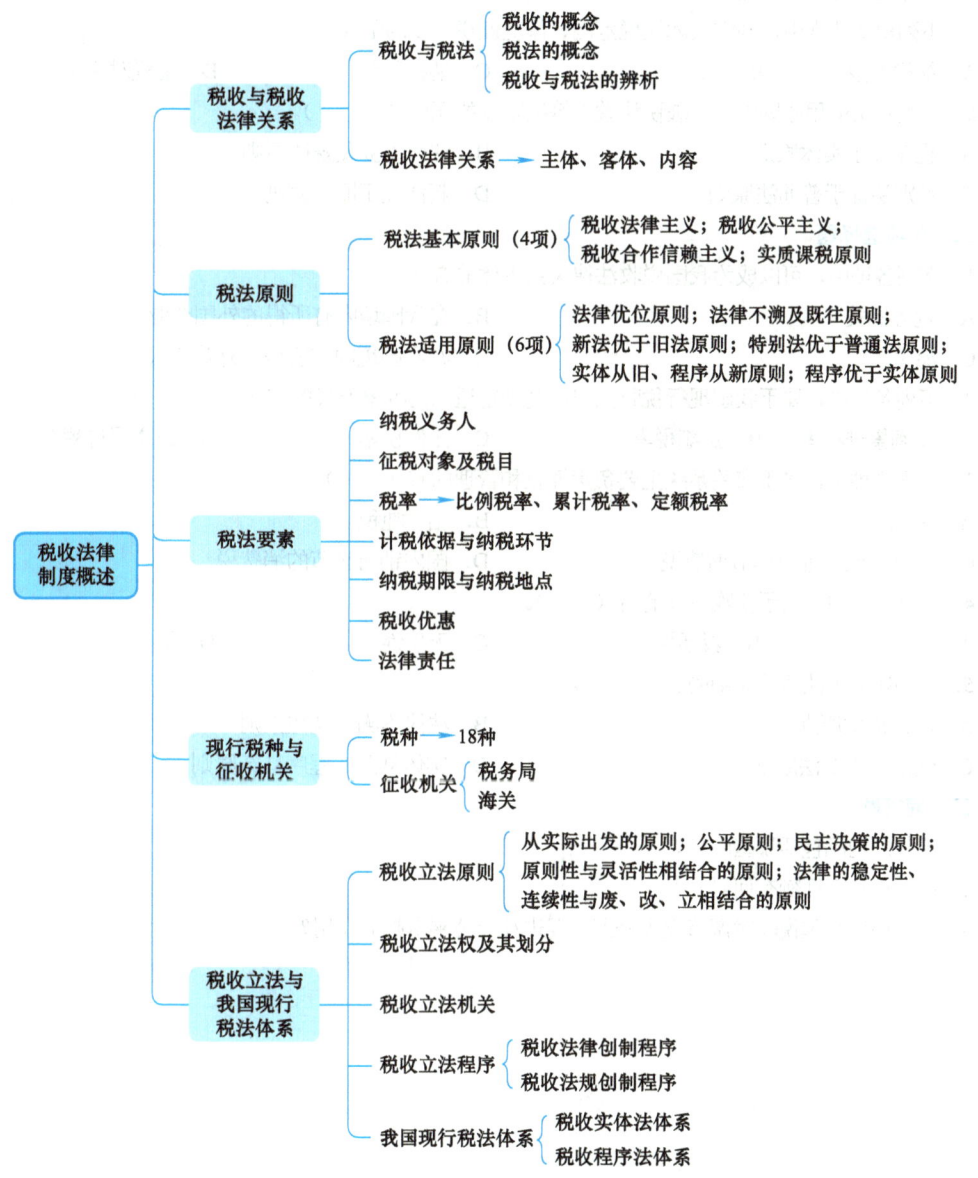

复习思考题

一、单项选择题

1. 下列选项中，属于区别不同税种的重要标志是（   ）。
   A．计税依据　　　B．纳税人　　　　C．征税对象　　　D．税目
2. 下列税种中，由税务局负责征收和管理的是（   ）。

A．个人所得税　　　B．船舶吨税　　　　C．关税　　　　　　D．进口环节的增值税

3．下列说法中，不正确的是（　　）。

A．征税对象是区分不同税种的重要标志　　B．税目是征税对象的具体化

C．税率是衡量税负轻重与否的唯一标志　　D．纳税义务人即纳税主体

4．下列税法要素中，规定具体征税范围、体现征税广度的是（　　）。

A．纳税期限　　　B．税目　　　　　C．纳税环节　　　　D．征税对象

5．下列税法适用原则中，打破税法效力等级限制的原则是（　　）。

A．程序优于实体原则　　　　　　　B．法律不溯及既往原则

C．特别法优于普通法原则　　　　　D．新法优于旧法原则

二、多项选择题

1．下列各项中，可以成为我国税收法律关系主体的有（　　）。

A．税务机关　　　　　　　　　　　B．在我国境内有所得的外国企业

C．海关　　　　　　　　　　　　　D．在我国境内有所得的外籍个人

2．下列各项中，属于我国现行税收法律制度规定适用的税率形式的有（　　）。

A．超额累进税率　　B．定额税率　　C．比例税率　　　　D．超率累进税率

3．下列税种中，属于海关系统主要负责征收和管理的有（　　）。

A．关税　　　　　　　　　　　　　B．船舶吨税

C．委托代征的进口环节增值税　　　D．国内销售环节的消费税

4．下列各项中，属于税收特征的有（　　）。

A．强制性　　　　　B．灵活性　　　C．无偿性　　　　　D．固定性

5．下列属于税法适用原则的有（　　）。

A．法律优位原则　　　　　　　　　B．法律不溯及既往原则

C．新法优于旧法原则　　　　　　　D．实体从旧、程序从新原则

三、简答题

1．税收的内涵包括哪些内容？

2．起征点和免征额有何异同？

3．如何理解我国税收对调节收入分配、促进社会公平所起的作用？

第二章

增值税

本章导读

增值税于1954年在法国诞生。相比传统的营业税，增值税是仅对商品流通环节中的增值额进行征收的税种，能有效解决传统流转税重复征税的问题。我国于1979年引进增值税并开始试点，1984年在试点的基础上正式确定增值税制度，2012年又在上海市开展交通运输业和部分现代服务业营业税改征增值税试点，自此陆续扩大到其他地区和其他行业进行营业税改征增值税试点，直到2016年5月1日全面推行，营业税退出历史舞台。

那么，增值税从引进到发展，直到今天成为我国第一大税种，到底蕴含着怎样的优势才值得如此推广呢？它与我们的日常生活又有哪些千丝万缕的联系？让我们从本章内容开始，揭开它神秘的面纱。

第一节 增值税概述

/学习导读/

增值税是我国的第一大税种，其税收收入占了大约我国全部税收的"半壁江山"。增值税既具有普遍征收性，又能有效解决重复征税的问题。市场上的货物或劳务丰富多彩，如何确定这些货物或劳务增值额？让我们通过学习本节内容来寻找答案吧。

一、增值税的概念

增值税是以单位和个人生产经营过程中取得的增值额[③]为课税对象征收的一种税。

从理论上讲，增值额是企业在生产经营过程中新创造的那部分价值，即货物或劳务价值中的 $V+M$ 部分，在我国相当于净产值或国民收入部分。现实经济生活中，对增值额这一概念可以从以下两个方面理解：第一，从一个生产经营单位来看，增值额是指该单位销售货物或提供劳务的收入额扣除为生产经营这种货物（包括劳务，下同）而外购的那部分货物价款后的余额；第二，从一项货物来看，增值额是该货物经历的生产和流通的各个环节所创造的增值额之和，也就是该项货物的最终销售价值。

知识拓展

③ 增值额是指纳税人销售某种商品或劳务所取得的收入价格与商品或劳务的外购价格之间的差额。

例如，某项货物最终销售价格为 260 元，这 260 元是由三个生产经营环节共同创造的。那么，该货物在三个环节中创造的增值额之和就是该货物的全部销售额。该货物每一环节的增值额、销售额的数量与关系见表 2-1（为便于计算，假定每一环节没有物质消耗，都是该环节新创造的价值）。

表 2-1　货物每一环节的增值额、销售额的数量与关系

（单位：元）

项　　目	制造环节	批发环节	零售环节	合　　计
增值额	150	50	60	260
销售额	150	200	260	

该项货物在上述三个环节创造的增值额之和为 260 元，该项货物的最终销售价格也是 260 元。这种情况说明，在税率一致的情况下，对每一生产流通环节征收的增值税之和，实际上就是按货物最终销售额征收的增值税。

二、增值税的特点

（一）税收中性

所谓税收中性，是指税收对经济行为，包括企业生产决策、生产组织形式等，不产生影响，由市场对资源配置发挥基础性、主导性作用。政府在建立税制时，以不干扰经营者的投资决策和消费者的消费选择为原则。增值税具有中性税收的特征，是因为它只对货物或劳务销售额中没有征过税的那部分增值额征税，对销售额中属于转移过来的、以前环节已征过税的那部分销售额则不再征税，从而有效地排除了重复征税因素。

（二）避免重复征税

根据增值税的计税原理，流转额中的非增值因素在计税时将被扣除。增值税一般实行凭购货发票进行税款抵扣的制度，在计算应纳税额时，要扣除商品在以前生产环节已负担的税款，以避免重复征税。

（三）普遍征收

从增值税的征税范围看，对从事商品生产经营和劳务提供的所有单位和个人普遍征收；从增值税的征税环节看，在商品和劳务增值的各个生产流通环节征税。增值税可以从商品的生产开始，一直延伸到商品的批发、零售等各个环节，使得增值税拥有广泛的税基。

（四）税负具有转嫁性

虽然增值税是向商品销售者和劳务提供者征收的，但纳税人在销售商品和提供劳务时又通过价格将税收负担转嫁给下一生产流通环节，最后由最终消费者承担。

（五）逐环节价外税

价外税是指税款不包含在商品价格内的价税分列的税种。增值税以不包含增值税税额的销售额作为计税依据，这是与传统的以全部流转额为计税依据的一个重要区别。实行价外税制度，有利于全面推行增值税，简化计征手续，并有利于税负转嫁的实现。

（六）一般纳税人实行税款抵扣制度

由于新增价值或商品附加值在商品流通中是一个难以准确计算的数据，因此，在增值税的实际操作中采用税款的抵扣法计算。具体可根据货物或应税劳务的销售额，按照规定的税率先

计算税款，然后从中扣除上一道环节已纳税款，其余额即为纳税人应纳税款。

三、增值税的类型

（一）生产型增值税

所谓生产型增值税，是指不允许纳税人从本期销项税额中抵扣购入固定资产及其折旧部分的进项税额。就整个社会来说，由于增值税允许抵扣的范围仅限于原材料等劳动对象的进项税额，因此实际征税对象等于工资、租金、利息、利润和折旧之和，相当于国民生产总值，故称为生产型增值税。

（二）收入型增值税

所谓收入型增值税，是指只允许纳税人从本期销项税额中抵扣用于生产经营固定资产的当期折旧价值额的进项税额。就整个社会来说，实际征税对象相当于全部社会产品扣除补偿消耗的生产资料以后的余额，即国民收入，故称为收入型增值税。

（三）消费型增值税

所谓消费型增值税，是指允许纳税人从本期销项税额中一次性抵扣用于生产经营的固定资产的全部进项税额。纳税人当期购入的固定资产，虽然在以前的经营环节已经缴纳税金，但购入时其缴纳的税金允许全部扣除，实际上这部分商品是不征税的。就整个社会来说，对生产资料不征税，只对消费资料征税，故称为消费型增值税。

我国自1994年开征增值税以来一直采用生产型增值税，这与当时的国家财政收入状况和产业发展政策是相适应的。从2004年开始，我国开始在部分地区进行消费型增值税的试点，并于2009年1月1日起在全国范围内全面实行消费型增值税。

四、增值税的作用

（一）平衡税负，优化资源配置

增值税不重复征税的特点，使得各生产和流通环节的增值税税负基本相同，避免出现生产环节越多、越往后，税负越重的情况，为各生产环节的生产经营者提供了一个公平竞争的税收环境，有利于生产的专业化分工和协作，优化社会资源配置。

（二）相互勾稽，防止偷税、漏税

由于增值税实行逐环节征收，前后相连，形成一种勾稽的链条关系。在凭发票抵扣的制度下，可促使购买方向销售方索要发票，从而使买卖双方建立相互制约的关系，税务部门可通过发票对纳税人进行交叉审计，防止并及时发现偷税、漏税的行为。

（三）保证财政收入

增值税征收范围广，不受企业生产组织形式、产品结构和流通环节变化的影响，必然会随着整个社会经济的增长而增长。同时，由于增值税采用税款抵扣制度，生产的前后各环节得以相互联系，从而有利于税务稽查，有效防止偷逃税款，进而有效地保证国家财政收入的稳定增长。

（四）促进国际贸易

对于货物出口或对外提供劳务，增值税实行零税率，其应纳的增值税会出现负数，使经营者能够得到国家相应数额的退税。这样出口货物或劳务的价格中不含增值税，有利于降低货物或劳务的价格，提高其在国际市场上的竞争力。同时，由于进口货物或劳务要征收相应的增值税，使其与国内货物或劳务的税负相同，有利于保护本国的民族工业。

五、增值税的计税方法

（一）直接计算法

直接计算法是指首先计算出应税货物或劳务的增值额，然后用增值额乘以适用税率求出应纳税额。直接计算法按计算增值额的不同，又可分为加法和减法。

（1）加法。把企业在计算期内实现的各项增值项目一一相加，求出全部增值额，然后再依税率计算增值税。增值项目包括工资、奖金、利润、利息、租金以及其他增值项目。这种加法只是一种理论意义上的方法，在实际工作中没有得到采用。

（2）减法。以企业在计算期内实现的应税货物或劳务的全部销售额减去规定的外购项目金额以后的余额作为增值额，然后再依税率计算增值税。这种方法又叫扣额法。

（二）间接计算法

间接计算法是指不直接根据增值额计算增值税，而是首先计算出应税货物的整体税负，然后从整体税负中扣除法定的外购项目已纳税款。由于这种方法以外购项目的实际已纳税额为依据，所以又称购进扣税法或发票扣税法。这种方法简便易行、计算准确，既适用于单一税率，又适用于多档税率，因此是实行增值税的国家广泛采用的一种计税方法。

六、我国增值税制度的改革与发展

（一）我国增值税制度的沿革

我国从1979年起开始在部分城市试行生产型增值税。1982年，财政部制定了《增值税暂行办法》，并自1983年1月1日起开始在全国试行。1984年9月，国务院制定了《增值税条例（草案）》，并自当年10月起施行。1993年12月13日，国务院发布了《中华人民共和国增值税暂行条例》（简称《增值税暂行条例》），并自1994年1月1日起施行。经过1994年税制改革和此后多年的逐步完善，我国已初步建立了适应社会主义市场经济体制需要的增值税制度。2009年1月1日，国务院决定全面实施增值税改革，即将生产型增值税转为消费型增值税。

（二）"营改增"试点改革

2012年1月1日，国务院决定在上海交通运输业和部分现代服务业开展"营业税改征增值税"（简称"营改增"）试点，后逐步将试点地区扩展到全国，试点行业增加广播影视服务业、铁路运输业、邮政业、电信业。2016年5月1日，我国全面推行"营改增"试点，将建筑业、房地产业、金融业、生活服务业等全部纳入"营改增"试点范围。至此，在我国税制中有着66年历史的营业税正式退出了历史舞台。

（三）深化增值税改革

2012年—2017年，我国通过实施"营改增"累计减税2.1万亿元。2018年的中央政府工作报告明确提出要进一步减轻企业税负，改革完善增值税，按照"三档并两档"方向调整税率水平，重点降低制造业、交通运输等行业税率，提高小规模纳税人年销售额标准。2018年3月28日召开的国务院常务会议确定了深化增值税改革的措施，进一步减轻市场主体税负。会议提出降低增值税税率、统一增值税小规模纳税人标准和一次性退还未抵扣完的进项税额的措施。实施上述三项措施，全年将减轻市场主体税负超过4 000亿元，内外资企业都将同等受益。

从2018年5月1日起，制造业等行业增值税税率从17%降至16%，交通运输、建筑、基础电信服务等行业及农产品等货物的增值税税率从11%降至10%。

2019年实施了更大规模的减税。普惠性减税与结构性减税并举，重点降低制造业和小微企业税收负担，将制造业等行业现行 16% 的税率降至 13%，将交通运输业、建筑业的等行业现行 10% 的税率降至 9%，确保主要行业税负明显降低；保持 6% 档税率不变，但通过采取对生产、生活性服务业增加税收抵扣等配套措施，确保所有行业税负只减不增，继续向推进税率"三档并两档"、税制简化方向迈进。2019 年 3 月 21 日，财政部、税务总局、海关总署联合发布《关于深化增值税改革有关政策的公告》（财政部 税务总局 海关总署公告 2019 年 39 号），并公布了一系列深化增值税改革的配套措施。

2021 年的中央政府工作报告明确继续执行制度性减税政策，延长小规模纳税人增值税优惠等部分阶段性政策执行期限，实施新的结构性减税举措，将小规模纳税人增值税起征点从月销售额 10 万元提高到 15 万元。

第二节　增值税纳税人、征税范围及税率

> **/学习导读/**
>
> 增值税能够有效解决重复征税的问题，那么对增值税的纳税人及征税范围是如何定义的呢？市场上的货物或劳务丰富多彩，那么货物或劳务需要按多少税率缴纳增值税呢？让我们通过学习本节内容来寻找答案吧。

一、增值税纳税人和扣缴义务人

（一）增值税纳税人

在中华人民共和国境内销售货物或者加工、修理修配劳务（以下简称劳务），销售服务、无形资产、不动产以及进口货物的单位和个人，为增值税的纳税人。

单位租赁或承包给其他单位或者个人经营的，以承租人或承包人为增值税纳税人。

资管产品运营过程中发生增值税应税行为，以资管产品管理人④为增值税纳税人。

建筑企业与发包方签订建筑合同后，以内部授权或者三方协议等方式，授权集团内其他纳税人（第三方）为发包方提供建筑服务，并由第三方直接与发包方结算工程款的，由第三方缴纳增值税，与发包方签订建筑合同的建筑企业不缴纳增值税。

（二）增值税纳税人的分类

增值税纳税人可分为一般纳税人和小规模纳税人，划分的两个标准分别是经营规模（年应税销售额大小）和会计核算水平。

1．一般纳税人

一般纳税人是指年应税销售额超过规定标准（年应税销售额 500 万元）的企业和企业性单位。

知识拓展

④ 资管产品管理人包括银行、信托公司、公募基金管理公司及其子公司、证券公司及其子公司、期货公司及其子公司、私募基金管理人、保险资产管理公司、专业保险资产管理机构、养老保险公司。

一般纳税人实行登记制，除另有规定外，一般纳税人应当向税务机关办理登记手续。

下列纳税人不办理一般纳税人登记：

（1）年应税销售额超过规定标准的其他个人。

（2）按照政策规定，选择按照小规模纳税人纳税的（应当向主管税务机关提交书面证明）。

📌 **学习提示**：其他个人，即使年应税销售额超过 500 万元，也只能作为小规模纳税人；非企业性单位，不经常发生应税行为的企业、单位和个体工商户，年应税销售额超过 500 万元，可以自行选择作为一般纳税人或是小规模纳税人。

2. 小规模纳税人

小规模纳税人的经营规模标准为年应税销售额 500 万元及以下（不含增值税）。年应税销售额是指纳税人在连续不超过 12 个月或 4 个季度的经营期内累计应征增值税销售额，包括纳税申报销售额、稽查查补销售额、纳税评估调整销售额。

纳税申报销售额是指纳税人自行申报的全部应征增值税销售额，其中包括免税销售额和税务机关代开发票销售额。稽查查补销售额和纳税评估调整销售额计入查补税款申报当月（或当季）的销售额，不计入税款所属期销售额。

已登记为一般纳税人的单位和个人，在转登记日前连续 12 个月（以 1 个月为 1 个纳税期）或者连续 4 个季度（以 1 个季度为 1 个纳税期）累计销售额未超过 500 万元的一般纳税人，在 2019 年 12 月 31 日前，可选择转登记为小规模纳税人。转登记纳税人尚未申报抵扣的进项税额以及转登记日当期的期末留抵税额，计入"应交税费——待抵扣进项税额"核算。

小规模纳税人实行简易计税办法，一般不取得增值税专用发票，即使取得增值税专用发票，也不得抵扣增值税进项税额。

（三）增值税扣缴义务人

境外单位或个人在境内提供应税劳务，在境内未设有经营机构的，以其代理人为扣缴义务人；在境内没有代理人的，以购买方为扣缴义务人。

二、增值税征税范围

增值税征税范围包括在我国境内销售或者进口货物，销售劳务、服务、无形资产或者不动产。

（一）销售或者进口货物

销售货物是有偿转让货物的所有权。货物是指有形动产，包括电力、热力、气体在内。有偿是指从购买方取得货币、货物或者其他经济利益。进口货物是指申报进入我国海关境内的货物，除享受免税政策外，在进口环节缴纳增值税。

（二）销售劳务

销售劳务是指有偿提供加工、修理修配劳务。加工、修理修配的对象限于有形动产，对不动产的是修缮行为，属于建筑服务。

加工是指受托加工货物，即委托方提供原料及主料，受托方按照委托方的要求制造货物并收取加工费的业务。

修理修配是指受托对损伤和丧失功能的货物进行修复使其恢复原状和功能的业务。

单位或者个体工商户聘用的员工为本单位或者雇主提供劳务，不包括在内。

（三）销售服务

销售服务包括交通运输服务、邮政服务、电信服务（基础、增值）、建筑服务、金融服务、现代服务、生活服务。

1．交通运输服务

交通运输服务是指利用运输工具将货物或者旅客送达目的地，使其空间位置得到转移的业务活动。具体包括陆路运输服务、水路运输服务、航空运输服务、管道运输服务。

（1）陆路运输服务。陆路运输服务包括铁路、公路、缆车、索道、地铁、城市轻轨等运输业务活动。出租车公司向使用本公司自有出租车的出租车司机收取的管理费用，按照陆路运输服务缴纳增值税。

（2）水路运输服务。水路运输服务是指通过江、河、湖、川等天然、人工水道或者海洋航道运送货物或者旅客的运输业务活动，包括远洋运输程租⑤、期租⑥业务。

（3）航空运输服务。航空运输服务是指通过空中航线运送货物或者旅客的运输业务活动，包括航空运输的湿租⑦业务。

航天运输服务按照航空运输服务缴纳增值税。

📢 **学习提示**：水路运输的程租、期租业务，航空运输的湿租业务：既租工具又租人，实质是提供运输服务——交通运输服务。水路运输的光租业务，航空运输的干租业务：只租工具不租人，实质是租赁——租赁服务。

（4）管道运输服务。管道运输服务是指通过管道设施输送气体、液体、固体物质的运输业务活动。

无运输工具承运业务，按照交通运输服务缴纳增值税。自 2018 年 1 月 1 日起，纳税人已售票但客户逾期未消费取得的运输逾期票证收入，按照交通运输服务缴纳增值税。

2．邮政服务

邮政服务是指中国邮政集团公司及其所属邮政企业提供邮件寄递、邮政汇兑和机要通信等邮政基本服务的业务活动。具体包括邮政普遍服务、邮政特殊服务和其他邮政服务。

（1）邮政普遍服务，包括函件、包裹等邮件寄递，以及邮票发行、报刊发行和邮政汇兑等业务活动。

（2）邮政特殊服务，包括义务兵平常信函、机要通信、盲人读物和革命烈士遗物的寄递等业务活动。

（3）其他邮政服务，包括邮册等邮品销售、邮政代理等业务活动。

3．电信服务

电信服务是指利用有线、无线的电磁系统或者光电系统等各种通信网络资源，提供语音通话服务、传送、发射、接收或者应用图像、短信等电子数据和信息的业务活动。具体包括基础

📖 **知识拓展**

⑤ 程租业务是指运输企业为租船人完成某一特定航次的运输任务并收取租赁费的业务。

⑥ 期租业务是指运输企业将配备有操作人员的船舶承租给他人使用一定期限，承租期内听候承租方调遣，不论是否经营，均按天向承租方收取租赁费，发生的固定费用均由船东负担的业务。

⑦ 湿租业务是指航空运输企业将配备有机组人员的飞机承租给他人使用一定期限，承租期内听候承租方调遣，不论是否经营，均按一定标准向承租方收取租赁费，发生的固定费用均由承租方承担的业务。

电信服务和**增值电信服务**。

（1）基础电信服务，包括利用固网、移动网、卫星、互联网，提供语音通话服务，以及出租出售带宽、波长等网络元素的服务。

（2）增值电信服务，包括利用固网、移动网、卫星、互联网、有线电视网络，提供短信和彩信服务、电子数据和信息的传输及应用服务、互联网接入服务等业务活动。

卫星电视信号落地转接服务，按照增值电信服务缴纳增值税。

4．建筑服务

建筑服务是指对各类建筑物、构筑物及其附属设施的建造、修缮、装饰，线路、管道、设备、设施等的安装以及其他工程作业的业务活动。具体包括**工程服务**、**安装服务**、**修缮服务**、**装饰服务**和**其他建筑服务**。

（1）工程服务，是指新建、改建各类建筑物、构筑物的工程作业，包括与建筑物相连的各种设备或者支柱、操作平台的安装或者装设工程作业，以及各种窑炉和金属结构的工程作业。

（2）安装服务，是指生产设备、动力设备、起重设备、运输设备、传动设备、医疗实验设备以及其他各种设备、设施的装配、安装工程作业，包括与被安装设备相连的工作台、梯子、栏杆的装设工程作业，以及被安装设备的绝缘、防腐、保湿、油漆等工程作业。

固定电话、有线电视、宽带、水、电、燃气、暖气等经营者向用户收取的安装费、初装费、开户费、扩容费及类似收费，按照安装服务缴纳增值税。

（3）修缮服务，是指对建筑物、构筑物进行修补、加固、养护、改善，使之恢复原来的使用价值或者延长其使用期限的工程作业。

（4）装饰服务，是指对建筑物、构筑物进行修饰装修，使之美观或者具有特定用途的工程作业。物业服务企业为业主提供的装修服务，按照建筑服务缴纳增值税。

（5）其他建筑服务，是指上列工程作业之外的各种工程作业服务，如钻井（打井）、拆除建筑物或构筑物、平整土地、园林绿化、疏浚（不包括航道疏浚）、建筑物平移、搭脚手架、爆破、矿山穿孔、表面附着物（包括岩层、土层、沙层等）剥离和清理等工程作业，物业服务企业为业主提供的装修服务，纳税人将建筑施工设备出租给他人使用并配备操作人员，均按建筑服务缴纳增值税。

5．金融服务

金融服务是指经营金融保险的业务活动。具体包括**贷款服务**、**直接收费金融服务**、**保险服务**和**金融商品转让**。

（1）贷款服务，包括各种占用、拆借资金取得的收入，如金融商品持有期间（含到期）利息（保本收益、报酬、资金占用费、补偿金等）收入、信用卡透支利息收入、买入返售金融商品利息收入、融资融券收取的利息收入，以及**融资性售后回租**、押汇、罚息、票据贴现、转贷等业务取得的利息及利息性质的收入。

保本收益、报酬、资金占用费、补偿金是指合同中明确承诺到期本金可全部收回的投资收益。金融商品持有期间（含到期）取得的非保本的上述收益，不属于利息或利息性质的收入，不征收增值税。

融资性售后回租是指承租方以融资为目的，将资产出售给从事融资性售后回租业务的企业后，从事融资性售后回租业务的企业将该资产出租给承租方的业务活动。其中承租方出售资产的行为不征收增值税。

以货币资金投资收取的**固定利润**或者**保底利润**，按照贷款服务缴纳增值税。

（2）直接收费金融服务，包括提供货币兑换、账户管理、电子银行、信用卡、信用证、财务担保、资产管理、信托管理、基金管理、金融交易场所（平台）管理、资金结算、资金清算、金融支付等服务。

（3）保险服务，包括人身保险服务和财产保险服务。

（4）金融商品转让，是指转让外汇、有价证券、非货物期货和其他金融商品所有权的业务活动。

其他金融商品转让包括基金、信托、理财产品等各类资产管理产品和各种金融衍生品的转让。纳税人购入基金、信托、理财产品等各类资产管理产品持有至到期，不属于金融商品转让。

6．现代服务

现代服务是指围绕制造业、文化产业、现代物流产业等提供技术性、知识性服务的业务活动。具体包括**研发和技术服务**、**信息技术服务**、**文化创意服务**、**物流辅助服务**、**租赁服务**、**鉴证咨询服务**、**广播影视服务**、**商务辅助服务**和**其他现代服务**。

（1）研发和技术服务，包括研发服务、合同能源管理服务、工程勘察勘探服务、专业技术服务。其中，专业技术服务是指气象服务、地震服务、海洋服务、测绘服务、城市规划、环境与生态监测服务等专项技术服务。

（2）信息技术服务，是指利用计算机、通信网络等技术对信息进行生产、收集、处理、加工、存储、运输、检索和利用，并提供信息服务的业务活动，包括**软件服务**、**电路设计及测试服务**、**信息系统服务**、**业务流程管理服务**和**信息系统增值服务**。

（3）文化创意服务，包括**设计服务**（包括内部管理设计、供应链设计、动漫设计、网游设计、网站设计、广告设计、文印晒图等）、**知识产权服务**、**广告服务**（包括广告代理和广告的发布、播映、宣传、展示等）和**会议展览服务**（包括宾馆、旅馆、旅社、度假村和其他经营性住宿场所提供会议场地及配套服务的活动）。

（4）物流辅助服务，包括**航空服务**、**港口码头服务**（含港口设施保安费）、**货运客运场站服务**、**打捞救助服务**、**装卸搬运服务**、**仓储服务**、**收派服务**。

（5）租赁服务，包括**融资租赁**和**经营租赁**。融资性售后回租不按照本税目纳税，属于金融服务税目。

将建筑物、构筑物等不动产或者飞机、车辆等有形动产的广告位出租给其他单位或者个人用于发布广告，按照经营租赁服务缴纳增值税。车辆停放服务、道路通行服务（包括过路费、过桥费、过闸费等）等按照不动产经营租赁服务缴纳增值税。

水路运输的光租业务、航空运输的干租业务属于经营租赁。

（6）鉴证咨询服务，包括**认证服务**、**鉴证服务**和**咨询服务**，如会计税务法律鉴证、工程监理、资产评估、环境评估、房地产土地评估、建筑图纸审核、医疗事故鉴定等。

翻译服务、市场调查服务按照咨询服务缴纳增值税。

（7）广播影视服务，包括广播影视节目（作品）的制作服务、发行服务、播映（含放映）服务。

（8）商务辅助服务，包括企业管理服务、经纪代理服务（如金融代理、知识产权代理、法律代理、房地产中介、婚姻中介等）、人力资源服务、安全保护服务（如武装守护押运服务）。

拍卖行受托拍卖取得的手续费或佣金收入，按照经纪代理服务缴纳增值税。

（9）其他现代服务，是指除以上服务外的现代服务。

纳税人为客户办理退票而向客户收取的退票费、手续费等收入，按照其他现代服务缴纳增值税；纳税人对安装运行后的电梯提供的维护保养服务，按照其他现代服务缴纳增值税。

7．生活服务

生活服务是指为满足城乡居民日常生活需求提供的各类服务活动，包括文化体育服务、教育医疗服务、旅游娱乐服务、餐饮住宿服务、居民日常服务和其他生活服务。

（1）文化体育服务，包括文化服务和体育服务。纳税人在游览场所经营索道、摆渡车、电瓶车、游船等取得的收入，按照文化体育服务缴纳增值税。

（2）教育医疗服务，包括教育服务和医疗服务。其中，教育服务是指提供学历教育服务、非学历教育服务、教育辅助服务的业务活动。医疗服务是指提供医学检查、诊断、治疗、康复、预防、保健、接生、计划生育、防疫等方面的服务，以及与这些服务有关的提供药品、医用材料器具、救护车、病房和伙食的业务。

（3）旅游娱乐服务，包括旅游服务和娱乐服务。

（4）餐饮住宿服务，包括餐饮服务和住宿服务。纳税人以长（短）租形式出租酒店式公寓并提供配套服务的，按照住宿服务缴纳增值税；提供餐饮服务的纳税人销售的外卖食品，按照餐饮服务缴纳增值税。

（5）居民日常服务，包括市容市政管理、家政、婚庆、养老、殡葬、照料和护理、救助救济、美容美发、按摩、桑拿、氧吧、足疗、沐浴、洗染、摄影扩印等服务。

（6）其他生活服务，是指上述服务以外的生活服务。纳税人提供植物养护服务，按其他生活服务缴纳增值税。

（四）销售无形资产

销售无形资产是指转让无形资产所有权或者使用权的业务活动。

无形资产是指不具实物形态，但能带来经济利益的资产，包括技术（专利技术和非专利技术）、商标、著作权、商誉、自然资源使用权和其他权益性无形资产。

自然资源使用权，包括土地使用权、海域使用权、探矿权、采矿权、取水权和其他自然资源使用权。

其他权益性无形资产，包括基础设施资产经营权、公共事业特许权、配额、经营权（包括特许经营权、连锁经营权和其他经营权）、经销权、分销权、代理权、会员权、席位权、网络游戏虚拟道具、域名、名称权、肖像权、冠名权、转会费等。

纳税人通过省级土地行政主管部门设立的交易平台转让补充耕地指标，按照销售无形资产缴纳增值税，税率为6%。

（五）销售不动产

销售不动产是指转让不动产所有权的业务活动。

不动产是指不能移动或者移动后会引起性质、形状改变的财产，包括建筑物、构筑物等。

建筑物，包括住宅、商业营业用房、办公楼等可供居住、工作或者进行其他活动的建造物。

构筑物，包括道路、桥梁、隧道、水坝等建造物。

转让建筑物有限产权或者永久使用权的，转让在建的建筑物或者构筑物所有权的，以及在转让建筑物或者构筑物时一并转让其所占土地使用权的，按照销售不动产缴纳增值税。

三、与增值税征税有关的其他规定

（一）非经营活动的界定

销售服务、无形资产或者不动产，是指有偿提供服务、有偿转让无形资产或者不动产。有偿是指销售货物、劳务、服务、无形资产或者不动产时取得货币、货物或者其他经济利益。属于下列非经营活动的除外：

（1）行政单位收取的同时满足以下条件的政府性基金或者行政事业性收费：①由国务院或者财政部批准设立的政府性基金，由国务院或者省级人民政府及其财政、价格主管部门批准设立的行政事业性收费；②收取时开具省级以上（含省级）财政部门监（印）制的财政票据；③所收款项全额上缴财政。

（2）单位或者个体工商户聘用的员工为本单位或者雇主提供取得工资的服务。

（3）单位或者个体工商户为聘用的员工提供应税服务。

（4）财政部和国家税务总局规定的其他情形。

（二）境内销售服务、无形资产或者不动产的界定

下列情形属于在境内销售服务、无形资产或者不动产：

（1）服务（租赁不动产除外）或者无形资产（自然资源使用权除外）的销售方或者购买方在境内。

（2）所销售或者租赁的不动产在境内。

（3）所销售自然资源使用权的自然资源在境内。

（4）财政部和国家税务总局规定的其他情形。

下列情形不属于在境内销售服务或者无形资产：

（1）境外单位或者个人向境内单位或者个人销售完全在境外发生的服务。

（2）境外单位或者个人向境内单位或者个人销售完全在境外使用的无形资产。

（3）境外单位或者个人向境内单位或者个人出租完全在境外使用的有形动产。

（4）财政部和国家税务总局规定的其他情形：①为出境的函件、包裹在境外提供的邮政服务、收派服务；②向境内单位或者个人提供的工程施工地点在境外的建筑服务、工程监理服务；③向境内单位或者个人提供的工程、矿产资源在境外的工程勘察勘探服务；④向境内单位或者个人提供的会议展览地点在境外的会议展览服务。

（三）视同销售货物行为

（1）将货物交付其他单位或者个人代销。

（2）销售代销货物。

📢 **学习提示**：上述两项行为实质为委托代销业务中的委托方和受托方即委托代销业务的双方均需要视同销售计算缴纳增值税。

委托方收到代销清单或收到全部或部分货款时为纳税义务发生时间；未收到代销清单或货款，发出代销货物满180天的当天为纳税义务发生时间。

受托方取得的代销手续费，按现代服务征税（6%）。

作为受托方必须取得委托方的增值税专用发票时才可以抵扣进项税额。

【例2-1】 某商场（一般纳税人）2020年5月受托代销某品牌服装，取得代销收入6.78万元（零售价），与委托方进行结算，取得的增值税专用发票上注明的税额0.6万元。要求计算该商场此业务应缴纳的增值税税额。

【解析】 某商场应缴纳的增值税税额计算如下：

$$销项税额 = 6.78 \div (1+13\%) \times 13\% = 0.78（万元）$$

$$进项税额 = 0.6（万元）$$

$$应缴纳增值税 = 0.78 - 0.6 = 0.18（万元）$$

（3）设有两个以上机构并实行统一核算的纳税人，将货物从一个机构移送至其他机构用于销售，但相关机构设在同一县（市）的除外。

用于销售是指售货机构发生以下情形之一的经营行为：向购货方开具发票；向购货方收取货款。

（4）将自产或委托加工的货物用于非增值税应税项目。

（5）将自产、委托加工的货物用于集体福利或个人消费。

（6）将自产、委托加工或购进的货物作为投资，提供给其他单位或个体工商户。

（7）将自产、委托加工或购进的货物分配给股东或投资者。

（8）将自产、委托加工或购进的货物无偿赠送其他单位或个人。

> 📖 **学习提示**：自2019年1月1日至2022年12月31日，对单位或者个体工商户将自产、委托加工或购买的货物通过公益性社会组织、县级及以上人民政府及其组成部门和直属机构，或直接无偿捐赠给目标脱贫地区的单位和个人，免征增值税。

（四）视同销售服务、无形资产或者不动产

（1）单位或者个体工商户向其他单位或者个人无偿提供服务，但用于公益事业或者以社会公众为对象的除外。

（2）单位或者个人向其他单位或者个人无偿转让无形资产或者不动产，但用于公益事业或者以社会公众为对象的除外。

例如，甲公司将房屋出租给乙针灸馆，不收取租金，但甲公司工作人员可以在乙针灸馆免费针灸。本案看似无偿，实则有偿。甲公司的房屋出租行为应当视同销售不动产租赁服务，征收增值税；乙针灸馆提供的免费针灸服务应当视同销售针灸服务，征收增值税。

（五）混合销售行为征税规定

同一项销售行为如果既涉及货物又涉及服务，为混合销售。

从事货物的生产、批发或者零售的单位和个体工商户的混合销售行为，按照销售货物缴纳增值税；其他单位和个体工商户的混合销售行为，按照销售服务缴纳增值税。

自2017年5月1日起，纳税人销售活动板房、机器设备、钢结构件等自产货物的同时，提供建筑、安装服务，不属于混合销售，应分别核算销售货物和建筑服务的销售额。一般纳税人销售自产机器设备的同时提供安装服务，应分别核算机器设备和安装服务的销售额，安装服务可以按照甲供工程选择适用简易计税方法计税。

（六）对兼营的征税规定

兼营是指纳税人兼有销售货物和劳务，销售服务、无形资产或者不动产的行为。

兼营行为应分别核算适用不同税率或者征收率的销售额；未分别核算销售额，从高适用税率或征收率征税。

（七）不征收增值税的项目

（1）纳税人资产重组有关增值税问题。纳税人在资产重组中，通过合并、分立、出售、置换等方式，将全部或部分实物资产以及与其相关的债权、负债和劳动力一并转让给其他单位和个人，其中涉及的货物、不动产、土地使用权转让行为不属于增值税的征税范围。

（2）纳税人取得中央财政补贴有关增值税问题。

1）纳税人取得的中央财政补贴，不属于增值税应税收入。

2）燃油电厂从政府财政专户取得的发电补贴不属于增值税规定的价外费用，不计入应税销售额。

（3）以公益活动为目的。试点纳税人根据国家指令无偿提供的铁路运输服务、航空运输服务，属于以公益活动为目的的服务，不征收增值税。

（4）存款利息。

（5）被保险人获得的保险赔付。

（6）住宅专项维修资金。这是指房地产主管部门或者其指定机构、公积金管理中心、开发企业以及物业管理单位代收的住宅专项维修资金。

四、增值税税率和征收率

增值税税率是根据货物的整体税负设计的。用应税货物的销售额乘以增值税税率，即为该货物在这一环节所负担的全部增值税税额。

$$增值税税率 = （货物在本环节的应纳税额 + 以前环节的已纳税额）÷ 货物在本环节的销售额 \times 100\%$$

（一）我国增值税税率

目前，我国增值税税率[⑧]分为四档，分别是基本税率13%、较低税率9%、低税率6%和零税率。

1．基本税率

基本税率又称标准税率，适用于大多数征税对象，体现了增值税税负的轻重。增值税一般纳税人销售或进口货物、提供加工修理修配劳务以及提供有形动产租赁服务，除对税率适用范围和销售个别旧货适用征收率外，税率为13%。

2．较低税率

较低税率适用于纳税人销售或进口税法列举的较低税率货物，及纳税人销售交通运输、邮政、基础电信、建筑、不动产租赁服务，销售不动产，转让土地使用权。增值税一般纳税人销售或者进口下列货物，税率为9%：

（1）粮食等**农产品**、食用植物油、食用盐。粮食包括切面、饺子皮、馄饨皮、面皮、米粉等粮食复制品，税率为9%。以粮食为原料加工的速冻食品、方便面、副食品和各种热食品及淀粉、玉米浆、玉米纤维、玉米蛋白等适用13%的税率。农产品是指种植业、养殖业、林业、牧业、水产业生产的各种植物、动物的初级产品，税率为9%。

知识拓展

⑧ 我国不同时期的增值税税率见表2-2。

表2-2　我国不同时期的增值税税率

时　　期	2017年6月30日前	2017年7月1日至2018年4月30日	2018年5月1日至2019年3月31日	2019年4月1日后
基本税率	17%	17%	16%	13%
较低税率	13% 11%	11%	10%	9%
低税率	6%	6%	6%	6%

（2）自来水、暖气、冷气、热水、煤气、石油液化气、天然气、二甲醚、沼气、居民用煤炭制品。农业灌溉用水、引水工程输送的水等，不属于本货物的范围，不征收增值税。

（3）图书、报纸、杂志、音像制品、电子出版物。

（4）饲料、化肥、农药、农机、农膜。其中，农机是指农机整机，农机零部件适用基本税率13%；用于人类日常生活的各种类型包装的日用卫生用药（如卫生杀虫剂、驱虫剂、驱蚊剂、蚊香等）适用基本税率13%。

（5）国务院规定的其他货物。

3．低税率

低税率适用于销售其他服务（按照规定适用零税率的除外）、无形资产。

（1）销售增值电信服务、金融服务、现代服务（租赁服务除外）、生活服务。

（2）销售无形资产（转让土地使用权除外）。

纳税人通过省级土地行政主管部门设立的交易平台转让补充耕地指标，按照销售无形资产缴纳增值税，税率为6%。

4．零税率

（1）纳税人出口货物，税率为零，但是国务院另有规定的除外。

（2）境内单位和个人跨境销售国务院规定范围的服务、无形资产，税率为零。如国际运输服务、航天运输服务。

（3）向境外单位提供的完全在境外消费的下列服务：①研发服务；②合同能源管理服务；③设计服务；④广播影视节目（作品）的制作和发行服务；⑤软件服务；⑥电路设计及测试服务；⑦信息系统服务；⑧业务流程管理服务；⑨离岸服务外包业务；⑩转让技术。

（4）国务院规定的其他服务。

（二）征收率

增值税采用简易征收办法计税时适用的税率称为征收率。

1．3%征收率的适用范围

（1）小规模纳税人的简易计税及一般纳税人可以选择适用简易计税方法计税时，一般适用3%征收率（适用5%征收率的除外）。

（2）小规模纳税人（除其他个人外）销售自己使用过的固定资产（动产），适用简易办法依照3%征收率减按2%征收增值税。

（3）小规模纳税人（除其他个人外）销售自己使用过的除固定资产以外的物品，应按3%的征收率征收增值税。

（4）一般纳税人销售自己使用过的购入时不得抵扣且未抵扣进项税的固定资产（动产），适用简易办法依照3%征收率减按2%征收增值税。

（5）纳税人（含一般纳税人和小规模纳税人）销售旧货，按照简易办法依照3%征收率减按2%征收增值税。

（6）一般纳税人销售下列自产货物，可选择按照3%的征收率纳税，选择简易办法后，36个月内不得变更：①县级及以下小型水力发电单位生产的电力；②建筑用和生产建筑材料所用的砂、土、石料；③以自己采掘的砂、土、石料或其他矿物连续生产的砖、瓦、石灰；④用微生物、微生物代谢产物、动物毒素、人或动物的血液或组织等制成的生物制品；⑤自来水；⑥商品混凝土。

💡 **学习提示**：对属于一般纳税人的自来水公司销售自来水，按简易办法依照3%征收率征收增值税，不得抵扣购进自来水取得增值税扣税凭证上注明的增值税税款。

（7）一般纳税人的下列销售行为，暂按3%的征收率纳税：①寄售商店代销寄售物品；②典当业销售死当物品。

（8）一般纳税人的下列应税行为，可以选择适用简易计税方法：①公共交通运输服务；②与动漫产品相关的设计、制作服务，以及在境内转让动漫版权；③电影放映服务、仓储服务、装卸搬运服务、收派服务；④文化体育服务；⑤"营改增"试点前取得的有形动产，提供的有形动产经营租赁服务；⑥"营改增"试点前签订的，尚未执行完毕的有形动产租赁合同。

（9）建筑企业一般纳税人提供建筑服务属于老项目的，可以选择简易计税方法按照3%的征收率征收增值税。

（10）自2018年5月1日起，增值税一般纳税人生产销售和批发、零售抗癌药品，可选择按照简易办法依照3%征收率计算缴纳增值税。自2018年5月1日起，对进口抗癌药品，减按3%征收进口环节增值税。

（11）自2019年3月1日起，增值税一般纳税人生产销售和批发、零售罕见病药品，可选择按照简易办法依照3%征收率计算缴纳增值税。自2019年3月1日起，对进口罕见病药品，减按3%征收进口环节增值税。

2．5%征收率的适用范围

（1）小规模纳税人销售自建或者取得的不动产。

（2）一般纳税人选择简易计税方法的不动产销售。

（3）房地产开发企业中的小规模纳税人，销售自行开发的房地产项目。

（4）其他个人销售其取得（不含自建）的不动产（不含其购买的住房）。

（5）一般纳税人选择简易计税方法计税的不动产经营租赁。

（6）小规模纳税人出租（经营租赁）其取得的不动产（不含个人出租住房）。

（7）其他个人出租（经营租赁）其取得的不动产（不含住房）。

（8）个人出租住房，应按照5%的征收率减按1.5%计算应纳税额。

（9）一般纳税人和小规模纳税人提供劳务派遣服务选择差额纳税的。

（10）一般纳税人在2016年4月30日前签订的不动产融资租赁合同，或在2016年4月30日前取得的不动产提供的融资租赁服务，选择简易计税方法的。

（11）一般纳税人收取试点前开工的一级公路、二级公路、桥、闸通行费，选择适用简易计税方法的。

（12）一般纳税人提供人力资源外包服务，选择适用简易计税方法的。

（13）纳税人转让2016年4月30日前取得的土地使用权，选择适用简易计税方法的。

💡 **学习提示**：使用征收率计税就要求纳税人采用简易征税办法缴税，不能抵扣该项目相关的进项税；采用征收率计算的税额是应纳税额，不能称其为销项税额。

✱ **本节导读分析**：通过本节内容的学习，我们知道了增值税是在我国境内销售货物或劳务、销售服务、无形资产或不动产以及进口货物的单位和个人为纳税人按照相应税率和征收率征税的流转税。

知识小结：
1. 销售服务总结

征税范围一般规定		具体内容
交通运输服务	陆路运输服务	包括铁路、公路、缆车、索道、地铁、城市轻轨等运输业务活动 出租车公司向使用本公司自有出租车的出租车司机收取的管理费用
	水路运输服务	水路运输的程租、期租业务
	航空运输服务	航空运输的湿租业务，航天运输服务
	管道运输服务	通过管道设施输送气体、液体、固体物质的运输业务活动
邮政服务	邮政普遍服务	包括函件、包裹等邮件寄递，以及邮票发行、报刊发行和邮政汇兑等业务活动
	邮政特殊服务	包括义务兵平常信函、机要通信、盲人读物和革命烈士遗物的寄递等业务活动
	其他邮政服务	包括邮册等邮品销售、邮政代理等业务活动
电信服务	基础电信服务	包括利用固网、移动网、卫星、互联网，提供语音通话服务，以及出租出售带宽、波长等网络元素的服务
	增值电信服务	包括利用固网、移动网、卫星、互联网、有线电视网络，提供短信和彩信服务、电子数据和信息的传输及应用服务、互联网接入服务等业务活动
建筑服务	工程服务	新建、改建各种建筑物、构筑物的工程作业
	安装服务	固话、有线电视、宽带、水、电、燃气、暖气等收取的安装费、初装费、扩容费及类似收费
	修缮服务	对建筑物、构筑物进行修补、加固、养护、改善，使之恢复原来的使用价值或者延长其使用期限的工程作业
	装饰服务	对建筑物、构筑物进行修饰装修，使之美观或具有特定用途的工程作业
	其他建筑服务	如钻井（打井）、拆除建筑物、平整土地、园林绿化等 物业服务企业为业主提供的装修服务，纳税人将建筑施工设备出租给他人使用并配备操作人员，均按建筑服务缴纳增值税
金融服务	贷款服务	各种占用、拆借资金取得的收入，融资性售后回租、押汇、罚息、票据贴现、转贷等业务取得的利息及利息性质的收入 特殊：以货币资金投资收取的固定利润或者保底利润，按照贷款服务纳税 金融商品持有期间（含到期）取得的非保本收益，不征收增值税
	直接收费金融服务	包括提供货币兑换、信用卡、基金管理、金融交易场所管理、资金结算、资金清算等服务
	保险服务	包括人身保险服务和财产保险服务
	金融商品转让	转让外汇、有价证券、非货物期货和其他金融商品所有权的业务活动
现代服务	研发和技术服务	包括研发服务、合同能源管理服务、工程勘察勘探服务、专业技术服务
	信息技术服务	包括软件服务、电路设计及测试服务、信息系统服务、业务流程管理服务和信息系统增值服务
	文化创意服务	包括设计服务、知识产权服务、广告服务和会议展览服务
	物流辅助服务	包括航空服务、港口码头服务（含港口设施保安费）、货运客运场站服务、打捞救助服务、装卸搬运服务、仓储服务、收派服务

（续）

征税范围一般规定		具 体 内 容
现代服务	租赁服务	包括融资租赁和经营租赁 ①水路运输的光租业务、航空运输的干租业务；②将不动产或飞机、车辆等有形动产的广告位出租给其他单位或个人用于发布广告；③车辆停放服务、道路通行服务（包括过路费、过桥费、过闸费等）
	鉴证咨询服务	包括认证服务、鉴证服务和咨询服务 翻译服务、市场调查服务按照咨询服务缴纳增值税
	广播影视服务	包括广播影视节目（作品）的制作服务、发行服务、播映（含放映）服务
	商务辅助服务	包括企业管理服务、经纪代理服务（如金融代理、知识产权代理、法律代理、房地产中介、婚姻中介等）、人力资源服务、安全保护服务（如武装守护押运服务）
	其他现代服务	纳税人为客户办理退票而向客户收取的退票费、手续费等收入，按照其他现代服务缴纳增值税；纳税人对安装运行后的电梯提供的维修保养服务，按照其他现代服务缴纳增值税
生活服务	文化体育服务	包括文化服务和体育服务
	教育医疗服务	包括教育服务和医疗服务
	旅游娱乐服务	包括旅游服务和娱乐服务
	餐饮住宿服务	包括餐饮服务和住宿服务 纳税人以长（短）租形式出租酒店式公寓并提供配套服务的，按照住宿服务缴纳增值税；提供餐饮服务的纳税人销售的外卖食品，按照餐饮服务缴纳增值税
	居民日常服务	包括市容市政管理、家政、婚庆、养老、殡葬、照料和护理、救助救济、美容美发、按摩、桑拿、氧吧、足疗、沐浴、洗染、摄影扩印等服务
	其他生活服务	纳税人提供植物养护服务，按照其他生活服务缴纳增值税

2. 混合销售和兼营行为的区别和税务处理总结

行 为	区 别	税务处理
混合销售	同一项销售行为如果既涉及货物又涉及服务为混合销售	货物生产、批发、零售单位和个体户按货物的税率缴纳增值税，其他单位和个体户按服务缴纳增值税
兼营销售	兼有销售货物和劳务，销售服务、无形资产或者不动产的行为	应分别核算适用不同税率或者征收率的销售额；未分别核算销售额，从高适用税率或征收率征税

3. 增值税税率总结

税 率		规 定
基本税率	13%	纳税人销售或进口绝大部分的货物、一般纳税人提供的加工、修理修配劳务、有形动产租赁服务
较低税率	9%	较低税率货物： （1）粮食等农产品、食用植物油、食用盐 （2）自来水、暖气、冷气、热水、煤气、石油液化气、天然气、二甲醚、沼气、居民用煤炭制品 （3）图书、报纸、杂志、音像制品、电子出版物 （4）饲料、化肥、农药、农机、农膜

（续）

税　率		规　定
较低税率	9%	较低税率应税行为： （1）提供交通运输、邮政、基础电信、建筑、不动产租赁服务 （2）销售不动产 （3）转让土地使用权
低税率	6%	销售其他服务（按照规定适用零税率的除外）、无形资产： （1）销售增值电信服务、金融服务、现代服务（租赁服务除外）、生活服务 （2）销售无形资产（转让土地使用权除外）
零税率	0	（1）纳税人出口货物 （2）境内单位和个人跨境销售国务院规定范围的服务、无形资产 （3）向境外单位提供的完全在境外消费的下列服务：①研发服务；②合同能源管理服务；③设计服务；④广播影视节目（作品）的制作和发行服务；⑤软件服务；⑥电路设计及测试服务；⑦信息系统服务；⑧业务流程管理服务；⑨离岸服务外包业务；⑩转让技术

4. 依照 3% 征收率减按 2% 征收情况总结

纳税人身份	征税项目	计算方法
一般纳税人	销售自己使用过的购入时不得抵扣且未抵扣过进项税的固定资产（动产）	含税售价÷（1+3%）×2%
	销售旧货	
小规模纳税人	销售自己使用过的固定资产（动产）	
	销售旧货	

第三节　增值税应纳税额的计算

> /学习导读/
>
> 　　增值税具有避免重复征税的特点，但上一节的内容并没有提及，而且针对那么多货物或劳务计征增值税，增值税避免重复征税的特点体现在哪里呢？不同类型的纳税人又该如何计算其应纳税额呢？让我们认真学习本节内容吧。

一、一般计税方法应纳税额的计算

增值税一般纳税人应纳税额的计算公式为

$$当期应纳增值税税额 = 当期销项税额 - 当期进项税额$$

（一）销售额确定的一般规定

1. 销项税额和销售额

一般纳税人销售货物或提供应税劳务、销售服务、无形资产或者不动产，按照销售额和税法规定的税率计算，并向购买方收取的增值税额为销项税额。其计算公式为

$$销项税额 = 不含税销售额 \times 税率$$

销项税额是纳税人按规定自行计算出来的，计算依据是不含增值税的销售额。

销售额是指纳税人发生应税销售行为时向购买方（承受劳务和服务行为也视为购买方）收取的全部价款和价外费用，但不包括收取的销项税额。

价外费用包括销售方在价外向购买方收取的手续费、补贴、基金、集资费、返还利润、奖励费、违约金、滞纳金、延期付款利息、赔偿金、代收款项、代垫款项、包装费、包装物租金、储备费、优质费、运输装卸费以及其他各种性质的价外收费。

下列项目不包括在价外费用内：

（1）受托加工应征消费税的消费品所代收代缴的消费税。

（2）同时满足以下条件代为收取的政府性基金或者行政事业性收费：①由国务院或者财政部批准设立的政府性基金，由国务院或者省级人民政府及其财政、价格主管部门批准设立的行政事业性收费；②收取时开具省级以上财政部门印制的财政票据；③所收款项全额上缴财政。

（3）以委托方名义开具发票代委托方收取的款项。

（4）销售货物的同时代办保险等而向购买方收取的保险费，以及向购买方收取的代购买方缴纳的车辆购置税、车辆牌照费。

【例 2-2】 某饭店（一般纳税人）2020 年 7 月餐饮收入 520 000 元，另收取包间服务费 20 000 元。要求计算该饭店 2020 年 7 月的销项税额。

【解析】 该饭店 2020 年 7 月的销项税额计算如下：

$$销项税额 = (520\,000+20\,000) \div (1+6\%) \times 6\% = 30\,566.04（元）$$

📢 **学习提示**：不含增值税的销售额与含税销售额之间的换算：

$$不含增值税的销售额 = 含增值税销售额 \div (1+税率/征收率)$$

2. 视同销售货物行为销售额的确定

纳税人销售价格明显偏低且无正当理由或者偏高且不具有合理商业目的的，或视同销售货物而无销售额的，按下列顺序确定销售额：

（1）按纳税人最近时期同类货物、劳务、服务、无形资产或者不动产的平均价格确定。

（2）按其他纳税人最近时期销售同类货物、劳务、服务、无形资产或者不动产的平均价格确定。

（3）按组成计税价格确定销售额。其计算公式为

$$组成计税价格 = 成本 \times (1+成本利润率)$$

征收增值税的货物，同时又征收消费税的，其组成计税价格中应包含消费税税额。其计算公式为

$$组成计税价格 = 成本 \times (1+成本利润率) + 消费税税额$$

或

$$组成计税价格 = 成本 \times (1+成本利润率) \div (1-消费税税率)$$

【例 2-3】 2020 年 6 月，某企业（一般纳税人）研制了一种新型普通化妆品，为了进行市场推广和宣传，无偿赠送 100 件给消费者试用。该化妆品无同类产品市场价，生产成本 500 元/件，成本利润率为 10%。要求计算该企业 2020 年 6 月赠送化妆品的销项税额。

【解析】 该企业 2020 年 6 月赠送化妆品的销项税额计算如下：

$$组成计税价格 = 100 \times 500 \times (1+10\%) = 55\,000（元）$$

$$销项税额 = 55\,000 \times 13\% = 7\,150（元）$$

3．混合销售的销售额确定

混合销售的销售额为货物销售额和服务销售额的合计。

4．兼营销售额的确定

纳税人兼营不同税率或征收率的货物、劳务、服务、无形资产或者不动产，应当分别核算不同税率或征收率的销售额；未分别核算的，从高适用税率或征收率。

（二）特殊销售方式下的销售额

1．折扣折让方式下的销售额

（1）折扣销售（商业折扣）。一般是指价格折扣，是由于促销而发生的。销售额和折扣额在同一张发票上的"金额"栏分别注明的，可按折扣后的销售额征收增值税。否则，折扣额不得从销售额中减除。

（2）实物折扣。视同销售，赠送折扣的物品也要缴纳增值税。

（3）销售折扣（现金折扣）。不得从销售额中减除现金折扣额，现金折扣计入**财务费用**，可税前扣除。

（4）销售折让。一般因产品质量问题发生的折让，税法承认。按规定开具红字发票，可以从销售额中减除折让额。

【例2-4】 甲公司为增值税一般纳税人，适用的增值税税率为13%，主要从事A产品的销售。2020年5月10日，甲公司销售给乙公司一批A产品，价款为300万元（不含税）。为早日收回款项，该销售附现金折扣条件"$2/10, 1/20, n/30$"。2020年5月18日，甲公司收到该笔货款，根据合同规定，给予乙公司2%的折扣。要求确定甲公司的计税销售额、销项税额。

【解析】 甲公司销售A产品的计税销售额、销项税额计算如下：

甲公司给予乙公司的现金折扣不得从销售额中扣减，因此

$$销售额 = 300 万元$$

$$销项税额 = 300 \times 13\% = 39（万元）$$

2．以旧换新方式销售

（1）一般按新货同期销售价格确定销售额，**不得减除**旧货收购价格。

（2）金银首饰以旧换新业务按销售方实际收到的不含增值税的全部价款征税。

【例2-5】 2020年9月，某手机店用以旧换新的方式销售手机20台，新手机零售价1 130元/台，旧手机100元/台。要求计算该手机店9月以旧换新的销项税额。

【解析】 该手机店9月以旧换新的销项税额计算如下：

以旧换新方式销售新货应按新货同期销售价格确定销售额，因此该手机店9月以旧换新应确认的销项税额为

$$销项税额 = 1\,130 \times 20 \div (1 + 13\%) \times 13\% = 2\,600（元）$$

3．采取还本销售方式销售

（1）还本销售是纳税人销售货物后，在一定期限内将全部或部分销货款一次或分次无条件退还给购货方全部或部分价款的一种销售方式。

（2）销售额就是货物的销售价格，不能扣除还本支出。

4．以物易物方式销售

（1）双方以各自发出货物（劳务、应税行为）核算销售额并计算销项税额。

（2）双方是否能抵扣进项税，还要看能否取得对方的专用发票、是否换入用于不得抵扣进项税项目等因素。

5. 直销企业增值税销售额确定的

直销企业先将货物销售给直销员，直销员再将货物销售给消费者的，直销企业的销售额为其向直销员收取的全部价款和价外费用。直销员将货物销售给消费者的，应按照现行规定缴纳增值税。

直销企业通过直销员向消费者销售货物，直接向消费者收取货款，直销企业的销售额为其向消费者收取的全部价款和价外费用。

6. 包装物押金的税务处理

包装物押金的税务处理见表 2-3。

表 2-3　包装物押金的税务处理

包装物类型	是否计入销售额
随同货物销售的包装物销售收入	直接计入货物的销售额
随同货物销售的包装物租金收入（销售货物时收取的）	计入价外费用（含税）
包装物押金收入（非酒类产品、啤酒、黄酒）	1 年以内且没有逾期的，不计税
	逾期或超过 1 年的，并入销售额（含税）
包装物押金收入（啤酒、黄酒以外的其他酒类产品）	不看是否逾期或是否超过 1 年，收取时直接并入销售额（含税）

押金属含税销售额，必须进行价税分离。包装物押金不含税收入＝包装物押金含税收入÷(1＋所包装货物适用税率)

7. 有关行业销售额的确定

（1）贷款服务的销售额。以提供贷款服务取得的全部利息及利息性质的收入为销售额。

（2）直接收费金融服务的销售额。以提供直接收费金融服务收取的手续费、佣金、酬金、管理费、服务费、经手费、开户费、过户费、结算费、转托管费等各类费用为销售额。

（3）金融商品转让。按照卖出价扣除买入价后的余额为销售额。转让金融商品出现的正负差，按盈亏相抵后的余额为销售额。

若相抵后出现负差，可结转下一纳税期与下期转让金融商品销售额相抵，但年末时仍出现负差的，不得转入下一个会计年度。

金融商品的买入价，可以选择按照加权平均法或者移动加权平均法进行核算，选择后 36 个月内不得变更。

金融商品转让不得开具增值税专用发票。

（4）经纪代理服务。以取得的全部价款和价外费用，扣除向委托方收取并代为支付的政府性基金或者行政事业性收费后的余额为销售额。

向委托方收取的政府性基金或者行政事业性收费，不得开具增值税专用发票。

（5）航空运输企业的销售额。航空运输企业的销售额不包括代收的机场建设费和代售其他航空运输企业客票而代收转付的价款。

（6）客运场站服务。试点纳税人中的一般纳税人提供的客运场站服务，以其取得的全部价款和价外费用，扣除支付给承运方运费后的余额为销售额。

（7）纳税人提供旅游服务。可以选择以取得的全部价款和价外费用，扣除向旅游服务购买方收取并支付给其他单位或者个人的住宿费、餐饮费、交通费、签证费、门票费和支付给其他接团旅游企业的旅游费用后的余额为销售额。

纳税人提供旅游服务，将火车票、飞机票等交通费发票原件交付给旅游服务购买方而无法收回的，以交通费发票复印件作为差额扣除凭证。

向旅游服务购买方收取并支付的上述费用，不得开具增值税专用发票。

（8）纳税人提供建筑服务。适用简易计税方法的，以取得的全部价款和价外费用扣除支付的分包款后的余额为销售额。

（9）房地产开发企业的销售额。房地产开发企业中的一般纳税人销售其开发的房地产项目（选择简易计税方法的房地产老项目除外），以取得的全部价款和价外费用，扣除受让土地时向政府部门支付的土地价款（征地和拆迁补偿费用、土地前期开发费用和土地出让收益等）后的余额为销售额（差额计税）。

房地产老项目是指《建筑工程施工许可证》注明的合同开工日期在2016年4月30日前的房地产项目。

（10）销售额确定的特殊规定。纳税人兼营免税、减税项目的，应当分别核算免税、减税项目的销售额；未分别核算的，不得免税、减税。纳税人发生应税销售行为，开具增值税专用发票后，发生销售折让、中止、退回等情形的，应当按照原适用税率开具红字增值税专用发票；未按照规定开具红字增值税专用发票的，不得扣减销项税额或者销售额。

（三）进项税额的确定

进项税额是纳税人购进货物、劳务、服务、无形资产、不动产，支付或者负担的增值税额。进项税与销项税相对应。

1．准予从销项税额中抵扣的进项税额

（1）可以凭票抵扣增值税进项税额的有：①从销售方取得的增值税专用发票（包括税务局代开专用发票）上注明的税额；②从销售方取得的税控机动车销售统一发票上注明的税额；③从海关取得的海关进口增值税专用缴款书上注明的税额；④从境外单位或者个人购进劳务、服务、无形资产或者境内的不动产，自税务机关或者扣缴义务人取得的代扣代缴税款的完税凭证上注明的税额。

纳税人凭完税凭证抵扣进项税额的应当出具书面合同、付款证明和境外单位的对账单或发票。资料不全的，其进项税额不得从销项税额中抵扣。

（2）农产品收购发票、销售发票。①购进农产品，取得一般纳税人开具的增值税专用发票或者海关进口增值税专用缴款书的，以增值税专用发票或海关进口增值税专用缴款书上注明的增值税额为进项税额；②从按简易计税方法依照3%征收率计算缴纳增值税的小规模纳税人取得增值税专用发票的，以增值税专用发票上注明的金额和9%的扣除率计算进项税额；③取得（开具）农产品销售发票或收购发票的，以农产品收购发票或销售发票上注明的农产品买价和9%的扣除率计算进项税额；④纳税人购进用于生产或者委托加工13%税率货物的农产品，按照10%的扣除率计算进项税额。计算公式为

$$进项税额 = 买价 \times 扣除率$$

购进农产品，按照《农产品增值税进项税额核定扣除试点实施办法》抵扣进项税额的除外。

纳税人购进农产品既用于生产销售或委托受托加工13%税率货物又用于生产销售其他货物服务的，应当分别核算用于生产销售或委托加工13%税率货物和其他货物服务的农产品进项税额。未分别核算的，统一以增值税专用发票或海关进口增值税专用缴款书上注明的增值税额为进项税额，或以农产品收购发票或销售发票上注明的农产品买价和9%的扣除率计算进项税额。

（3）不动产进项税额抵扣。自 2019 年 4 月 1 日起，纳税人取得不动产或者不动产在建工程的进项税额不再分 2 年抵扣。在此之前，纳税人购进不动产进项税额分 2 年抵扣而尚未抵扣完毕的待抵扣进项税额，可自 2019 年 4 月税款所属期起从销项税额中抵扣。

（4）国内旅客运输服务进项税额抵扣。未取得增值税专用发票的，暂按照以下规定确定进项税额：

1）增值税电子普通发票，按照发票上注明的税额抵扣。

2）注明旅客身份信息的航空运输电子客票行程单：

$$航空旅客运输进项税额 =（票价 + 燃油附加费）\div（1+9\%）\times 9\%$$

3）注明旅客身份信息的铁路车票：

$$铁路旅客运输进项税额 = 票面金额 \div（1+9\%）\times 9\%$$

4）注明旅客身份信息的公路、水路等其他客票：

$$公路、水路等其他旅客运输进项税额 = 票面金额 \div（1+3\%）\times 3\%$$

（5）收费公路通行费的进项税额。

1）纳税人支付的道路通行费，按照收费公路通行费增值税电子普通发票上注明的增值税额抵扣进项税额。

2）暂未能取得收费公路通行费增值税电子普通发票的，可凭取得的通行费发票（不含财政票据，下同）上注明的收费金额按照下列公式计算可抵扣的进项税额。

高速公路通行费（2018 年 1 月 1 日至 6 月 30 日）：

$$可抵扣进项税额 = 高速公路通行费发票上注明的金额 \div（1+3\%）\times 3\%$$

一级公路、二级公路通行费（2018 年 1 月 1 日至 12 月 31 日）：

$$可抵扣进项税额 = 一级公路、二级公路通行费发票上注明的金额 \div（1+5\%）\times 5\%$$

3）纳税人支付的桥、闸通行费，暂凭取得的通行费发票上注明的收费金额按照下列公式计算可抵扣的进项税额：

$$桥、闸通行费可抵扣进项税额 = 桥、闸通行费发票上注明的金额 \div（1+5\%）\times 5\%$$

（6）进项税额的加计抵减政策。自 2019 年 4 月 1 日至 2021 年 12 月 31 日，允许生产、生活性服务业纳税人按照当期可抵扣进项税额加计抵减应纳税额。生产性服务业的加计抵扣比例为 10%，生活性服务业的加计抵扣比例为 15%。

生产性、生活性服务业纳税人，是指提供邮政服务、电信服务、现代服务、生活服务（以下称四项服务）取得的销售额占全部销售额的比重超过 50% 的一般纳税人。

生产性服务业 2019 年 3 月 31 日前设立的纳税人，其销售额按 2018 年 4 月至 2019 年 3 月期间的累计销售额进行计算；实际经营期不满 12 个月的，按实际经营期的累计销售额计算。2019 年 4 月 1 日后设立的纳税人，其销售额按照设立之日起 3 个月的累计销售额进行计算。

生活性服务业 2019 年 9 月 30 日前设立的纳税人，其销售额按 2018 年 10 月至 2019 年 9 月期间的累计销售额进行计算；实际经营期不满 12 个月的，按实际经营期的累计销售额计算。2019 年 4 月 1 日后设立的纳税人，其销售额比重按照设立之日起 3 个月的累计销售额进行计算。2019 年 10 月 1 日后设立的纳税人，其销售额按照设立之日起 3 个月的累计销售额进行计算。

纳税人确定适用加计抵减政策后，当年内不再调整，以后年度是否适用，根据上年度销售额计算确定。纳税人可计提但未计提的加计抵减额，可在确定适用加计抵减政策当期一并计提。

纳税人应按当期可抵扣进项税额的 10% 或 15% 计提当期加计抵减额。按照现行规定不得从销项税额中抵扣的进项税额，不得计提加计抵减额；已计提加计抵减额的进项税额，按规定做进项税额转出的，应在进项税额转出当期，相应调减加计抵减额。

计算公式如下：

当期计提加计抵减额＝当期可抵扣进项税额×10%（或15%）

当期可抵减加计抵减额＝上期期末加计抵减额余额＋当期计提加计抵减额－当期调减加计抵减额

纳税人应按照现行规定计算一般计税方法下的应纳税额（以下称抵减前的应纳税额）后，区分以下情形加计抵减：

1）抵减前的应纳税额等于零的，当期可抵减加计抵减额全部结转下期抵减。

2）抵减前的应纳税额大于零，且大于当期可抵减加计抵减额的，当期可抵减加计抵减额全额从抵减前的应纳税额中抵减。

3）抵减前的应纳税额大于零，且小于或等于当期可抵减加计抵减额的，以当期可抵减加计抵减额抵减应纳税额至零。未抵减完的当期可抵减加计抵减额，结转下期继续抵减。

纳税人出口货物、劳务，发生跨境应税行为不适用加计抵减政策，其对应的进项税额不得计提加计抵减额。

纳税人应单独核算加计抵减额的计提、抵减、调减、结余等变动情况。骗取适用加计抵减政策或虚增加计抵减额的，按照《税收征收管理法》等有关规定处理。

加计抵减政策执行到期后，纳税人不再计提加计抵减额，结余的加计抵减额停止抵减。

2．不得从销项税额中抵扣的进项税额

（1）用于不产生销项税额的项目。用于简易计税方法计税项目、免征增值税项目、集体福利或者个人消费的购进货物、劳务、服务、无形资产和不动产，不得抵扣进项税额。

其中涉及的固定资产、无形资产、不动产，仅指专用于上述项目的固定资产、无形资产（不包括其他权益性无形资产）、不动产。纳税人外购的固定资产，既用于增值税一般计税方法计税项目，也用于免征增值税项目、集体福利或者个人消费的，其进项税额可以依法抵扣。

（2）非正常损失。非正常损失是指因管理不善造成被盗、丢失、霉烂变质的损失，以及因违反法律法规造成货物或不动产被依法没收、毁损、拆除的情形。如果是因不可抗力毁损或者发生合理损耗，对应的进项税额可以抵扣。

1）非正常损失的购进货物，以及相关劳务和交通运输服务，不得抵扣进项税额。

2）非正常损失的在产品、产成品所耗用的购进货物（不包括固定资产）、劳务和交通运输服务，不得抵扣进项税额。

3）非正常损失的不动产，以及该不动产所耗用的购进货物、设计服务和建筑服务，不得抵扣进项税额。

4）非正常损失的不动产在建工程（包括新建、改建、扩建、修缮、装饰不动产）所耗用的购进货物、设计服务和建筑服务，不得抵扣进项税额。

（3）购进的贷款服务、餐饮服务、居民日常服务和娱乐服务，不得抵扣进项税额。支付的贷款利息进项税额不得抵扣，与该笔贷款直接相关的投融资顾问费、手续费、咨询费等费用，进项税额也不得抵扣。

（4）其他不得抵扣进项税额的情形。一般纳税人会计核算不健全，不能够准确提供税务资料，或应当办理一般纳税人资格登记而未办理，不得抵扣进项税额，也不得使用增值税专用发票。

3．购进货物既用于应税项目又用于免税、简易计税项目不得抵扣的确定

适用一般计税方法的纳税人，兼营简易计税方法计税项目、免征增值税项目而无法划分不得抵扣的进项税额，按照下列公式计算不得抵扣的进项税额：

不得抵扣的进项税额＝当期无法划分的全部进项税额×（当期简易计税方法计税项目销售额＋免征增值税项目销售额）÷当期全部销售额

4．扣减进项税的规定

已抵扣进项税额的固定资产、无形资产、不动产，**发生非正常损失**，或者改变用途，专用于简易计税方法计税项目、免征增值税项目、集体福利或者个人消费的，按照下列公式计算不得抵扣的进项税额：

不得抵扣的进项税额＝已抵扣进项税额×不动产净值率

不动产净值率＝（不动产净值÷不动产原值）×100%

其中，固定资产、无形资产或者不动产净值是指纳税人根据财务会计制度的规定计提折旧或摊销后的余额。

5．转增进项税额的规定

不得抵扣且未抵扣进项税额的固定资产、无形资产、不动产，发生用途改变，用于允许抵扣进项税额的应税项目，可在改变用途的次月，依据"合法有效的增值税扣税凭证"，计算可抵扣的进项税额。

可抵扣的进项税额＝固定资产、无形资产、不动产净值÷（1＋适用税率）×适用税率

6．进项税额抵扣的时间限定

自2019年3月1日起，扩大取消增值税发票认证的纳税人范围，将取消增值税发票认证的纳税人范围扩大至全部一般纳税人。一般纳税人取得增值税发票（包括增值税专用发票、机动车销售统一发票、收费公路通行费增值税电子普通发票）后，可以自愿使用增值税发票选择确认平台查询、选择用于申报抵扣、出口退税或者代办退税的增值税发票信息。

7．一般行业增值税期末留抵税额退税

自2019年4月1日起，试行增值税期末留抵税额退税制度。

同时符合以下条件的纳税人，可以向主管税务机关申请退还增量留抵税额：①自2019年4月税款所属期起，连续6个月（按季纳税的，连续2个季度）增量留抵税额均大于零，且第6个月增量留抵税额不低于50万元；②纳税信用等级为A级或者B级；③申请退税前36个月未发生骗取留抵退税、出口退税或虚开增值税专用发票情形的；④申请退税前36个月未因偷税被税务机关处罚两次及以上的；⑤自2019年4月1日起未享受即征即退、先征后返（退）政策的。

增量留抵税额是指与2019年3月底相比新增加的期末留抵税额。

纳税人当期允许退还的增量留抵税额，按照以下公式计算：

允许退还的增量留抵税额＝增量留抵税额×进项构成比例⑨×60%

纳税人既申报免抵退税又申请办理留抵退税的，税务机关应先办理免抵退税。办理免抵退税后，纳税人仍符合留抵退税条件的，再办理留抵退税。

知识拓展

⑨ 进项构成比例，为2019年4月至申请退税前一税款所属期内已抵扣的增值税专用发票（含税控机动车销售统一发票）、海关进口增值税专用缴款书、解缴税款完税凭证注明的增值税额占同期全部已抵扣进项税额的比重。

8．先进制造业增值税期末留抵税额退税

自 2019 年 6 月 1 日起，同时符合以下条件的部分先进制造业纳税人，可以自 2019 年 7 月及以后纳税申报期向主管税务机关申请退还增量留抵税额：

（1）增量留抵税额大于零。

（2）纳税信用等级为 A 级或者 B 级。

（3）申请退税前 36 个月未发生骗取留抵退税、出口退税或虚开增值税专用发票情形。

（4）申请退税前 36 个月未因偷税被税务机关处罚两次及以上。

（5）自 2019 年 4 月 1 日起未享受即征即退、先征后返（退）政策。

部分先进制造业纳税人是指按照《国民经济行业分类》，生产并销售非金属矿物制品、通用设备、专用设备及计算机、通信和其他电子设备销售额占全部销售额比重超过 50% 的纳税人。

上述销售额比重根据纳税人申请退税前连续 12 个月的销售额计算确定；申请退税前经营期不满 12 个月但满 3 个月的，按照实际经营期的销售额计算确定。

部分先进制造业纳税人当期允许退还的增量留抵税额，按照以下公式计算：

$$允许退还的增量留抵税额 = 增量留抵税额 \times 进项构成比例$$

二、简易计税方法应纳税额的计算

小规模纳税人发生应税行为采用简易计税办法，其计算公式为

$$应纳税额 = 销售额 \times 征收率$$

含税销售额的换算：

$$不含税销售额 = 含税销售额 \div （1 + 征收率）$$

2019 年 1 月 1 日至 2021 年 3 月 31 日，小规模纳税人发生增值税应税销售行为，合计月销售额未超过 10 万元（季度销售额未超过 30 万元）的，免征增值税。2021 年 4 月 1 日至 2022 年 12 月 31 日，合计月销售额未超过 15 万元（季度销售额未超过 45 万元）的，免征增值税。

2019 年 1 月 1 日至 2021 年 3 月 31 日，按照现行规定应当预缴增值税税款的小规模纳税人，凡在预缴地实现的月销售额未超过 10 万元的，当期无须预缴税款。2019 年 1 月 1 日至 2019 年 1 月 19 日，已预缴税款的，可以向预缴地主管税务机关申请退还。2021 年 4 月 1 日至 2022 年 12 月 31 日，凡在预缴地实现的月销售额未超过 15 万元的，当期无须预缴税款。

【例 2-6】 某设计公司为增值税小规模纳税人，2020 年 10 月 20 日提供设计服务取得含增值税价款 206 000 元。已知增值税征收率为 3%，计算该设计公司应缴纳的增值税税额。

【解析】 增值税小规模纳税人提供设计服务，采用简易计税办法征税，销售额中含有增值税款的，应换算为不含增值税的销售额。

销售额 = 206 000 ÷（1+3%）= 200 000（元）

应纳增值税税额 = 200 000 × 3% = 6 000（元）

三、进口货物应纳税额的计算

申报进入我国境内的货物，均应缴纳增值税。一般情况下，无论是一般纳税人还是小规模纳税人，一律按照组成计税价格和规定的税率计算应纳税额，无任何抵扣。

其计算公式为

$$应纳税额 = 组成计税价格 \times 税率$$

（一）一般货物组成计税价格

组成计税价格 = 关税完税价格 + 关税

（二）应税消费品组成计税价格

组成计税价格 = 关税完税价格 + 关税 + 消费税
= （关税完税价格 + 关税）÷（1 − 消费税比例税率）

【例2-7】 某公司是增值税一般纳税人，9月从国外进口一批原材料，海关审定的关税完税价格为100万元，已知进口关税税率为10%，按13%的增值税税率向海关缴纳了进口环节增值税并取得了海关进口增值税专用缴款书。计算该公司进口环节应纳增值税税额。

【解析】 根据增值税法律制度的规定，进口原材料应缴纳的增值税税额，按照组成计税价格和规定税率计算。

进口环节应纳关税税额 = 100×10% = 10（万元）
进口环节应纳增值税税额 =（100+10）×13% = 14.3（万元）

本节导读分析：通过学习本节内容，我们真正了解了增值税避免重复征税的原理。简单理解，即当期应纳税额 = 当期销项税额 − 当期进项税额 = 当期商品销售额 × 税率 − 当期商品买入价 × 税率 =（当期商品销售额 − 当期商品买入价）× 税率。可见企业当期应纳税额是仅根据当期所售商品增值部分的销售额计算的，因此避免了重复征税问题。

第四节　增值税税收优惠

/学习导读/

营业税退出历史舞台之后，增值税深入到生活的方方面面。从前面的学习中了解到消费者是增值税的最终承担者。然而，物欲横流的世界里，各种商品琳琅满目，有的与人们的生活息息相关，有的与国家经济息息相关……我国在第一大税种上又给予了哪些优惠呢？让我们进入本节内容，用心领悟那些惠及民生的税收优惠政策吧。

一、增值税暂行条例及其实施细则规定的免税项目

（1）农业生产者销售的自产农产品。农业生产者包括从事农业生产的单位和个人。农产品是指种植业、养殖业、林业、牧业、水产业生产的各类植物、动物的初级产品。对上述单位和个人销售的外购农产品，以及单位和个人外购农产品生产、加工后销售的仍然属于规定范围的农产品，不属于免税的范围，应当按照规定的税率征收增值税。纳税人采取"公司+农户"经营模式从事畜禽饲养，纳税人回收再销售畜禽，属于农业生产者销售自产农产品，应根据《增值税暂行条例》的有关规定免征增值税。

（2）避孕药品和用具。

（3）古旧图书。

（4）直接用于科学研究、科学试验和教学的进口仪器、设备。

（5）外国政府、国际组织（不包括外国企业）无偿援助的进口物资和设备。

（6）由残疾人的组织直接进口供残疾人专用的物品。

（7）销售的自己（指其他个人）使用过的物品。物品是指其他个人自己使用过的物品。

二、"营改增"通知及有关部门规定的税收优惠

（一）免征增值税的项目

（1）托儿所、幼儿园提供的保育和教育服务。

（2）养老机构提供的养老服务。

（3）残疾人福利机构提供的育养服务。

（4）婚姻介绍服务。

（5）殡葬服务。

（6）残疾人员本人为社会提供的服务。

（7）医疗机构提供的医疗服务。医疗机构是指依据国务院《医疗机构管理条例》（国务院令第149号）及卫生部《医疗机构管理条例实施细则》（卫生部令第35号）的规定，经登记取得《医疗机构执业许可证》的机构，以及军队、武警部队各级各类医疗机构。

（8）家政服务企业由员工制家政服务员提供家政服务取得的收入。

（9）纳税人采取转包、出租、互换、转让、入股等方式将承包地流转给农业生产者用于农业生产取得的收入。

（10）从事学历教育的学校提供的教育服务。学历教育是指受教育者经过国家教育考试或者国家规定的其他入学方式，进入国家有关部门批准的学校或者其他教育机构学习，获得国家承认的学历证书的教育形式。不包括职业培训机构等国家不承认学历的教育机构。提供教育服务免征增值税的收入是指对列入规定招生计划的在籍学生提供学历教育服务取得的收入，但是学校以各种名义收取的赞助费、择校费等，不属于免征增值税的范围。

（11）学生勤工俭学提供的服务。

（12）政府举办的从事学历教育的高等、中等和初等学校（不含下属单位），举办进修班、培训班取得的全部归该学校所有的收入。

（13）政府举办的职业学校设立的主要为在校学生提供实习场所，并由学校出资自办、由学校负责经营管理、经营收入归学校所有的企业，从事"现代服务"（不含融资租赁服务、广告服务和其他现代服务）、"生活服务"（不含文化体育服务、其他生活服务和桑拿、氧吧）业务活动取得的收入。

（14）纪念馆、博物馆、文化馆、文物保护单位管理机构、美术馆、展览馆、书画院、图书馆在自己的场所提供文化体育服务取得的第一道门票收入。

（15）寺院、宫观、清真寺和教堂举办文化、宗教活动的门票收入。

（16）个人转让著作权。

（17）2019年1月1日至2023年12月31日，对广播电视运营服务企业收取的有线数字电视基本收视维护费和农村有线电视基本收视费。

2019年1月1日至2023年12月31日，对电影主管部门按照各自职能权限批准从事电影制片、发行、放映的电影集团公司、电影制片厂及其他电影企业取得的销售电影拷贝（含数字拷贝）收入、转让电影版权（包括转让和许可使用）收入、电影发行收入以及在农村取得的电影放映收入。

（18）纳税人提供技术转让、技术开发和与之相关的技术咨询、技术服务。

（19）自2016年5月1日起，社会团体收取的会费，免征增值税。在此之前已征的增值税，可抵减以后月份应缴纳的增值税，或办理退税。社会团体开展经营服务性活动取得的其他收入，

一律照章缴纳增值税。

（20）被撤销金融机构以货物、不动产、无形资产、有价证券、票据等财产清偿债务，除另有规定外，被撤销金融机构所属、附属企业，不享受被撤销金融机构增值税免税政策。

（21）保险公司开办的一年期以上人身保险产品取得的保费收入。

（22）下列金融商品转让收入：

1）合格境外投资者（QFII）委托境内公司在我国从事证券买卖业务。

2）香港市场投资者（包括单位和个人）通过沪港通、深港通买卖上海、深圳证券交易所上市A股。

3）对香港市场投资者（包括单位和个人）通过基金互认买卖内地基金份额。

4）证券投资基金（封闭式证券投资基金、开放式证券投资基金）管理人运用基金买卖股票、债券。

5）个人从事金融商品转让业务。

（23）金融同业往来利息收入。

1）金融机构与人民银行所发生的资金往来业务，包括人民银行对一般金融机构贷款，以及人民银行对商业银行的再贴现等。

2）银行联行往来业务。

3）金融机构之间的资金往来业务。

4）金融机构之间开展的转贴现业务。

但是，自2018年1月1日起，金融机构开展贴现、转贴现业务，以其实际持有票据期间取得的利息收入作为贷款服务销售额计算缴纳增值税。此前贴现机构已就贴现利息收入全额缴纳增值税的票据，转贴现机构转贴现利息收入继续免征增值税。

（24）下列利息收入：

1）中国邮政集团公司为金融机构代办金融保险业务取得的代理收入，试点期间免征增值税。

2）国家助学贷款。

3）国债、地方政府债。

4）人民银行对金融机构的贷款。

5）住房公积金管理中心用住房公积金在指定的委托银行发放的个人住房贷款。

6）外汇管理部门在从事国家外汇储备经营过程中，委托金融机构发放的外汇贷款。

统借方向资金使用单位收取的利息，高于支付给金融机构借款利率水平或者支付的债券票面利率水平的，应全额缴纳增值税。

7）自2021年11月7日起至2025年12月31日止，对境外机构投资境内债券市场取得的债券利息收入暂免征收增值税。

（25）国家商品储备管理单位及其直属企业承担商品储备任务，从中央或者地方财政取得的利息补贴收入和价差补贴收入。

（26）同时符合规定条件的担保机构从事中小企业信用担保或者再担保业务取得的收入（不含信用评级、咨询、培训等收入）3年内免征增值税。

1）已取得监管部门颁发的融资性担保机构经营许可证，依法登记注册为企（事）业法人，实收资本超过2 000万元。

2）平均年担保费率不超过银行同期贷款基准利率的50%。

平均年担保费率＝本期担保费收入÷（期初担保余额＋本期增加担保金额）×100%

3）连续合规经营2年以上，资金主要用于担保业务，具备健全的内部管理制度和为中小企业提供担保的能力，经营业绩突出，对受保项目具有完善的事前评估、事中监控、事后追偿与处置机制。

4）为中小企业提供的累计担保贷款额占其2年累计担保业务总额的80%以上，单笔800万元以下的累计担保贷款额占其累计担保业务总额的50%以上。

5）对单个受保企业提供的担保余额不超过担保机构实收资本总额的10%，且平均单笔担保责任金额最多不超过3 000万元人民币。

（27）军队空余房产租赁收入。

（28）随军家属就业。

（29）军队转业干部就业。

（30）个人销售自建自用住房。

（31）公共租赁住房经营管理单位出租公租住房。

（32）为了配合国家住房制度改革，企业、行政事业单位按房改成本价、标准价出售住房取得的收入。

（33）涉及家庭财产分割的个人无偿转让不动产、土地使用权。家庭财产分割包括下列情形：离婚财产分割；无偿赠与配偶、父母、子女、祖父母、外祖父母、孙子女、外孙子女、兄弟姐妹；无偿赠与对其承担直接抚养或者赡养义务的抚养人或者赡养人；房屋产权所有人死亡，法定继承人、遗嘱继承人或者受遗赠人依法取得房屋产权。

（34）土地所有者出让土地使用权和土地使用者将土地使用权归还给土地所有者。

（35）县级以上地方人民政府或自然资源行政主管部门出让、转让或收回自然资源使用权（不含土地使用权）。

（36）纳税人提供的直接或者间接国际货物运输代理服务。

（37）将土地使用权转让给农业生产者用于农业生产。

（38）农业机耕、排灌、病虫害防治、植物保护、农牧保险以及相关技术培训业务，家禽、牲畜、水生动物的配种和疾病防治。

（39）行政单位之外的其他单位收取的符合规定条件的政府性基金和行政事业性收费。

（40）符合条件的合同能源管理服务。

（41）福利彩票、体育彩票的发行收入。

（42）自2019年1月1日至2023年12月31日，继续对国产抗艾滋病病毒药品免征生产环节和流通环节增值税。

（43）提供社区养老、抚育、家政服务取得的收入。

（二）增值税即征即退

（1）经人民银行、银监会或者商务部批准从事融资租赁业务的试点纳税人中的一般纳税人，提供有形动产融资租赁服务和有形动产融资性售后回租服务，对其增值税实际税负超过3%的部分实行增值税即征即退政策。

（2）增值税一般纳税人销售其自行开发生产的软件产品，按13%税率征收增值税后，对其增值税实际税负超过3%的部分实行即征即退政策。

增值税一般纳税人将进口软件产品进行本地化改造后对外销售，其销售的软件产品可享受上述规定的增值税即征即退政策。

（3）安置残疾人的单位和个体工商户，按纳税人安置残疾人的人数，限额即征即退增值税——按当地月最低工资标准的4倍确定。

（4）一般纳税人提供管道运输服务，对其增值税实际税负超过3%的部分实行增值税即征即退政策。

（三）特殊群体抵减增值税的优惠

1．享受人群

（1）退役士兵自主创业就业。

（2）重点群体创业就业。

2．扣减增值税的规定

（1）对自主就业退役士兵从事个体经营的，自办理个体工商户登记当月起，3年（36个月）内按每户每年12 000元为限额依次扣减其当年实际应缴纳的增值税、城市维护建设税、教育费附加、地方教育附加和个人所得税。

（2）重点群体人员创业就业。建档立卡贫困人口、持"就业创业证"（注明"自主创业税收政策"或"毕业年度内自主创业税收政策"）或"就业失业登记证"（注明"自主创业税收政策"）的人员，从事个体经营的，自办理个体工商户登记当月起，在3年（36个月）内按每户每年12 000元为限额依次扣减其当年实际应缴纳的增值税、城市维护建设税、教育费附加、地方教育附加和个人所得税。

（四）个人将购买的住房对外销售的税收优惠

个人销售住房税收优惠政策见表2-4。

表2-4　个人销售住房税收优惠政策

个人销售住房	购买不足2年	购买超过2年（含2年）	
		其他地区	北京、上海、广州、深圳
普通住房	全额征收5%	免征	免征
非普通住房		免征	（卖出价－买入价）÷（1+5%）×5%

三、跨境行为免征增值税的规定

境内的单位和个人销售的下列服务和无形资产免征增值税，但财政部和国家税务总局规定适用增值税零税率的除外：

（1）工程项目在境外的建筑服务。

（2）工程项目在境外的工程监理服务。

（3）工程、矿产资源在境外的工程勘察勘探服务。

（4）会议展览地点在境外的会议展览服务。

（5）存储地点在境外的仓储服务。

（6）标的物在境外使用的有形动产租赁服务。

（7）在境外提供的广播影视节目（作品）的播映服务。

（8）在境外提供的文化体育服务、教育医疗服务、旅游服务。

（9）为出口货物提供的邮政服务、收派服务、保险服务。

（10）向境外单位提供的完全在境外消费的下列服务和无形资产：①电信服务；②知识产权

服务；③物流辅助服务（仓储服务、收派服务除外）；④鉴证咨询服务；⑤专业技术服务；⑥商务辅助服务；⑦广告投放地在境外的广告服务；⑧无形资产（技术除外）。

（11）以无运输工具承运方式提供的国际运输服务。

（12）为境外单位之间的货币资金融通及其他金融业务提供的直接收费金融服务，且该服务与境内的货物、无形资产和不动产无关。

（13）财政部和国家税务总局规定的其他服务。

四、财政部、国家税务总局规定的其他部分征免税项目

（一）资源综合利用产品和劳务增值税优惠政策

纳税人销售自产符合规定的综合利用产品和提供符合规定的资源综合利用劳务，可享受增值税即征即退政策。退税比例有30%、50%、70%和100%四个档次。

纳税人从事优惠目录所列的资源综合利用项目，享受规定的增值税即征即退政策时，应同时符合一些条件，如应属于增值税一般纳税人，销售综合利用产品和劳务不属于国家发展改革委员会发布的《产业结构调整指导目录》中的禁止、限制类项目等。

（二）免征蔬菜流通环节增值税

（1）对从事蔬菜批发、零售的纳税人销售的蔬菜免征增值税。经挑选、清洗、切分、晾晒、包装、脱水、冷藏、冷冻等工序加工的蔬菜，属于蔬菜的范围。各种蔬菜罐头不属于蔬菜的范围。

（2）纳税人既销售蔬菜又销售其他增值税应税货物的，应分别核算蔬菜和其他增值税应税货物的销售额；未分别核算的，不得享受蔬菜增值税免税政策。

（三）粕类产品征免增值税处理

豆粕属于征收增值税的饲料产品，除豆粕以外的其他粕类饲料产品，均免征增值税。

（四）制种企业免征增值税

制种企业在下列生产经营模式下生产销售种子，属于农业生产者销售自产农业产品，按规定免征增值税。

（1）制种企业利用自有土地或承租土地，雇用农户或雇工进行种子繁育，再经烘干、脱粒、风筛等深加工后销售种子。

（2）制种企业提供亲本种子委托农户繁育并从农户手中收回，再经烘干、脱粒、风筛等深加工后销售种子。

五、起征点

纳税人发生应税销售行为的销售额未达到起征点的，免征增值税；达到起征点的，全额计算缴纳增值税。

（1）按期纳税的，为月应税销售额5 000～20 000元（含本数）。

（2）按次纳税的，为每次（日）销售额300～500元（含本数）。

（3）起征点的调整由财政部和国家税务总局规定。

📢 学习提示：此规定仅适用于个人，不包括认定为一般纳税人的个体工商户。

六、小规模纳税人免征增值税政策

（1）自2021年4月1日至2022年12月31日，对月销售额15万元以下（以1个季度为1

个纳税期的小规模纳税人,季度销售额未超过 45 万元)的,免征增值税。

(2) 小规模纳税人月销售额超过 15 万元,但扣除本期发生的销售不动产的销售额后未超过 15 万元的,其销售货物、劳务、服务、无形资产取得的销售额免征增值税。

(3) 适用增值税差额征税政策的小规模纳税人,以差额后的销售额确定是否可以享受上述规定免征增值税政策。

(4) 其他个人,采取一次性收取租金形式出租不动产取得的租金收入,可在对应的租赁期内平均分摊,分摊后的月租金收入未超过 15 万元的,免征增值税。

(5) 小规模纳税人月销售额未超过 15 万元的,当期因开具增值税专用发票已经缴纳的税款,在增值税专用发票全部联次追回或者按规定开具红字专用发票后,可以向主管税务机关申请退还。

(6) 按照现行规定应当预缴增值税税款的小规模纳税人,凡在预缴地实现的月销售额未超过 15 万元的,当期无须预缴税款。上述规定下发前已预缴税款的,可以向预缴地主管税务机关申请退还。

(7) 小规模纳税人中的单位和个体工商户销售不动产,应按其纳税期、上述(6)的政策规定以及其他现行政策规定确定是否预缴增值税;其他个人销售不动产,继续按照现行规定征免增值税。

(8) 小规模纳税人月销售额超过 15 万元的,使用增值税发票管理系统开具增值税普通发票、机动车销售统一发票、增值税电子普通发票。

七、其他减免税规定

(1) 纳税人兼营免税、减税项目的,应当分别核算免税、减税项目的销售额,未分别核算的,不得免税、减税。

(2) 纳税人发生应税销售行为适用免税、减税规定的,纳税人可以放弃免税、减税,依照《增值税暂行条例》或者《营业税改征增值税试点实施办法》的规定缴纳增值税。放弃免税、减税后,36 个月内不得再申请免税、减税。

(3) 纳税人发生应税销售行为同时适用免税和零税率规定的,纳税人可以选择适用免税或零税率。

本节导读分析:学习上述内容以后我们发现适用税收优惠的项目主要涉及社会福利、民生、科学、教育等国家倡导的科教文卫事业,或微利、出口贸易等企业,目的是鼓励基础产业发展、刺激出口、盘活经济。

第五节 增值税纳税申报

/学习导读/

2019 年 3 月,甲公司为乙公司提供了一项广告服务,广告已经播出,但是双方约定,广告费于 2019 年 12 月 31 日支付。那么增值税的纳税义务发生时间应该是几月呢?让我们通过本节的学习来寻找答案吧。

一、增值税的征收管理

（一）纳税义务发生时间

纳税人发生应税销售行为，纳税义务发生时间为收讫销售款或取得索取销售款凭据的当天；先开具发票的，为开具发票的当天；进口货物，纳税义务发生时间为报关进口的当天。

具体的纳税义务发生时间规定如下：

（1）纳税人采用直接收款方式销售货物，不论货物是否发出，均为收到销售款或者索取销售款凭据的当天。

（2）纳税人采用托收承付和委托银行收款销售货物，为发出货物并办妥托收手续的当天。

（3）纳税人采取赊销和分期收款方式销售货物，签订了书面合同的，为书面合同约定的收款日期的当天；无书面合同的或者书面合同没有约定收款日期的，为货物发出的当天。

（4）纳税人采取预收货款方式销售货物，为货物发出的当天；但生产销售生产工期超过12个月的大型机械设备等货物，为收到预收款或者书面合同约定的收款日期的当天。

（5）纳税人委托其他纳税人代销货物，为收到代销单位的代销清单或者收到全部或者部分货款的当天；未收到代销清单及货款的，为发出代销货物满180日的当天。

（6）视同销售货物行为的，为货物移送的当天。

（7)"营改增"增值税纳税义务发生时间的规定如下：

1）发生应税行为的，为收到销售款或者取得索取销售款凭据的当天。

2）纳税人提供租赁服务采取预收款方式的，其纳税义务发生时间为收到预收款的当天。

3）从事金融商品转让的，为金融商品所有权转移的当天。

4）纳税人发生视同销售服务、无形资产或者不动产情形的，其纳税义务发生时间为服务、无形资产转让完成的当天或者不动产权属变更的当天。

（二）纳税地点

（1）固定业户应当向其机构所在地主管税务机关申报纳税。总机构和分支机构不在同一县（市）的，应当分别向各自所在地的主管税务机关申报纳税；经财政部和国家税务总局或者其授权的财政和税务机关批准，可以由总机构汇总向总机构所在地的主管税务机关申报纳税。

（2）固定业户到外县（市）销售货物的，应当向其机构所在地主管税务机关申请开具外出经营活动税收管理证明，向其机构所在地主管税务机关申报纳税。未持有其机构所在地主管税务机关核发的外出经营活动税收管理证明，到外县（市）销售货物或者应税劳务的，应当向销售地主管税务机关申报纳税；未向销售地主管税务机关申报纳税的，由其机构所在地主管税务机关补征税款。

（3）非固定业户销售货物或者劳务，应当向销售地或者劳务发生地的主管税务机关申报纳税；未向销售地或者劳务发生地的主管税务机关申报纳税的，由其机构所在地或居住地的主管税务机关补征税款。

（4）其他个人提供建筑服务，销售或者租赁不动产，转让自然资源使用权，应向建筑服务发生地、不动产所在地、自然资源所在地主管税务机关申报纳税。

（5）扣缴义务人应当向其机构所在地或者居住地主管税务机关申报缴纳扣缴的税款。

（6）进口货物，应当由进口人或其代理人向报关地海关申报纳税。

📢 **学习提示**：根据国家税务总局公告2018年第38号的规定，纳税人跨省（自治区、直辖市和计划单列市）临时从事生产经营活动的，向机构所在地的税务机关填报"跨区域涉税事项报告表"。

（三）纳税期限

增值税的纳税期限分别为 1 日、3 日、5 日、10 日、15 日、1 个月或者 1 个季度。纳税人的具体纳税期限，由主管税务机关根据纳税人应纳税额的大小分别核定。不能按照固定期限纳税的，可以按次纳税。以 1 个季度为纳税期限的规定适用于小规模纳税人、银行、财务公司、信托投资公司、信用社，以及财政部和国家税务总局规定的其他纳税人。

纳税人以 1 个月或者 1 个季度为 1 个纳税期的，自期满之日起 15 日内申报纳税；以 1 日、3 日、5 日、10 日或者 15 日为 1 个纳税期的，自期满之日起 5 日内预缴税款，于次月 1 日起 15 日内申报纳税并结清上月应纳税款。

扣缴义务人解缴税款的期限，按照上述规定执行。

纳税人进口货物，应当自<u>海关填发进口增值税专用缴款书</u>之日起 15 日内缴纳税款。

二、纳税申报

增值税纳税义务人应当在次月 1 日至 15 日内根据当月的销售情况填写增值税纳税申报表主表及附表。增值税纳税申报表主表样式见表 2-5。

表 2-5　增值税纳税申报表
（一般纳税人适用）

根据国家税收法律法规及增值税相关规定制定本表。纳税人不论有无销售额，均应按税务机关核定的纳税期限填写本表，并向当地税务机关申报。

税款所属时间：自　　年　月　日至　　年　月　日　　填表日期：　　年　月　日　　　　金额单位：元至角分

纳税人识别号								所属行业：		
纳税人名称	（公章）		法定代表人姓名			注册地址		生产经营地址		
开户银行及账号			登记注册类型					电话号码		

	项　目	栏　次	一般项目		即征即退项目	
			本月数	本年累计	本月数	本年累计
销售额	（一）按适用税率计税销售额	1				
	其中：应税货物销售额	2				
	应税劳务销售额	3				
	纳税检查调整的销售额	4				
	（二）按简易办法计税销售额	5				
	其中：纳税检查调整的销售额	6				
	（三）免、抵、退办法出口销售额	7			—	—
	（四）免税销售额	8			—	—
	其中：免税货物销售额	9			—	—
	免税劳务销售额	10			—	—
税款计算	销项税额	11				
	进项税额	12				
	上期留抵税额	13			—	

（续）

项目		栏次	一般项目		即征即退项目	
			本月数	本年累计	本月数	本年累计
税款计算	进项税额转出	14				
	免、抵、退应退税额	15			—	—
	按适用税率计算的纳税检查应补缴税额	16			—	—
	应抵扣税额合计	17=12+13-14-15+16			—	—
	实际抵扣税额	18（如17<11，则为17，否则为11）				
	应纳税额	19=11-18				
	期末留抵税额	20=17-18				
	简易计税办法计算的应纳税额	21				
	按简易计税办法计算的纳税检查应补缴税额	22			—	—
	应纳税额减征额	23				
	应纳税额合计	24=19+21-23				
税款缴纳	期初未缴税额（多缴为负数）	25				
	实收出口开具专用缴款书退税额	26			—	—
	本期已缴税额	27=28+29+30+31				
	①分次预缴税额	28			—	—
	②出口开具专用缴款书预缴税额	29			—	—
	③本期缴纳上期应纳税额	30				
	④本期缴纳欠缴税额	31				
	期末未缴税额（多缴为负数）	32=24+25+26-27				
	其中：欠缴税额（≥0）	33=25+26-27			—	—
	本期应补（退）税额	34=24-28-29				
	即征即退实际退税额	35	—	—		
	期初未缴查补税额	36			—	—
	本期入库查补税额	37			—	—
	期末未缴查补税额	38=16+22+36-37			—	—
授权声明	如果你已委托代理人申报，请填写下列资料： 为代理一切税务事宜，现授权 （地址）　　　　　　为本纳税人的代理申报人，任何与本申报表有关的往来文件，都可寄予此人。 授权人签字：	申报人声明	本纳税申报表是根据国家税收法律法规及相关规定填报的，我确定它是真实的、可靠的、完整的。 声明人签字：			
主管税务机关：		接收人：			接收日期：	

【例 2-8】 某公司是生产电器的一般纳税人，2020 年 5 月销售电器已收讫含税价款 113 万元，当月购进材料取得专票注明金额 20 万元，当月进项税已经抵扣，购进材料运回企业发生运

费 1 万元（不含增值税），取得运输公司开具的增值税专用发票。该公司上期无留抵税额。假定该公司当月无其他纳税事项，6 月初该公司会计申报缴纳的增值税为多少？

【解析】 增值税计算过程见表 2-6。

表 2-6　增值税计算过程

计税依据	不含税销售额＝含税销售额÷（1+税率）
税率	13%
税额（计税依据×税率）	销项税额＝113÷（1+13%）×13%=13（万元） 购进增值税＝20×13%+1×9%=2.69（万元） 增值税＝13−2.69=10.31（万元）
会计核算	销售电器取得收入的会计处理如下： 　借：银行存款　　　　　　　　　　　　　　　　　113 万元 　　　贷：主营业务收入　　　　　　　　　　　　　100 万元 　　　　　应交税费——应交增值税（销项税额）　　13 万元 购进材料进项税额的会计处理如下： 　借：原材料　　　　　　　　　　　　　　　　　　21 万元 　　　应交税费——应交增值税（进项税额）　　　　2.69 万元 　　　贷：银行存款　　　　　　　　　　　　　　　23.69 万元 应纳增值税的会计处理如下： 　借：应交税费——应交增值税（转出未交增值税）　10.31 万元 　　　贷：应交税费——未交增值税　　　　　　　　10.31 万元 6 月扣税时会计处理如下： 　借：应交税费——未交增值税　　　　　　　　　　10.31 万元 　　　贷：银行存款　　　　　　　　　　　　　　　10.31 万元
申报取数	增值税申报取"应交税费——未交增值税"贷方数 10.31 万元，列入申报表"应纳税额"中

申报表见表 2-7。

表 2-7　增值税纳税申报表

（一般纳税人适用）

根据国家税收法律法规及增值税相关规定制定本表。纳税人不论有无销售额，均应按税务机关核定的纳税期限填写本表，并向当地税务机关申报。

税款所属时间：自 2020 年 5 月 1 日至 2020 年 5 月 31 日　　　填表日期：2020 年 6 月 10 日

金额单位：万元至角分

纳税人识别号	略			所属行业：		
纳税人名称	略（公章）	法定代表人姓名	略	注册地址	略	生产经营地址	略
开户银行及账号	略	登记注册类型	略	电话号码	略

项　目		栏　次	一般项目		即征即退项目	
			本月数	本年累计	本月数	本年累计
销售额	（一）按适用税率计税销售额	1				
	其中：应税货物销售额	2	100			
	应税劳务销售额	3				

（续）

	项　目	栏　次	一般项目		即征即退项目	
			本月数	本年累计	本月数	本年累计
销售额	纳税检查调整的销售额	4				
	（二）按简易办法计税销售额	5				
	其中：纳税检查调整的销售额	6				
	（三）免、抵、退办法出口销售额	7			—	—
	（四）免税销售额	8			—	—
	其中：免税货物销售额	9			—	—
	免税劳务销售额	10			—	—
税款计算	销项税额	11	13			
	进项税额	12	2.69			
	上期留抵税额	13			—	
	进项税额转出	14				
	免、抵、退应退税额	15				
	按适用税率计算的纳税检查应补缴税额	16				
	应抵扣税额合计	17=12+13-14-15+16	2.69	—	—	—
	实际抵扣税额	18（如17<11，则为17，否则为11）	2.69			
	应纳税额	19=11-18	10.31			
	期末留抵税额	20=17-18				
	简易计税办法计算的应纳税额	21				
	按简易计税办法计算的纳税检查应补缴税额	22			—	—
	应纳税额减征额	23				
	应纳税额合计	24=19+21-23				
税款缴纳	期初未缴税额（多缴为负数）	25				
	实收出口开具专用缴款书退税额	26			—	—
	本期已缴税额	27=28+29+30+31				
	①分次预缴税额	28		—		—
	②出口开具专用缴款书预缴税额	29			—	—
	③本期缴纳上期应纳税额	30				
	④本期缴纳欠缴税额	31				
	期末未缴税额（多缴为负数）	32=24+25+26-27				
	其中：欠缴税额（≥0）	33=25+26-27			—	—
	本期应补（退）税额	34=24-28-29				
	即征即退实际退税额	35	—	—		

（续）

项　目		栏　次	一般项目		即征即退项目	
			本月数	本年累计	本月数	本年累计
税款缴纳	期初未缴查补税额	36			—	—
	本期入库查补税额	37			—	—
	期末未缴查补税额	38=16+22+36−37			—	—
授权声明	如果你已委托代理人申报，请填写下列资料： 为代理一切税务事宜，现授权 （地址）　　　　　为本纳税人的代理申报人，任何与本申报表有关的往来文件，都可寄予此人。 授权人签字：				申报人声明	本纳税申报表是根据国家税收法律法规及相关规定填报的，我确定它是真实的、可靠的、完整的。 声明人签字：

主管税务机关：　　　　　　　接收人：　　　　　　　接收日期：

本节导读分析：通过本节内容的学习，我们知道了纳税人采取赊销和分期收款方式销售货物，签订了书面合同的，为书面合同约定的收款日期的当天。3月播放广告，书面合同约定的收款时间是12月31日，因此，增值税的纳税义务发生时间应该是12月。

知识小结：增值税申报纳税地点总结

业　户			申报纳税地点
固定户	一般情况		机构所在地
	总分机构不在同一县（市）		分别申报
			经批准，可以由总机构汇总向总机构所在地的主管税务机关申报
	外出经营	有外管证	机构所在地
		无外管证	销售地；没申报的，由其机构所在地主管税务机关补征税款
非固定户			销售地或劳务和应税行为发生地
进口			报关地海关

第六节　增值税专用发票使用及管理

/学习导读/

　　增值税凭借可以抵扣进项税额的特点，完美地避免了重复征税的问题。但对一家企业而言，只要计算出当期进项税额就可以抵扣了吗？不，增值税进项税额抵扣有其专用抵扣凭证——增值税专用发票。作为抵扣凭证的增值税专用发票，有什么不一样的特征和管理要求呢？让我们进入本节内容来学习了解吧。

一、专用发票的联次及用途

增值税专用发票是指增值税一般纳税人发生应税销售行为开具的发票,是购买方支付增值税并可按照增值税有关规定据以抵扣进项税额的凭证。

一般纳税人应通过增值税防伪税控系统使用专用发票。使用包括领购、开具、缴销、认证、稽核比对专用发票及其相应的数据电文。防伪税控系统是指经国务院同意推行的、使用专用设备和通用设备,运用数字密码和电子存储技术管理专用发票的计算机管理系统。

增值税专用发票由基本联次或者基本联次附加其他联次构成。基本联次为三联,分别为发票联、抵扣联和记账联。

(1)发票联,作为购买方核算采购成本和增值税进项税额的记账凭证。
(2)抵扣联,作为购买方报送主管税务机关认证和留存备查的凭证。
(3)记账联,作为销售方核算销售收入和增值税销项税额的记账凭证。

其他联次用途,由纳税人自行确定。

二、专用发票的领购

增值税专用发票一般限于增值税一般纳税人领购使用,除部分行业外,小规模纳税人和非增值税纳税人不得领购使用增值税专用发票。

纳税信用A级的纳税人可一次领取不超过3个月的增值税发票用量;纳税信用B级的纳税人可一次领取不超过2个月的增值税发票用量。

一般纳税人有下列情形之一的,不得领购使用增值税专用发票,已经领购使用的,由税务机关收缴其尚未使用的增值税专用发票。

(1)会计核算不健全,不能向税务机关准确提供增值税销项税额、进项税额、应纳税额数据及其他有关增值税税务资料的。其他有关增值税税务资料的内容,由省、自治区、直辖市和计划单列市税务局确定。

(2)有《税收征收管理法》规定的税收违法行为,拒不接受税务机关处理的。

(3)有下列行为之一,经税务机关责令限期改正但仍未改正的:

1)虚开增值税专用发票。
2)私自印制专用发票。
3)向税务机关以外的单位和个人买取专用发票。
4)借用他人专用发票。
5)未按规定开具专用发票。
6)未按规定保管专用发票和专用设备。
7)未按规定申请办理防伪税控系统变更发行。
8)未按规定接受税务机关检查。

有上列情形的,如已领购专用发票,主管税务机关应暂扣其结存的专用发票和IC卡。

(4)销售的货物全部属于免税项目者。

三、专用发票的使用管理

(1)一般纳税人发生应税销售行为,应向购买方开具专用发票。小规模纳税人发生应税销售行为,除部分行业外,不得开具增值税专用发票的,可以向主管税务机关申请代开专用发票。

(2) 一般纳税人有下列销售情形之一，不得开具专用发票：

1) 商业企业一般纳税人零售的烟、酒、食品、服装、鞋帽（不包括劳保专用部分）、化妆品等消费品。

2) 发生应税销售行为适用免税规定的。

3) 销售报关出口的货物、在境外销售应税劳务。

4) 将货物用于集体福利或个人消费。

5) 将货物无偿赠送他人（如果受赠者为一般纳税人，可根据受赠人的要求开具增值税专用发票）。

6) 向小规模纳税人销售应税项目，可以不开具增值税专用发票。

7) 应税销售行为的购买方为消费者个人的。

8) 城镇公共供水企业缴纳的水资源税对应的水费收入，不计征增值税，按"不征税自来水"项目开具增值税普通发票。

(3) 小规模纳税人自行代开发票。小规模纳税人需要开具增值税专用发票，可以向主管税务机关申请代开，国家税务总局另有规定的除外。

(4) 小规模纳税人自开增值税专用发票。自2019年3月1日起，将小规模纳税人自行开具增值税专用发票试点范围由住宿业，鉴证咨询业，建筑业，工业，信息传输、软件和信息技术服务业，扩大至租赁和商务服务业，科学研究和技术服务业，居民服务、修理和其他服务业。上述8个行业的小规模纳税人发生增值税应税行为，需要开具增值税专用发票的，可以自愿使用增值税发票管理系统自行开具。

以上试点行业的小规模纳税人销售其取得的不动产，需要开具增值税专用发票的，仍须向税务机关申请代开。

(5) 专用发票的开具要求：

1) 项目齐全，与实际交易相符。

2) 字迹清楚，不得压线、错格。

3) 发票联和抵扣联加盖发票专用章。

4) 按照增值税纳税义务的发生时间开具。

对不符合上述要求的专用发票，购买方有权拒收。

本节导读分析：换位思考，增值税专用发票的抵扣联可以用来抵扣当期应缴纳的销项税额。通俗理解，增值税专用发票的抵扣联是相当于具有给企业抵减销项税额功能的"货币"。如此重要的凭证，在管理上严格要求也是可以理解的。

拓展知识 增值税会计处理

学习导读

对于财务工作者来说，除了学习增值税的计算与申报外，学会用会计语言来处理与增值税相关的经济业务也是必备的技能。你知道增值税一般纳税人在进行会计处理时，会用到哪些明细科目进行会计核算吗？

一、科目设置

增值税一般纳税人在应缴纳增值税明细账内设置"进项税额""销项税额抵减""已交税金""转出未交增值税""减免税款""出口抵减内销产品应纳税额""销项税额""出口退税""进项税额转出""转出多交增值税"等专栏。

"进项税额"专栏,记录一般纳税人购进货物、加工修理修配劳务、服务、无形资产或不动产而支付或负担的、准予从当期销项税额中抵扣的增值税额。

"销项税额抵减"专栏,记录一般纳税人按照现行增值税制度规定因扣减销售额而减少的销项税额。

"已交税金"专栏,记录一般纳税人当月已缴纳的应纳增值税额。

"转出未交增值税"和"转出多交增值税"专栏,分别记录一般纳税人月度终了转出当月应缴纳未缴纳或多缴纳的增值税额。

"减免税款"专栏,记录一般纳税人按现行增值税制度规定准予减免的增值税额。

"出口抵减内销产品应纳税额"专栏,记录实行"免、抵、退"办法的一般纳税人按规定计算的出口货物的进项税抵减内销产品的应纳税额。

"销项税额"专栏,记录一般纳税人销售货物、加工修理修配劳务、服务、无形资产或不动产应收取的增值税额。

"出口退税"专栏,记录一般纳税人出口货物、加工修理修配劳务、服务、无形资产按规定退回的增值税额。

"进项税额转出"专栏,记录一般纳税人购进货物、加工修理修配劳务、服务、无形资产或不动产等发生非正常损失以及其他原因而不应从销项税额中抵扣、按规定转出的进项税额。

二、具体会计核算

(一)销售货物

企业销售货物按规定计算增值税时应借记"银行存款""应收账款"等科目,贷记"应交税费——应交增值税(销项税额)"科目。

【例2-9】 2020年6月,某公司(增值税一般纳税人)采用直接收款方式销售一批自行车,取得含税销售额1 130 000元,商品已发出。款项银行已收讫。计算该公司应缴纳的增值税并编制相应的会计分录。不考虑城市维护建设税及附加。

【解析】 采用直接收款方式销售货物,其纳税义务发生时间为收到款项的当天。

取得的含税销售额需要换成不含税销售额:1 130 000÷(1+13%)=1 000 000(元);应缴纳的增值税为1 000 000×13%=130 000(元)。

账务处理为:
借:银行存款 1 130 000
　　贷:主营业务收入 1 000 000
　　　　应交税费——应交增值税(销项税额) 130 000

(二)购进材料、接受运输服务

企业购进材料用于生产货物,购进的材料取得增值税专用发票的,专用发票上注明的金额借记"原材料",进项税额借记"应交税费——应交增值税(进项税额)"。将购进的材料运回企业,取得专用发票的，专用发票上注明的金额计入原材料成本中，进项税额借记"应交税费——应交增值税（进项税额）"；没有取得专用发票的，运费发生的含税价款全部记入"原材料"科目。

【例 2-10】 某公司 2020 年 6 月购进一批材料用于生产自行车，该批材料成本为 150 000 元，购进过程中发生运费 5 000 元。材料和运费均取得专用发票且用银行存款付讫，不考虑其他税费。计算该公司允许抵扣的进项税并编制相应的会计分录。

【解析】 允许抵扣的进项税为 150 000×13%+5 000×9%=19 950（元）。

账务处理为：

借：原材料	155 000
应交税费——应交增值税（进项税额）	19 950
贷：银行存款	174 950

（三）增值税应纳税额

一般计税方法下，增值税应纳税额 = 销项税额 − 进项税额。月份终了，企业应将当月发生的应缴纳增值税税额自"应交税费——应交增值税（转出未交增值税）"科目转入"未交增值税"明细科目，借记"应交税费——应交增值税（转出未交增值税）"，贷记"应交税费——未交增值税"。实际缴纳增值税时，借记"应交税费——未交增值税"科目，贷记"银行存款"科目。

【例 2-11】 承【例 2-9】和【例 2-10】，计算该公司应缴纳的增值税并编制相应的会计分录。

【解析】 当期销项税额为 130 000 元，当期允许抵扣的进项税额为 19 950 元，当期应纳增值税税额 =130 000−19 950=110 050（元）。

账务处理为：

借：应交税费——应交增值税（转出未交增值税）	110 050
贷：应交税费——未交增值税	110 050
借：应交税费——未交增值税	110 050
贷：银行存款	110 050

❋ **本节导读分析**：本节内容主要是明确什么时间确认增值税销项以及确认多少，什么时间进项税转出，当月未缴纳的、多缴纳的增值税怎么办，可减免的增值税如何处理等问题。

本章导读分析

增值税是以商品和劳务在流转过程中产生的增值额作为征税对象而征收的一种流转税。增值税可以有效防止商品在流转过程中的重复征税问题，并具备保持税收中性、普遍征收、实行税款抵扣制度、实行比例税率等特点。增值税的纳税人为在中华人民共和国国内销售货物或者劳务、销售服务、无形资产或者不动产以及进口货物的单位和个人，但是，增值税的税收负担最终由消费者承担。

实务案例

北京税务部门在 2015 年的税务检查中，发现 47 家公司的纳税情况出现异常。调查发现，这 47 家公司的部分发票均来自济南某饲料有限公司。有关部门继续调查取证后发现，该公司虚开增值税专用发票的嫌疑重大，初步估计涉嫌虚开发票的总金额超过 6 亿元，造成税款流失近 7 200 万元。

据该公司实际控制人毕某透露，之所以参与虚开发票是因为欠下巨额债务，以虚开发票的方式来偿还所欠李某的债务。2014 年，毕某的饲料公司更换会计人员，会计职务由毕某的女友董某接手。两人开始办理领购并开具增值税专用发票，然后将发票卖给北京 47 家公司用来抵扣进项税，每次按照税金的一定比例进行提成。调查证据表明，涉案嫌疑人以济南某饲料有限公司的名义，开出专用发票共计 6 000 余张，总涉案金额超过 6 亿元。

本案例中，毕某及董某以济南某饲料有限公司的名义虚开增值税专用发票，制造虚假交易信息，造成巨额国家税款流失，对税收征管环境造成了极其恶劣的影响，应追究其虚开增值税发票的相关刑事责任。

思维导图

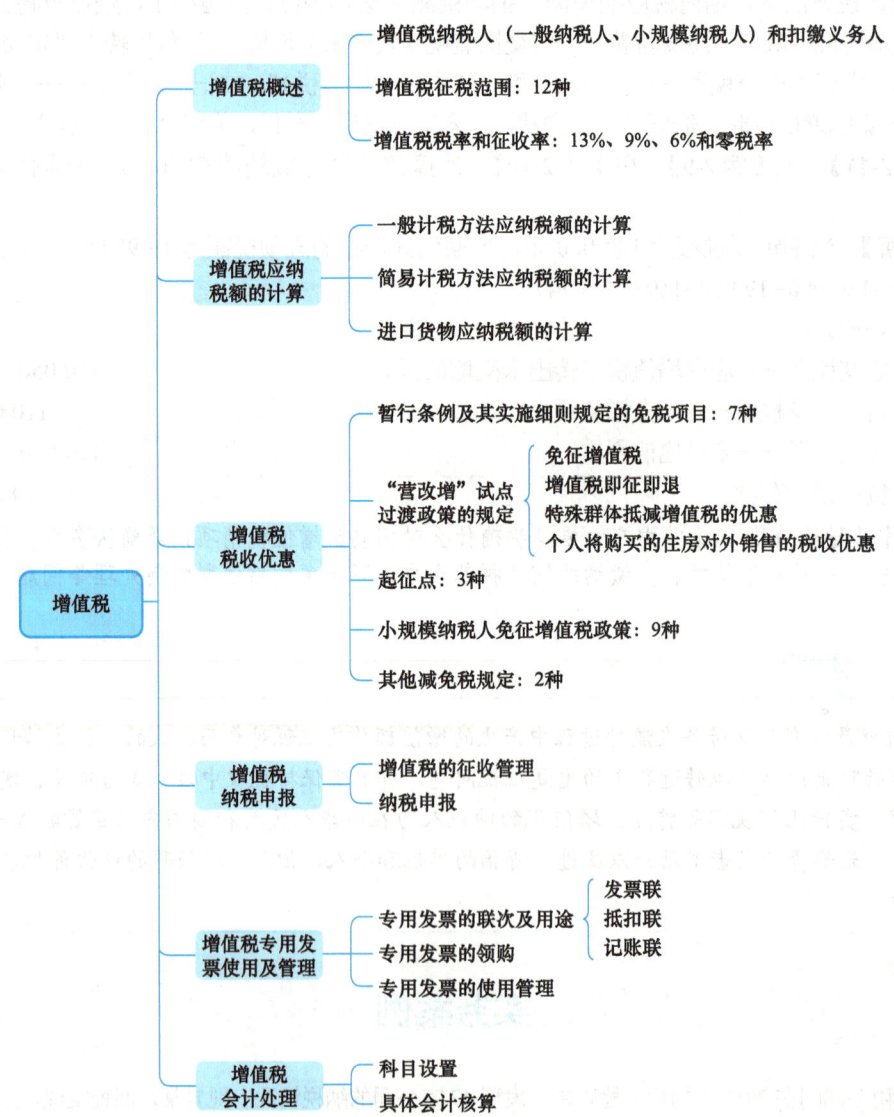

复习思考题

一、单项选择题

1. 甲市的 A、B 两店为实行统一核算的连锁店。根据增值税法律制度的规定，A 店的下列经营活动中，不属于视同销售货物行为的是（   ）。
   A．将货物交付给位于乙市的某商场代销 B．销售丙市某商场委托代销的货物
   C．将货物移送到 B 店用于销售 D．为促销将本店货物无偿赠送给消费者

2. 对下列增值税应税行为计算销项税额时，按照全额确定销售额的是（   ）。
   A．贷款服务 B．金融商品转让
   C．一般纳税人提供客运场站服务 D．经纪代理服务

3. 根据增值税法律制度的规定，下列各项中，应按照"销售劳务"税目计缴增值税的是（   ）。
   A．制衣厂员工为本厂提供的加工服装服务 B．有偿提供安装空调服务
   C．有偿提供修理机器设备服务 D．有偿提供出租车服务

4. 某食品厂是增值税一般纳税人，2020 年 9 月从农民手中收购一批大豆用于直接出售，农产品收购发票上注明买价 20 万元；该批大豆在运回库房途中发生了 1% 的损失，经查验该损失系管理不善造成。有关该食品厂就上述业务可以抵扣的增值税进项税额，下列计算列式正确的是（   ）万元。
   A．20×9% B．20×9%×（1−1%） C．20×10% D．20×10%×（1−1%）

5. 甲公司为增值税一般纳税人，2020 年 6 月，甲公司将一套机器设备出租给乙公司，收取了不含税租金 10 万元。甲公司该笔收入的销项税额为（   ）万元。
   A．1.6 B．1.1 C．1.3 D．0.6

二、多项选择题

1. 下列租赁行为，应当按照金融服务征收增值税的有（   ）。
   A．有形动产经营租赁 B．有形动产融资性售后回租
   C．不动产融资租赁 D．不动产融资性售后回租

2. 根据增值税法律制度的规定，下列各项中属于增值税混合销售行为的有（   ）。
   A．歌舞厅向张某提供娱乐服务的同时销售食品
   B．建材商店向王某销售地板的同时提供安装服务
   C．餐饮公司向李某提供餐饮服务的同时销售烟酒
   D．百货商店向郑某销售商品的同时提供送货服务

3. 增值税一般纳税人外购货物（已经抵扣进项税额）发生的下列情形中，需要做进项税额转出的有（   ）。
   A．用于集体福利 B．因管理不善丢失 C．用于对外投资 D．用于免税项目

三、计算题

1. 某手机生产企业是增值税一般纳税人，2020 年 6 月生产销售 A 型手机，出厂不含增值税单价为 2 800 元/台，具体购销情况如下：
   （1）向某商场销售 1 000 台 A 型子机，由于商场采购量大，给予其 10% 的折扣，并将销售额和折扣额在同一张发票的金额栏内分别注明；同时，向运输企业（一般纳税人）支付运费，收到的增值税专用发票上注明运费金额为 3 000 元。

（2）销售本企业 2015 年购进的自用生产设备 1 台，取得含增值税收入 113 000 元。

（3）销售子机发出包装物收取押金 20 000 元，另没收逾期未退还的包装物押金 17 400 元。

（4）购进手机零配件取得增值税专用发票上注明金额 120 000 元、增值税税额 15 600 元。

（5）从小规模纳税人处购进工具件，支付价税合计金额 90 000 元，取得税务机关代开的增值税专用发票。

（6）从消费者个人手中收购废旧手机，支付收购金额 30 000 元。

已知：纳税人取得的增值税专用发票均已通过认证并允许在当月抵扣，2020 年 5 月留抵的增值税税额为 3 000 元。

根据上述资料，不考虑其他因素，分析回答下列问题：

（1）该企业就业务（1）而言，增值税销项税额是多少？

（2）针对业务（1），该企业支付销货运费可以抵扣的增值税进项税额是多少？

（3）有关业务（2），该企业应缴纳多少增值税？

（4）有关业务（3），该企业应计算缴纳多少销项税额？

（5）该企业 2020 年 6 月可以抵扣多少进项税额？

2．甲广告公司为增值税一般纳税人，2020 年 9 月发生如下业务：

（1）取得含增值税的广告代理收入 200 万元，因广告效果出色取得奖金 5 万元。

（2）出租摄影设备取得含增值税的租赁收入 50 万元，收取设备磨损赔偿金 8 万元。

（3）出售 2014 年购进的制图设备 1 台，含增值税售价 0.2 万元。

（4）向广告发布者支付广告发布费，取得增值税专用发票上注明的税额为 4.2 万元。

（5）购进办公用小轿车 1 辆，取得增值税专用发票上注明的税额为 4.8 万元。

（6）购进职工集体宿舍用装修材料，取得增值税专用发票上注明的税额为 0.8 万元，为此向运输公司支付运输费，取得增值税专用发票上注明的税额为 0.1 万元。

取得的增值税扣税凭证均于当月认证通过。

根据上述资料，不考虑其他因素，分析回答下列问题：

（1）甲公司当月取得广告代理收入及奖金的增值税销项税额是多少？

（2）甲公司出租摄影设备的增值税销项税额是多少？

（3）甲公司出售制图设备应缴纳的增值税是多少？

（4）甲公司哪些增值税进项税额准予抵扣？

3．甲企业为增值税一般纳税人，主要从事电冰箱的生产和销售，2020 年 10 月发生如下事项：

（1）进口钢材一批，支付给国外的购货款 120 万元、到达我国海关以前的运输装卸费 11 万元、保险费 13 万元。海关代征进口环节的增值税后，开具了进口增值税专用缴款书。

（2）将一批 A 型电冰箱赊销给乙公司，双方在书面合同中约定 11 月 15 日付款。11 月 18 日甲企业开具了增值税专用发票，注明价款为 1 040 万元；乙公司于 12 月 5 日支付货款，12 月 7 日收到了甲企业开具的增值税专用发票。

（3）将一批压缩机销售给某小规模纳税人，开具普通发票，取得含税收入 27.84 万元。

（4）将自产的 10 台 A 型电冰箱（总成本为 3.5 万元）赠送给当地的敬老院。

（5）将新试制的 2 台 B 型电冰箱用于本企业的职工食堂，成本共计 1 万元，市场上无 B 型电冰箱的销售价格。

已知甲企业进口钢材的关税税率为 7%，A 型电冰箱当月平均不含税售价为每台 0.75 万元，A 型电冰箱和 B 型电冰箱的成本利润率均为 10%，甲企业取得的增值税专用发票和进口增值税专用缴款书在当期均已通过认证。

根据上述资料，不考虑其他因素，分析回答下列问题：

（1）有关事项（1）中，甲企业应向海关缴纳的增值税税额是多少？

（2）甲企业上述事项（2）的增值税纳税义务发生时间是哪天？

（3）有关事项（3）中甲企业的销项税额是多少？

（4）事项（4）应视同销售货物，销项税额是多少？

（5）事项（5）是否视同销售货物？是的话，销项税额是多少？

4．甲公司为增值税一般纳税人，主要从事建筑、装修材料的生产和销售业务，2020年10月有关经济业务如下：

（1）购进生产用原材料取得增值税专用发票上注明的税额为13万元，另支付运费取得增值税专用发票上注明的税额为0.27万元。

（2）购进办公设备取得增值税专用发票上注明的税额为2.6万元。

（3）仓库因保管不善丢失一批上月从一般纳税人处购进的零配件，该批零配件账面成本为10.53万元，其中含运输成本0.23万元，购进零配件和支付运输费的进项税额均已于上月抵扣。

（4）销售装修板材取得含税价款226万元，另收取包装费2.26万元。

（5）销售1台自己使用过的机器设备，取得含税销售额20.6万元。该设备于2008年2月购入，甲公司属于2008年12月31日以前未纳入扩大增值税抵扣范围试点的纳税人。

已知上期留抵增值税税额为5.6万元，取得的增值税专用发票已通过税务机关认证。

根据上述资料，分析回答下列问题：

（1）甲公司的进项税额，哪些准予从销项税额中抵扣？

（2）甲公司当月丢失零配件，应当转出多少增值税进项税额？

（3）甲公司当月销售装修板材应缴纳的增值税销项税额是多少？

（4）甲公司当月销售机器设备应缴纳的增值税税额是多少？

第三章 消费税

本章导读

多年前,某酒业上市公司小股民通过阅读公司年报信息,分析计算年报公布的财务数据,认为公司存在少缴消费税嫌疑,于是一纸诉状起诉至成都市中级人民法院。在调查取证过程中,该股民认为依据公布的销量、消费税年报数据、税率及组成计税价格公式计算的该公司的计税收入低于成本,又根据国税总局国税函的规定,白酒生产企业的税负在10%以上,而当年该公司的消费税占销售收入的比仅为7.41%,因此存在少缴税嫌疑。在年报披露的信息中显示该公司集团下设了供销有限公司等相关信息,酒厂自产的酒低价出售给供销公司。集团为什么不直接出售而是先低价销售给销售公司呢?股民可以通过公司年报看出税务问题,你可以拥有像案例中的股民那样的智慧吗?学好"税会",你就可以!下面让我们一起学习消费税吧。

第一节 消费税概述

/学习导读/

消费税是税法领域的重要税种之一,是我国税收的重要来源之一,既引导着人们的消费,又抑制着超前消费。那么什么是消费税?它的特点是什么?又有哪些作用?请大家带着这些问题,在学习中寻找答案。

一、消费税的概念

消费税是对在我国境内从事销售、委托加工和进口应税消费品的单位和个人,就其应税消费品的**销售额**或**销售量**,在特定环节征收的一种税。简单地说,消费税就是对特定的消费品和消费行为征收的一种税。

我国的消费税是在1994年税制改革中设置的税种。它由原产品税脱胎而来,与实行普遍调节的增值税配套,对某些产品和行为进行特殊调节。

> 学习提示:增值税也属于**流转税**,但增值税是**价外税**。

二、消费税的特点

(1)征收范围的选择性。对非生活必需品、奢侈品、高档消费品、不可再生的稀缺性资源产品以及高能耗产品等消费品征重税,不会影响居民的生活水平,同时可以达到抑制不良消费行为、促进资源的有效利用、缓解社会财富分配不公的目的。

(2)单一环节征税。为加强源头控制,防止税款流失,消费税的纳税环节主要确定在生产环节或进口环节。也就是说，应税消费品在生产环节或进口环节征税之后，除个别消费品的纳税环节有特殊规定外，继续转销该消费品不再征收消费税。这样既可以减少纳税人的数量，降低税款征收费用和税源流失的风险，又可以防止重复征税。

（3）价内税。征收消费税的消费品，其价格由成本、利润和消费税三部分构成，价格中含有消费税。

（4）税率较高且税负差异大。消费税属于国家运用税收杠杆，对某些消费品或消费行为进行特殊调节的税种。为了有效体现国家政策，消费税平均税率水平较高，并且不同征税项目的税负差异较大，对需要限制或控制消费的消费品，通常税负较重。我国现行消费税是与增值税相互配合而设置的，在对某些需要特殊调节的消费品征收增值税的同时征收一道消费税，从而形成一种交叉调节的间接税体系。

（5）征收方法的灵活性。为了适应不同应税消费品的情况，以及便于核算、计征的要求，消费税采取从价比例税率和从量定额税率两种方法对不同的消费品进行征税。对一部分价格变化较大且便于按价格核算的应税消费品，依消费品的价格实行从价定率征收；对一部分价格变动较小，品种、规格比较单一的大宗应税消费品，依消费品的数量实行从量定额征收。目前，我国对卷烟和白酒两类消费品采用既从价征收，又从量征收的方式。

（6）税负的转嫁性。我国现行的消费税是价内税，直接以应税消费品的生产经营者为纳税人。纳税人于生产销售环节、进口环节或零售环节缴纳的税款，成为商品价格的组成部分，向购买者收取，因此消费者为税负的最终负担者。

三、消费税的演变

我国消费税是在 1994 年国家税制改革中新设置的一个税种。《中华人民共和国消费税暂行条例》（简称《消费税暂行条例》）规定，消费税是对中国境内从事生产、委托加工和进口应税消费品的单位和个人，就其销售收入或产品销售数量征收的一种税。它是在对货物普遍征收增值税的基础上，选择少数消费品再征收一道消费税，目的在于调节产品结构，引导消费方向，保证财政收入。1994 年，消费税的征税范围主要选择了 11 类应税产品，主要包括烟、酒、化妆品、护肤护发品、贵重首饰及珠宝石、鞭炮及焰火、汽油、柴油、汽车轮胎、摩托车、小汽车。

为适应社会经济形势的客观发展需要，进一步完善消费税制，财政部、国家税务总局于 2006 年 3 月 21 日联合发布了《关于调整和完善消费税政策的通知》（财税〔2006〕33 号），从当年 4 月 1 日起，对我国消费税的税目、税率及相关政策进行调整，税目由原来的 11 个增加调整为 14 个。其中，扩大了石油制品的消费税征收范围，新设成品油税目；为了增强人们的环保意识、引导消费和节约木材资源，增加木制一次性筷子税目；为了鼓励节约使用木材资源，保护生态环境，增加实木地板税目；为了合理引导消费，间接调节收入分配，增加高尔夫球及球具税目；为了体现对高档消费品的税收调节，增加高档手表税目。2008 年 11 月 5 日，国务院第 34 次常务会议修订通过《中华人民共和国消费税暂行条例》，自 2009 年 1 月 1 日起施行。为促进节能环保，经国务院批准，自 2015 年 2 月 1 日起对电池、涂料征收消费税。

四、消费税的作用

（1）调节消费结构。消费税负担的轻重关系到消费者的切身利益，是消费者在选择其消费方向和消费内容时考虑的重要因素。国家通过消费税课征范围的选择和税目、税率的设计来调节纳税人的经济利益，影响其消费活动的方向和内容，进而调节整个社会的消费结构，体现国家的消费政策。

（2）限制消费规模，引导消费方向。消费税的征收对象主要是一些需求弹性比较大的非生活必需品，而且多采用较高的税率，消费者因消费这些非生活必需品而成为税负最终的承担者。对消费者而言，这些商品较大的消费弹性使他们可能为避免较重的税收负担而选择不购买这些商品。因此，征收消费税不仅会改变一些人的消费方向，而且会起到压缩消费规模的作用。这对于平衡供求关系、稳定市场物价，以及增加投资和储蓄、调整积累和消费的比例关系，都具有积极的作用。

（3）保证财政收入。消费税以应税消费品的销售额或销售数量及组成计税价格为计税依据，税额会随着销售额的增加而不断增长，同时，只要消费品实现销售，也就产生了缴纳消费税的义务。因此，消费税对及时、足额地保证财政收入起着重要的作用。

（4）调节支付能力，缓解分配不公。由于个人生活水平的高低在很大程度上体现为其支付能力，因此，通过对某些奢侈品或特殊消费品征收消费税，立足于从调节个人支付能力的角度间接增加某些消费者的税收负担，能体现收入多者多缴纳的政策精神，从而可在一定程度上有利于配合个人所得税及其他有关税种进行调节，缓解目前存在的社会分配不公的矛盾。

第二节　消费税纳税人、征税范围及税率

/学习导读/

消费税是对消费品征收的吗？对我们生活中所有的消费品都征收吗？生活中烟、酒、高档化妆品、小汽车等消费品的征收与电视、冰箱、服装等消费品的征税有何区别？消费税是由烟厂、酒厂等企业缴纳，还是由喝酒、抽烟的消费者缴纳？带着这些问题，我们来学习吧。

一、消费税纳税义务人

消费税纳税义务人为在中华人民共和国境内生产、委托加工和进口《消费税暂行条例》规定的消费品的单位和个人，以及国务院确定的销售《消费税暂行条例》规定的消费品的其他单位和个人。

在中华人民共和国境内，是指生产、委托加工和进口应当缴纳消费税的消费品的**起运地**或**所在地在**境内。

单位包括企业，行政、事业单位，军事单位，社会团体及其他单位；个人包括个体工商户和其他个人（自然人）。

由于消费税是在对所有货物普遍征收增值税的基础上选择少量消费品征收的，因此**消费税的纳税人同时也是增值税的纳税人**，如图3-1所示。

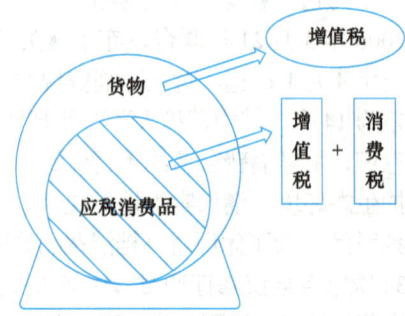

图3-1　增值税与消费税的关系

二、消费税征税范围

依据《消费税暂行条例》的规定，我国现行消费税在五个环节进行征收，分别为生产销售、委托加工、进口、零售及批发环节。

涉及的税目包括烟、酒、高档化妆品、贵重首饰及珠宝玉石、鞭炮焰火、成品油、摩托车、

小汽车、高尔夫球及球具、高档手表、游艇、木制一次性筷子、实木地板、电池以及涂料，共15种。

其中，卷烟在**批发环节加征**一道消费税，贵重首饰及珠宝玉石下设的子目只有**金银**首饰、**钻石**及钻石饰品、**铂金**首饰在**零售**环节征收消费税，**超豪华**小汽车在**零售环节加征**一道消费税，其余税目均在生产销售、委托加工、进口单一环节纳税，如图3-2所示。

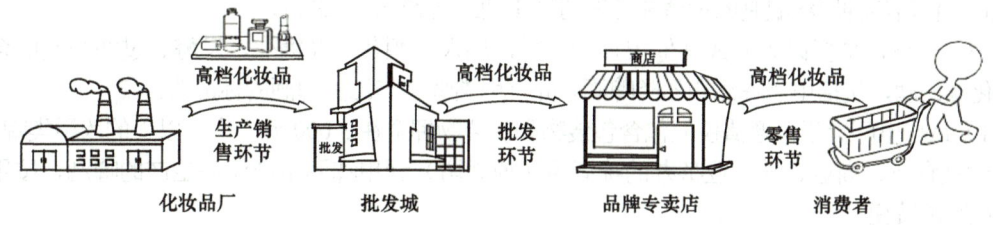

图3-2　纳税环节

📢**学习提示**：自2002年1月1日起，对钻石及钻石饰品消费税的纳税环节由生产、进口环节改为零售环节征税；自2003年5月1日起，铂金首饰改为零售环节征税。

每种税目的具体规定如下：

（一）烟

烟是以烟叶为原料加工生产的产品，包括卷烟、雪茄烟和烟丝3个子目，如图3-3所示。

卷烟又分为甲类卷烟和乙类卷烟2个子目。界定甲类卷烟与乙类卷烟的标准为：

（1）每标准条（200支）调拨价格在70元（不含增值税）以上的（含70元）为甲类卷烟。

（2）每标准条（200支）调拨价格在70元（不含增值税）以下的为乙类卷烟。

图3-3　烟的3个子目

📢 **学习提示**：烟草批发企业之间销售卷烟，不缴纳消费税。

(二) 酒

酒包括白酒、黄酒、啤酒和其他酒 4 个子目。具体规定如下：

(1) 白酒，包括以各种粮食类为原料酿制的粮食白酒和以干鲜薯类为原料酿制的薯类白酒。

(2) 黄酒，是以糯米、粳米、玉米、小麦、薯类等为原料，经加温、糖化、发酵、压榨酿制的酒，包括各种原料酿制的黄酒和酒度超过 12 度（含）的土甜酒。

(3) 啤酒，是指以大麦或其他粮食为原料，加入啤酒花，经糖化、发酵、过滤酿制的含有二氧化碳的酒，包括甲类啤酒和乙类啤酒。界定甲类啤酒与乙类啤酒的标准为：

1) 每吨出厂价不含增值税但包含包装物和包装物押金在 3 000 元（含）以上的为甲类啤酒。

对饮食业、商业、娱乐业举办的啤酒屋（啤酒坊）利用啤酒生产设备生产的啤酒，按甲类啤酒征收消费税。

2) 每吨出厂价不含增值税但包含包装物和包装物押金在 3 000 元以下的为乙类啤酒。

📢 **学习提示**：包装物押金不包含可重复使用的塑料周转箱的押金。

(4) 其他酒，是指除白酒、黄酒、啤酒以外的各种酒，包括糠麸白酒、葡萄酒、药酒、果木酒、复制酒、汽酒、12 度以下的土甜酒、其他原料白酒等。

1) 对以黄酒为酒基生产的配置或泡制酒，按其他酒征收消费税。

2) 对以蒸馏酒或食用酒精为酒基，具有国食健字或卫食健字文号且酒精度低于 38 度（含）的配制酒，或以发酵酒为酒基，酒精度低于 20 度（含）的配制酒，同样按其他酒征收消费税。

3) 调味料酒不属于消费税的征税范围。

📢 **学习提示**：果啤属于啤酒；自 2014 年 12 月 1 日起，酒精退出征收消费税的历史舞台。

(三) 高档化妆品

高档化妆品包含高档美容、修饰类化妆品、高档护肤类化妆品和成套化妆品。

(1) 高档美容、修饰类化妆品、高档护肤类化妆品是指生产（进口）环节销售（完税）价格（不含增值税）在 10 元 /mL（g）或 15 元 / 片（张）及以上的美容、修饰类化妆品和护肤类化妆品。

(2) 舞台、戏剧、影视演员化妆用的上妆油、卸妆油、油彩，是不征收消费税的。

(四) 贵重首饰及珠宝玉石

贵重首饰及珠宝玉石的征税范围包括各种金银珠宝首饰和经采掘打磨加工的各种珠宝玉石。

(1) 贵重首饰，包括以金、银、白金、宝石、珍珠、钻石、翡翠、珊瑚、玛瑙等贵重稀有物质及其他金属、人造宝石等制作的纯金银首饰及镶嵌首饰。

(2) 珠宝玉石，包括钻石、珍珠、松石、青金石、欧泊石、橄榄石、长石、玉、石英、玉髓、石榴石、锆石、尖晶石、黄玉、碧玺、金禄玉、绿柱石、刚玉、琥珀、珊瑚、煤玉、龟甲、合成刚玉、合成玉石、双合石以及玻璃仿制品等。

宝石坯是经采掘、打磨、初级加工的珠宝玉石半成品，属于消费税的征税范围。

(五) 鞭炮焰火

本税目包含各种鞭炮、焰火。但是，体育赛事上用的发令纸、鞭炮药引线是不征消费税的。

(六) 成品油

成品油下设汽油、柴油、石脑油、溶剂油、航空煤油、润滑油和燃料油 7 个子目。

(1) 汽油。汽油是指用原油或其他原料加工生产的辛烷值不小于 66 的可用作汽油发动机燃料的各种轻质油。以汽油、汽油组分调和生产的甲醇汽油、乙醇汽油也属于本税目的征税范围。

> **学习提示**：取消车用含铅汽油消费税，汽油税目统一按照无铅汽油税率征收消费税。

（2）柴油。柴油是指用原油或其他原料加工生产的凝点或倾点⑩在 -50℃～30℃的可用作柴油发动机燃料的各种轻质油，以及以柴油组分为主、经调和精制可用作柴油发动机燃料的非标油。

经国务院批准，从 2009 年 1 月 1 日起，对同时符合条件的纯生物柴油免征消费税。具体条件如下：

生产原料中废弃的动物油和植物油用量所占比例不低于 70%。

生产的纯生物柴油要符合国家标准。

（3）石脑油。石脑油又叫化工轻油，是指以石油加工生产的或二次加工汽油经加氢精制而得的用于化工原料的轻质油。石脑油的征税范围包括除汽油、柴油、航空煤油、溶剂油以外的各种轻质油。

（4）溶剂油。溶剂油是指以石油加工生产的用于涂料、油漆生产、食用油加工、印刷油墨、皮革、农药、橡胶、化妆品生产的轻质油。

（5）航空煤油。航空煤油也叫喷气燃料，是指以石油加工生产的用于喷气发动机和喷气推进系统中作为能源的石油燃料。

航空煤油暂**缓征**收消费税。

（6）润滑油。润滑油是指用于内燃机、机械加工过程的润滑产品。润滑油的征收范围包括矿物性润滑油、矿物性润滑油基础油、植物性润滑油、动物性润滑油和化工原料合成润滑油。

变压器油、**导热类油**等绝缘油类产品**不属于润滑油**，**不征收**消费税。

（7）燃料油。燃料油也称重油、渣油。燃料油的征税范围包括用于电厂发电、船舶锅炉燃料、加热炉燃料、冶金和其他工业炉燃料的各类燃料油。

自 2012 年 11 月 1 日起，催化料、焦化料属于燃料油的征税范围，应当征收消费税。

（七）摩托车

摩托车的征税范围包括气缸容量为 250mL 的摩托车和气缸容量在 250mL（不含）以上的摩托车。

对时速不超 50km、气缸容量**不超** 50mL 的三轮摩托车不征收消费税。

自 2014 年 12 月 1 日起，气缸容量 250mL（不含）**以下**小排量摩托车不再征收消费税。

（八）小汽车

小汽车的子目包括乘用车、中轻型商用客车和超豪华小汽车。

（1）乘用车。乘用车是指在设计和技术特性上用于载运乘客和货物的汽车，包含驾驶位在内最多不超过 9 个座位（含）。

用排气量小于 1.5L（含）的乘用车底盘（车架）改装、改制的车辆属于乘用车征税范围。

（2）中轻型商用客车。中轻型商用客车是指在设计和技术特性上用于载运乘客和货物的汽车，包括含驾驶员座位在内的座位数在 10～23 座（含）。

用排气量大于 1.5L 的乘用车底盘（车架）或用中轻型商用客车底盘（车架）改装、改制的

知识拓展

⑩ 凝点是指油品在规定的试验条件下，被冷却的试样油面不再移动时的最高温度，以℃表示；倾点是指油品在规定的试验条件下，被冷却的试样油面能够流动的最低温度，以℃表示。

车辆属于中轻型商用客车的征税范围。

含驾驶员人数（额定载客）为区间值的小汽车，按其区间值下限人数确定征税范围。

车身长度大于 7m（含）并且座位 10～23 座（含）以下的商用客车不属于中轻型商用客车的征税范围，不征收消费税。

（3）超豪华小汽车。超豪华小汽车是指每辆不含增值税的零售价格为 130 万元及以上的乘用车、中轻型商用客车。

对超豪华小汽车，在生产（进口）环节按规定税率征收消费税的基础上，在零售环节加征 10% 的消费税。

电动汽车、沙滩车、雪地车、卡丁车、高尔夫车均不属于消费税的征税范围，不征收消费税。

小汽车的征税范围如图 3-4 所示。

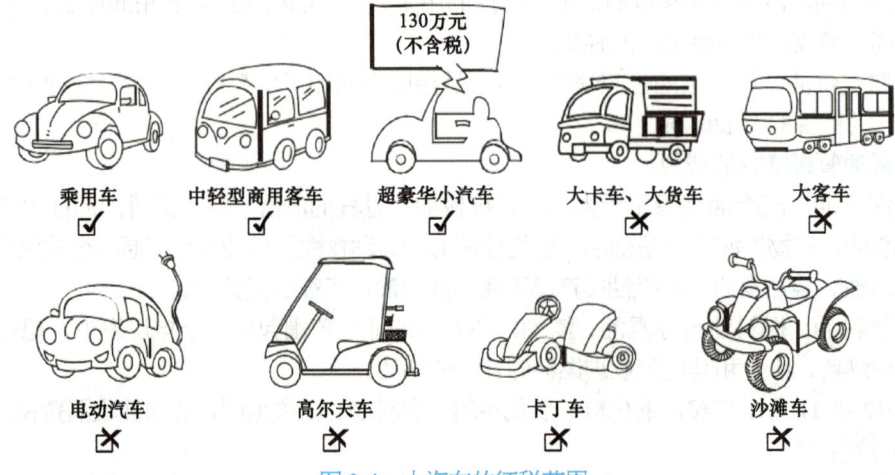

图 3-4　小汽车的征税范围

（九）高尔夫球及球具

高尔夫球及球具的征税范围包括高尔夫球、高尔夫球杆及高尔夫球包（袋）、高尔夫球杆的杆头、杆身和握把。

（十）高档手表

高档手表是指销售价格不含增值税每只在 10 000 元（含）以上的各类手表。

（十一）游艇

游艇的征税范围包括艇身长度大于 8m（含）小于 90m（含），内置发动机，可以在水上移动，一般为私人或团体购置，主要用于水上运动和休闲娱乐等非牟利活动的各类机动艇。

（十二）木制一次性筷子

木制一次性筷子又称卫生筷子，是指以木材为原料经过锯段、浸泡、旋切、刨切、烘干、筛选、打磨、倒角、包装等环节加工而成的各类一次性使用的筷子。

> 学习提示：一次性筷子需不需要缴税，取决于是不是木制的：如果是木制的，就需要缴纳消费税；如果是其他材质的，就不需要缴税。注意关键词"木制"和"一次性"，我们生活中常用的竹制筷子是不征收消费税的。

（十三）实木地板

实木地板的征税范围包含各类规格的实木地板、实木指接地板、实木复合地板，以及用于装饰墙壁、天棚的侧端面为榫、槽的实木装饰板和未经涂饰的素板。

（十四）电池

电池是一种将化学能、光能等直接转换为电能的装置，一般由电极、电解质、容器、极端，通常还有隔离层组成的基本功能单元，以及用一个或多个基本功能单元装配成的电池组。

电池的征税范围包括原电池、蓄电池、燃料电池、太阳能电池和其他电池。

对无汞原电池、金属氢化物镍蓄电池（又称氢镍蓄电池或镍氢蓄电池）、锂原电池、锂离子蓄电池、太阳能电池、燃料电池和全钒液流电池免征消费税。

📢 **学习提示**：自 2016 年 1 月 1 日起，铅蓄电池⑪按 **4%** 的税率征收消费税。

（十五）涂料

涂料是指涂于物体表面，能形成具有保护、装饰或特殊性能的固态涂膜的一类液体或固体材料的总称。

施工状态下挥发性有机物⑫（Volatile Organic Compounds，VOC）含量**低于 420g/L**（含）的涂料免征消费税。

📢 **学习提示**：我国自 2015 年 2 月 1 日起，对涂料征收消费税。

三、消费税税率

目前我国消费税税率采取**比例**税率、**定额**税率和**复合**税率。

消费税采取列举法，按具体应税消费品设置税目税率，征税界限清楚，一般不易发生错用税率的情况。

消费税税率见表 3-1。

表 3-1　消费税税率（税额）

税　目			税率（税额）
烟	卷烟	生产环节 甲类卷烟	56% 加 0.003 元/支
		生产环节 乙类卷烟	36% 加 0.003 元/支
		批发环节	11% 加 0.005 元/支
	雪茄烟		36%
	烟丝		30%
酒	白酒		20% 加 0.5 元/500g（或 500mL）
	黄酒		240 元/t
	啤酒	甲类啤酒	250 元/t
		乙类啤酒	220 元/t

📖 **知识拓展**

⑪ 铅蓄电池自 1859 年由普兰特发明以来，至今已有 160 多年的历史。铅蓄电池广泛应用于汽车、火车、坦克、舰艇、雷达系统等领域。

⑫ 挥发性有机物是空气污染物中的一种，对人体的健康有巨大影响，它多来源于家装中使用的涂料。各国对涂料中的 VOC 含量均做了限制。我国财税〔2015〕16 号文件中也进行了明确规定。

(续)

税 目			税率（税额）
酒	其他酒		10%
高档化妆品			15%
贵重首饰及珠宝玉石	零售环节纳税	金、银、金基、银基镶嵌首饰	5%
		铂金首饰	
		钻石及钻石饰品	
	生产、进口、委托加工环节纳税	钻石以外的珠宝玉石	10%
		其他珠宝首饰	
鞭炮、焰火			15%
成品油	汽油		1.52元/L
	柴油		1.20元/L
	石脑油		1.52元/L
	溶剂油		1.52元/L
	航空煤油		1.20元/L
	润滑油		1.52元/L
	燃料油		1.20元/L
摩托车	气缸容量为250mL		3%
	气缸容量为250mL（不含）以上		10%
小汽车	乘用车	气缸容量在1.0L（含）以下	1%
		气缸容量在1.0L以上至1.5L（含1.5L）	3%
		气缸容量在1.5L以上至2.0L（含2.0L）	5%
		气缸容量在2.0L以上至2.5L（含2.5L）	9%
		气缸容量在2.5L以上至3.0L（含3.0L）	12%
		气缸容量在3.0L以上至4.0L（含4.0L）	25%
		气缸容量在4.0L以上	40%
	中轻型商用客车		5%
	超豪华小汽车	零售环节	10%
高尔夫球及球具			10%
高档手表			20%
游艇			10%
木制一次性筷子			5%
实木地板			5%
电池			4%
涂料			4%

存在下列情况时，纳税人应按照相关规定确定适用税率：

1．纳税人兼营不同税率应税消费品

纳税人**兼营**不同税率的应税消费品，应当**分别核算**不同税率应税消费品的销售额、销售数量。**未分别核算**销售额、销售数量，或者将不同税率的应税消费品组成成套消费品销售的，**从高**适用税率。

2．应税消费品与非应税消费品组成套装销售

纳税人将应税消费品与非应税消费品以及适用不同税率的应税消费品组成**套装销售**的，应根据成套消费品的销售金额按应税消费品中适用**税率最高**的消费税税率征税。

3．配制酒适用税率的确定

（1）以蒸馏酒或食用酒精为酒基，具有国家相关部门批准的国食健字或卫食健字文号，酒精度低于38度（含），或以发酵酒为酒基，酒精度低于20度（含）的配制酒，按其他酒税率征收消费税。

（2）其他配制酒，按白酒税率征收消费税。

4．卷烟适用税率的确定

（1）白包卷烟、手工卷烟、未经国务院批准纳入计划的企业和个人生产的卷烟，不分征税类别，一律按照56%税率并按照定额每标准箱150元计算征税。

（2）纳税人自产自用的卷烟应当按照纳税人生产的同牌号规格的卷烟销售价格确定征税类别和适用税率。

（3）卷烟由于接装过滤嘴、改变包装或其他原因提高销售价格后，应按照新的销售价格确定征税类别和适用税率。

（4）委托加工的卷烟按照受托方同牌号规格卷烟的征税类别和适用税率征税。没有同牌号规格卷烟的，一律按卷烟最高税率征税。

（5）残次品卷烟应当按照同牌号规格正品卷烟的征税类别确定适用税率。

❋ **本节导读分析**：消费税是以特定消费品的流转额为计税依据而征收的一种税，只有烟、酒、高档化妆品等15个税目。消费税实行单一环节征税，征税范围包括生产应税消费品、委托加工应税消费品和进口应税消费品。对金银首饰在零售环节征收；对高档小汽车（零售价在130万元以上）除在生产环节征收外，在零售环节还要征收；对卷烟除在生产环节征收外，在批发环节还要征收。消费税的税率最高为56%，最低仅为1%。

⚙ **知识小结：**

1．消费税的特点总结

特　点	
	征税项目具有选择性
	征税环节具有相对单一性
	征税方法具有多样性
	税收的调节具有特殊性
	消费税具有转嫁性——通过价格转嫁给消费者

2．消费税的征税范围总结

类　　别	对应税目
影响人类身体健康	烟、酒
污染环境	鞭炮、焰火、电池、涂料

（续）

类　别	对应税目
奢侈品以及高消费类	贵重首饰及珠宝玉石、高档化妆品、高档手表、摩托车、小汽车、高尔夫球及球具、游艇
消耗自然资源	成品油、木制一次性筷子、实木地板

3．消费税征税环节的基本规定总结

征税环节		适用范围
基本环节	生产销售环节	除按照规定在零售环节纳税的金银首饰、钻石及钻石饰品、铂金首饰以外的其他应税消费品
	进口环节	
	委托加工环节	
特殊环节	零售环节	（1）金银首饰、钻石及钻石饰品、铂金首饰在零售环节征收消费税 （2）超豪华小汽车在零售环节加征一道消费税
	批发环节	卷烟在批发环节加征一道消费税

第三节　消费税应纳税额的计算

> /学习导读/
>
> 深圳市某酒厂在税务检查时发现问题。税务人员对其销货发票进行外调，发现开给本厂门市部的两份大额发票记账联与发票联产品名称不符，记账联为"食用酒精"，发票联为"粮食白酒"。该企业存在混淆产品销售收入、逃避纳税问题。经核实，该酒厂食用酒精销售收入537万元，实际为1 000t粮食白酒的销售收入，共少缴纳消费税207.4万元。这少缴纳的消费税是如何计算出来的呢？

一、生产出厂销售应税消费品应纳税额的计算

（一）销售额的确定

根据《消费税暂行条例》的规定，消费税应纳税额的计算分为从价计征、从量计征和从价从量复合计征三种方法。

1. 从价计征销售额的一般规定

销售额是指纳税人销售应税消费品向购买方收取的全部价款和价外费用，不包括应向购买方收取的增值税税款。如果销售额中包含增值税，应将销售额换算为不含增值税销售额。其换算公式为

应税消费品的销售额＝含增值税的销售额÷（1+增值税税率或征收率）

价外费用是指价外向购买方收取的手续费、补贴、基金、集资费、返还利润、奖励费、违约金、滞纳金、延期付款利息、赔偿金、代收款项、代垫款项、包装费、包装物租金、储备费、优质费、运输装卸费以及其他各种性质的价外收费，但不包括代承运部门收取的且由运输部门直接开具发票给购买方的代垫运输费用及代为收取的政府性基金或行政事业性收费。

2. 从量计征销售数量的一般规定

（1）销售应税消费品的，为应税消费品的销售数量。

（2）自产自用应税消费品的，为应税消费品的移送使用数量。

（3）委托加工应税消费品的，为纳税人收回的应税消费品数量。

（4）进口应税消费品的，为海关核定的应税消费品进口征税数量。

为了规范不同产品的计量单位，以准确计算应纳税额，《消费税暂行条例实施细则》规定了吨（t）与升（L）两个计量单位的换算标准。具体标准见表3-2。

表 3-2　计量单位换算

黄酒	1t=962L
啤酒	1t=988L
汽油	1t=1 388L
柴油	1t=1 176L
航空煤油	1t=1 246L
石脑油	1t=1 385L
溶剂油	1t=1 282L

3. 复合计征销售额和销售数量的确定

（1）卷烟和白酒实行从价定率和从量定额相结合的复合计征办法征收消费税。

（2）销售额为纳税人生产销售卷烟、白酒向购买方收取的全部价款和价外费用。销售数量为纳税人生产销售，进口，委托加工，自产自用卷烟、白酒的销售数量，海关核定数量，委托方收回数量和移送使用数量。

4. 销售额和销售数量的特殊规定

（1）纳税人应税消费品的计税价格明显偏低并无正当理由的，由税务机关核定其计税价格。

（2）纳税人通过自设非独立核算门市部销售的自产应税消费品，应当按照门市部对外销售额或者销售数量缴纳消费税。

（3）纳税人用于换取生产资料和消费资料、投资入股和抵偿债务等方面（"换投抵"）的应税消费品，应当以纳税人同类应税消费品的最高销售价格作为计税依据计算消费税。

> **学习提示**："换投抵"在增值税中的规定为以同类货物的"平均销售价格"作为计税依据。

【例3-1】 2021年4月，某地板生产企业新成立一非独立核算门市部，同时将一批成本价为100万元的实木地板移送门市部。月末门市部汇报地板销售情况：门市部将其中的60%销售了，取得含税销售额为113万元。计算该单位应缴纳的消费税。

【解析】 纳税人通过自设非独立核算门市部销售的自产应税消费品应当按照门市部对外销售额或者销售数量缴纳消费税。

应缴纳的消费税 =113÷（1+13%）×0.05=5（万元）

（4）白酒生产企业向商业销售单位收取的"品牌使用费[13]"，不论企业采取何种方式或以何

> **知识拓展**
> [13] 品牌使用费是指使用品牌方给品牌所有者缴纳的使用费。品牌加盟费是指品牌拥有者向加盟商收取的费用。前者对品牌的使用权限较大，费用也会比较高且不会退还；后者是协助品牌所有者推广品牌，权限较小，按照规定可以退还。

种名义收取价款，均应**并入白酒的销售额**中缴纳消费税。

（5）非酒类产品如果包装物不作价随同产品销售，而是收取押金，则此项押金不应并入应税消费品的销售额中征税；但对因逾期未收回包装物不再退还的或者已收取的时间超过 12 个月的押金，应并入应税消费品的销售额，缴纳消费税。

（6）啤酒、黄酒以外的其他酒类产品收取的包装物押金，无论押金是否返还及会计上如何核算，均应在收取时并入酒类产品的销售额，缴纳消费税。

（7）金银首饰的特殊规定：

1）纳税人采用以旧换新（含翻新改制）方式销售的金银首饰，应按**实际收取**的不含增值税的全部价款确定计税依据缴纳消费税。

2）金银首饰与其他产品组成成套消费品销售的，应按销售额**全额**缴纳消费税。

3）金银首饰连同包装物销售的，无论包装物是否单独计价及会计上如何核算，均应并入金银首饰的销售额计征消费税。

（8）纳税人销售的应税消费品，以人民币以外的货币结算销售额的，其销售额的人民币折合率可以选择销售额发生的当天或者当月 1 日的人民币汇率中间价⑭。纳税人应在事先确定采取何种折合率，确定后 1 年内不得变更。

（二）应纳税额的计算

生产销售环节应纳消费税的计算公式（通用公式）分为从价定率、从量定额和复合计税三种。

（1）从价定率：应纳税额 = 销售额 × 比例税率。

（2）从量定额：应纳税额 = 销售数量 × 定额税率。

（3）复合计税：应纳税额 = 销售额 × 比例税率 + 销售数量 × 定额税率。

【例 3-2】 2021 年 4 月，某白酒生产企业销售自产红酒，取得含增值税价款 45.2 万元，另收取包装物押金 2.26 万元、手续费 1.13 万元。已知红酒增值税税率为 13%，消费税税率为 10%，计算该笔业务应缴纳的消费税税额。

【解析】 例题中对酒类生产企业销售酒类产品（啤酒、黄酒除外）而收取的包装物押金，无论押金是否返还及会计上如何核算，均应并入酒类产品销售额，缴纳消费税；1.13 万元的手续费应作为价外费用；价外费用与并入销售额的包装物押金均为含增值税收入。该笔业务应缴纳消费税税额 =（45.2+2.26+1.13）÷（1+13%）×10%=4.3（万元）。

【例 3-3】 某白酒生产企业为增值税一般纳税人，2021 年 2 月销售粮食白酒 10t，取得不含增值税销售额 60 万元；薯类白酒 10t，取得不含增值税销售额 30 万元。已知白酒消费税比例税率为 20%；定额税率为 0.5 元 /500g，计算该企业当月应缴纳消费税税额。

【解析】 根据消费税法律制度的规定，白酒实行从价定率和从量定额复合方法计征消费税。1t=1 000kg=2 000 斤，计算过程如下：

知识拓展

⑭ 汇率中间价是站在银行角度的现汇买入卖出平均价，而非企业角度。中国人民银行每日会公布当日银行间外汇市场美元等交易货币对人民币的收盘价，作为下一个工作日该货币对人民币交易的中间价。中国人民银行授权中国外汇交易中心公布，2019 年 2 月 26 日银行间外汇市场人民币汇率中间价为 1 美元对人民币 6.695 2 元。

从价定率应纳税额 =（60+30）×20%=18（万元）
从量定额应纳税额 =（10+10）×2 000×0.5/10 000=2（万元）
应纳消费税税额合计 =18+2=20（万元）

二、自产自用环节应纳消费税的计算

纳税人自产自用的应税消费品，用于连续生产应税消费品的，不纳税；凡用于生产非应税消费品、在建工程、管理部门、非生产机构、提供劳务、馈赠、赞助、集资、职工福利、奖励等其他方面的，于移送使用时，按照纳税人生产的同类消费品的销售价格计算纳税额；没有同类消费品销售价格的，按照组成计税价格计算纳税额。高档化妆品生产企业纳税示意图如图3-5所示。

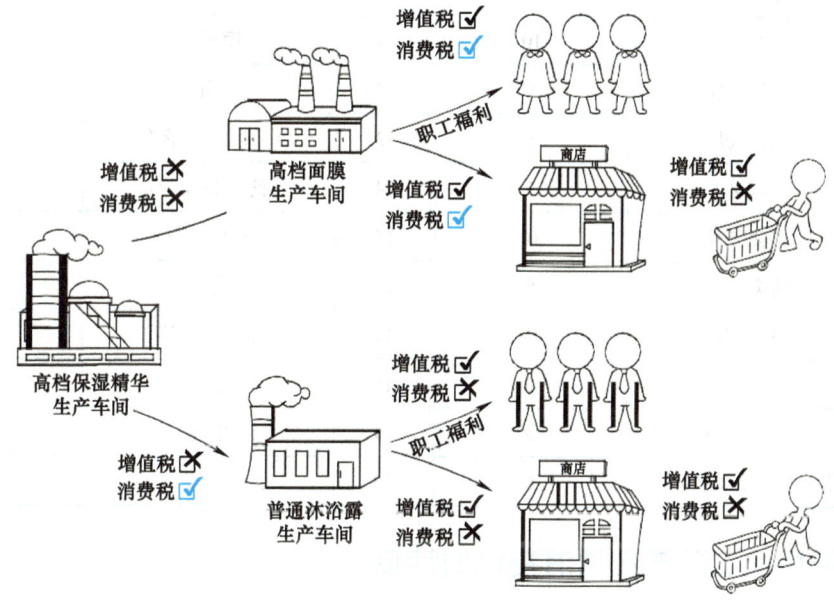

图 3-5 高档化妆品生产企业纳税示意图

同类消费品的销售价格是指纳税人或者代收代缴义务人当月销售的同类消费品的销售价格。如果当月同类消费品各期销售价格高低不同，应按销售数量加权平均计算。但销售的应税消费品的销售价格明显偏低[15]又无正当理由[16]，或根本就无销售价格的不得列入加权平均计算。

知识拓展

⑮《税法》中没有明确"明显偏低"的界限，但在《民法典》中对"明显不合理的低价"做了规定，转让价格达不到交易时交易地的指导价或者市场交易价70%的，一般可以视为明显不合理的低价；对转让价格高于当地指导价或者市场交易价30%的，一般可以视为明显不合理的高价。

⑯ 无正当理由，对应的是正当理由。何谓正当理由，除股权转让外其他商业活动中对交易价格的判别可依据《反不正当竞争法》的规定，纳税人交易的价格虽然偏低，但是销售鲜活商品、处理即将到期或积压商品的、季节性降价的和因清偿债务、转让财产、歇业降价销售的可认定为有合理商业目的。

（一）实行从价定率办法计征消费税的消费品

$$组成计税价格 = 成本 \times (1 + 成本利润率) \div (1 - 比例税率)$$
$$应纳税额 = 组成计税价格 \times 比例税率$$

（二）实行复合计税办法计征消费税的消费品

$$组成计税价格 = [成本 \times (1 + 成本利润率) + 自产自用数量 \times 定额税率] \div (1 - 比例税率)$$
$$应纳税额 = 组成计税价格 \times 比例税率 + 自产自用数量 \times 定额税率$$

上述公式中的成本为企业该产品的生产成本，但是成本利润率却不是企业的成本利润率，而是由国家税务总局规定的全国平均成本利润率（见表3-3）。

表 3-3　应税消费品全国平均成本利润率

序号	种　类	成本利润率（%）	序号	种　类	成本利润率（%）
1	甲类卷烟	10	11	摩托车	6
2	乙类卷烟	5	12	乘用车	8
3	雪茄烟	5	13	中轻型商用客车	5
4	烟丝	5	14	高尔夫球及球具	10
5	粮食白酒	10	15	高档手表	20
6	薯类白酒	5	16	游艇	10
7	其他酒	5	17	木制一次性筷子	5
8	高档化妆品	5	18	实木地板	5
9	鞭炮、焰火	5	19	电池	4
10	贵重首饰及珠宝玉石	6	20	涂料	7

三、委托加工环节应纳消费税的计算

委托加工的应税消费品，按照**受托方的同类消费品的销售价格**计算纳税额；**没有**同类消费品销售价格的，按照**组成计税价格**计算纳税额。

（一）实行从价定率办法计征消费税的消费品

$$组成计税价格 = (材料成本 + 加工费) \div (1 - 比例税率)$$
$$应纳税额（应代收代缴的消费税）= 组成计税价格 \times 比例税率$$

（二）实行复合计税办法计征消费税的消费品

$$组成计税价格 = (材料成本 + 加工费 + 委托加工数量 \times 定额税率) \div (1 - 比例税率)$$
$$应纳税额（应代收代缴的消费税）= 组成计税价格 \times 比例税率 + 委托加工数量 \times 定额税率$$

上述公式中，材料成本是指委托方所提供加工材料的实际成本；加工费是指受托方加工应税消费品向委托方所收取的全部费用（包括代垫辅助材料的实际成本），不包括增值税税款。

【例3-4】　某卷烟生产企业为增值税一般纳税人，受托加工一批烟丝，委托方提供的烟叶成本50 000元，该卷烟生产企业收取含增值税加工费2 260元。已知增值税税率为13%，消费税税率为30%，无同类烟丝销售价格。计算该笔业务应代收代缴的消费税税额。

【解析】　烟丝属于从价计征消费税的应税消费品，在受托方无同类烟丝销售价格的情况下，其委托加工环节消费税应纳税额＝组成计税价格×消费税比例税率，组成计税价格＝（材料成本+加工费)÷(1−消费税比例税率)。上述公式中,"加工费"是指受托方加工应税消费品向委托方收取的全部费用(包括代垫辅助材料的实际成本),不包括增值税税额。

在本例题中,卷烟生产企业收取的2 260元是含增值税加工费,应做价税分离处理,所以应代收代缴的消费税税额=[50 000+2 260÷(1+13%)]÷(1−30%)×30%=22 285.71(元)。

四、进口环节应纳消费税的计算

纳税人进口应税消费品,按照组成计税价格和规定的税率计算应纳税额。

(一)实行从价定率办法计征消费税的消费品

组成计税价格=(关税完税价格+关税)÷(1−比例税率)

应纳税额=组成计税价格×比例税率

(二)实行复合计税办法计征消费税的消费品

组成计税价格=(关税完税价格+关税+进口数量×定额税率)÷(1−比例税率)

应纳税额=组成计税价格×比例税率+进口数量×定额税率

> **学习提示**:进口环节消费税除国务院另有规定外,一律不得给予减税、免税。

五、已纳消费税的扣除

为避免重复征税,外购应税消费品和委托加工收回的应税消费品继续生产应税消费品销售的,可以将外购应税消费品和委托加工收回的应税消费品已缴纳的消费税给予扣除。

(一)准予抵扣的情形

(1)外购或委托加工收回的已税烟丝生产的卷烟。
(2)外购或委托加工收回的已税高档化妆品为原料生产的高档化妆品。
(3)外购或委托加工收回的已税珠宝、玉石为原料生产的贵重首饰及珠宝玉石。
(4)外购或委托加工收回的已税鞭炮、焰火为原料生产的鞭炮、焰火。
(5)以外购或委托加工收回的已税杆头、杆身和握把为原料生产的高尔夫球杆。
(6)以外购或委托加工收回的已税木制一次性筷子为原料生产的木制一次性筷子。
(7)以外购或委托加工收回的已税实木地板为原料生产的实木地板。
(8)以外购或委托加工收回的已税汽油、柴油、石脑油、润滑油、燃料油为原料生产的成品油。
(9)从葡萄酒生产企业购进、进口葡萄酒连续生产应税葡萄酒。

根据《葡萄酒消费税管理办法(试行)》的规定,自2015年5月1日起,从葡萄酒生产企业购进、进口葡萄酒连续生产应税葡萄酒的,准予从葡萄酒消费税应纳税额中扣除**所耗用**应税葡萄酒已纳消费税税款。本期消费税应纳税额不足抵扣的,余额留待下期抵扣。

> **学习提示**:与外购抵税相比,委托加工抵税少了"葡萄酒"。

(二)非生产应税消费品的工业企业购进后再销售的政策规定

非生产应税消费品的工业企业,购进高档化妆品、鞭炮、焰火、珠宝、玉石加工后销售的,允许扣除上述外购应税消费品的已纳税款。

允许扣除已纳税款的应税消费品只限于从工业企业购进的应税消费品和进口环节已缴纳消费税的应税消费品,对从**境内商业企业购进应税消费品的已纳税款一律不得**扣除。

上述当期准予扣除外购应税消费品已纳消费税税款的计算公式为

当期准予扣除的外购应税消费品已纳税款 = 当期准予扣除的外购应税消费品买价 × 外购应税消费品适用税率

当期准予扣除的外购应税消费品买价 = 期初库存的外购应税消费品的买价 + 当期购进的应税消费品的买价 − 期末库存的外购应税消费品的买价

上述当期准予扣除委托加工收回的应税消费品已纳消费税税款应按当期 <u>生产领用数量</u> 计税。计算公式为

当期准予扣除的委托加工应税消费品已纳税款 = 期初库存的委托加工应税消费品已纳税款 + 当期收回的委托加工应税消费品已纳税款 − 期末库存的委托加工应税消费品已纳税款

📢 **学习提示**：纳税人用外购或者委托加工收回的已税珠宝、玉石为原料生产的改在零售环节征收消费税的金银首饰（镶嵌首饰），在计税时一律不得扣除外购或者委托加工收回的珠宝、玉石已纳的税款。

六、消费税出口退税的计算

除国务院另有规定外，纳税人出口应税消费品免征消费税。

（一）出口免税并退税

有出口经营权的外贸企业直接出口或受其他外贸企业委托代理出口应税消费品，才可以办理退税。

1. 出口货物的消费税应退税额的计税依据

（1）出口货物的消费税应退税额的计税依据按购进出口货物的消费税专用缴款书和海关进口消费税专用缴款书确定。

（2）属于从价定率计征消费税的，为已征且未在内销应税消费品应纳税额中抵扣的购进出口货物金额。

（3）属于从量定额计征消费税的，为已征且未在内销应税消费品应纳税额中抵扣的购进出口货物数量。

（4）属于复合计征消费税的，按从价定率和从量定额的计税依据分别确定。

2. 消费税退税的计算

（1）从价定率：应退税额 = 从价定率计征消费税的退税计税依据 × 比例税率。

（2）从量定额：应退税额 = 从量定额计征消费税的退税计税依据 × 单位税额。

（3）复合计税：应退税额 = 从价定率计征消费税的退税计税依据 × 比例税率 + 从量定额计征消费税的退税计税依据 × 单位税额。

（二）出口免税不退税

有出口经营权的生产性企业自营出口或委托外贸企业代理出口自产应税消费品的，依据实际出口数量免征消费税，但不予办理退税。

（三）出口不免也不退税

生产、外贸企业以外的其他一般商贸企业，委托代理出口应税消费品的一律不予退（免）税。

✱ **本节导读分析**：由此可见，本节导读中深圳市某酒厂少缴 207.4 万元的税额是这样计算得出的：537 万元 ×20%+1 000t×2 000 斤/t×0.5 元/斤 ÷10 000。

⚙ **知识小结**：应纳税额计算总结

第三章 消费税

纳税人	行为	环节	计税依据	计算公式
生产应税消费品的单位和个人	出厂销售	出厂销售	从价定率：不含增值税的销售额	应纳税额＝销售额×比例税率
			从量定额：销售数量	应纳税额＝销售数量×定额税率
			复合计税：从价定率＋从量定额	应纳税额＝销售额×比例税率＋销售数量×定额税率
	自产自用	用于连续生产应税消费品的，不纳税	—	—
		用于生产非应税消费品、在建工程、管理部门、非生产机构、提供劳务、馈赠、赞助、集资、职工福利、奖励等其他方面的，于移送使用时纳税	从价定率：同类消费品售价或组成计税价格	组成计税价格＝成本×（1＋成本利润率）÷（1－比例税率） 应纳税额＝组成计税价格×比例税率
			从量定额：移送使用数量	应纳税额＝自产自用数量×定额税率
			复合计税：从价定率＋从量定额	组成计税价格＝[成本×（1＋成本利润率）＋自产自用数量×定额税率]÷（1－比例税率） 应纳税额＝组成计税价格×比例税率＋自产自用数量×定额税率
纳税人为委托方，除受托方为个人外，受托方只承担代收代缴义务	委托加工	除受托方为个人外，提货时由受托方代收代缴 受托方没有代收代缴，由委托方在收回货物后自行缴纳消费税	从价定率：受托方的同类消费品的销售价格或组成计税价格	组成计税价格＝（材料成本＋加工费）÷（1－比例税率） 应纳税额（应代收代缴的消费税）＝组成计税价格×比例税率
			从量定额：委托加工收回的数量	应纳税额＝委托加工收回数量×定额税率
			复合计税：从价定率＋从量定额	组成计税价格＝（材料成本＋加工费＋委托加工数量×定额税率）÷（1－比例税率） 应纳税额（应代收代缴的消费税）＝组成计税价格×比例税率＋委托加工数量×定额税率
进口人或其代理人	进口	报关进口	从价定率：组成计税价格	组成计税价格＝（关税完税价格＋关税）÷（1－比例税率） 应纳税额＝组成计税价格×比例税率
			从量定额：进口数量	应纳税额＝海关核定进口征税数量×定额税率
			复合计税：从价定率＋从量定额	组成计税价格＝（关税完税价格＋关税＋进口数量×定额税率）÷（1－比例税率） 应纳税额＝组成计税价格×比例税率＋进口数量×定额税率

(续)

纳税人	行为	环节	计税依据	计算公式
有出口经营权的外贸企业（购进应税消费品直接出口，以及外贸企业受其他外贸企业委托代理出口应税消费品）	退税	出口退税	从价定率：已征且未在内销应税消费品应纳税额中抵扣的购进出口货物金额	应退税额＝从价定率计征消费税的退税计税依据×比例税率
			从量定额：已征且未在内销应税消费品应纳税额中抵扣的购进出口货物数量	应退税额＝从量定额计征消费税的退税计税依据×单位税额
			复合计税：从价定率＋从量定额	应退税额＝从价定率计征消费税的退税计税依据×比例税率＋从量额计征消费税的退税计税依据×单位税额

第四节　消费税纳税申报

/学习导读/

> 风行公司的董事长最近比较烦恼：财务部上报的报表显示公司盈利状况良好，但是公司的资金却处于紧张的状态。董事长不明白这是为什么，于是找到公司财务经理问其原因。财务经理指出，由于销售部的销售压力大，采用了赊销的方式，这样导致在会计处理上确认了收入，从账面上看公司盈利，但是公司并未收到货款，没有资金流入，而确认收入缴纳了大量消费税和其他税，资金流出，因而造成了账面盈利但资金周转不开的局面。那么，面对公司目前的问题，应该如何解决呢？

一、消费税的征收管理

（一）消费税的纳税义务发生时间

（1）纳税人销售的应税消费品，纳税义务发生时间按不同的销售结算方式确定。

1）纳税人采取赊销和分期收款结算方式的，为书面**合同约定**的收款日期当天；书面合同没有约定收款日期或者**无书面合同**的，为**发出**应税消费品的当天。

2）纳税人采取预收货款结算方式的，为**发出**应税消费品的当天。

3）纳税人采取托收承付、委托银行收款结算方式的，为**发出**应税消费品**并办妥托收手续**的当天。

4）纳税人采取其他结算方式的，为**收讫**销售款或者取得索取销售款凭据的当天。

（2）纳税人自产自用的应税消费品，纳税义务发生时间为**移送**使用的当天。

（3）纳税人委托加工应税消费品的，为纳税人**提货**的当天。

（4）纳税人进口应税消费品的，为**报关进口**的当天。

📢 **学习提示**：除委托加工外，消费税纳税义务发生时间与同一环节增值税纳税义务发生时间基本一致。

（二）消费税的纳税地点

（1）纳税人销售的应税消费品，以及自产自用的应税消费品，除国务院财政、税务主管部门另有规定外，应当向纳税人机构所在地或者居住地的税务机关申报纳税。

（2）委托加工的应税消费品，除受托方为个人外，由受托方向机构所在地或者居住地的税务机关解缴消费税税款；受托方为个人的，由委托方向其机构所在地税务机关申报纳税。

（3）进口的应税消费品，由进口人或者其代理人向报关地海关申报纳税。

（4）纳税人到外县（市）销售或者委托外县（市）代销自产应税消费品的，于应税消费品销售后，向机构所在地或者居住地税务机关申报纳税。

（5）总机构与分支机构不在同一县（市）的情况如下：

1）纳税人的总机构与分支机构不在同一县（市）的，原则上应当分别向各自机构所在地的税务机关申报纳税。

2）纳税人的总机构与分支机构不在同一县（市），但在同一省（自治区、直辖市）范围内，经省（自治区、直辖市）财政厅（局）、税务局审批同意，可以由总机构汇总向总机构所在地的税务机关申报纳税。

（6）纳税人销售的应税消费品，如因质量等问题被退回时，经机构所在地或者居住地税务机关审核批准后，可退还已缴纳的消费税税款。纳税人办理退税手续时，应将开具的红字增值税发票、退税证明等资料报主管税务机关备案。主管税务机关核对无误后办理退税。

（7）出口的应税消费品办理退税后，发生退关或者国外退货，进口时予以免税的，报关出口者必须及时向其机构所在地或者居住地税务机关申报补缴已退还的消费税税款。

纳税人直接出口的应税消费品办理免税后，发生退关或者国外退货，进口时已予以免税的，经机构所在地或者居住地税务机关批准，可暂不办理补税，待其转为国内销售时，再申报补缴消费税。

（8）个人携带或者邮寄进境的应税消费品的消费税，连同关税一并计征，具体办法由国务院关税税则委员会会同有关部门制定。

（三）纳税期限

消费税的纳税期限分别为 1 日、3 日、5 日、10 日、15 日、1 个月或者 1 个季度；纳税人的具体纳税期限由税务机关根据纳税人应纳税额的大小分别核定；不能按照固定期限纳税的可以按次纳税。

纳税人以 1 个月或者 1 个季度为纳税期的，自期满之日起 15 日内申报纳税；以 1 日、3 日、5 日、10 日或者 15 日为 1 个纳税期的，期满之日起 5 日内预缴税款，于次月 1 日起至 15 日内申报纳税并结清上月应纳税款。

纳税人进口应税消费品，应当自海关填发海关进口消费税专用缴款书之日起 15 日内缴纳税款。

二、纳税申报

所有消费税的纳税人应当在纳税期限内根据应税消费品分别填写"烟类应税消费品消费税纳税申报表""酒类应税消费品消费税纳税申报表""成品油消费税纳税申报表""小汽车消费税纳税申报表""其他应税消费品消费税纳税申报表"，向主管税务机关进行纳税申报。

除了要填写规定的纳税申报表外，每类申报表都应填写对应附表。纳税申报表样式见表 3-4～表 3-6。

表 3-4 烟类应税消费品消费税纳税申报表

税款所属期：　年　月　日至　年　月　日

纳税人名称（公章）：　　　　　　　　　纳税人识别号：□□□□□□□□□□□□□□□

填表日期：　年　月　日　　　单位：卷烟（万支）、雪茄烟（支）、烟丝（千克）；金额单位：元（列至角分）

应税消费品名称 \ 项目	适用税率		销售数量	销售额	应纳税额
	定额税率	比例税率			
卷烟（甲类）	30 元 / 万支	56%			
卷烟（乙类）	30 元 / 万支	36%			
雪茄烟	—	36%			
烟丝	—	30%			
合计	—	—	—	—	

本期准予扣除税额：	声明 此纳税申报表是根据国家税收法律的规定填报的，我确定它是真实的、可靠的、完整的。 经办人（签章）：
本期减（免）税额：	财务负责人（签章）： 联系电话：
期初未缴税额：	
本期缴纳前期应纳税额：	（如果你已委托代理人申报，请填写） 　　　　　授权声明 为代理一切税务事宜，现授权_____
本期预缴税额：	（地址）_____为本纳税人的代理申报人，任何与本申报表有关的往来文件，都可寄于此人。
本期应补（退）税额：	
期末未缴税额：	授权人签章：

以下由税务机关填写

受理人（签章）：　　　　　受理日期：　年　月　日　　　　受理税务机关（章）：

表 3-5 酒类应税消费品消费税纳税申报表

税款所属期：　年　月　日至　年　月　日

纳税人名称（公章）：　　　　　　　　　纳税人识别号：□□□□□□□□□□□□□□□

填表日期：　年　月　日　　　　　　　　　　　　　　　　　　金额单位：元（列至角分）

应税消费品名称 \ 项目	适用税率		销售数量	销售额	应纳税额
	定额税率	比例税率			
粮食白酒	0.5 元 /500g	20%			
薯类白酒	0.5 元 /500g	20%			
啤酒（甲类）	250 元 /t	—			
啤酒（乙类）	220 元 /t	—			
黄酒	240 元 /t				
其他酒	—	10%			
合计	—	—	—	—	

（续）

本期准予抵减税额：	声明
本期减（免）税额：	此纳税申报表是根据国家税收法律的规定填报的，我确定它是真实的、可靠的、完整的。 经办人（签章）：
期初未缴税额：	财务负责人（签章）： 联系电话：
本期缴纳前期应纳税额：	（如果你已委托代理人申报，请填写） 授权声明
本期预缴税额：	为代理一切税务事宜，现授权_____
本期应补（退）税额：	（地址）_____为本纳税人的代理申报人，任何与本申报表有关的往来文件，都可寄予此人。
期末未缴税额：	授权人签章：

以下由税务机关填写

受理人（签章）：　　　　　　　受理日期：　年　月　日　　　　　受理税务机关（章）：

表 3-6　其他应税消费品消费税纳税申报表

税款所属期：　年　月　日至　年　月　日

纳税人名称（公章）：　　　　　　　纳税人识别号：□□□□□□□□□□

填表日期：　年　月　日　　　　　　　　　　　　　　　金额单位：元（列至角分）

应税消费品名称＼项目	适用税率	销售数量	销售额	应纳税额
合计	—	—	—	

本期准予抵减税额：	声明
本期减（免）税额：	此纳税申报表是根据国家税收法律的规定填报的，我确定它是真实的、可靠的、完整的。 经办人（签章）：
期初未缴税额：	财务负责人（签章）： 联系电话：
本期缴纳前期应纳税额：	（如果你已委托代理人申报，请填写） 授权声明
本期预缴税额：	为代理一切税务事宜，现授权_____
本期应补（退）税额：	（地址）_____为本纳税人的代理申报人，任何与本申报表有关的往来文件，都可寄予此人。
期末未缴税额：	授权人签章：

以下由税务机关填写

受理人（签章）：　　　　　　　受理日期：　年　月　日　　　　　受理税务机关（章）：

【例3-5】 某酒类生产企业是一家以白酒、啤酒、葡萄酒等各种酒类的生产、进口、委托加工以及销售为主的增值税一般纳税人企业，其纳税人的社会统一信用代码为91220102309926178W。5月初税务会计准备申报消费税，相关业务资料见表3-7。

表3-7 葡萄酒消费税抵扣税款台账

2019年4月

金额单位：元

日期	摘要	抵扣凭证类型	抵扣凭证号码	金额 购进	金额 生产领用	金额 其他领用	金额 余额	可抵扣税额
	期初留抵税额	—	—	—	—	—	—	0
	期初库存	—	—	—	—	—	0	—
3日	购进葡萄酒	增值税专用发票	01103941	200桶（88 000）	—	—	88 000	8 800
10日	生产领用	—	—	—	100桶	—	44 000	4 400
20日	生产领用	—	—	—	100桶	—	0	4 400
	本月购进合计	—	—	200桶（88 000）	—	—	—	8 800
	本月生产领用合计	—	—	—	200桶	—	—	8 800
	本月其他领用合计	—	—	—	—	0	—	0
	期末库存	—	—	—	—	—	0	—
	本月准予抵扣税额	—	—	—	—	—	—	8 800
	本月实际抵扣税额	—	—	—	—	—	—	8 800
	期末留抵税额	—	—	—	—	—	—	0

【解析】 消费税计税过程见表3-8。

表3-8 消费税计税过程

业务1	4月3日购进葡萄酒200桶，用于连续生产高档葡萄酒，取得的对方开具的增值税专用发票上注明的价款为88 000元，商品已入库，款已银行转付		
日期	3日	凭证类型及号码	专用发票（01103941） 入库单（0003001）
计税依据	当期准予扣除的外购应税消费品已纳税款＝当期准予扣除的外购应税消费品买价或数量×外购应税消费品的适用税率或税额 当期准予扣除的外购应税消费品买价或数量＝期初库存的外购应税消费品的买价或数量＋当期购进的应税消费品的买价或数量－期末库存的外购应税消费品的买价或数量 外购已税消费品的买价是指外购应税消费品增值税专用发票上注明的销售额（不包括增值税税额）		
税率	10%		
税额（计税依据×税率）	准予抵扣的消费税＝88 000×10%＝8 800（元） 增值税进项税额＝88 000×13%＝11 440（元）		

（续）

会计核算	葡萄酒生产企业购进、进口葡萄酒连续生产应税葡萄酒的，准予从葡萄酒消费税应纳税额中扣除所耗用应税葡萄酒已纳消费税税款 借：原材料　　　　　　　　　　　　　　　　　　　　　　　88 000 　　应交税费——应交增值税（进项税额）　　　　　　　　　11 440 　　贷：银行存款　　　　　　　　　　　　　　　　　　　　　99 440
申报取数	消费税8 800元，列入申报表本期准予抵减税额中
业务2	4月8日赠送客户自产高档葡萄酒礼盒100盒，成本50 000元，3月公司未对外销售此款葡萄酒礼盒。公司2月销售了2批同类葡萄酒礼盒，第1批销售了50盒，不含税总价为50 000元，第2批销售了80盒，不含税总价为72 200元

日期	8日	凭证类型及号码	销售发票（01102641） 出库单（0003001）

计税依据	按照纳税人生产的同类消费品的平均销售价格计算纳税 加权平均销售价格=（50 000+72 200）÷（50+80）=940（元/盒）
税率	10%
税额（计税依据×税率）	赠送客户100盒葡萄酒应纳消费税=100×940×10%=9 400（元） 赠送客户100盒葡萄酒应纳增值税=100×940×13%=12 220（元）
会计核算	此业务不是很可能导致经济利益流入企业，会计上不确认收入，但是税法上属于视同销售，按同类货物销售价格计征增值税、消费税 借：营业外支出　　　　　　　　　　　　　　　　　　　　　71 620 　　贷：库存商品　　　　　　　　　　　　　　　　　　　　　50 000 　　　　应交税费——应交增值税（销项税额）　　　　　　　12 220 　　　　　　　　　——应交消费税　　　　　　　　　　　　 9 400
申报取数	消费税申报取"应交税费——应交消费税"贷方数9 400元，列入申报表其他酒对应应纳税额中
业务3	4月15日销售百威啤酒50t给副食公司，开具的增值税专用发票上注明的价款为145 000元，成本为70 000元，收取的包装物押金为6 780元。款项银行收讫

日期	15日	凭证类型及号码	专用发票（01102642） 出库单（0003002） 银行回单（000311）

计税依据	消费税：销售数量 增值税：不含税销售额
税率	250元/t
税额（计税依据×税率）	每吨出厂价不含增值税但包含包装物和包装物押金在3 000元（含）以上的为甲类啤酒百威啤酒每吨的销售价格=[145 000+6 780÷（1+13%）]/50=3 020（元）>3 000元 百威啤酒应纳消费税税额=50×250=12 500（元） 百威啤酒应纳增值税税额=145 000×13%=18 850（元）
会计核算	借：银行存款　　　　　　　　　　　　　　　　　　　　　　170 630 　　贷：其他应付款　　　　　　　　　　　　　　　　　　　　 6 780 　　　　主营业务收入　　　　　　　　　　　　　　　　　　145 000 　　　　应交税费——应交增值税（销项税额）　　　　　　　18 850 同时：

（续）

会计核算	借：主营业务成本　　　　　　　　　　　　　　　　　70 000 　　贷：库存商品　　　　　　　　　　　　　　　　　　70 000 计提消费税： 借：税金及附加　　　　　　　　　　　　　　　　　　12 500 　　贷：应交税费——应交消费税　　　　　　　　　　12 500
申报取数	消费税申报取"应交税费——应交消费税"贷方数12 500元，列入申报表啤酒、税率250元/t行对应应纳税额中
业务4	4月18日销售雪花啤酒10t给饭店，开具普通发票取得收入31 835元，收取包装物押金1 500元。成本总额为11 000元，款项银行收讫
日期	18日　　凭证类型及号码　　普通发票（01102743） 　　　　　　　　　　　　　　出库单（0003003） 　　　　　　　　　　　　　　银行回单（000312）
计税依据	消费税：销售数量 增值税：不含税销售额
税率	220元/t
税额（计税依据×税率）	每吨出厂价不含增值税但包含包装物和包装物押金在3 000元以下的为乙类啤酒 雪花啤酒每吨的销售价格＝[（31 835+1 500）÷（1+13%）]/10=2 950（元）<3 000元 雪花啤酒应纳消费税税额=10×220=2 200（元） 雪花啤酒应纳增值税税额=31 835÷（1+13%）×13%=3 662.43（元）
会计核算	借：银行存款　　　　　　　　　　　　　　　　　　　33 335 　　贷：其他应付款　　　　　　　　　　　　　　　　　1 500 　　　　主营业务收入　　　　　　　　　　　　　　　28 172.57 　　　　应交税费——应交增值税（销项税额）　　　　3 662.43 同时： 借：主营业务成本　　　　　　　　　　　　　　　　　11 000 　　贷：库存商品　　　　　　　　　　　　　　　　　　11 000 计提消费税： 借：税金及附加　　　　　　　　　　　　　　　　　　2 200 　　贷：应交税费——应交消费税　　　　　　　　　　2 200
申报取数	消费税申报取"应交税费——应交消费税"贷方数2 200元，列入申报表啤酒、税率220元/t行对应应纳税额中
业务5	4月20日销售高粱酒50t，开具的增值税专用发票上注明销售额3 000 000元、税额390 000元，成本总额为1 500 000元。款项银行收讫
日期	20日　　凭证类型及号码　　专用发票（01102643） 　　　　　　　　　　　　　　出库单（0003004） 　　　　　　　　　　　　　　转账支票（2923458）
计税依据	高粱酒属于粮食白酒，复合计税 消费税：销售数量 增值税：不含税销售额
税率	20%+0.5元/斤定额
税额（计税依据×税率）	应纳消费税税额=3 000 000×20%+50×2 000×0.5=650 000（元） 应纳增值税税额=增值税专用发票上注明的税额390 000元

（续）

会计核算	借：银行存款 　　贷：主营业务收入 　　　　应交税费——应交增值税（销项税额） 同时： 借：主营业务成本 　　贷：库存商品 计提消费税： 借：税金及附加 　　贷：应交税费——应交消费税		3 390 000 　　　3 000 000 　　　　390 000 1 500 000 　　1 500 000 650 000 　　650 000
申报取数	消费税申报取"应交税费——应交消费税"贷方数 650 000 元，列入申报表粮食白酒对应应纳税额中		
业务 6	4 月 25 日将 1 000 箱汽酒投资入股一家音乐烤吧，公司此款酒的最高销售价格为每箱 500 元（不含税，下同），经计算此款酒的平均销售价格为每箱 450 元，每箱成本 200 元		
日期	25 日	凭证类型及号码	投资协议 出库单（0003004）
计税依据	消费税：纳税人用于换取生产资料和消费资料、投资入股和抵偿债务等方面（"换投抵"）的应税消费品，应当以纳税人同类应税消费品的最高销售价格作为计税依据		
税率	10%		
税额（计税依据×税率）	应纳消费税税额＝1 000×500×10%＝50 000（元） 应纳增值税税额＝1 000×450×13%＝58 500（元）		
会计核算	借：长期股权投资 　　贷：主营业务收入 　　　　应交税费——应交增值税（销项税额） 同时： 借：主营业务成本 　　贷：库存商品 计提消费税： 借：税金及附加 　　贷：应交税费——应交消费税		508 500 　　450 000 　　　58 500 200 000 　　200 000 50 000 　　50 000
申报取数	消费税申报取"应交税费——应交消费税"贷方数 50 000 元，列入申报表其他酒对应应纳税额中		

纳税申报表填列见表 3-9，本期准予抵减（扣）税额计算见表 3-10。

表 3-9　酒类应税消费品消费税纳税申报表简表

税款所属期：2019 年 4 月 1 日至 2019 年 4 月 30 日

纳税人名称（公章）：风行公司　　　　　　纳税人识别号：９１２２０１０２３０９９２６１７８Ｗ
填表日期：2019 年 5 月 10 日　　　　　　　金额单位：元（列至角分）

应税消费品名称	项目	适用税率		销售数量	销 售 额	应纳税额
		定额税率	比例税率			
粮食白酒		0.5 元/500g	20%	100 000 斤	3 000 000.00	650 000.00
薯类白酒		0.5 元/500g	20%			

(续)

应税消费品名称 \ 项目	适用税率		销售数量	销 售 额	应纳税额
	定额税率	比例税率			
啤酒（甲类）	250元/t	—	50t		12 500.00
啤酒（乙类）	220元/t	—	10t		2 200.00
黄酒	240元/t	—			
其他酒	—	10%		594 000.00	59 400.00
合计	—	—	—	—	724 100.00

本期准予抵减税额：8 800.00	**声明** 此纳税申报表是根据国家税收法律的规定填报的，我确定它是真实的、可靠的、完整的。
本期减（免）税额：	经办人（签章）： 财务负责人（签章）： 联系电话：
期初未缴税额：	
本期缴纳前期应纳税额：	（如果你已委托代理人申报，请填写） **授权声明** 为代理一切税务事宜，现授权_____（地址）_____为本纳税人的代理申报人，任何与本申报表有关的往来文件，都可寄予此人。 授权人签章：
本期预缴税额：	
本期应补（退）税额：715 300.00	
期末未缴税额：	

以下由税务机关填写

受理人（签章）：　　　　受理日期：　年月日　　　　受理税务机关（章）：

表 3-10　本期准予抵减（扣）税额计算表

税款所属期：2019年4月1日至2019年4月30日

纳税人名称（公章）：风行公司　　　纳税人识别号：9 1 2 2 0 1 0 2 3 0 9 9 2 6 1 7 8 W

填表日期：2019年5月10日　　　　　单位：t、元（列至角分）

一、当期准予抵减的外购啤酒液已纳税款计算	
1．期初库存外购啤酒液数量：	
2．当期购进啤酒液数量：	
3．期末库存外购啤酒液数量：	
4．当期准予抵减的外购啤酒液已纳税款：	
二、当期准予抵扣的葡萄酒已纳税款：8 800.00	
三、本期准予抵减（扣）税款合计：8 800.00	

✳ **本节导读分析**：通过学习消费税的纳税义务发生时间，我们知道了不同结算方式的销售合同规定的纳税时间是不同的。纳税人采取赊销和分期收款结算方式的，纳税时间为书面合同

约定的收款日期的当天；书面合同没有约定收款日期或者无书面合同的，纳税时间为发出应税消费品的当天。因此，销售员应该与客户签订销售合同，并在书面合同中约定收款日期。

⚙️ **知识小结**：纳税义务发生时间总结

方　　式		时　　间
纳税人销售	纳税人采取赊销和分期收款结算方式	书面合同约定的收款日期的当天发出应税消费品的当天
	书面合同没有约定收款日期或者无书面合同的	
	预收货款结算方式	发出应税消费品的当天
	托收承付、委托银行收款结算方式	发出应税消费品并办妥托收手续的当天
	其他结算方式	收讫销售款或者取得索取销售款凭据的当天
自产自用		移送使用的当天
委托加工		纳税人提货的当天
进口		报关进口的当天

拓展知识　消费税会计处理

> **学习导读**
>
> 甲公司委托乙地板生产企业加工一批实木地板，用于连续生产实木地板。加工合同规定，甲公司提供实木板材，材料成本为 85 万元，乙企业收取加工费 10 万元、辅料由乙企业提供，加工完成甲公司提货，乙开具价款 10 万元、税额 1.3 万元的专用发票给甲公司，同时乙企业代收了 5 万元的消费税，甲公司税务会计拿到单据审核后，直接将 5 万元的消费税计入了地板成本，在"委托加工物资"科目反映，并填制了记账凭证。月末，财务经理审核记账凭证时发现此笔业务处理存在问题。假如你就是这位财务经理，你能指出这笔业务处理的问题所在吗？

一、科目设置

企业应在"应交税费"科目下设置"应交消费税"明细科目，核算应交消费税的增减变动情况。该科目贷方登记应缴纳的消费税，借方登记<u>已缴纳</u>的消费税，期末贷方余额反映企业<u>尚未缴纳</u>的消费税，期末借方余额反映企业<u>多缴纳</u>的消费税。

作为价内税的消费税，在实际支出时应作为成本费用进行会计核算，涉及的对应会计科目主要有"税金及附加""固定资产""在建工程"等。

二、具体的会计核算

（一）销售应税消费品

企业销售应税消费品按规定计提消费税时应借记"税金及附加"科目，贷记"应交税费——应交消费税"科目。实际缴纳时借记"应交税费——应交消费税"科目，贷记"银行存款"等科目；反之退货、退税时，做相反的账务处理。

【例 3-6】 2021 年 4 月，某地板生产企业（增值税一般纳税人）采用预收货款方式销售实木地板一批，取得含税销售额 113 000 元，商品已发出。款项银行已收讫。计算该企业应缴纳的消费税并编制相应会计分录。消费税税率为5%，除增值税外不考虑其他税费。

【解析】 采用预收货款方式销售，其纳税义务发生时间为发出应税消费品的当天。取得的含税销售额需要换成不含税销售额=113 000÷（1+13%）=100 000（元）

$$应缴纳的增值税 = 113\,000 ÷ （1+13\%） × 13\% = 13\,000（元）$$
$$应缴纳的消费税 = 113\,000 ÷ （1+13\%） × 5\% = 5\,000（元）$$

账务处理为：

借：银行存款	113 000
贷：主营业务收入	100 000
应交税费——应交增值税（销项税额）	13 000
借：税金及附加	5 000
贷：应交税费——应交消费税	5 000

假如该企业下月月初以银行存款缴纳该笔消费税5 000元。实际缴纳消费税时：

借：应交税费——应交消费税	5 000
贷：银行存款	5 000

（二）自产自用应税消费品

（1）企业将生产的应税消费品用于**连续生产**非应税消费品、在建工程、管理部门等，纳税人应于货物移交时计征消费税，借记"在建工程"等科目，贷记"应交税费——应交消费税"科目。

【例3-7】 2021年5月，某地板生产企业改建办公楼，领用实木地板一批，用于食堂地面铺设。该批实木地板成本为150 000元，不含税销售价格为250 000元，消费税税率为5%。除增值税外不考虑其他税费，计算该企业应缴纳的消费税并编制相应会计分录。

【解析】 将自产货物用于集体福利或个人消费，应视同销售，按销售价格计征增值税；将自产应税消费品用于连续生产非应税消费品、在建工程、管理部门等，税法规定需要计征消费税。

$$应缴纳的增值税 = 250\,000 × 13\% = 32\,500（元）$$
$$应缴纳的消费税 = 250\,000 × 5\% = 12\,500（元）$$

账务处理为：

借：在建工程——食堂	195 000
贷：库存商品	150 000
应交税费——应交增值税（销项税额）	32 500
——应交消费税	12 500

（2）以自产应税消费品用于**捐赠、赞助、广告、样品、职工福利**等，以及不具有商业实质的非货币性交换，纳税人应按税法规定于移送货物时计征消费税，借记"营业外支出""销售费用"等科目，贷记"应交税费——应交消费税"科目等。

【例3-8】 如果【例3-7】不是将地板用于办公楼改建，而是用于捐赠希望小学，则账务处理为：

借：营业外支出	195 000
贷：库存商品	150 000
应交税费——应交增值税（销项税额）	32 500
——应交消费税	12 500

（三）委托加工应税消费品

（1）企业如有应交消费税的委托加工物资，一般应由**受托方代收代缴**消费税。

（2）委托加工物资收回后，用于连续生产应税消费品的，按规定准予抵扣的，应按已由受托方代收代缴的消费税，借记"应交税费——应交消费税"科目，贷记"应付账款""银行存款"等科目，待用委托加工的应税消费品生产出应纳消费税的产品销售时，再缴纳消费税。

【例3-9】 甲公司委托乙地板厂加工一批实木地板，用于连续生产实木地板。加工合同规定：甲公司提供实木板材，材料成本为85万元，乙地板厂收取加工费10万元，辅料由乙地板厂提供，加工完成后乙地板厂开具价款10万元、税额1.3万元的专用发票给甲公司，甲公司提货后验收入库，加工费银行付讫。受托方无同类消费品计税价格。计算该企业应缴纳的消费税并编制相应的会计分录。

【解析】 委托加工的应税消费品，按照受托方的同类消费品的销售价格计算纳税，没有同类消费品销售价格的，按照组成计税价格计算纳税。且由委托加工收回的已税实木地板为原料连续生产实木地板，准予从应纳消费税中扣除已纳消费税。

组成计税价格 =（材料成本 + 加工费）÷（1 - 比例税率）

=（850 000+100 000）÷（1-5%）=1 000 000（元）

应纳消费税 = 组成计税价格 × 消费税比例税率 = 1 000 000×5%=50 000（元）

甲公司账务处理为：

借：委托加工物资　　　　　　　　　　　　　　　　　850 000
　　贷：原材料　　　　　　　　　　　　　　　　　　　　850 000
借：委托加工物资　　　　　　　　　　　　　　　　　100 000
　　应交税费——应交增值税（进项税额）　　　　　　　13 000
　　应交税费——应交消费税　　　　　　　　　　　　　50 000
　　贷：银行存款　　　　　　　　　　　　　　　　　　163 000
借：原材料　　　　　　　　　　　　　　　　　　　　950 000
　　贷：委托加工物资　　　　　　　　　　　　　　　　950 000

（3）委托加工物资收回后，**直接**用于**销售**的，应将受托方代收代缴的消费税计入**委托加工物资的成本**，借记"委托加工物资"科目，贷记"应付账款""银行存款"等科目。

【例3-10】 如果【例3-9】连续生产改为直接对外出售，其余条件不变，则甲公司账务处理为：

借：委托加工物资　　　　　　　　　　　　　　　　　850 000
　　贷：原材料　　　　　　　　　　　　　　　　　　　　850 000
借：委托加工物资　　　　　　　　　　　　　　　　　150 000
　　应交税费——应交增值税（进项税额）　　　　　　　13 000
　　贷：银行存款　　　　　　　　　　　　　　　　　　163 000
借：原材料　　　　　　　　　　　　　　　　　　　　1 000 000
　　贷：委托加工物资　　　　　　　　　　　　　　　　1 000 000

（四）进口应税消费品

企业进口应税物资在**进口**环节应缴纳的**消费税**，**计入该项物资的成本**，借记"材料采购""固定资产"等科目，贷记"银行存款"等科目。

【例3-11】 某进出口公司进口一批实木地板，海关核定的关税完税价格为500 000元，应纳进口关税为 100 000 元，款项银行付讫。消费税税率 5%，计算该企业应缴纳的消费税并编制相应的会计分录。

【解析】 增值税的组成计税价格公式与消费税的组成计税价格公式一样：（关税完税价格＋关税）÷（1－消费税比例税率）。

$$应纳增值税 =（500\,000+100\,000）÷（1-5\%）×13\%=82\,105.26（元）$$

$$应纳消费税 =（500\,000+100\,000）÷（1-5\%）×5\%=31\,578.95（元）$$

账务处理为：

借：库存商品　　　　　　　　　　　　　　　　　　　　　631 578.95
　　应交税费——应交增值税（进项税额）　　　　　　　　82 105.26
　　贷：银行存款　　　　　　　　　　　　　　　　　　　　713 684.21

❋ **本节导读分析**：由以上例题可见，导读中税务会计将代收代缴的消费税计入成本是不符合规定的，应在"应交税费——应交消费税"科目的借方反映，用于抵减消费税。

⚙ **知识小结**：应交消费税的账务处理总结

业　　务		账 务 处 理
销售应税消费品		借：税金及附加 　贷：应交税费——应交消费税
自产自用应税消费品		借：在建工程、营业外支出、销售费用等 　贷：应交税费——应交消费税
委托加工应税消费品	收回后，直接销售	借：委托加工物资 　贷：银行存款等
	收回后用于连续生产应税消费品	借：应交税费——应交消费税 　贷：银行存款等
进口环节应税消费品		借：库存商品等（含进口环节消费税） 　贷：银行存款等

本章导读分析

消费税的纳税义务人为在中华人民共和国境内生产、委托加工和进口《消费税暂行条例》规定的消费品的单位和个人，某酒业上市公司在四川省某市是我国消费税的纳税义务人。

消费税的税目有 15 种，税目酒是其中一种，而白酒是税目酒下的子目。

我国现行消费税在五个环节进行征收，分为生产销售、委托加工、进口、零售及批发环节，消费税征税环节相对单一。该公司作为白酒生产企业需要在生产销售环节征税，而下游经销企业再销售就不需要缴纳消费税了。这也是现在一些企业在税收筹划时可利用的点。但是，白酒生产企业销售给销售单位的白酒，生产企业消费税的计税价格低于销售单位对外销售价格 70% 以下的，税务机关会核定其最低计税价格，所以税收筹划的时候价格不可过低。

实务案例

东方财富网公布了白酒龙头企业舍得酒业 2018 年年度审计报告，在舍得酒业年度报告中公布了税金及附加报表项目，数据比上年同期增加了 41.60 个百分点，增加的主要原因是本年销售增加及消费税计税价格调整后消费税及附加增加所致。在公布的公司收入与成本分析的数据表中，低档酒销售同比下降 40.09 个百分点，高档酒销售同比上升 28.3 个百分点，低档酒毛利下降 12.73 个百分点，中高档酒毛利率上升 2.25 个百分点。在这些数据的背后，消费税起着怎样的作用呢？下面来分析一下：

法规引述：财税〔2001〕84 号文件将白酒的消费税由从价征收消费税调整为从价与从量相结合的复合计征消费税，即在 20% 比例税率的基础上增加了 0.5 元/500g 的从量税，同时规定停止执行外购酒及酒精已纳税款或受托方代收代缴税款准予抵扣政策。

从政策来看，白酒每斤（500g）增加了 0.5 元的消费税，每吨就增加了 1 000 元的消费税，使得目前市场销售价格为 5 元的白酒税负增加 10%，每斤 4 元的白酒税负增加 12.5%，每斤 2 元的白酒税负将增加 25%。这对出厂价格在 20 元以上的中高档白酒影响仅为 2.5%，出厂价格在 40 元以上的影响仅为 1.25%。可见，从量税的增加对价格较低的低档酒的影响是比较大的，但是对价格较高的中高档酒的影响则微乎其微。

白酒的销售额涵盖范围比较广，不仅包含收取的全部价款，还包含各种价外费用。酒行业的典型代表为"品牌使用费"。不论企业采取何种方式或以何种名义收取价款，均应并入白酒的销售额中缴纳消费税，还有包装费等，都属于应并入销售额的价外费用，都应计征消费税。外购、委托加工环节已纳消费税税款不能扣除，这些都加大了税基。企业应尽量减少委托加工的行为，建立自己的生产线，形成规模生产，整合企业，创建高端品牌，才能增强自己的市场竞争力。

学习财务只有打好理论基石，才能应用于实务，为企业献计献策。通过前面章节的学习，相信大家已经掌握了消费税的纳税义务发生时间，在不考虑其他情况时，企业赊销一批商品给下游经销商或者与下游经销商协商分期收款方式销售商品，可以建议销售部签署具有具体收款日期的销售合同，用以实现税款递延。

思维导图

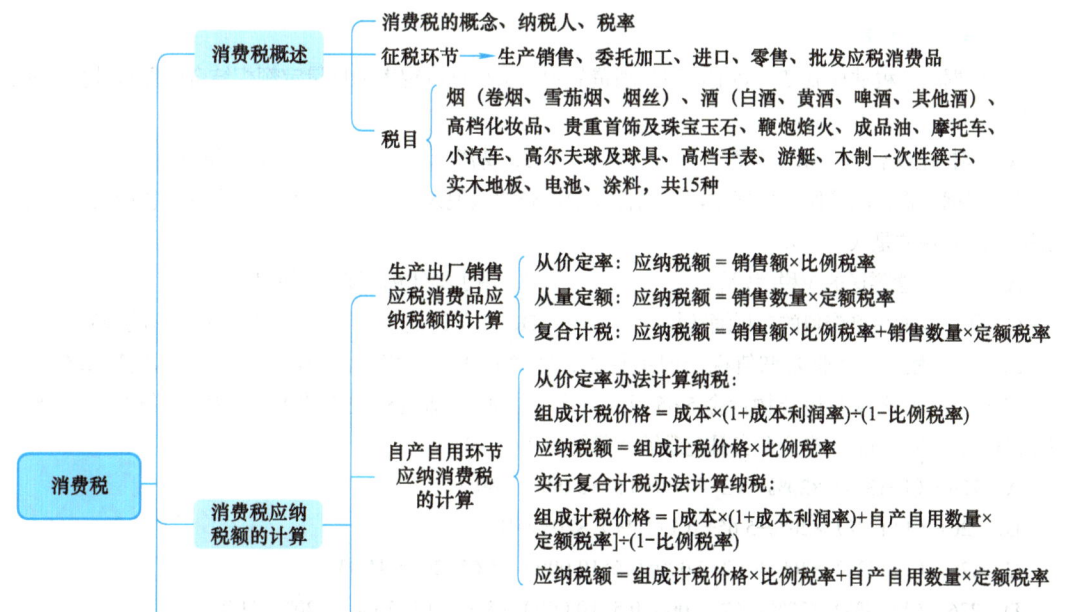

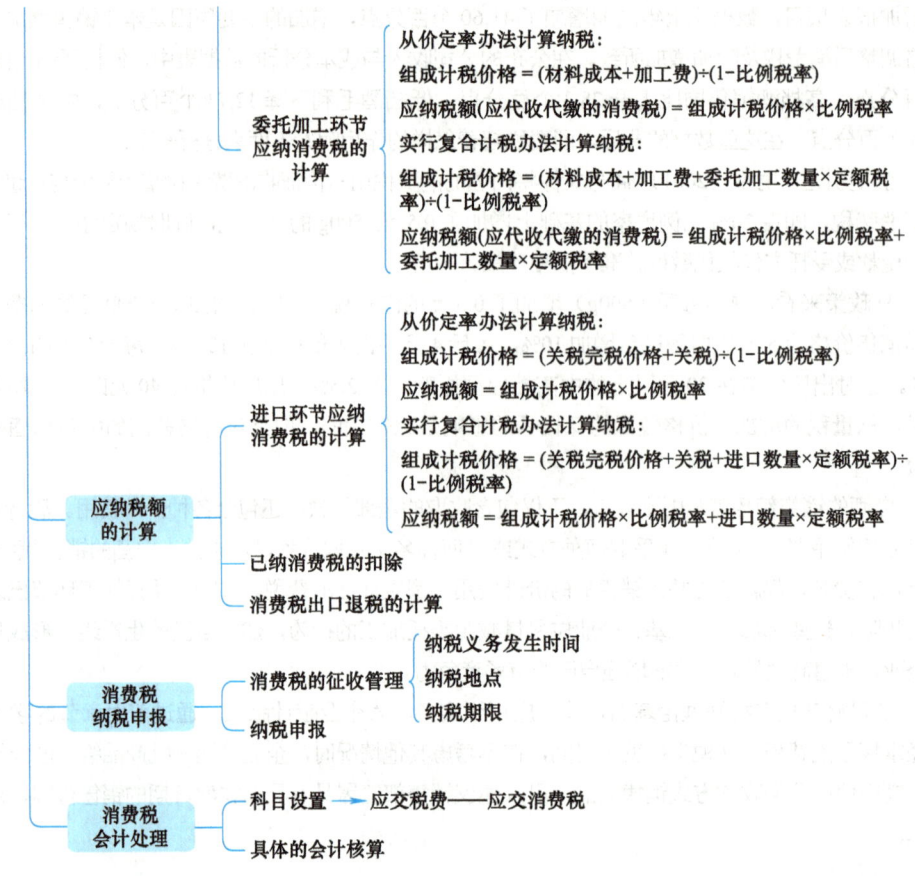

复习思考题

一、单项选择题

1. 根据消费税法律制度的规定，下列消费品中，实行从价定率和从量定额相结合的复合计征办法征收消费税的是（　　）。

   A. 高档化妆品　　　B. 白酒　　　　　C. 啤酒　　　　　D. 柴油

2. 根据消费税法律制度的规定，下列各项中，应按纳税人同类应税消费品的最高销售价格作为计税依据计征消费税的是（　　）。

   A. 用于无偿赠送的应税消费品　　　　B. 用于集体福利的应税消费品
   C. 用于换取生产资料的应税消费品　　D. 用于连续生产非应税消费品的应税消费品

3. 某白酒生产企业为增值税一般纳税人，2020年3月销售白酒2t，取得含税销售额226万元，另收取单独记账核算的包装物押金5.65万元。已知白酒的增值税税率为13%，消费税税率为20%加0.5元/500g。则该白酒生产企业当月应缴纳消费税为（　　）万元。

   A. 226÷（1+13%）×20%+（2×2 000×0.5÷10 000）=40.2
   B. 226÷（1+13%）×20%+5.65÷（1+13%）×20%=41
   C. 226÷（1+13%）×20%+（2×2 000×0.5÷10 000）+5.65×20%=41.33
   D. 226÷（1+13%）×20%+（2×2 000×0.5÷10 000）+5.65÷（1+13%）×20%=41.2

4. 下列应税消费品中，适用定额税率征收消费税的是（　　）。
   A．高档化妆品　　B．金银首饰　　C．高尔夫球　　D．啤酒
5. 纳税人采取预收货款结算方式销售应税消费品的，其消费税纳税义务发生时间为（　　）。
   A．签订销售合同的当天
   B．实际收到预收货款的当天
   C．发出应税消费品的当天
   D．书面合同约定应收预收款的当天

二、多项选择题

1. 纳税人自产的应税消费品发生的下列情形中，应以纳税人同类应税消费品的最高销售价格作为消费税计税依据的有（　　）。
   A．用于抵债的应税消费品
   B．用于馈赠的应税消费品
   C．用于换取生产资料的应税消费品
   D．用于对外投资入股的应税消费品
2. 根据消费税法律制度的规定，下列应税消费品中，采用复合计税方法计征消费税的有（　　）。
   A．卷烟　　B．白酒　　C．高档化妆品　　D．金银首饰
3. 下列在零售环节征收消费税的有（　　）。
   A．金银首饰　　B．珍珠　　C．铂金首饰　　D．钻石首饰

三、计算题

1. 甲企业（增值税一般纳税人）为高尔夫球及球具生产厂家，2020年12月发生以下业务：
   （1）购进一批PU材料，取得的增值税专用发票上注明价款22万元、增值税税额2.86万元；委托乙企业将其加工成高尔夫球包，取得乙企业开具的增值税专用发票上注明加工费5万元、增值税税额0.65万元；乙企业没有同类消费品的销售价格。
   （2）将委托加工收回的球包全部销售给丙企业，取得不含税销售额40万元。
   （3）购进一批碳素材料、钛合金，取得的增值税专用发票上注明价款150万元、增值税税额19.5万元；委托丁企业将其加工成200根高尔夫球杆，取得丁企业开具的增值税专用发票上注明加工费30万元、增值税税额3.9万元；丁企业当月销售同类高尔夫球杆不含税销售价格为1.4万元/根。
   （4）将委托加工收回的高尔夫球杆全部对外销售，取得含税销售额565万元。
   已知：甲企业上期留抵增值税税额8万元，高尔夫球及球具消费税税率为10%，增值税税率为13%，甲企业取得的增值税专用发票当月均已通过主管税务机关认证并在当月抵扣。
   要求：根据上述资料，分析回答下列问题。
   （1）甲企业委托乙企业加工高尔夫球包时，乙企业应代收代缴的消费税税额为多少？
   （2）甲企业将委托加工收回的高尔夫球包销售给丙企业时，应申报缴纳消费税吗？
   （3）甲企业委托丁企业加工高尔夫球杆时，丁企业应代收代缴的消费税税额为多少？
   （4）甲企业当月应纳增值税税额为多少？
2. 甲化妆品公司（以下简称甲公司）为增值税一般纳税人，2020年10月发生下列业务：
   （1）委托乙公司（增值税一般纳税人）加工高档香水精5t，甲公司提供的自产原材料不含税价格为40万元，乙公司收取不含税加工费8万元并开具增值税专用发票；乙公司加工完毕后，甲公司委托丙运输公司将高档香水精运回甲公司，取得的增值税专用发票上注明运输费2万元；乙公司没有同类消费品销售价格。
   （2）外购生产用机器设备一台，从供货方取得的防伪税控系统开具的增值税专用发票上注明增值税税额为3万元，货款已付并且设备投入生产使用。
   （3）领用委托乙公司加工收回的高档香水精2t，用于生产普通洗发水，生产的洗发水于当月全部销售，取得不含税销售额110万元，支付不含税运费8万元，并取得增值税专用发票。

（4）领用委托乙公司加工收回的高档香水精 3t，用于生产高档化妆品，生产的高档化妆品于当月销售 80%，取得含税收入 550 万元，另收取包装费 20 万元。

已知：甲公司月初有上期留抵的增值税 22 万元；取得的增值税专用发票于当月通过税务机关认证并申报抵扣；高档化妆品适用消费税税率为 15%，交通运输服务适用的增值税税率为 9%，加工劳务适用的增值税税率为 13%。

根据上述资料，不考虑其他因素，分析回答下列问题：

（1）乙公司受托加工高档香水精应当代收代缴的消费税税额为多少？

（2）乙公司受托加工高档香水精应当计算的增值税销项税额为多少？

（3）甲公司本月应当计算的增值税销项税额为多少？

（4）甲公司本月应自行申报缴纳的消费税税额为多少？

3．甲企业为增值税一般纳税人，主要从事小汽车的制造和销售业务，2020 年 7 月有关业务如下：

（1）销售 1 辆定制小汽车，取得含增值税价款 226 000 元，另收取手续费 33 900 元。

（2）将 20 辆小汽车对外投资，小汽车生产成本为 10 万元 / 辆，甲企业同类小汽车最高销售价格为 16 万元 / 辆（不含增值税，下同），平均销售价格为 15 万元 / 辆、最低销售价格为 14 万元 / 辆。

（3）采取预收款方式销售给 4S 店一批小汽车，当月 5 日签订合同，当月 10 日收到预收款，当月 15 日发出小汽车，当月 20 日开具发票。

（4）生产中轻型商用客车 500 辆，其中 480 辆用于销售、10 辆用于广告、8 辆用于企业管理部门、2 辆用于赞助。

已知：小汽车增值税税率为 13%、消费税税率为 5%。

根据上述资料，分析回答下列问题：

（1）甲企业销售定制小汽车应缴纳的消费税税额为多少？

（2）甲企业以小汽车投资应缴纳的消费税税额为多少？

（3）甲企业采用预收款方式销售小汽车，消费税的纳税义务发生时间是哪天？

（4）根据事项（4）所述，关于 500 辆中轻型商用客车的处置行为中，哪些应缴纳消费税？

第四章 企业所得税

本章导读

企业所得税是税法领域第二大主税，为国家财政收入做出了重要贡献。根据相关资料，2020年上海企业所得税税收为 3 575.58 亿元，蝉联我国城市企业所得税排行榜榜首。

假设你是上海某公司的会计人员，负责税务处理，你是否知道：国家是如何收缴企业所得税的？企业具体如何计缴企业所得税？国家是否出台了相关优惠政策？本公司能否享受这些优惠政策……

请大家带着这些问题学习本章内容。

第一节 企业所得税概述

学习导读

1949 年中华人民共和国成立后，于 1958 年和 1983 年进行了税改，又经历了 1985 年和 1998 年的进一步改革，设置了国营企业所得税、集体企业所得税和私营企业所得税。由于初步制定具有一些局限性，国务院于 1993 年颁布了《中华人民共和国企业所得税暂行条例》，自 1994 年施行；2007 年，全国人民代表大会常务委员会批准了《中华人民共和国企业所得税法》，自 2008 年 1 月 1 日起施行。

一、企业所得税的概念

企业所得税是对我国境内的企业和其他取得收入的组织的生产经营所得和其他所得征收的所得税。它是国家参与企业利润分配、正确处理国家与企业的分配关系的一个重要税种。

我国税法中使用的是"企业所得税"的说法，但这里的"企业"与企业法所指的"企业"在概念上并不一致。

《中华人民共和国企业所得税法》有关纳税人的规定中所界定的"企业"，实质上属于法人的范畴。由于"企业"的概念比"法人"的概念更容易为公众所接受、更符合我国税制传统，因而立法最终确立的是"企业所得税"，但实际上规定的是"法人所得税"的纳税人的范围：企业和其他取得收入的组织，个人独资企业、合伙企业除外。

二、企业所得税的特点

（一）以所得额为课税对象，税源大小受企业经济效益的影响

企业所得税的课税对象是总收入扣除成本费用后的净所得额，不是直接意义上的会计利润，更不是收入总额。净所得额的大小决定着税源的多少，总收入相同的纳税人，其所得额及缴纳的所得税不一定相同。

（二）以应纳税所得额为计税依据，税法对税基的约束力强

企业所得税以经过计算得出的应纳税所得额为计税依据。应纳税所得额的计算应严格按照《企业所得税法》及其他有关规定进行，如果企业的财务会计处理办法与国家税收法规相抵触，应当按照税法的规定计算纳税。

（三）直接税，税负不易转嫁

企业所得税的纳税人与实际负担人通常是一致的，因而可以直接调节纳税人的收入。

（四）实行按年计算、分期预缴的征收办法

企业所得税的征收一般以全年的应纳税所得额为计税依据，实行按年计算、分月或分季预缴、年终汇算清缴的征收办法。

三、企业所得税的作用

（一）组织财政收入

企业所得税是我国第二大主体税种，对组织国家税收收入起着非常重要的作用。随着我国国民经济的快速发展和企业经济效益的不断提高，企业所得税占全部税收收入的比重越来越高，已成为我国税制的主体税种之一。

（二）宏观调控经济

在税制设计中，通过各项税收优惠政策来发挥对投资、产业结构调整、环境治理等方面的调控作用。企业所得税是国家实施税收优惠政策最主要的税种，是贯彻国家产业政策和社会政策、实施宏观调控的主要政策工具。在为国家组织财政收入的同时，企业所得税作为国家宏观调控的一种重要手段，也促进了产业结构调整和经济发展。

（三）促进企业改善经营管理，提升盈利能力

企业所得税将经过调整后的利润作为纳税所得额。在使用比例税率的情况下，企业的盈利能力越强，则税负承担能力越强，相对降低了企业的税负水平，增加了企业的税后利润。并且，在征税过程中，对企业的收入、成本、费用等进行检查，对企业的生产经营活动和财务管理活动进行监督，有利于促进企业改善经营管理，努力降低成本，从而提高盈利能力和水平。

（四）维护国家主权的重要手段

征税权是一个国家主权的重要组成部分。随着发展中国家的所得税比重日益提高，各国所得税制度日益趋同，各国间越来越多地通过签订双边税收协定达到避免双重课税及防止偷税、逃税的目的。按照国际惯例制定我国的企业所得税法律制度有利于行使税收管辖权，进而从经济利益上有效地维护国家主权。

四、我国企业所得税的制度演变

（一）新中国成立后至改革开放前的企业所得税制度

1949年的首届全国税务会议通过了统一全国税收政策的基本方案，其中包括对企业所得和个人所得征税的办法。1950年，政务院发布了《全国税政实施要则》，规定全国设置14种税收，其中涉及对所得征税的有工商业税（所得税部分）、存款利息所得税和薪给报酬所得税3种税收。

工商业税（所得税部分）自1950年开征以后，主要征税对象是私营企业、集体企业和个体工商户的应税所得。国营企业因政府有关部门直接参与经营和管理，其财务核算制度也与一般企业差异较大，所以国营企业实行利润上缴制度，而不缴纳所得税。这种制度的设计适应了当

时我国高度集中的计划经济管理体制的需要。

1958 年和 1973 年我国进行了两次重大的税制改革，其核心是简化税制。其中的工商业税（所得税部分）主要还是对集体企业征收，国营企业只征一道工商税，不征所得税。在这个阶段，各项税收收入占财政收入的比重有所提高，占 50% 左右，但国营企业上缴的利润仍是国家财政收入的主要来源之一。

（二）改革开放后的企业所得税制度

自 20 世纪 70 年代末起，我国开始实行改革开放政策，税制建设进入了一个新的发展时期，税收收入逐步成为政府财政收入的主要来源，同时税收也成为国家宏观经济调控的重要手段。

1. 1978 年—1982 年的企业所得税制度

改革开放以后，为适应引进国外资金、技术和人才，开展对外经济技术合作的需要，根据党中央统一部署，税制改革工作在"七五"计划期间逐步推开。1980 年 9 月，第五届全国人民代表大会第三次会议通过了《中华人民共和国中外合资经营企业所得税法》并公布施行。企业所得税税率确定为 30%，另按应纳所得税额附征 10% 的地方所得税。1981 年 12 月，第五届全国人民代表大会第四次会议通过了《中华人民共和国外国企业所得税法》，实行 20%～40% 的五级超额累进税率，另按应纳税所得额附征 10% 的地方所得税。

2. 1983 年—1990 年的企业所得税制度

作为企业改革和城市改革的一项重大措施，1983 年，国务院决定在全国试行国营企业"利改税"，即将新中国成立后实行了 30 多年的国营企业向国家上缴利润的制度改为缴纳企业所得税的制度。

1984 年 9 月，国务院发布了《中华人民共和国国营企业所得税条例（草案）》和《国营企业调节税征收办法》。国营企业所得税的纳税人为实行独立经济核算的国营企业，大中型企业实行 55% 的比例税率，小型企业等适用 10%～55% 的八级超额累进税率。国营企业调节税的纳税人为大中型国营企业，税率由财税部门工商企业主管部门核定。

1985 年 4 月，国务院发布了《中华人民共和国集体企业所得税暂行条例》，实行 10%～55% 的八级超额累进税率，原来对集体企业征收的工商税（所得税部分）同时停止执行。

1988 年 6 月，国务院发布了《中华人民共和国私营企业所得税暂行条例》，规定私营企业所得税税率为 35%。

国营企业"利改税"和集体企业、私营企业所得税制度的出台，重新确定了国家与企业的分配关系，使我国的企业所得税制建设进入健康发展的新阶段。

3. 1991 年至今的企业所得税制度

为适应我国建立社会主义市场经济体制的新形势，进一步扩大改革开放，努力把国有企业推向市场，按照"统一税法、简化税制、公平税负、促进竞争"的原则，国家先后完成了外资企业所得税的统一和内资企业所得税的统一。

1991 年 4 月，第七届全国人民代表大会将《中华人民共和国中外合资经营企业所得税法》与《中华人民共和国外国企业所得税法》合并，制定了《中华人民共和国外商投资企业和外国企业所得税法》，并于同年 7 月 1 日起施行。

1993 年 12 月 13 日，国务院将《中华人民共和国国营企业所得税条例（草案）》《国营企业调节税征收办法》《中华人民共和国集体企业所得税暂行条例》《中华人民共和国私营企业所得税暂行条例》进行整合，制定了《中华人民共和国企业所得税暂行条例》，自 1994 年 1 月 1 日起施行。上述改革标志着我国的所得税制度向着法制化、科学化和规范化的方向不断迈进。

2007 年 3 月 16 日，第十届全国人民代表大会第五次会议通过了《中华人民共和国企业所得税法》，并于 2008 年 1 月 1 日开始施行。内、外资企业从此实行统一的企业所得税法。根据 2017 年 2 月 24 日第十二届全国人民代表大会常务委员会第二十六次会议《关于修改〈中华人民共和国企业所得税法〉的决定》第一次修正，根据 2018 年 12 月 29 日第十三届全国人民大会常务委员会第七次会议的相关决定第二次修正。

第二节　企业所得税纳税人、征税对象及税率

/学习导读/

在日常生活中，智能手机品牌众多，如华为、小米、三星、苹果等。作为消费者的你是否思考过，这些手机生产企业要不要缴纳企业所得税？它们以什么身份缴纳企业所得税，是居民纳税人还是非居民纳税人？

一、企业所得税纳税义务人

企业所得税纳税义务人是指在中华人民共和国境内的企业和其他取得收入的组织。**个人独资企业、合伙企业**不是企业所得税的纳税人。企业所得税的纳税人分为居民企业和非居民企业，它们分别承担着不同的纳税责任。

（一）居民企业

居民企业是指依法在**中国境内成立**，或者依照外国（地区）法律成立但**实际管理机构在中国境内**的企业。这里的企业具体包括国有企业、集体企业、私营企业、联营企业、股份制企业、外商投资企业、外国企业以及有生产、经营所得和其他所得的其他组织。其中，有生产、经营所得和其他所得的其他组织是指经国家有关部门批准，依法注册、登记的事业单位、社会团体等组织。实际管理机构是指对企业的生产经营、人员、账务、财产等实施实质性全面管理和控制的机构。

（二）非居民企业

非居民企业是指依照**外国（地区）法律成立且实际管理机构不在中国境内**，但在中国境内设立机构、场所的，或者在中国境内未设立机构、场所，但有来源于中国境内所得的企业。

上述所称机构、场所是指在中国境内从事生产经营活动的机构、场所。具体包括以下几类：

（1）管理机构、营业机构、办事机构。
（2）工厂、农场、开采自然资源的场所。
（3）提供劳务的场所。
（4）从事建筑、安装、装配、修理、勘探等工程作业的场所。
（5）其他从事生产经营活动的机构、场所。

非居民企业委托营业代理人在中国境内从事生产经营活动的，包括委托单位或者个人经常代其签订合同，或者储存、交付货物等，该营业代理人视为非居民企业在中国境内设立的机构、场所。

学习提示：居民企业与非居民企业的区分标准有两个：一个是登记注册地，另一个是实际管理机构所在地。居民企业不按机构、场所划分；非居民企业分为在中国境内有机构、场所

的和在中国境内无机构、场所的两类。

二、企业所得税征税对象

企业所得税征税对象，从内容上看包括**生产经营所得**、**其他所得和清算所得**[17]，从空间范围上看包括来源于中国**境内和境外**的所得。

（一）居民企业的征税对象

居民企业应当就其来源于中国境内和境外的所得缴纳企业所得税。所得包括销售货物所得、提供劳务所得、转让财产所得、股息红利等权益性投资所得、利息所得、租金所得、特许权使用费所得、接受捐赠所得和其他所得。

（二）非居民企业的征税对象

非居民企业在中国境内**设立机构、场所的**，应当就其所设机构、场所取得的来源于中国境内的所得，以及发生在中国境外但与其所设机构、场所有实际联系的所得缴纳企业所得税。非居民企业在中国境内**未设立机构、场所的**，或者虽设立机构、场所但取得的所得与其所设机构、场所没有实际联系的，应当就其来源于中国境内的所得缴纳企业所得税。

上述所称实际联系，是指非居民企业在中国境内设立的机构、场所拥有的据以取得所得的股权、债权，以及拥有、管理、控制据以取得所得的财产。

（三）所得来源的确定

所得来源的确定具体包括以下几个方面：

（1）销售货物所得，按照交易活动发生地确定。

（2）提供劳务所得，按照劳务发生地确定。

（3）转让财产所得，包括以下几种情况：

1）不动产转让所得，按照不动产所在地确定。

2）动产转让所得，按照转让动产的企业或者机构、场所所在地确定。

3）权益性投资资产转让所得，按照被投资企业所在地确定。

4）股息、红利等权益性投资所得，按照分配所得的企业所在地确定。

5）利息所得、租金所得、特许权使用费所得，按照负担、支付所得的企业或者机构、场所所在地确定，或者按照负担、支付所得的个人的住所地确定。

6）其他所得，由国务院财政、税务主管部门确定。

三、企业所得税税率

企业所得税税率是体现国家与企业分配关系的核心要素。企业所得税的税率是指对纳税人应纳税所得额征收的比例，即应纳企业所得税额与应纳税所得额的比例。我国企业所得税实行**比例税率**。比例税率简便易行、透明度高，不会因征税而改变企业间收入分配比例，有利于促

知识拓展

[17] 清算所得是指纳税人清算时的全部资产或者财产扣除各项清算费用、损失、负债、企业未分配利润、公益金和公积金后的余额，超过实缴资本的部分。纳税人依法清算时，以其清算终了后的清算所得为应纳税所得额，按规定缴纳企业所得税。企业的清算业务一般发生在企业破产清算时。

进效率的提高。

居民企业以及在中国境内设立机构、场所且取得的所得与设立的机构、场所有实际联系的非居民企业，应当就其来源于中国境内、境外的所得缴纳企业所得税，适用税率为25%。

非居民企业在中国境内未设立机构、场所，或者虽设立机构、场所但取得的所得与其所设机构、场所没有实际联系的，应当就其来源于中国境内的所得缴纳企业所得税，适用税率为20%。

📢 **学习提示**：适用税率为25%的有两类企业：居民企业；在中国境内设立机构、场所且所得与机构、场所有实际联系的非居民企业。

❄ **本节导读分析**：华为公司于1987年在中国深圳登记注册成立，其登记注册地在中国境内，为居民企业，其应该就来源于中国境内、境外的全部所得缴纳企业所得税；苹果公司由史蒂夫·乔布斯、斯蒂夫·沃兹尼亚克和罗·韦恩等人于1976年4月1日创立，总部位于美国加利福尼亚州库比蒂诺市，其登记注册地在美国，且实际管理机构不在中国境内，属于非居民企业，仅就来源于中国境内的所得征收企业所得税（见表4-1）。

表4-1　华为与苹果公司部分纳税信息

企业名称	注册地点	纳税身份	征税对象	税率
华为 HUAWEI	中国深圳市	居民企业	中国境内、境外全部所得	25%
苹果	美国加利福尼亚州库比蒂诺市	非居民企业	中国境内所得	20%

💡 **知识小结**：

1．企业所得税的纳税人总结

我国境内的"企业"和其他取得收入的"组织"：分类原则——属人+属地。

类型	判定标准
居民企业	在中国境内成立
	依照外国（地区）法律成立，但实际管理机构在中国境内
非居民企业	依照外国（地区）法律成立且实际管理机构不在中国境内，但在中国境内设立机构、场所
	在中国境内未设立机构、场所，但有来源于中国境内的所得

2．企业所得税纳税义务总结

企业类型		纳税义务
居民企业		来源于中国境内和境外的所得
非居民企业	设立机构、场所	（1）所设机构、场所取得的来源于中国境内的所得 （2）发生在中国境外但与其所设机构、场所有实际联系的所得
	未设立机构、场所	来源于中国境内的所得
	设立机构、场所，但取得的所得与所设机构、场所没有实际联系	

3. 企业所得来源地总结

所得类型		所得来源地
销售货物		交易活动发生地
提供劳务		劳务发生地
转让财产	不动产转让所得	不动产所在地
	动产转让所得	转让动产的企业或机构、场所所在地
	权益性投资资产转让所得	被投资企业所在地
股息、红利等权益性投资		分配所得的企业所在地
利息、租金、特许权使用费		负担、支付所得的企业或者机构、场所所在地；个人的住所地
其他所得		由国务院财政、税务主管部门确定

4. 企业所得税税率总结

税率	适用对象
25%	居民企业
	在中国境内设立机构、场所且取得的所得与所设机构、场所有实际联系的非居民企业
20%	在中国境内未设立机构、场所的非居民企业
	虽设立机构、场所，但取得的所得与其所设机构、场所没有实际联系的非居民企业

第三节　企业所得税应纳税所得额的计算

> **/学习导读/**
>
> 海澜之家是一家主要从事品牌管理、供应链管理、营销网络管理的大型消费品牌运营平台公司。公司产品主要包括男装、女装、童装、职业服及家居等。公司 2020 年销售运动类服装的收入是否需要缴纳企业所得税？销售办公用品、化妆用品、餐桌用品等产品的收入是否需要缴纳企业所得税？公司当年发生的广告费支出能否全部在税前扣除？

应纳税所得额是企业所得税的计税依据，按照《企业所得税法》的规定，应纳税所得额为企业每一个纳税年度的收入总额，减除不征税收入、免税收入、各项扣除以及允许弥补的以前年度亏损后的余额。应纳税所得额有两种计算方法：一种是直接法，另一种是间接法。

学习提示：一般情况下，应纳税所得额≠利润总额。

1. 直接计算法下应纳税所得额的计算

应纳税所得额 = 收入总额 - 不征税收入 - 免税收入 - 各项扣除 - 允许弥补的以前年度亏损

应纳税所得额与会计利润是两个不同的概念。应纳税所得额是一个税收概念，是根据《企业所得税法》按照一定的标准确定的，纳税人在一个时期内的计税所得，是企业所得税的计税依据；会计利润为会计核算概念，反映的是企业在一定时期之内生产经营的财务成果，它是确定应纳税所得额的基础，但不能等同于应纳税所得额。企业根据企业会计准则核算得出的会计利润，按照税法的规定进行相应的调整后，才能作为企业的应纳税所得额。

2. 间接计算法下应纳税所得额的计算

$$应纳税所得额 = 利润总额 \pm 纳税调整项目金额$$

纳税调整项目包括两方面内容：一是因企业财务会计处理和税收规定不一致而应予以调整的金额；二是企业按税法规定准予扣除的税收金额。

一、收入总额

企业的收入总额包括以货币形式和非货币形式从各种来源取得的收入。具体包括销售货物收入，提供劳务收入，转让财产收入，股息、红利等权益性投资收益，利息收入，租金收入，特许权使用费收入，接受捐赠收入和其他收入。

企业取得收入的货币形式，包括现金、存款、应收账款、应收票据、准备持有至到期的债券投资以及债务的豁免等，纳税人以非货币形式取得的收入，包括固定资产、生物资产、无形资产、股权投资、存货、不准备持有至到期的债券投资、劳务以及有关权益等，这些非货币资产应当按照**公允价值**确定收入额。公允价值是指按照市场价格确定的价值。收入的具体构成包括以下内容：

（一）一般收入的确认

1. 销售货物收入

销售货物收入是指企业销售商品、产品、原材料、包装物、低值易耗品以及其他存货取得的收入。

> **学习提示**：销售货物收入不必刻意区分主营业务和其他业务，一般为有形动产的销售收入。

除法律法规另有规定外，企业销售货物收入的确认应遵循权责发生制原则和实质重于形式原则。

（1）符合收入确认条件，对于不同的销售方式，应按下列规定确认收入的实现时间：

1）采用托收承付方式的，在办妥托收手续时确认收入。

2）采取预收款方式的，在发出商品时确认收入。

3）需要安装和检验的，在购买方接受商品以及安装和检验完毕时确认收入。如果安装程序比较简单，可在发出商品时确认收入。

4）采用支付手续费方式委托代销的，在收到代销清单时确认收入。

（2）采用售后回购方式销售商品的，销售的商品按售价确认收入，回购的商品作为购进商品处理。有证据表明不符合销售收入确认条件的，如以销售商品方式进行融资收到的款项应确认为负债，回购价格大于原售价的，差额应在回购期间确认为利息费用。

（3）采取以旧换新方式销售商品的，应当按照销售商品收入确认条件确认收入，回收的商品作为购进商品处理。

（4）商品销售涉及商业折扣的，应当按照扣除商业折扣后的金额确定销售商品收入。所谓商业折扣，是指企业为促进商品销售而在商品价格上给予的价格扣除。

（5）商品销售涉及现金折扣的，应当按照扣除现金折扣前的金额确定销售商品收入。所谓现金折扣，是指债权人为了鼓励债务人在规定的期限内付款而向债务人提供的债务扣除。

（6）企业已确认销售收入的售出商品发生销售折让和销售退回，应当在发生当期冲减当期商品销售收入。销售折让是指企业因售出商品的质量不合格等原因而在售价上给予的减让。销售退回是指企业因售出商品质量、品种不符合要求等原因而发生的退货。

2．提供劳务收入

提供劳务收入是指企业从事建筑安装、修理修配、交通运输、仓储租赁、金融保险、邮电通信、咨询经纪、文化体育、科学研究、技术服务、教育培训、餐饮住宿、中介代理、卫生保健、社区服务、旅游、娱乐、加工以及其他劳务服务活动取得的收入。

企业在各个纳税期期末，提供劳务交易的结果能够可靠估计的，应采用**完工进度（完工百分比）法**确认提供劳务的收入。

提供劳务交易的结果能够可靠估计，是指同时满足下列条件：①收入的金额能够可靠地计量；②交易的完工进度能够可靠地确定；③交易中已发生和将发生的成本能够可靠地核算。

企业提供劳务完工进度的确定，可选用下列方法：①已完工作的测量；②已提供劳务占劳务总量的比例；③发生成本占总成本的比例。

3．转让财产收入

转让财产收入是指企业转让固定资产、生物资产、无形资产、股权、债权等财产取得的收入。

企业转让股权收入，应于转让协议生效且完成股权变更手续时，确认收入的实现。

> 📢 **学习提示**：此处的财产不是资产，不包含企业的各种货物。转让的是财产的所有权而不是使用权。

4．股息、红利等权益性投资收益

股息、红利等**权益性投资**收益是指企业因权益性投资从被投资方取得的收入。股息、红利等权益性投资收益，除国务院财政、税务主管部门另有规定外，按照被投资方**做出利润分配决定的日期**确认收入的实现。

5．利息收入

利息收入是指企业将资金提供他人使用但不构成权益性投资，或者因他人占用本企业资金取得的收入。它包括存款利息、贷款利息、债券利息、欠款利息等收入。利息收入按照**合同约定**的债务人**应付**利息的**日期**确认收入的实现。

6．租金收入

租金收入是指企业提供固定资产、包装物或者其他有形资产的使用权取得的收入。租金收入按照**合同约定的**承租人**应付租金的日期**确认收入的实现。

如果交易合同或协议中规定租赁期限跨年度，且租金提前一次性支付的，根据收入与费用配比原则，出租人可对上述已确认的收入，在租赁期内**分期均匀计入相关年度收入**。

7．特许权使用费收入

特许权使用费收入是指企业提供专利权、非专利技术、商标权、著作权以及其他特许权的使用权取得的收入。特许权使用费收入按照**合同约定**的特许权使用人**应付**特许权**使用费的日期**确认收入的实现。

8．接受捐赠收入

接受捐赠收入是指企业接受的来自其他企业、组织或者个人无偿给予的货币性资产、非货币性资产。接受捐赠收入按照**实际收到捐赠资产的日期**确认收入的实现。

企业以"买一赠一"等组合销售本企业商品的，不属于捐赠，应将总的销售金额按各项商品公允价值的比例来分摊确认各项销售收入。

9．其他收入

其他收入是指企业取得的除以上收入外的其他收入。它包括企业**资产溢余收入**、逾期未退包装物押金收入、确实无法偿付的应付款项、已作为坏账损失处理后又收回的应收款项、债务重组收入、补贴收入、违约金收入和汇兑收益等。

📢 **学习提示**：根据《中华人民共和国企业所得税法实施条例》的规定，企业资产溢余收入应当包含固定资产盘盈收入和物资及现金的溢余收入。汇兑收益是指用记账本位币，按照不同的汇率报告相同数量的外币而产生的差额，也就是说，公司的货币性项目和非货币性项目因汇率变动在折算成本位币时产生的损益。

（二）特殊收入的确认

（1）以分期收款方式销售货物的，按照合同约定的收款日期确认收入的实现。

（2）企业受托加工制造大型机器设备、船舶、飞机，以及从事建筑、安装、装配工程业务或者提供其他劳务等，持续时间超过12个月的，按照纳税年度内完工进度或者完成的工作量确认收入的实现。

（3）采取产品分成方式取得收入的，按照企业分得产品的日期确认收入的实现。其收入额按照产品的公允价值确定。

📢 **学习提示**：产品分成，即多家企业在合作进行生产经营的过程中，合作各方对合作生产出的产品按照约定进行分配，并以此作为生产经营收入。

（4）企业发生非货币性资产交换，以及将货物、财产、劳务用于捐赠、偿债、赞助、集资、广告、样品、职工福利或者利润分配等用途的，应当视同销售货物、转让财产或者提供劳务，但国务院财政、税务主管部门另有规定的除外。

📢 **学习提示**：《企业所得税法》第十条第（六）项所称赞助支出，是指企业发生的与生产经营活动无关的各种非广告性质支出。

赞助与捐赠的区别：

1）根本区别在于是否要求回报。对外捐赠是指企业自愿无偿将其具有处分权的合法财产赠送给合法的受赠人，用于与生产经营活动没有直接关系的公益事业的行为。赞助是为宣传企业形象、推介企业产品而发生的。

2）税务处理不同。企业发生的赞助支出不得在税前扣除；公益性捐赠支出以当年限额为准扣除，具体根据《关于公益性捐赠支出企业所得税税前结转扣除有关政策的通知》（财税〔2018〕15号）规定处理。

二、不征税收入

国家为了扶持和鼓励某些特殊的纳税人和特定项目，或者避免因征税影响企业的正常生产经营，对企业取得的某些收入予以不征税或者免税的特殊政策，或准予抵扣应纳税所得额，或者对专项用途的资金作为非税收入处理，以减轻企业的税负进而增加企业可用资金，促进经济的协调发展。

不征税收入包括以下几种：

（一）财政拨款

财政拨款是指各级人民政府对纳入预算管理的事业单位、社会团体等组织拨付的财政资金，但国务院和国务院财政、税务主管部门另有规定的除外。

（二）依法收取并纳入财政管理的行政事业性收费、政府性基金

行政事业性收费是指依照法律、法规等有关规定，按照国务院规定程序批准，在实施社会公共管理，以及在向公民、法人或者其他组织提供特定公共服务的过程中，向特定对象收取并

纳入财政管理的费用。政府性基金是指企业依照法律、行政法规等有关规定，代政府收取的具有专项用途的财政资金。

（三）国务院规定的其他不征税收入

国务院规定的其他不征税收入是指企业取得的，由国务院财政、税务主管部门规定专项用途并经国务院批准的财政性资金。

县级以上人民政府将国有资产无偿划入企业，凡指定专门用途并按规定进行管理的，企业可作为不征税收入进行企业所得税处理。其中，该项资产属于非货币性资产的，应按政府确定的接收价值计算不征税收入。

2018年9月20日起，对全国社会保障基金理事会及基本养老保险基金投资管理机构在国务院批准的投资范围内，运用养老基金投资取得的归属于养老基金的投资收入，作为企业所得税不征税收入。

2018年9月10日起，对全国社会保障基金取得的直接股权投资收益、股权投资基金收益，作为企业所得税不征税收入。

企业的**不征税收入用于支出所形成的费用，不得在计算应纳税所得额时扣除**；企业的不征税收入用于支出所形成的资产，其计算的**折旧、摊销不得在计算应纳税所得额时扣除**。

三、税前扣除项目

（一）税前扣除项目的原则

企业申报的扣除项目和金额要真实、合法。其中，真实是指能提供证明有关支出确属已经实际发生的适当凭据；合法是指符合国家税法的规定，其他法规规定与税收法规规定不一致的，以税收法规规定为标准。除税收法规另有规定者外，税前扣除的确认一般应遵循以下原则：

1．权责发生制原则

权责发生制原则是指企业费用应在发生的所属期扣除，而不是在实际支付时确认扣除。

2．配比原则

配比原则是指企业发生的费用应当与收入配比扣除。除特殊规定外，企业发生的费用不得提前或滞后申报扣除。

3．相关性原则

相关性原则是指企业可扣除的费用从性质和根源上必须与取得应税收入直接相关。

4．确定性原则

确定性原则是指企业可扣除的费用不论何时支付，其金额必须是确定的。

5．合理性原则

合理性原则是指符合生产经营活动常规，应当计入当期损益或者有关资产成本的必要和正常的支出。

（二）扣除项目的范围

《企业所得税法》规定，企业实际发生的与取得收入有关的、合理的支出，包括**成本、费用、税金、损失**和**其他支出**，准予在计算应纳税所得额时扣除。在实际中，计算应纳税所得额时还应注意以下三方面的内容：①企业发生的支出应当区分收益性支出和资本性支出。收益性支出在发生当期直接扣除；资本性支出应当分期扣除或者计入有关资产成本，不得在发生当期直接扣除。②企业的不征税收入用于支出所形成的费用或者财产，不得扣除或者计算对应的折旧、摊销扣除。③除《企业所得税法》和《企业所得税实施条例》另有规定外，企业实际发生的成本、费用、税金、损失和其他支出，不得重复扣除。

（1）成本。成本是指企业在生产经营活动中发生的销售成本、销货成本、业务支出以及其他耗费，即企业销售商品（产品、材料、下脚料、废料、废旧物资等）、提供劳务、转让固定资产、无形资产（包括技术转让）的成本。这是企业在日常生产经营活动中**最重要的支出部分**。

（2）费用。费用是指企业在生产经营活动中发生的销售费用、管理费用和财务费用。已经计入成本的有关费用除外。

1）销售费用，是指应由企业负担的为销售商品而发生的费用，包括广告费、运输费、装卸费、包装费、展览费、保险费、销售佣金（能直接认定的进口佣金调整商品进价成本）、代销手续费、经营性租赁费及销售部门发生的差旅费、工资、福利费等费用。

2）管理费用，是指企业的行政管理部门为管理组织经营活动而提供各项支援性服务而发生的费用，包括企业在筹建期间内发生的开办费、行政管理部门职工薪酬、办公费、差旅费、聘请中介机构费、咨询费、诉讼费、业务招待费、研究费用等。

3）财务费用，是指企业筹集经营性资金而发生的费用，包括利息净支出、汇兑净损失、金融机构手续费以及其他非资本化支出。

（3）税金。税金是指企业发生的除企业所得税和允许抵扣的增值税以外的企业缴纳的各项税金及其附加，即企业按规定缴纳的消费税、城市维护建设税、关税、资源税、土地增值税、房产税、车船税、城镇土地使用税、印花税、教育费附加等。这些已纳税金准予税前扣除。准予扣除的税金有两种扣除方式：一是在发生当期扣除；二是在发生当期计入相关资产的成本，在以后各期分摊扣除。

📢 **学习提示**：准予抵扣的增值税和企业所得税不得税前扣除。

（4）损失。损失是指企业在生产经营活动中发生的固定资产和存货的盘亏、毁损、报废损失、转让财产损失、呆账损失、坏账损失、自然灾害等不可抗力因素造成的损失以及其他损失。

企业发生的损失，减除责任人赔偿和保险赔款后的余额，依照国务院财政、税务主管部门的规定扣除。

企业已经作为损失处理的资产，在以后纳税年度又全部收回或者部分收回时，应当计入当期收入。

📢 **学习提示**：准予税前扣除的损失为净损失。

（5）其他支出。其他支出是指除成本、费用、税金、损失外，企业在生产经营活动中发生的与生产经营活动有关的、合理的支出。

扣除项目的范围如图 4-1 所示。

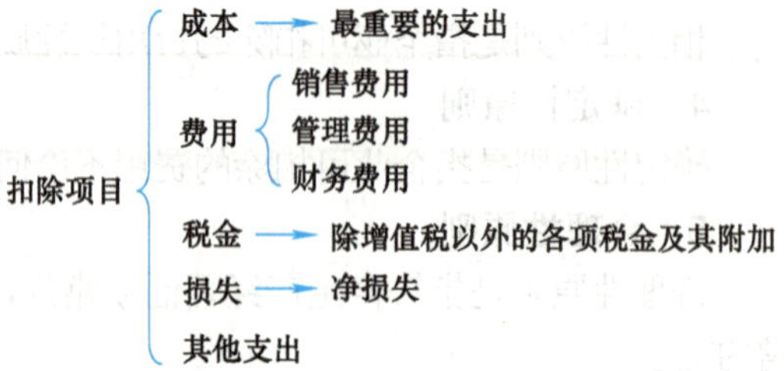

```
              ┌─ 成本 ── 最重要的支出
              │        ┌ 销售费用
              │─ 费用 ─┤ 管理费用
              │        └ 财务费用
   扣除项目 ──┤
              │─ 税金 ── 除增值税以外的各项税金及其附加
              │─ 损失 ── 净损失
              └─ 其他支出
```

图 4-1　扣除项目的范围

四、扣除标准

在计算应纳税所得额时，下列项目可按照实际发生额或规定的标准扣除。

1. 工资、薪金支出

企业发生的**合理的**工资、薪金支出准予据实扣除。工资、薪金支出是企业每一纳税年度支付给在本企业任职或与其有雇佣关系的员工的所有现金或非现金形式的劳动报酬，包括基本工资、奖金、津贴、补贴、年终加薪、加班工资，以及与任职或者是受雇有关的其他支出。

2．职工福利费、工会经费、职工教育经费

企业发生的职工福利费、工会经费、职工教育经费按标准扣除，未超过标准的按实际数额扣除，超过扣除标准的只能按标准扣除。

扣除标准如下：

（1）企业发生的职工福利费支出，不超过工资、薪金总额14%的部分准予扣除。列入企业员工工资薪金制度、固定与工资薪金一起发放的福利性补贴，符合国家税务总局相关规定的，可作为企业发生的工资、薪金支出，按规定在税前扣除；不能同时符合上述条件的福利性补贴，应按规定计算限额税前扣除。

企业的职工福利费包括以下内容：

1）尚未实行分离办社会职能的企业，其内设福利部门所发生的设备、设施和人员费用，包括职工食堂、职工浴室、理发室、医务所、托儿所、疗养院等集体福利部门的设备、设施及维修保养费用和福利部门工作人员的工资薪金、社会保险费、住房公积金、劳务费等。

2）为职工卫生保健、生活、住房、交通等所发放的各项补贴和非货币性福利，包括企业向职工发放的因公外地就医费用、未实行医疗统筹企业的职工医疗费用、职工供养直系亲属医疗补贴、供暖费补贴、职工防暑降温费、职工困难补贴、救济费、职工食堂经费补贴、职工交通补贴等。

3）按照其他规定发生的其他职工福利费，包括丧葬补助费、抚恤费、安家费、探亲假路费等。

企业发生的职工福利费应该单独设置账册，进行准确核算。没有单独设置账册准确核算的，税务机关应责令企业在规定的期限内进行改正。逾期仍未改正的，税务机关可对企业发生的职工福利费进行合理的核定。

（2）企业拨缴的职工工会经费，不超过工资、薪金总额2%的部分准予扣除。

【例4-1】 某集团公司2020年度的工资、薪金总额为2 000万元，职工福利费为300万元，公司拨付的工会经费为30万元。要求计算该公司2020年可以税前扣除的职工福利费与工会经费的金额。

【解析】 发生的合理职工福利费不超过工资、薪金总额14%的部分准予税前扣除，则该公司准予税前扣除的职工福利费限额为2 000万元×14%=280万元，实际发生300万元，即超过限额20万元，不得税前扣除，即可以税前扣除的职工福利费为280万元。

企业拨付的工会经费不超过工资、薪金总额2%的部分准予扣除，对该集团公司而言，准予税前列支的工会经费限额为2 000万元×2%=40万元，公司实际拨付的工会经费为30万元，即可以税前扣除的工会经费为30万元。

自2010年1月1日起，在委托税务机关代收工会经费的地区，企业拨缴的工会经费，可凭合法、有效的工会经费代收凭据依法在税前扣除。

（3）除国务院财政、税务主管部门另有规定外，企业发生的职工教育经费支出，不超过工资、薪金总额8%的部分准予扣除，超过部分准予结转以后纳税年度扣除。

3．社会保险费

（1）企业依照国务院有关主管部门或者省级人民政府规定的范围和标准为职工缴纳的五险一金，即基本养老保险费、基本医疗保险费、失业保险费、工伤保险费、生育保险费等基本社会保险费和住房公积金，准予扣除。

（2）自2008年1月1日起，企业为任职或受雇的全体职工支付的补充养老保险费、补充医疗保险费，分别在不超过职工工资、薪金总额的 5% 的部分，在计算应纳税所得额时准予扣除；超过部分，不予扣除。

企业职工因公出差乘坐交通工具发生的人身意外保险费支出，准予在计算应纳税所得额时扣除。除企业依照国家有关规定为特殊工种职工支付的人身安全保险费和国务院财政、税务主管部门规定可以扣除的其他商业保险费外，企业为投资者或职工支付的商业保险费，不得扣除。

4．利息费用

企业在生产、经营活动中发生的利息费用，按下列规定扣除：

（1）非金融企业向金融企业[18]借款的利息支出、金融企业的各项存款利息支出和同业拆借利息支出、企业经批准发行债券的利息支出准予据实扣除。

（2）非金融企业向非金融企业借款的利息支出，不超过按照金融企业同期同类贷款利率计算的数额的部分可据实扣除，超过部分不予扣除。

（3）凡投资者在规定期限内未缴足其应缴资本额的，该企业对外借款利息，相当于投资者实缴资本额与在规定期限内应缴资本额的差额应计付的利息，不属于企业合理支出，应由投资者负担，不得在计算应纳税所得额时扣除。

（4）企业向股东或其他与企业有关联关系的自然人借款的利息支出，应根据《企业所得税法》及《财政部 国家税务总局关于企业关联方利息支出税前扣除标准有关税收政策问题的通知》规定的条件，计算企业所得税扣除额。

企业向除股东或其他与企业有关联关系的自然人以外的内部职工或其他人员借款的利息支出，其借款情况同时符合以下条件的，其利息支出在不超过按照金融企业同期同类贷款利率计算的数额的部分，准予扣除：

1）企业与个人之间的借贷是真实、合法、有效的，并且不具有非法集资目的或其他违反法律、法规的行为。

2）企业与个人之间签订了借款合同。

5．借款费用

（1）企业在生产经营活动中发生的合理的、不需要资本化的借款费用，准予扣除。

（2）企业为购置、建造固定资产、无形资产和经过 12 个月以上的建造才能达到预定可销售状态的存货发生借款的，在有关资产购置、建造期间发生的合理的借款费用，应予以资本化，作为资本化支出计入有关资产的成本；有关资产交付使用后发生的借款利息，可在发生当期扣除。

6．汇兑损失

企业在货币交易中，以及纳税年度终了时将人民币以外的货币性资产、负债按照期末即期人民币汇率中间价折算为人民币时产生的汇兑损失，除已经计入有关资产成本以及与向所有者进行利润分配相关的部分外，准予扣除。

> 📢 学习提示：计入资产成本的汇兑损失已经资本化了，将在资产使用期内分期扣除；向所有者进行利润分配的相关部分应为税后利润，不得在税前扣除。

🔍 知识拓展

[18] 金融企业是指各类银行、保险公司及经中国人民银行批准从事金融业务的非银行金融机构。

7．公益性捐赠支出

公益性捐赠支出是指企业通过公益性社会团体或者县级（含县级）以上人民政府及其部门，用于《中华人民共和国公益事业捐赠法》规定的公益性捐赠。

企业当年发生以及以前年度结转的公益性捐赠支出，不超过年度利润总额12%的部分，准予扣除；超过年度利润总额12%的部分，准予以后3年内在计算应纳税所得额时结转扣除。

年度利润总额是指企业依照国家统一会计制度的规定计算的年度会计利润。

公益性社会组织应当依法取得公益性捐赠税前扣除资格。

公益性捐赠的具体范围包括：

（1）救助灾害、救济贫困、扶助残疾人等困难的社会群体和个人的活动。

（2）教育、科学、文化、卫生、体育事业。

（3）环境保护、社会公共设施建设。

（4）促进社会发展与进步的其他社会公共和福利事业。

自2019年1月1日至2022年12月31日，企业通过公益性社会组织或者县级（含县级）以上人民政府及其组成部门，用于目标脱贫地区的扶贫捐赠支出，准予在计算企业所得税应纳税所得额时据实扣除。在政策执行期限内，目标脱贫地区实现脱贫的，可继续适用上述政策。企业同时发生扶贫捐赠支出和其他公益性捐赠支出，在计算公益性捐赠支出年度扣除限额时，符合条件的扶贫捐赠支出不计算在内。

【例4-2】 某集团公司2020年度的利润总额为45.78亿元，当年通过某县民政局向地震灾区捐款1 162万元，直接资助贫困大学生学费100万元。该集团公司2020年度可税前扣除的公益性捐赠支出是多少？

【解析】 根据《企业所得税法》规定，企业只有通过公益性社会团体或县级（含县级）以上人民政府及其部门进行公益性捐赠，公益性捐赠支出才能税前扣除，因此该集团公司直接资助大学生学费100万元不能在税前扣除。该集团公司公益性捐赠税前扣除限额为457 800万元×12%=54 936万元；公司当年捐赠1 162万元可全部在税前扣除。

8．业务招待费

企业发生的与生产经营活动有关的业务招待费支出，按照发生额的60%扣除，但最高不得超过当年销售（营业）收入的5‰。企业在筹建期间发生的与筹办活动有关的业务招待费支出，可按实际发生额的60%计入企业筹办费，并按有关规定在税前扣除。

对从事股权投资业务的企业（包括集团公司总部、创业投资企业等），其从被投资企业所分配的股息、红利以及股权转让收入，可以按规定的比例计算业务招待费扣除限额。

> **学习提示**：一般企业的销售收入包括主营业务收入、其他业务收入和视同销售收入；创投企业的销售收入包括主营业务收入、其他业务收入、视同销售收入和投资收益。

【例4-3】 某集团公司子公司（非创投企业）2020年度取得主营业务收入30 000万元，其他业务收入2 000万元，投资收益4 000万元，营业外收入1 500万元，本年度该子公司在管理费用中共列支业务招待费3 700万元。在计算企业所得税时，该子公司可以税前扣除的业务招待费是多少？

【解析】 投资收益和营业外收入不属于营业收入，不能作为计算业务招待费扣除限额的基数。该子公司业务招待费扣除限额为（30 000万元+2 000万元）×5‰=160万元，业务招待费实际发生额的60%为3 700万元×60%=2 220万元，可以税前扣除的业务招待费为160万元；超过限额标准的业务招待费3 540万元（3 700万元−160万元）不得在税前扣除。

9. 广告费和业务宣传费

企业发生的符合条件的广告费和业务宣传费支出，除国务院财政、税务主管部门另有规定外，不超过当年**销售（营业）收入 15%** 的部分，准予扣除；**超过的部分，准予结转以后纳税年度扣除**。企业在筹建期间发生的广告费和业务宣传费可按实际发生额计入企业筹办费，并按有关规定在税前扣除。

自 2016 年 1 月 1 日起至 2025 年 12 月 31 日止，对化妆品制造或销售、医药制造和饮料制造（不含酒类制造）企业发生的广告费和业务宣传费支出，不超过当年销售（营业）收入 30% 的部分，准予扣除；超过部分，准予在以后纳税年度结转扣除。

烟草企业的烟草广告和业务宣传费支出，一律不得在计算应纳税所得额时扣除。

📢 **学习提示**：企业在计算业务招待费、广告费和业务宣传费等费用扣除限额时，其销售（营业）收入应包括《企业所得税法实施条例》所规定的视同销售（营业）收入额。

【**例 4-4**】 某房地产公司 2020 年营业收入为 100 万元，实际发生的广告费和业务宣传费支出为 25 万元；2021 年营业收入为 500 万元，实际发生的广告费和业务宣传费支出为 60 万元。该公司在 2020 年和 2021 年可以税前扣除的广告费和业务宣传费分别是多少？

【**解析**】 该公司 2020 年可以扣除的广告费和业务宣传费限额为 100 万元 ×15%=15 万元；实际支出 25 万元，可以税前扣除 15 万元，尚未扣除的 10 万元可以在以后纳税年度结转扣除。该公司 2021 年可以扣除的广告费和业务宣传费限额为 500 万元 ×15%=75 万元；实际支出 60 万元，可以全部扣除，2020 年结转而来的 10 万元也可以扣除，实际税前扣除为 70 万元。

10. 环境保护专项资金

企业依照法律、行政法规有关规定提取的用于环境保护、生态恢复等方面的专项资金，准予扣除。上述专项资金提取后改变用途的，不予扣除。

11. 保险费

企业参加**财产保险**，按照规定缴纳的保险费，准予扣除。

企业参加雇主责任险、公众责任险等**责任保险**，按照规定缴纳的保险费，准予在企业所得税税前扣除。该项规定适用于 2018 年度及以后年度企业所得税汇算清缴。

12. 租赁费

企业根据生产经营活动的需要租入固定资产支付的租赁费，按照以下方法扣除：

（1）以**经营租赁**方式租入固定资产发生租赁费支出的，按照租赁期限**均匀扣除**。经营性租赁是指所有权不转移的租赁。

（2）以**融资租赁**方式租入固定资产发生的租赁费支出，按照规定构成融资租入固定资产价值的部分应当**提取折旧**费用，**分期扣除**。融资租赁是指在实质上转移与一项资产所有权有关的全部风险和报酬的一种租赁。

13. 劳动保护费

企业发生的合理的劳动保护支出，准予扣除。

14. 有关资产的费用

企业转让各类固定资产发生的费用，允许扣除。企业按照规定计算的固定资产折旧费、无形资产和递延资产的摊销费，准予扣除。

15. 总机构分摊的费用

非居民企业在中国境内设立的机构、场所，就其中国境外总机构发生的与该机构、场所生产经营有关的费用，能够提供总机构出具的费用汇集范围、定额、分配依据和方法等证明文件，并合理分摊的，准予扣除。

16．手续费及佣金支出

企业发生的与生产经营有关的手续费及佣金支出，不超过以下规定计算限额以内的部分，准予扣除：

（1）保险企业，2019年1月1日起，发生的与其经营活动有关的手续费及佣金支出，不超过当年全部保费收入扣除退保金等后余额的18%（含本数）的部分，在计算应纳税所得额时准予扣除；超过部分，允许结转以后年度扣除。

（2）其他企业，按与具有合法经营资格中介服务机构或个人（不含交易双方及其雇员、代理人和代表人等）所签订服务协议或合同确认的收入金额的5%计算限额，限额以内，准予扣除；超过部分，不得扣除。

（3）从事代理服务、主营业务收入为手续费、佣金的企业（如证券、期货、保险代理等企业），其为取得该类收入而实际发生的营业成本（包括手续费及佣金支出），准予在企业所得税前据实扣除。

企业应与具有合法经营资格的中介服务企业或个人签订代办协议或合同，并按规定支付手续费及佣金。除委托个人代理外，企业以现金等非转账方式支付的手续费及佣金不得在税前扣除。企业为发行权益性证券支付给有关证券承销机构的手续费及佣金不得在税前扣除。企业不得将手续费及佣金支出计入回扣、业务提成、返利、进场费等费用。企业已计入固定资产、无形资产等相关资产的手续费及佣金支出，应当通过折旧、摊销等方式分期扣除，不得在发生当期直接扣除。企业支付的手续费及佣金不得直接冲减服务协议或合同金额，并如实入账。企业应当如实向当地主管税务机关提供当年手续费及佣金计算分配表和其他相关资料，并依法取得合法、真实凭证。

17．党组织工作经费

国有企业（包括国有独资、全资和国有资本绝对控股、相对控股企业）纳入管理费用的党组织工作经费，实际支出不超过职工年度工资、薪金总额1%的部分，可以据实在企业所得税前扣除。

非公有制企业党组织工作经费纳入企业管理费列支，不超过职工年度工资、薪金总额1%的部分，可以据实在企业所得税前扣除。

18．准予扣除的其他项目

依照有关法律、行政法规和国家有关税法规定准予扣除的其他项目，具体包括会员费、合理的会议费、差旅费、违约金、诉讼费用等。

五、不得扣除项目

在计算应纳税所得额时，下列支出不得扣除：

（1）向投资者支付的股息、红利等权益性投资收益款项。

（2）企业所得税税款。

（3）税收滞纳金，是指纳税人违反税收法规，被税务机关处以的滞纳金。

（4）罚金、罚款和被没收财物的损失，是指纳税人违反国家有关法律、法规规定，被有关部门处以的罚款，以及被司法机关处以的罚金和被没收的财物。

学习提示：此处的罚金、罚款和被没收的财物损失，仅指刑事责任和行政责任中的处罚。如纳税人签发空头支票，银行按规定处以罚款。民事责任中的赔偿损失、支付违约金以及法院判决由企业承担的诉讼费用等准予在税前扣除,如纳税人逾期归还银行贷款,银行按规定加收的罚息。

（5）超过规定标准的捐赠支出。

（6）**赞助支出**,是指企业发生的与生产经营活动无关的各种非广告性支出。

（7）**未经核定**的准备金支出,是指不符合国务院财政、税务主管部门规定的各项资产减值准备、风险准备等准备金支出。

（8）**企业之间**支付的管理费、企业内营业机构之间支付的租金和特许权使用费,以及非银行企业内营业机构之间支付的利息,不得扣除。

（9）与取得收入无关的其他支出。

六、亏损弥补

亏损是指企业按照《企业所得税法》及其实施条例的规定,将每一纳税年度的收入总额减除不征税收入、免税收入和各项扣除后小于零的数额。税法规定,企业某一纳税年度发生的亏损可以用下一年度的所得弥补,下一年度的所得不足以弥补的,可以逐年延续弥补,但**最长不得超过 5 年**。而且,企业在汇总计算缴纳企业所得税时,其境外营业机构的亏损不得抵减境内营业机构的盈利。

自 2018 年 1 月 1 日起,当年具备高新技术企业或科技型中小企业资格的企业,其具备资格年度之前 5 个年度发生的尚未弥补完的亏损,准予结转以后年度弥补,最长结转年限由 5 年**延长至 10 年**。

【例 4-5】 某甲企业 2013—2019 年度应纳税所得额分别为 −165 万元、−56 万元、30 万元、30 万元、40 万元、60 万元、60 万元。计算该企业 2013—2019 年度每年弥补亏损后的应纳税所得额。

【解析】 甲企业亏损结转弥补见表 4-2。

表 4-2　甲企业亏损结转弥补

年　度	2013	2014	2015	2016	2017	2018	2019
应纳税所得额（万元）	−165	−56	30	30	40	60	60
以前年度尚未弥补亏损（万元）	0	165	191	161	121	61	56
弥补亏损后应纳税所得额（万元）	0	0	0	0	0	0	4

注：2013 年度的亏损弥补后还剩余 5 万元（−165+30+30+40+60）未进行弥补,因其超过 5 年弥补期,不能对以后的盈利再进行弥补,所以 2018 年度的盈利只能用 2013 年度的亏损额 56 万元进行弥补。

七、非居民企业的应纳税所得额

在中国境内未设立机构、场所的,或者虽设立机构、场所但取得的所得与其所设机构、场所没有实际联系的非居民企业,其取得的来源于中国境内的所得,按照下列方法计算其应纳税所得额：

（1）股息、红利等权益性投资收益和利息、租金、特许权使用费所得,以**收入全额**为应纳税所得额。

（2）转让财产所得,以收入全额减除财产净值后的**余额**为应纳税所得额。

财产净值是指有关资产、财产的计税基础减除已经按照规定扣除的折旧、折耗、摊销、准备金等后的余额。

（3）其他所得，参照前两项规定的方法计算应纳税所得额。

非居民企业在中国境内设立的机构、场所，就其中国境外总机构发生的与该机构场所生产经营有关的费用，能够提供总机构出具的费用汇集范围、定额、分配依据和方法等证明文件并合理分摊的，准予扣除。

❄ **本节导读分析**：销售的运动类服装收入、办公用品、化妆用品、餐桌用品等产品收入，均属于主营业务收入，需要缴纳企业所得税。

✿ **知识小结：**

1. 收入形式总结

形　式	具体内容
货币形式	现金、存款、应收账款、应收票据、**准备持有至到期的债券投资**以及债务的豁免等
非货币形式	固定资产、生物资产、无形资产、股权投资、存货、**不准备持有至到期的债券投资**、劳务以及有关权益等 非货币形式收入应当按照**公允价值**确定收入额

2. 收入类别总结

类　别	具体内容
销售货物	销售商品、产品、原材料、包装物、低值易耗品以及其他存货
提供劳务	从事建筑安装、修理修配、交通运输、仓储租赁、金融保险、邮电通信、咨询经纪、文化体育、科学研究、技术服务、教育培训、餐饮住宿、中介代理、卫生保健、社区服务、旅游、娱乐、加工以及其他劳务服务活动
转让财产	转让固定资产、生物资产、无形资产、股权、债权等**所有权**
股息、红利等权益性投资	因**权益性投资**从被投资方取得的收入
利息	存款利息、贷款利息、债券利息、欠款利息等
租金	提供固定资产、包装物或者其他有形资产的**使用权**
特许权使用费	提供专利权、非专利技术、商标权、著作权以及其他特许权的**使用权**
接受捐赠	接受的来自其他企业、组织或者个人无偿给予的货币性资产和非货币性资产
其他收入	企业资产溢余收入、逾期未退包装物押金收入、确实无法偿付的应付款项、已做坏账损失处理后又收回的应收款项、债务重组收入、补贴收入、违约金收入、汇兑收益等

3. 收入确认时间总结

收入类别			确认时间
销售货物	采用托收承付方式		**办妥托收手续**时
	采用预收款方式		发出商品时
	需要安装和检验	一般	购买方接受商品以及安装和检验完毕时
		安装程序简单	发出商品时
	采用支付手续费方式委托代销		收到代销清单时
	采用分期收款方式		合同约定的收款日期
	采取产品分成方式		分得产品的日期

（续）

收入类别	确认时间
提供劳务	在各个纳税期末（采用完工百分比法）
股息、红利等权益性投资	被投资方做出利润分配决定日期
利息、租金、特许权使用费	合同约定的应付日期
接受捐赠	实际收到捐赠资产的日期

4．特殊销售方式下收入金额的确认方式总结

项目	销售收入的确认方式
商业折扣	以扣除商业折扣后的金额确定
现金折扣	不得扣除现金折扣，以折扣前的金额确定
销售折让	在发生当期冲减当期销售商品收入
售后回购	销售的商品按售价确认收入；不符合收入确认条件的，按照融资处理，不确认销售收入，回购价格大于原售价的，差额在回购期间确认为利息费用
以旧换新	销售的商品应当按照销售商品收入确认条件确认收入，回收的商品作为购进商品处理
买一赠一	总的销售金额按各项商品公允价值比例分摊确认各项销售收入

5．不征税收入总结

项目	具体规定
财政拨款	政府向纳入预算管理的事业单位、社会团体等组织拨付的财政资金，但国务院和国务院财政、税务主管部门另有规定的除外
政府性基金、行政事业性收费	款项纳入财政管理
其他	专款专用的财政性资金

6．扣除规定总结

项目	扣除规定
工资、薪金支出	合理的工资、薪金支出准予据实扣除
职工福利费	不超过工资、薪金总额14%的部分准予扣除
工会经费	不超过工资、薪金总额2%的部分准予扣除
职工教育经费	不超过工资、薪金总额8%的部分准予扣除，超过部分准予在以后纳税年度结转扣除
党组织工作经费	实际支出不超过职工年度工资、薪金总额1%的部分，可以据实在企业所得税前扣除
社会保险费	"五险一金"准予扣除，补充养老保险费、补充医疗保险费，分别不超过工资、薪金总额5%的部分，准予扣除；超过部分，不予扣除
商业保险	企业参加财产保险、雇主责任险、公众责任险、特殊工种人身安全保险、因公出差乘坐交通工具发生的人身意外保险费支出，均准予扣除；其他商业保险费，不得扣除
利息费用	全额扣除：非金融企业向金融企业借款的利息支出、金融企业的各项存款利息支出、同业拆借利息支出、企业经批准发行债券的利息支出 限额扣除：非金融企业向非金融企业借款的利息支出，不超过按照金融企业同期同类贷款利率计算的数额的部分准予扣除

（续）

项　目	扣除规定
汇兑损失	除已经计入有关资产成本以及向所有者进行利润分配相关的部分外，准予扣除
公益性捐赠	不超过**年度利润总额12%**的部分，准予扣除；超过部分，准予结转以后**3年内**扣除
业务招待费	按**发生额的60%**扣除，但最高不得超过当年**销售（营业）收入的5‰**
广告费和业务宣传费	不超过当年**销售（营业）收入15%**的部分准予扣除；超过部分，准予在以后纳税年度**结转扣除**（特殊企业扣除比例为30%）
环境保护专项资金	依法提取，准予扣除；改变用途的，不得扣除
劳动保护费	发生的合理劳保支出，准予扣除
租赁费	经营租入的租赁费，按照租赁期限均匀扣除；融资租入的租赁费，提取折旧分期扣除
有关资产的费用	转让费，允许扣除；折旧费和摊销费等，准予扣除
总机构分摊的费用	能提供相关证明文件，且合理分摊的，准予扣除
手续费及佣金支出	保险企业：**按当年全部保费收入扣除退保金后余额的18%（含本数）计算限额扣除；超过部分，允许结转以后年度扣除** 其他企业：按所签订服务协议或合同确认的收入金额的5%计算限额扣除；超过部分，不得扣除 从事代理服务，主营业务收入为手续费、佣金的企业：实际发生的营业成本（包括手续费及佣金支出），准予扣除
其他	会员费、合理的会议费、差旅费、违约金、诉讼费用等准予扣除

7．不得扣除项目与亏损弥补总结

项　目	税法规定
不得扣除项目	向投资者支付股息、红利等权益性投资收益款项
	企业所得税税款
	税收滞纳金
	罚金、罚款和被没收财物的损失
	超过规定标准的捐赠支出
	赞助支出（非广告宣传性质）
	未经核定的准备金支出
	企业之间支付的管理费、企业内营业机构之间支付的租金和特许权使用费，以及非银行企业内营业机构之间支付的利息，不得扣除
	与取得收入无关的其他支出
亏损弥补	一般企业逐年延续弥补，最长不得超过5年
	高新技术企业和科技型中小企业延续弥补亏损，最长不得超过10年

8．非居民企业的应纳税所得额总结

项　目	应纳税所得额具体规定
股息、红利等权益性投资收益和利息、租金、特许权使用费	**收入全额**

(续)

项　目	应纳税所得额具体规定
转让财产所得	收入全额减除财产净值后的**余额**
其他所得	参照前两项规定的方法计算

第四节　资产的税务处理

> **/学习导读/**
>
> 2019年年初，风森集团现有固定资产中包含房屋及建筑物和专用设备，公司按直线法计提折旧，房屋最低折旧年限为10年，专用设备最低折旧年限为10年；2016年8月，风森集团以3 000万元取得未上市A公司30%的股权。2019年8月，风森集团撤回其对A公司的全部投资，共计收回4 000万元。至撤资时，A公司留存收益中含累计未分配利润500万元、累计盈余公积300万元。风森集团的固定资产折旧是否可全额在税前扣除？撤资时应确认多少投资资产转让所得？

资产是由于资本投资而形成的财产，对于资本性支出以及无形资产受让、开办、开发费用，不允许作为成本、费用从纳税人的收入总额中做一次性扣除，只能采取分次计提折旧或摊销的方式予以扣除，即纳税人经营活动中使用的固定资产的折旧费用、无形资产和长期待摊费用的摊销费用可以扣除。税法规定，纳入税务处理范围的资产形式主要有固定资产、生物资产、无形资产、长期待摊费用、投资资产、存货等，除盘盈固定资产外，均**以历史成本为计税基础**。历史成本是指企业取得该项资产时实际发生的支出。企业持有各项资产期间资产增值或者减值，除国务院财政、税务主管部门规定可以确认损益外，不得调整该资产的计税基础。

一、固定资产的税务处理

固定资产是为生产产品、提供劳务、出租或经营管理而持有的、使用时间超过12个月的非货币性资产，包括房屋、建筑物、机器、机械、运输工具以及其他与生产经营活动有关的设备、器具、工具等。

（一）固定资产的计税基础

（1）**外购**的固定资产，以购买价款和支付的相关税费以及直接归属于使该资产达到预定用途发生的其他支出为计税基础。

（2）**自行建造**的固定资产，以竣工结算前发生的支出为计税基础。

（3）**融资租入**的固定资产，以租赁合同**约定的付款总额**和承租人在签订租赁合同过程中发生的相关费用为计税基础；租赁合同未约定付款总额的，以该资产的公允价值和承租人在签订租赁合同过程中发生的相关费用为计税基础。

（4）**盘盈**的固定资产，以同类固定资产的**重置完全价值**为计税基础。

（5）通过捐赠、投资、非货币性资产交换、债务重组等方式取得的固定资产，以该资产的公允价值和支付的相关税费为计税基础。

（6）**改建**的固定资产，除已足额提取折旧的固定资产和租入的固定资产以外的其他固定资产，以改建过程中发生的改建支出增加计税基础。

（二）固定资产的折旧范围

在计算应纳税所得额时，企业按照规定计算的固定资产折旧，准予扣除。下列固定资产不得计算折旧扣除：

（1）房屋、建筑物以外未投入使用的固定资产。

📢 **学习提示**：房屋、建筑物不论是否投入使用，均应计提折旧扣除。

（2）以经营租赁方式租入的固定资产。

（3）以融资租赁方式租出的固定资产。

（4）已足额提取折旧仍继续使用的固定资产。

（5）与经营活动无关的固定资产。

（6）单独估价作为固定资产入账的土地。

（7）其他不得计算折旧扣除的固定资产。

（三）固定资产折旧的计提方法

（1）企业应当自固定资产投入使用月份的次月起计提折旧；停止使用的固定资产，应当自停止使用月份的次月起停止计提折旧。

（2）企业应当根据固定资产的性质和使用情况，合理确定固定资产的预计净残值。固定资产的预计净残值一经确定，不得变更。

（3）固定资产按照直线法计提的折旧，准予扣除。

（4）自 2011 年 7 月 1 日起，企业对房屋、建筑物固定资产在未足额提取折旧前进行改扩建的，如属于推倒重置的，该资产原值减除提取折旧后的净值，应并入重置后的固定资产计税成本，并在该固定资产投入使用后的次月起，按照税法规定的折旧年限，一并计提折旧；如属于提升功能、增加面积的，该固定资产的改扩建支出，并入该固定资产计税基础，并从改扩建完工投入使用后的次月起，重新按税法规定的该固定资产折旧年限计提折旧，如该改扩建后的固定资产尚可使用的年限低于税法规定的最低年限的，可以按尚可使用的年限计提折旧。

（四）固定资产折旧的计提年限

除国务院财政、税务主管部门另有规定外，固定资产计算折旧的最低年限如下：

（1）房屋、建筑物，为 20 年。

（2）飞机、火车、轮船、机器、机械和其他生产设备，为 10 年。

（3）与生产经营活动有关的器具、工具、家具等，为 5 年。

（4）飞机、火车、轮船以外的运输工具，为 4 年。

（5）电子设备，为 3 年。

从事开采石油、天然气等矿产资源的企业，在开始商业性生产前发生的费用和有关固定资产的折耗、折旧方法，由国务院财政、税务主管部门另行规定。

（五）固定资产折旧的企业所得税处理

（1）企业固定资产会计折旧年限如果短于税法规定的最低折旧年限，其按会计折旧年限计提的折旧高于按税法规定的最低折旧年限计提的折旧部分，应调增当期应纳税所得额；企业固定资产会计折旧年限已期满且会计折旧已提足，但税法规定的最低折旧年限尚未到期且税收折旧尚未足额扣除，其未足额扣除的部分准予在剩余的税收折旧年限继续按规定扣除。

（2）企业固定资产会计折旧年限如果长于税法规定的最低折旧年限，其折旧应按会计折旧年限计算扣除，税法另有规定的除外。

(3) 企业按会计规定提取的固定资产减值准备，不得税前扣除，其折旧仍按税法确定的固定资产计税基础计算扣除。

(4) 企业按税法规定实行加速折旧的，其按加速折旧办法计算的折旧额可全额在税前扣除。

(5) 石油天然气开采企业在计提油气资产折耗（折旧）时，由于会计与税法规定计算方法不同导致的折耗（折旧）差异，应按税法规定进行纳税调整。

二、生产性生物资产的税务处理

生物资产是指有生命的动物和植物。生物资产分为消耗性生物资产、生产性生物资产和公益性生物资产。

消耗性生物资产是指为出售而持有的或在将来收获为农产品的生物资产，包括生长中的农田作物、蔬菜、用材林以及存栏待售的牲畜等。

生产性生物资产是指为产出农产品、提供劳务或出租等目的而持有的生物资产，包括经济林、薪炭林、产畜和役畜等。

公益性生物资产是指以防护、环境保护为主要目的的生物资产，包括防风固沙林、水土保持林和水源涵养林等。

（一）生产性生物资产的计税基础

生产性生物资产按照以下方法确定计税基础：

(1) **外购**的生产性生物资产，以**购买价款和支付的相关税费**为计税基础。

(2) 通过**捐赠**、投资、非货币性资产交换、债务重组**等方式**取得的生产性生物资产，以该资产的**公允价值和支付的相关税费**为计税基础。

（二）生产性生物资产的折旧方法和折旧年限

生产性生物资产按照**直线法**计算的折旧，准予扣除。企业应当自生产性生物资产投入使用月份的次月起计算折旧；停止使用的生产性生物资产，应当自停止使用月份的次月起停止计算折旧。

企业应当根据生产性生物资产的性质和使用情况，合理确定生产性生物资产的预计净残值。生产性生物资产的预计净残值一经确定，不得变更。

生产性生物资产计算折旧的最低年限如下：

(1) 林木类生产性生物资产，为 10 年。

(2) 畜类生产性生物资产，为 3 年。

三、无形资产的税务处理

无形资产是指企业长期使用但没有实物形态的资产，包括专利权、商标权、著作权、土地使用权、非专利技术、商誉等。

（一）无形资产的计税基础

无形资产按照以下方法确定计税基础：

(1) **外购**的无形资产，以购买价款和支付的相关税费以及直接归属于使该资产达到预定用途发生的其他支出为计税基础。

(2) **自行开发**的无形资产，以开发过程中该资产符合资本化条件后至达到预定用途前发生的支出为计税基础。

(3) 通过**捐赠**、投资、非货币性资产交换、债务重组**等方式**取得的无形资产，以该资产的

公允价值和支付的相关税费为计税基础。

（二）无形资产的摊销范围
在计算应纳税所得额时，企业按照规定计算的无形资产摊销费用，准予扣除。
下列无形资产不得计算摊销费用扣除：
（1）自行开发的支出已在计算应纳税所得额时扣除的无形资产。
（2）自创商誉。
（3）与经营活动无关的无形资产。
（4）其他不得计算摊销费用扣除的无形资产。

（三）无形资产的摊销方法及年限
无形资产的摊销采取**直线法**计算。无形资产的**摊销年限不得低于 10 年**。作为投资或者受让的无形资产，有关法律规定或者合同约定了使用年限的，可以按照规定或者约定的使用年限分期摊销。外购商誉的支出，在企业整体转让或者清算时，准予扣除。

四、长期待摊费用的税务处理

长期待摊费用是指企业发生的应在一个年度以上或几个年度进行摊销的费用。在计算应纳税所得额时，企业发生的下列支出作为长期待摊费用，按照规定摊销的，准予扣除：
（1）**已足额**提取折旧的固定资产的改建支出。
（2）**租入固定**资产的改建支出。
（3）固定资产的**大修理支出**。
（4）其他应当作为长期待摊费用的支出。

企业的固定资产修理支出可在发生当期直接扣除。企业的固定资产改良支出，如有关固定资产尚未提足折旧，可增加固定资产价值；如有关固定资产已提足折旧，可作为长期待摊费用，在规定的期间内平均摊销。

固定资产的改建支出是指改变房屋或者建筑物结构、延长使用年限等发生的支出。已足额提取折旧的固定资产的改建支出，按照固定资产预计尚可使用年限分期摊销；租入固定资产的改建支出，按照合同约定的剩余租赁期限分期摊销；改建的固定资产延长使用年限的，除已足额提取折旧的固定资产、租入固定资产的改建支出外，其他的固定资产发生改建支出，应当适当延长折旧年限。

大修理支出，按照固定资产尚可使用年限分期摊销。
《企业所得税法》中所指固定资产的大修理支出，是指同时符合下列条件的支出：
1）修理支出达到取得固定资产时的计税基础 **50%** 以上。
2）修理后固定资产的使用年限延长 **2 年**以上。

其他应当作为长期待摊费用的支出，自支出发生月份的次月起，分期摊销，摊销年限**不得低于 3 年**。

五、投资资产的税务处理

投资资产是指企业对外进行权益性投资和债权性投资而形成的资产。

（一）投资资产的成本
投资资产按以下方法确定投资成本：
（1）通过支付现金方式取得的投资资产，以购买价款为成本。

（2）通过支付现金以外的方式取得的投资资产，以该资产的公允价值和支付的相关税费为成本。

（二）投资资产成本的扣除方法

企业**对外投资期间**，投资资产的成本在计算应纳税所得额时**不得扣除**；企业**在转让或者处置资产时**，投资资产的成本**准予扣除**。

（三）投资撤回或减少投资的税务处理

自 2011 年 7 月 1 日起，投资企业从被投资企业撤回或减少投资，其取得的资产中，相当于初始出资的部分，应确认为投资收回；相当于被投资企业累计未分配利润和累计盈余公积按减少资本比例计算的部分，应确认为股息所得；其余部分确认为投资资产转让所得。

被投资企业发生的经营亏损，由被投资企业按规定结转弥补；投资企业不得调整减低其投资成本，也不得将其确认为投资损失。

企业对外投资期间，投资资产的成本在计算应纳税所得额时不得扣除；企业在转让或者处置投资资产时，投资资产的成本准予扣除。

六、存货的税务处理

存货是指企业持有以备出售的产品或者商品、处在生产过程中的在产品、在生产或者提供劳务过程中耗用的材料和物料等。

（一）存货的计税基础

存货按照以下方法确定成本：
（1）通过支付现金方式取得的存货，以购买价款和支付的相关税费为成本。
（2）通过支付现金以外的方式取得的存货，以该存货的公允价值和支付的相关税费为成本。
（3）生产性生物资产收获的农产品，以产出或者采收过程中发生的材料费、人工费和分摊的间接费用等必要支出为成本。

（二）存货的成本计算方法

企业使用或者销售的存货的成本计算方法，可以在先进先出法、加权平均法、个别计价法中选用一种。计价方法一经选用，不得随意变更。

企业转让以上资产，在计算企业应纳税所得额时，**资产的净值**允许扣除。其中，资产的净值是指有关资产、财产的计税基础减除已经按照规定扣除的折旧、折耗、摊销、准备金等后的余额。

除国务院财政、税务主管部门另有规定外，企业在重组过程中，应当在交易发生时确认有关资产的转让所得或者损失，相关资产应当按照交易价格重新确定计税基础。

七、资产损失

资产损失是指企业在生产经营活动中实际发生的、与取得应税收入有关的资产损失，包括现金损失，存款损失，坏账损失，贷款损失，股权投资损失，固定资产和存货的盘亏、毁损、报废、被盗损失，自然灾害等不可抗力因素造成的损失以及其他损失。企业发生上述资产损失，应在按税法规定**实际确认或者实际发生的当年**申报扣除。

企业以前年度发生的资产损失未能在当年税前扣除的，可以按照规定，向税务机关说明并进行专项申报扣除。其中，属于实际资产损失，准予追补至该项损失发生年度扣除，其**追补确认期限一般不得超过 5 年**。企业因以前年度实际资产损失未在税前扣除而多缴纳的企业所得税税款，可在追补确认年度企业所得税应纳税款中予以抵扣，不足抵扣的，向以后年度递延抵扣。

本节导读分析：风森集团撤资时取得的4 000万元中，含初始出资3 000万元，该部分不属于应税收入；包含股息性质的所得为240万元，余下部分为投资资产转让所得。

风森集团撤资时应确认的投资资产转让所得 =4 000-3 000-（500+300）×30%=760（万元）

知识小结：

1. 固定资产的税务处理总结

项　目	税务处理规定
折旧范围	按规定计算的折旧，准予扣除
计提方法	直线法：当月增加的固定资产当月不提折旧；当月减少的固定资产当月照提折旧。改扩建支出，增加固定资产的计税基础，重新按税法规定计提折旧
计提年限	一般情况下，不得低于税法规定的最低年限
预计净残值	根据固定资产的性质和使用情况，合理确定
企业所得税处理	（1）会计折旧年限如果短于税法规定的最低折旧年限，应按折旧差额调增当期应纳税所得额 （2）会计折旧年限如果长于税法规定的最低折旧年限，其折旧应按会计折旧年限计算扣除，税法另有规定的除外 （3）按会计规定提取的固定资产减值准备，不得税前扣除，其折旧仍按税法确定的固定资产计税基础计算扣除 （4）企业按税法规定实行加速折旧的，其按加速折旧办法计算的折旧额可全额在税前扣除 （5）石油天然气开采企业在计提油气资产折耗（折旧）时，由于会计与税法规定计算方法不同导致的折耗（折旧）差异，应按税法规定进行纳税调整

2. 固定资产的计税基础总结

取得方式	计税基础	
外购	购买价款＋支付的相关税费＋直接归属于使该资产达到预定用途发生的其他支出	
自行建造	竣工结算前发生的支出	
融资租入	租赁合同约定付款总额	合同约定的付款总额＋签订合同中发生的相关费用
	租赁合同未约定付款总额	资产的公允价值＋签订合同中发生的相关费用
盘盈	同类固定资产的重置完全价值	
捐赠、投资、非货币性资产交换、债务重组	资产的公允价值＋支付的相关税费	
改建	改建支出增加相应的计税基础	

3. 生产性生物资产的税务处理总结

项　目	税务处理规定
计税基础	外购方式：购买价款＋支付的相关税费 捐赠、投资、非货币性资产交换、债务重组等方式：资产的公允价值＋支付的相关税费
折旧方法	直线法：当月增加的生产性生物资产当月不提折旧；当月减少的生产性生物资产当月照提折旧
最低折旧年限	林木类生产性生物资产，为10年 畜类生产性生物资产，为3年
预计净残值	根据生产性生物资产的性质和使用情况，合理确定

4. 无形资产的税务处理总结

项 目	税务处理规定
计税基础	外购方式：购买价款＋支付的相关税费＋直接归属于使该资产达到预定用途发生的其他支出 自行开发方式：符合资本化条件后至达到预定用途前发生的支出 捐赠、投资、非货币性资产交换、债务重组等方式：资产的公允价值＋支付的相关税费
摊销范围	按照规定计算的无形资产摊销费用，准予扣除
摊销方法	直线法：当月增加的无形资产当月进行摊销；当月减少的无形资产当月不进行摊销
最低摊销年限	不得低于10年

5. 长期待摊费用的税务处理总结

项 目	税务处理规定
已足额提取折旧的固定资产的改建支出	按照固定资产预计尚可使用年限分期摊销
租入固定资产的改建支出	按照合同约定的剩余租赁期限分期摊销
固定资产的大修理支出	按照固定资产尚可使用年限分期摊销
其他应当作为长期待摊费用的支出	自支出发生月份的次月起分期摊销，摊销年限不得低于3年

6. 投资资产的税务处理总结

项 目	税务处理规定
成本	支付现金方式：购买价款 其他方式：资产的公允价值＋支付的相关税费
成本扣除方法	对外投资期间，不得扣除 转让或者处置时，准予扣除
撤回或减少投资	相当于初始出资的部分，确认为投资收回 相当于被投资企业累计未分配利润和累计盈余公积按减少资本比例计算的部分，确认为股息所得 其余部分确认为投资资产转让所得

7. 存货的税务处理总结

项 目	税务处理规定
成本	支付现金方式：购买价款＋支付的相关税费 其他方式：存货的公允价值＋支付的相关税费 生产性生物资产收获的农产品，以产出或者采收过程中发生的材料费、人工费和分摊的间接费用等必要支出为成本
成本计算方法	先进先出法、加权平均法、个别计价法，任选一种，一经选用，不得随意变更

8. 资产损失的税务处理总结

项目	税务处理规定
资产损失	按税法规定实际确认或者实际发生的当年申报扣除
以前年度发生的资产损失	未能在当年税前扣除的实际资产损失，准予追补至该项损失发生年度扣除，其追补确认期限一般不得超过5年

第五节　企业所得税税收优惠

> **/学习导读/**
>
> 　　风森集团旗下某分公司为制造企业，该公司2020年员工共计50人，公司全年平均资产总额为2 000万元，全年应纳税所得额为80万元。该公司是否满足小微企业的条件，能否享受企业所得税税收优惠？

　　税收优惠是指国家对某一部分特定企业和课税对象给予减轻或免除税收负担的一种措施。税法规定的企业所得税的税收优惠方式包括免税、减税、优惠税率、民族自治地方的减免税、加计扣除、加速折旧、减计收入、抵扣应纳税所得额、税额抵免和其他专项优惠政策等。

一、免税收入

免税收入包括以下几种：

（一）国债利息收入

国债利息收入是指企业持有**国务院财政部门发行**的国债取得的利息收入。

📢 **学习提示**：国债转让收入不免税，计入投资收益，计缴企业所得税。

（二）符合条件的居民企业之间的股息、红利等权益性投资收益

符合条件的居民企业之间的股息、红利等权益性投资收益是指居民企业直接投资于其他居民企业所取得的投资收益。

📢 **学习提示**：居民企业投资于非上市居民企业的股息、红利等权益性投资收益免税；投资于上市居民企业取得的持股时间达12个月及以上的股息、红利等权益性投资收益免税。

（三）在中国境内设立机构、场所的非居民企业从居民企业取得与该机构、场所有实际联系的股息、红利等权益性投资收益

该收益不包括连续持有居民企业公开发行并上市流通的股票不足12个月取得的投资收益。

📢 **学习提示**：非居民企业的该项收入原本适用税率为25%。

（四）符合条件的非营利性组织的收入

该项收入不包括非营利性组织从事营利性活动取得的收入，但国务院财政、税务主管部门另有规定的除外。对非营利性组织从事非营利性活动取得的收入给予免税，但从事营利性活动取得的收入则要征税。

📢 **学习提示**：不征税收入与免税收入区别在于，不征税收入从本质上来说不属于企业的应税收入，而免税收入属于企业应税收入，只是国家给予相应优惠，免征所得税；此外，不征税收入用于支出所形成的费用或者财产，不得扣除或者计算对应的折旧、摊销扣除；企业取得的各项免税收入所对应的各项成本费用，除另有规定外，可以在计算企业应纳税所得额时扣除。

二、减、免税所得

企业的下列所得，可以免征、减征企业所得税。企业如果从事国家限制和禁止发展的项目，不得享受企业所得税优惠。

（一）从事农、林、牧、渔业项目的所得

企业从事农、林、牧、渔业项目的所得包括减征和免征两部分。

（1）企业从事下列项目的所得，免征企业所得税：
1）蔬菜、谷物、薯类、油料、豆类、棉花、麻类、糖料、水果、坚果的种植。
2）农作物新品种的选育。
3）中药材的种植。
4）林木的培育和种植。
5）牲畜、家禽的饲养。
6）林产品的采集。
7）灌溉、农产品初加工、兽医、农技推广、农机作业和维修等农、林、牧、渔服务业项目。
8）远洋捕捞。
（2）企业从事下列项目的所得，减半征收企业所得税：
1）花卉、茶以及其他饮料作物和香料作物的种植。
2）海水养殖、内陆养殖。

（二）从事国家重点扶持的公共基础设施项目投资经营的所得

国家重点扶持的公共基础设施项目是指《公共基础设施项目企业所得税优惠目录》规定的港口码头、机场、铁路、公路、电力、水利等项目。

（1）企业从事上述国家重点扶持的公共基础设施项目的投资经营的所得，自项目**取得第一笔生产经营收入**所属纳税年度起，第1年至第3年免征企业所得税，第4年至第6年减半征收企业所得税。

（2）企业承包经营、承包建设和内部自建自用上述规定的项目，不得享受上述规定的企业所得税优惠。

（三）从事符合条件的环境保护、节能节水项目的所得

环境保护、节能节水项目的所得，自项目**取得第一笔生产经营收入**所属纳税年度起，第1年至第3年免征企业所得税，第4年至第6年减半征收企业所得税。

符合条件的环境保护、节能节水项目包括公共污水处理、公共垃圾处理、沼气综合开发利用、节能减排技术改造、海水淡化等。项目的具体条件和范围由国务院财政、税务主管部门商国务院有关部门制定，报国务院批准后公布施行。

以上规定享受减免税优惠的项目，在减免税期限内转让的，受让方自受让之日起，可以在剩余期限内享受规定的减免税优惠；减免税期限届满后转让的，受让方不得就该项目重复享受减免税优惠。

（四）符合条件的技术转让所得

《企业所得税法》所称符合条件的技术转让所得免征、减征企业所得税，是指一个纳税年度内，居民企业转让技术所有权所得**不超过500万元**的部分，**免征**企业所得税；**超过500万元**的部分，**减半征收**企业所得税。

技术转让的范围，包括居民企业转让专利技术、计算机软件著作权、集成电路布图设计权、植物新品种、生物医药新品种、5年（含）以上非独占许可使用权，以及财政部和国家税务总局确定的其他技术。

其计算公式为

$$技术转让所得 = 技术转让收入 - 技术转让成本 - 相关税费$$

或

技术转让所得 = 技术转让收入 - 无形资产摊销费用 - 相关税费 - 应分摊期间费用

居民企业从直接或间接持有股权之和达到100%的关联方取得的技术转让所得，不享受技术转让减免企业所得税优惠政策。

📢 **学习提示**：技术转让所得为纯所得，可以扣除相关项目，不同于技术转让收入。技术转让收入是指转让方履行技术转让合同后获得的价款，不包括销售或转让设备、仪器、零部件、原材料等非技术性收入。

（五）非居民企业所得

在中国境内未设立机构、场所的，或者虽设立机构、场所但取得的所得与其所设机构、场所没有实际联系的非居民企业，其取得的来源于中国境内的所得，减按 **10%** 的税率征收企业所得税。下列所得可以免征企业所得税：

（1）外国政府向中国政府提供贷款取得的利息所得。
（2）国际金融组织[19]向中国政府和居民企业提供优惠贷款取得的利息所得。
（3）经国务院批准的其他所得。

（六）合格的境外机构投资者所得

从 2014 年 11 月 17 日起，对合格境外机构投资者（QFII）[20]、人民币合格境外机构投资者（RQFII）[21]取得来源于中国境内的股票等权益性投资资产转让所得，暂免征收企业所得税。

三、不同类型企业的税收优惠

（一）小型微利企业

符合条件的小型微利企业减按 20% 的税率征收企业所得税。

符合条件的小型微利企业是指从事国家非限制和禁止行业，且同时符合年度应纳税所得额不超过 300 万元、从业人数不超过 300 人、资产总额不超过 5 000 万元三个条件的企业。

上述"从业人数"包括与企业建立劳动关系的职工人数和企业接受的劳务派遣用工人数。从业人数和资产总额指标应按企业全年的季度平均值确定。具体计算公式为

$$季度平均值 = （季初值 + 季末值）÷ 2$$
$$全年季度平均值 = 全年各季度平均值之和 ÷ 4$$

📖 **知识拓展**

[19] 国际金融组织是指从事国际金融业务，协调国际金融关系，维持国际货币及信用体系正常运作的超国家机构。大多以银行的形式出现，也有的采用了基金组织、协会或公司的名称，如世界银行、国际货币基金组织、国际开发协会和国际金融公司等。

[20] QFII（Qualified Foreign Institutional Investors）是合格的境外机构投资者的英文缩写，如高盛国际资产、新加坡政府投资有限公司等。QFII 机制是指外国专业投资机构到境内投资的资格认定制度。

[21] RQFII（RMB Qualified Foreign Institutional Investors）是人民币合格境外机构投资者的英文缩写。RQFII 境外机构投资人可将批准额度内的外汇结汇投资于境内的证券市场。对 RQFII 放开股市投资，侧面加速了人民币的国际化。2011 年 8 月 17 日，李克强在香港出席"十二五"规划与两地合作发展论坛时表示，将允许以人民币境外合格机构投资者方式（RQFII）投资境内证券市场，起步金额为 200 亿元。

年度中间开业或者终止经营活动的，以其实际经营期作为一个纳税年度确定上述相关指标。自 2019 年 1 月 1 日至 2021 年 12 月 31 日，对小型微利企业年应纳税所得额**不超过 100 万元**的部分，减按 **25% 计入应纳税所得额**，按 **20%** 的税率缴纳企业所得税；对年应纳税所得额超过 100 万元但不超过 300 万元的部分，减按 50% 计入应纳税所得额，按 20% 的税率缴纳企业所得税。

2021 年 1 月 1 日至 2022 年 12 月 31 日，对小型微利企业年应纳税所得额不超过 100 万元的部分，减按 12.5% 计入应纳税所得额，按 20% 的税率缴纳企业所得税。

（二）高新技术企业

国家需要重点扶持的高新技术企业减按 **15%** 的税率征收企业所得税。国家需要重点扶持的高新技术企业是指拥有核心自主知识产权，并同时符合下列条件的企业：

（1）企业申请认定时须注册成立 1 年以上。

（2）企业通过自主研发、受让、受赠、并购等方式，获得对其主要产品（服务）在技术上发挥核心支持作用的知识产权的所有权。

（3）对企业主要产品（服务）发挥核心支持作用的技术属于《国家重点支持的高新技术领域（2016 年修订）》规定的范围。

（4）企业从事研发和相关技术创新活动的科技人员占企业当年职工总数的比例不低于 10%。

（5）企业近 3 个会计年度（实际经营期不满 3 年的按实际经营时间计算，下同）的研究开发费用总额占同期销售收入总额的比例符合如下要求：

1）最近一年销售收入小于 5 000 万元（含）的企业，比例不低于 5%。

2）最近一年销售收入在 5 000 万元至 2 亿元（含）的企业，比例不低于 4%。

3）最近一年销售收入在 2 亿元以上的企业，比例不低于 3%。

其中，企业在中国境内发生的研究开发费用总额占全部研究开发费用总额的比例不低于 60%。

（6）近一年高新技术产品（服务）收入占企业同期总收入的比例不低于 60%。

（7）企业创新能力评价应达到相应要求。

（8）企业申请认定前一年内未发生重大安全、重大质量事故或严重环境违法行为。

（三）技术先进型服务企业

自 2018 年 1 月 1 日起，在全国范围内对经认定的技术先进型服务企业（服务贸易类），减按 **15%** 的税率征收企业所得税。

享受符合规定的企业所得税优惠政策的技术先进型服务企业（服务贸易类）必须同时符合以下条件：

（1）在中国境内（不包括港、澳、台地区）注册的法人企业。

（2）从事《技术先进型服务业务认定范围（试行）》中的一种或多种技术先进型服务业务，采用先进技术或具备较强的研发能力。

（3）具有大专以上学历的员工占企业员工总数的 50% 以上。

（4）从事《技术先进型服务业务认定范围（试行）》中的技术先进型服务业务取得的收入占企业当年总收入的 50% 以上。

（5）从事离岸服务外包业务[22]取得的收入不低于企业当年总收入的 35%。

知识拓展

[22] 离岸服务外包业务是服务外包跨越国界，发包企业将服务流程以商业形式发包给本土以外的服务提供者的经济活动。通常外包的业务内容主要是信息技术，其次是人力资源、财务和会计。

（四）集成电路设计企业和软件企业

依法成立且符合条件的集成电路设计企业和软件企业，在 2018 年 12 月 31 日前自获利年度起计算优惠期，第 1 年至第 2 年免征企业所得税，第 3 年至第 5 年按照 25% 的法定税率减半征收企业所得税，并享受至期满为止。

（五）经营性文化事业单位转制为企业

2019 年 1 月 1 日至 2023 年 12 月 31 日，经营性文化事业单位转制为企业，自转制注册之日起 5 年内免征企业所得税。2018 年 12 月 31 日之前已完成转制的企业，自 2019 年 1 月 1 日起可继续免征 5 年企业所得税。经营性文化事业单位是指从事新闻出版、广播影视和文化艺术的事业单位。

四、加计扣除优惠

加计扣除优惠包括以下两方面的内容：

（一）研究开发费用

1．一般企业研究开发费用

研究开发费用的加计扣除是指企业为开发新技术、**新产品**、**新工艺**发生的研究开发费用，自 2018 年 1 月 1 日至 2020 年 12 月 31 日期间，**未形成无形资产**计入当期损益的，在按照规定据实扣除的基础上，再按照研究开发费用的 75% 加计扣除；**形成无形资产的**，按照无形资产成本的 175% 摊销。

2．科技型中小企业研究开发费用

科技型中小企业开展研发活动中实际发生的研发费用，未形成无形资产计入当期损益的，在按规定据实扣除的基础上，在 2017 年 1 月 1 日至 2020 年 12 月 31 日期间，再按照实际发生额的 75% 在税前加计扣除；形成无形资产的，在上述期间按照无形资产成本的 175% 在税前摊销。

（1）科技型中小企业享受研发费用税前加计扣除政策的其他政策口径按照《财政部 国家税务总局 科技部关于完善研究开发费用税前加计扣除政策的通知》（财税〔2015〕119 号）规定执行。

（2）科技型中小企业条件和管理办法由科技部、财政部和国家税务总局另行发布。科技、财政和税务部门应建立信息共享机制，及时共享科技型中小企业的相关信息，加强协调配合，保障优惠政策落实到位。

下列行业不适用税前加计扣除政策：烟草制造业；住宿和餐饮业；批发和零售业；房地产业；租赁和商务服务业；娱乐业；财政部和国家税务总局规定的其他行业。

3．企业委托境外研究开发费用

按照《财政部 税务总局 科技部关于企业委托境外研究开发费用税前加计扣除有关政策问题的通知》（财税〔2018〕64 号）文件的规定，企业委托境外的研发费用按照费用实际发生额的 80% 计入委托方的委托境外研发费用，**不超过**境内符合条件的研发费用 2/3 的部分，可以按规定在企业所得税前加计扣除。

4．制造业企业研究开发费用

制造业企业开展研发活动中实际发生的**研发费用**，**未形成无形资产**计入当期损益的，在按规定据实扣除的基础上，自 2021 年 1 月 1 日起，再按照实际发生额的 100% 在税前加计扣除；

形成无形资产的，自 2021 年 1 月 1 日起，按照无形资产成本的 200% 在税前摊销。

上述所称制造业企业是指以制造业业务为主营业务，享受优惠当年主营业务收入占收入总额的比例达到 50% 以上的企业。制造业的范围按照 GB/T 4574—2017《国民经济行业分类》确定，如国家有关部门更新《国民经济行业分类》，从其规定。收入总额按照《企业所得税法》第六条规定执行。

（二）企业安置残疾人员及国家鼓励安置的其他就业人员所支付的工资

企业安置残疾人员所支付工资费用的加计扣除，是指企业安置残疾人员的，在按照支付给残疾职工工资据实扣除的基础上，按照支付给残疾职工工资的 100% 加计扣除。残疾人员的范围适用《中华人民共和国残疾人保障法》的有关规定。企业安置国家鼓励安置的其他就业人员所支付的工资的加计扣除办法，由国务院另行规定。

五、应纳税所得额抵扣

创业投资企业[23]采取股权投资方式投资于未上市的中小高新技术企业 2 年以上的，可以按照其投资额的 70% 在股权持有满 2 年的当年抵扣该创业投资企业的应纳税所得额；当年不足抵扣的，可以在以后纳税年度结转抵扣。

公司制创业投资企业采取股权投资方式直接投资于种子期、初创期科技型企业满 2 年（24 个月）的，可以按照投资额的 70% 在股权持有满 2 年的当年抵扣该公司制创业投资企业的应纳税所得额；当年不足抵扣的，可以在以后纳税年度结转抵扣。有限合伙制创业投资企业采取股权投资方式直接投资于初创科技型企业满 2 年的，该合伙创投企业的法人合伙人可以按照对初创科技型企业投资额的 70% 抵扣法人合伙人从合伙创投企业分得的所得；当年不足抵扣的，可以在以后纳税年度结转抵扣。

有限合伙制创业投资企业采取股权投资方式投资于未上市的中小高新技术企业满 2 年（24 个月）的，其法人合伙人可按照对未上市中小高新技术企业投资额的 70% 抵扣该法人合伙人从该有限合伙制创业投资企业分得的应纳税所得额；当年不足抵扣的，可以在以后纳税年度结转抵扣。

六、加速折旧优惠

（一）可以加速折旧的固定资产

企业的固定资产由于技术进步等原因，确需加速折旧的，可以缩短折旧年限或者采取加速折旧的方法。可采用以上折旧方法的固定资产是指：

（1）由于技术进步，产品更新换代较快的固定资产。

（2）常年处于强震动、高腐蚀状态的固定资产。

采取缩短折旧年限方法的，最低折旧年限不得低于税法规定折旧年限的 60%；采取加速折旧方法的，可以采取双倍余额递减法或者年数总和法。

知识拓展

[23] 创业投资企业是指在我国境内注册设立的，向创业企业进行股权投资，以其在所投资创业企业发育成熟或相对成熟后通过股权转让获得资本增值收益的企业组织。创业投资企业只是私募股权投资基金的子概念，也是我国特有的概念。

（二）制造业的加速折旧规定

（1）对符合相关条件的生物药品制造业，专用设备制造业，铁路、船舶、航空航天和其他运输设备制造业，计算机、通信和其他电子设备制造业，仪器仪表制造业，信息传输、软件和信息技术服务业等行业企业，2014年1月1日后购进的固定资产（包括自行建造）。

（2）对符合相关条件的轻工、纺织、机械、汽车4个领域重点行业的企业，2015年1月1日后新购进的固定资产。

上述行业允许按不低于《企业所得税法》规定折旧年限的60%缩短折旧年限或选择采取双倍余额递减法或年数总和法进行加速折旧。

上述重点行业企业是指以上述行业业务为主营业务，其固定资产投入使用当年的主营业务收入占企业收入总额50%（不含）以上的企业。

自2019年1月1日起，适用固定资产加速折旧优惠相关规定的行业范围，扩大至全部制造业领域。

企业在2018年1月1日至2020年12月31日期间新购进（包括自行建造）的设备、器具（指除房屋、建筑物以外的固定资产），单位价值不超过500万元的，允许一次性计入当期成本费用在计算应纳税所得额时扣除，不再分年度计算折旧。

七、减计收入

企业综合利用资源，生产符合国家产业政策规定的产品所取得的收入，可以在计算应纳税所得额时减计收入。

综合利用资源是指企业以《资源综合利用企业所得税优惠目录》规定的资源作为主要原材料，生产国家非限制和禁止并符合国家和行业相关标准的产品取得的收入，**减按90%计入收入总额**。原材料占生产产品材料的比例不得低于《资源综合利用企业所得税优惠目录》规定的标准。

自2019年6月1日起至2025年12月31日，提供社区养老、托育、家政服务取得的收入，在计算应纳税所得额时，减按90%计入收入总额。社区包括城市社区和农村社区。

八、应纳税额抵免

税额抵免是指企业购置并实际使用《环境保护专用设备企业所得税优惠目录》《节能节水专用设备企业所得税优惠目录》和《安全生产专用设备企业所得税优惠目录》规定的环境保护、节能节水、安全生产等专用设备的，该专用设备的**投资额的10%**可以从企业当年的**应纳税额**中抵免；当年不足以抵免的，可以在以后5个纳税年度内结转抵免。

享受上述规定的企业所得税优惠的企业，应当实际购置并自身实际投入使用上述规定的专用设备；企业购置上述专用设备在5年内转让、出租的，应当停止享受企业所得税优惠，并补缴已经抵免的企业所得税税款。转让的受让方可以按照该专用设备投资额的10%抵免当年企业所得税应纳税额；当年应纳税额不足以抵免的，可以在以后5个纳税年度内结转抵免。

企业同时从事适用不同企业所得税待遇的项目的，其优惠项目应当单独计算所得，并合理分摊企业的期间费用；没有单独计算的，不得享受企业所得税优惠。

购置并实际使用的环境保护、节能节水和安全生产专用设备，包括承租方企业以**融资租赁方式租入**的，并在融资租赁合同中约定租赁期届满时租赁设备**所有权转移**给承租方企业，且符合规定条件的上述专用设备。凡融资租赁期届满后租赁设备所有权未转移至承租方企业的，承租方企业应停止享受抵免企业所得税优惠，并补缴已经抵免的企业所得税税款。

九、西部地区的减免税

对设在**西部地区国家鼓励类产业企业**，在 2011 年 1 月 1 日至 2020 年 12 月 31 日期间，减按 **15%** 的税率征收企业所得税。

上述国家鼓励类产业企业是指以《产业结构调整指导目录》（2005 年版）中规定的产业项目为主营业务，其主营业务收入占企业总收入 70% 以上的企业。

对西部地区 2010 年 12 月 31 日前新办的，根据《财政部 国家税务总局 海关总署关于西部大开发税收优惠政策问题的通知》（财税〔2001〕202 号）的规定，可以享受企业所得税"两免三减半"的交通、电力、水利、广播电视企业，其享受的企业所得税"两免三减半"优惠可以继续享受到期满为止。

对在西部地区**新办交通、电力、水利、邮政、广播电视企业**，上述项目业务收入占企业总收入 70% 以上的，可以享受企业所得税如下优惠政策：内资企业**自开始生产经营之日起**，第 1 年至第 2 年免征企业所得税，第 3 年至第 5 年减半征收企业所得税。

十、民族自治地方的减免税

民族自治地方的自治机关对本民族自治地方的企业应缴纳的企业所得税中**属于地方分享的部分，可以决定减征或者免征**。自治州、自治县决定减征或者免征的，须报省、自治区、直辖市人民政府批准。

《企业所得税法》所称民族自治地方，是指依照《中华人民共和国民族区域自治法》的规定，实行民族区域自治的自治区、自治州、自治县。

对民族自治地方内国家限制和禁止行业的企业，不得减征或者免征企业所得税。

十一、债券利息减免税

（1）对企业取得的 2012 年及以后年度发行的地方政府债券利息收入，免征企业所得税。

（2）自 2018 年 11 月 7 日起至 2021 年 11 月 6 日止，对境外机构投资境内债券市场取得的债券利息收入暂免征收企业所得税。暂免征收企业所得税的范围不包括境外机构在境内设立的机构、场所取得的与该机构、场所有实际联系的债券利息。

（3）对企业投资者持有 2019 年—2023 年发行的铁路债券取得的利息收入，减半征收企业所得税。铁路债券是指以中国铁路总公司为发行和偿还主体的债券，包括中国铁路建设债券、中期票据、短期融资券等债务融资工具。

本节导读分析：根据税法规定，风森集团旗下某分公司属于小型微利企业，适用财税〔2019〕13 号文件规定的优惠政策，全年应纳税所得额为 100 万元，可减按 25% 计入应纳税所得额，按 20% 的税率缴纳企业所得税。

知识小结：
1. 企业所得税税收优惠总结

优惠政策	项 目	备 注
税率优惠	小型微利企业，减按20%的税率 2019年1月1日至2021年12月31日，小微企业年应纳税所得额不超过100万元的部分，减按25%计入应纳税所得额，按20%税率纳税；年应纳税所得额超过100万元但不超过300万元的部分，减按50%计入应纳税所得，按20%的税率纳税 高新技术企业与技术先进型服务企业，适用税率为15% 非居民企业的所得，减按10%的税率 依法成立且符合条件的集成电路设计企业和软件企业，在2018年12月31日前自获利年度起计算优惠期，第1年至第2年免征企业所得税，第3年至第5年按照25%的法定税率减半征收企业所得税，并享受至期满为止 2019年1月1日至2023年12月31日，经营性文化事业单位转制为企业，自转制注册之日起5年内免征企业所得税。2018年12月31日之前已完成转制的企业，自2019年1月1日起可继续免征5年企业所得税。经营性文化事业单位是指从事新闻出版、广播影视和文化艺术的事业单位 西部地区国家鼓励类产业企业，在2011年1月1日至2020年12月31日期间，减按15%的税率征收企业所得税	不包括在中国境内设有机构、场所且所得与机构、场所有实际联系的非居民企业，其适用税率为25%
免税收入	国债利息收入；符合条件的居民企业之间的股息、红利等权益性投资收益；在中国境内设立机构、场所的非居民企业从居民企业取得与该机构、场所有实际联系的股息、红利等权益性投资收益；符合条件的非营利性组织的收入	—
免征	农、林、牧、渔业项目；居民企业500万元以内的技术转让所得；合格境外机构投资者（QFII、RQFII）境内转让股票等权益性投资资产所得	农不包括部分经济作物；渔不包括养殖
减半征收	花卉、茶以及其他饮料作物和香料作物的种植；海水养殖、内陆养殖；居民企业超过500万元的技术转让所得的**超过部分**	—
三免三减半	企业从事国家重点扶持的公共基础设施项目的投资经营的所得，自项目取得第1笔生产经营收入所属纳税年度起，第1年至第3年免征，第4年至第6年减半征收企业从事符合条件的环境保护、节能节水项目的所得，自项目取得第1笔生产经营收入所属纳税年度起，第1年至第3年免征，第4年至第6年减半征收	企业承包经营、承包建设和内部自建自用国家重点扶持的公共基础设施项目不免税
加速折旧	技术进步，产品更新换代较快 年处于强震动、高腐蚀状态	缩短折旧年限（≥60%） 采用加速折旧计算方法	—
加速折旧	2018年1月1日至2020年12月31日期间购进的设备、器具，单价不超过500万元	允许一次性扣除	设备、器具是指除房屋、建筑物以外的固定资产
减计收入	综合利用资源，生产符合规定和标准的产品取得的收入，减按90%计入收入总额	—
加计扣除	研发费用：未形成无形资产加计扣除75%；形成无形资产按175%摊销 不适用行业：烟草制造业、住宿和餐饮业、批发和零售业、房地产业、租赁和商务服务业、娱乐业	—
加计扣除	企业安置残疾人员所支付的工资	加计扣除100%

(续)

优惠政策	项目	备注
抵扣应纳税所得额	创投企业投资未上市的中小高新技术企业2年以上的，按照其投资额的70%在股权持有满2年的当年抵扣该创业投资企业的**应纳税所得额**；当年不足抵扣的，可以在以后纳税年度结转抵扣	—
应纳税额抵免	投资环境保护、节能节水、安全生产等专用设备，投资额的10%可以在**应纳税额**中扣除	
民族自治地方减免税	民族自治地方的自治机关对本民族自治地方的企业应缴纳的企业所得税中属于地方分享部分，可以决定减征或者免征	—

2．可以结转以后纳税年度扣除的情形总结

情形	限额比例	减除对象	结转年限
职工教育经费	工资总额的8%	所得额	无期限规定
广告费业务宣传费	销售（营业）收入的15%（30%）	所得额	无期限规定
公益救济性捐赠	年度利润总额的12%	所得额	3年内
境外所得所纳税款	境外所得×25%（15%）	所得税	5年
亏损	—	所得额	5年或10年
创投企业	投资额的70%	所得额	无期限规定
购置环保、节能节水、安全生产的专用设备	投资额的10%	所得税	5年

第六节　企业所得税应纳税额的计算

/学习导读/

> A公司是一家中小型企业，2020年被税务局稽查时发现其2019年广告费支出激增，比往年上涨了50%。经仔细稽核比对，发现该公司部分广告费支出没有合同和预付款，业务发票收到当天将广告费支付给对方，不符合正常的交易处理规定，最后认定该公司超标支出和非合理支出广告费共计40万元，应调增应纳税所得额，补交10万元的企业所得税，并缴纳滞纳金和罚款。该公司的广告费支出标准是多少？补交的企业所得税是如何计算出来的？

一、居民企业应纳税额的计算

居民企业应缴纳所得税额等于应纳税所得额乘以适用税率。基本计算公式为

应纳税额 = 应纳税所得额 × 适用税率 − 减免税额 − 抵免税额

根据计算公式可以看出，应纳税额的多少取决于**应纳税所得额**和**适用税率**两个因素。公式中的"减免税额"和"抵免税额"是指按照《企业所得税法》和国务院的税收优惠规定可以减征、免征和抵免的应纳税额。

【例4-6】某居民工业企业2020年全年主营业务收入4 000万元，其他业务收入1 000万元，营业外收入80万元，发生主营业务成本3 000万元，其他业务成本600万元，销售费用780万元（其中广告费用700万元），管理费用500万元（其中业务招待费30万元），财务费用

30万元,税金40万元,营业外支出50万元(含通过公益性社会团体向受灾地区的捐款30万,支付税务罚款6万元),计入成本、费用中的实发工资总额200万元,拨缴职工工会经费5万元,发生职工福利费30万元,发生职工教育经费7万元。要求:计算该企业2020年度实际应缴纳的企业所得税。

【解析】
(1)会计利润总额 =4 000+1 000-3 000-600-780-500-30-40+80-50=80(万元)。
(2)广告费和业务宣传费限额 =5 000×15%=750(万元)。实际发生广告费700万元,未超过限额750万元,故全额可税前扣除。
(3)按业务招待费实际发生额的60%计算限额(1)=30×60%=18(万元)。
按销售收入的5‰计算限额(2)=5 000×5‰=25(万元)。
按照规定税前扣除限额应为18万元,应调增应纳税所得额 =30-18=12(万元)。
(4)捐赠支出应调增所得额 =30-80×12%=20.4(万元)。
(5)支付的税务罚款不得税前扣除,应调增应纳税所得额6万元。
(6)工会经费应调增所得额 =5-200×2%=1(万元)。
(7)职工福利费应调增所得额 =30-200×14%=2(万元)。
(8)职工教育经费扣除限额 =200×8%=16(万元),实际支出7万元,可全额税前扣除。
(9)应纳税所得额 =80+12+20.4+6+1+2=121.4(万元)。
因此,该企业2020年应缴纳的企业所得税 =121.4×25%=30.35(万元)。

【例4-7】 某居民工业企业于2018年取得了高新资格证书,资格证书有效期为2018年12月1日至2021年11月30日。其2020年度的生产经营情况如下:全年取得产品销售收入6 000万元,对应的产品销售成本4 400万元;通过其他业务收入核算转让5年以上非独占许可使用权收入800万元,与之相应的成本及税费为200万元;发生管理费用760万元(其中新技术的研究开发费用60万元、业务招待费用70万元);发生财务费用200万元;取得购买国债利息收入50万元,缴纳税金及附加300万元;取得营业外收入80万元,发生营业外支出200万元(其中含公益捐赠30万元)。要求:计算该企业2020年应缴纳的企业所得税。

【解析】
(1)利润总额 =6 000-4 400+800-200-760-200+50-300+80-200=870(万元)。
(2)转让非独占许可使用权应调减应纳税所得额 =500+(800-200-500)×50%=550(万元)。
(3)技术开发费调减所得额 60×75%=45(万元)。
(4)按实际发生业务招待费的60%计算限额(1)=70×60%=42(万元)。
按销售收入的5‰计算限额(2)=(6 000+800)×5‰=34(万元)。
按照规定税前扣除限额应为34万元,实际应调增应纳税所得额 =70-34=36(万元)。
(5)国债利息收入免征企业所得税,应调减应纳税所得额50万元。
(6)公益性捐赠扣除标准 =870×12%=104.4(万元)。实际捐赠30万元,小于扣除标准104.4万元,可按实际捐赠数全额税前扣除,不做纳税调整。
(7)应纳税所得额 =870-550-45+36-50=261(万元)。
因此,该企业2020年应缴纳的企业所得税 =261×15%=39.15(万元)。

二、境外所得抵扣税额的计算

企业取得的下列所得已在境外缴纳的所得税税额,可以从其当期应纳税额中抵免,**抵免限**

额为该项所得依照《企业所得税法》相关规定计算的应纳税额；超过抵免限额的部分，可以在以后5个年度内，用每年度抵免限额抵免当年应抵税额后的余额进行抵补。

（1）居民企业来源于中国境外的应税所得。

（2）非居民企业在中国境内设立机构、场所，取得发生在中国境外但与该机构、场所有实际联系的应税所得。

居民企业从其直接或者间接控制的外国企业分得的来源于中国境外的股息、红利等权益性投资收益，外国企业在境外实际缴纳的所得税税额中属于该项所得负担的部分，可以作为该居民企业的可抵免境外所得税税额，在《企业所得税法》规定的抵免限额内抵免。

上述所称直接控制是指居民企业直接持有外国企业20%以上股份。在计算企业境外股息所得的可抵免所得税额和抵免限额时，由企业直接或者间接持有20%以上股份的外国企业，限于按规定持股方式确定的5层外国企业。

上述所称间接控制是指居民企业以间接持股方式持有外国企业20%以上股份。具体认定办法由国务院财政、税务主管部门另行制定。

已在境外缴纳的所得税税额是指企业来源于中国境外的所得，依照中国境外税收法律以及相关规定应当缴纳并已实际缴纳的企业所得税性质的税款。企业依照《企业所得税法》的规定抵免企业所得税税额时，应当提供中国境外税务机关出具的税款所属年度的有关纳税凭证。

抵免限额是指企业来源于中国境外的所得，依照《企业所得税法》及实施条例的规定计算的应纳税额。

该抵免限额应当分国（地区）不分项计算。计算公式为

抵免限额＝中国境内、境外所得依照《企业所得税法》及实施条例规定计算的应纳税总额×来源于某国（地区）的应纳税所得额÷中国境内、境外应纳税所得总额

前述5个年度是指从企业取得的来源于中国境外的所得，已经在中国境外缴纳的企业所得税性质的税额超过抵免限额的当年的次年起连续5个纳税年度。

自2017年1月1日起，企业可以选择按国（地区）别分别计算（即"分国（地区）不分项"），或者不按国（地区）别汇总计算（即"不分国（地区）不分项"）其来源于境外的应纳税所得额，并按照有关规定分别计算其可抵免境外所得税税额和抵免限额。上述方式一经选择，5年内不得改变。

【例4-8】 某居民企业2021年度境内应纳税所得额为200万元，适用25%的企业所得税税率。此外，该企业分别在A、B两国设有分支机构（我国与A、B两国已经缔结避免双重征税协定），在A国分支机构的应纳税所得额为150万元，A国税率为20%；在B国分支机构的应纳税所得额为100万元，B国适用税率为30%。假设该企业在A、B两国所得按我国税法计算的应纳税所得额和按A、B两国税法计算的应纳税所得额一致，两个分支机构在A、B两国分别缴纳了30万元的企业所得税。要求：计算该企业2021年汇总时在我国应缴纳的企业所得税税额。

【解析】

（1）该企业按我国税法计算的境内、境外所得的企业所得税税额为：

应纳税额＝（200+150+100）×25%＝112.5（万元）

（2）A、B两国分支机构的扣除限额为：

A国分支机构扣除限额＝112.5×[150÷（200+150+100）]＝37.5（万元）

B国分支机构扣除限额＝112.5×[100÷（200+150+100）]＝25（万元）

在A国缴纳的所得税为30万元，低于扣除限额37.5万元，可全额扣除；在B国缴纳的所

得税为 30 万元，高于扣除限额 25 万元，其超过扣除限额部分 5 万元当年不得扣除。

因此，2021 年汇总时在我国应缴纳的所得税 =112.5-30-25=57.5（万元）。

📌 **学习提示**：境外所得税额抵免不足部分，需要补税；超过部分，无须纳税，中国政府也不退还在国外缴纳的税款（多不退，少要补）。

三、居民企业核定征收应纳税额的计算

为了加强企业所得税征收管理，规范核定征收企业所得税工作，保障国家税款及时足额入库，维护纳税人的合法权益，根据我国《企业所得税法》及其实施条例、《税收征收管理法》及其实施细则的有关规定，核定征收企业所得税的范围和征收的办法。

（一）核定征收企业所得税的范围

核定征收办法适用于居民企业纳税人，纳税人具有下列情形之一的，核定征收企业所得税：

（1）依照法律、行政法规的规定可以不设置账簿的。

（2）依照法律、行政法规的规定应当设置但未设置账簿的。

（3）擅自销毁账簿或者拒不提供纳税资料的。

（4）虽设置账簿，但账目混乱或者成本资料、收入凭证、费用凭证残缺不全，难以查账的。

（5）发生纳税义务，未按照规定的期限办理纳税申报，经税务机关责令限期申报，逾期仍不申报的。

（6）申报的计税依据明显偏低，又无正当理由的。

📌 **学习提示**：以上情形属于无法按相关规定提供纳税资料或不按规定申报纳税的情形。

特殊行业、特殊类型的纳税人和一定规模以上的纳税人不适用核定征收办法，上述特定纳税人由国家税务总局另行明确。

根据国家税务总局公告 2012 年第 27 号《关于企业所得税核定征收有关问题的公告》规定，自 2012 年 1 月 1 日起，**专门从事股权（股票）投资业务的企业，不得核定征收**企业所得税。

对依法按核定应税所得率方式核定征收企业所得税的企业，取得的转让股权（股票）收入等转让财产收入，应全额计入应税收入额，按照主营项目（业务）确定适用的应税所得率计算征税；若主营项目（业务）发生变化，应在当年汇算清缴时，按照变化后的主营项目（业务）重新确定适用的应税所得率计算征税。

（二）核定征收的办法

税务机关应根据纳税人具体情况，对核定征收企业所得税的纳税人，核定应税所得率或者核定应纳所得税额。

（1）具有下列情形之一的，**核定其应税所得率：**

1）能正确核算（查实）收入总额，但不能正确核算（查实）成本费用总额的。

2）能正确核算（查实）成本费用总额，但不能正确核算（查实）收入总额的。

3）通过合理方法，能计算和推定纳税人收入总额或成本费用总额的。

纳税人不属于以上情形的，核定其应纳所得税额。

（2）税务机关采用下列方法**核定征收**企业所得税：

1）参照当地同类行业或者类似行业中经营规模和收入水平相近的纳税人的税负水平核定。

2）按照应税收入额或成本费用支出额定率核定。

3）按照耗用的原材料、燃料、动力等推算或测算核定。

4）按照其他合理方法核定。

采用上述所列一种方法不足以正确核定应纳税所得额或应纳税额的，可以同时采用两种以上的方法核定；采用两种以上方法测算的应纳税额不一致时，可按测算的应纳税额从高核定。

采用应税所得率方式核定征收企业所得税的，应纳所得税额计算公式如下：

$$应纳所得税额 = 应纳税所得额 \times 适用税率$$
$$应纳税所得额 = 应税收入额 \times 应税所得率$$

或

$$应纳税所得额 = 成本（费用）支出额 \div （1-应税所得率） \times 应税所得率$$

实行应税所得率方式核定征收企业所得税的纳税人，经营多业的，无论其经营项目是否单独核算，均由税务机关根据其主营项目确定适用的应税所得率。

主营项目应为纳税人所有经营项目中，收入总额或者成本（费用）支出额或者耗用原材料、燃料、动力数量所占比重最大的项目。应税所得率按表 4-3 规定的幅度标准确定。

表 4-3　应税所得率幅度标准

行　　业	应税所得率	行　　业	应税所得率
农、林、牧、渔业	3%～10%	建筑业	8%～20%
制造业	5%～15%	饮食业	8%～25%
批发和零售贸易业	4%～15%	娱乐业	15%～30%
交通运输业	7%～15%	其他行业	10%～30%

纳税人的生产经营范围、主营业务发生重大变化，或者应纳税所得额或应纳税额增减变化达到 20% 的，应及时向税务机关申报调整已确定的应纳税额或应税所得率。

【例 4-9】　某居民企业自行申报 2021 年度的收入总额为 200 万元，应扣除的成本费用合计为 220 万元，全年亏损 20 万元。经税务机关核查，其发生的成本费用核算正确，但收入总额无法核准。假定对该企业实行核定征收，应税所得率为 20%，计算该企业 2021 年度应缴纳的企业所得税。

【解析】
$$应纳税所得额 = 220 \div （1-20\%） \times 20\% = 55（万元）$$
$$应缴纳的企业所得税 = 55 \times 25\% = 13.75（万元）$$

四、非居民企业应纳税额的计算

（一）非居民企业查账征收应纳税额的计算

对于在中国境内**未设立机构、场所的**，或者虽设立机构、场所但取得的所得与其所设机构、场所**没有实际联系**的非居民企业的所得，按照下列方法计算应纳税所得额：

（1）股息、红利等权益性投资收益和利息、租金、特许权使用费所得，以**收入全额**为应纳税所得额。

（2）转让财产所得，以收入全额减除财产净值后的**余额**为应纳税所得额。

财产净值是指财产的计税基础减除已经按照规定扣除的折旧、折耗、摊销、准备金等后的余额。

（3）其他所得，参照前两项规定的方法计算应纳税所得额。

（二）扣缴企业所得税应纳税额的计算

扣缴企业所得税应纳税额＝应纳税所得额×实际征收率

应纳税所得额的计算，按上述（1）～（3）的规定为标准；实际征收率是指《企业所得税法》及其实施条例等相关法律法规规定的税率，或者税收协定规定的更低的税率。

税款由扣缴义务人在每次向非居民企业支付或者到期应支付时，从支付或者到期应支付的款项中扣缴。

到期应支付的款项是指支付人按照权责发生制原则应当计入相关成本、费用的应付款项。

扣缴义务人每次代扣代缴税款时，应当向其主管税务机关报送《中华人民共和国扣缴企业所得税报告表》及相关资料，并自代扣之日起 7 日内缴入国库。

（三）非居民企业所得税核定征收办法

（1）按收入总额核定应纳税所得额，计算公式如下：

应纳税所得额＝收入总额×经税务机关核定的利润率

（2）按成本费用核定应纳税所得额，计算公式如下：

应纳税所得额＝成本费用总额÷（1－经税务机关核定的利润率）×经税务机关核定的利润率

（3）按经费支出换算收入核定应纳税所得额，计算公式如下：

应纳税所得额＝经费支出总额÷（1－经税务机关核定的利润率）×经税务机关核定的利润率

（4）税务机关可按照以下标准确定非居民企业的利润率：

1）从事承包工程作业、设计和咨询劳务的，利润率为 15%～30%。

2）从事管理服务的，利润率为 30%～50%。

3）从事其他劳务或劳务以外经营活动的，利润率不低于 15%。

税务机关有根据认为非居民企业的实际利润率明显高于上述标准的，可以按照比上述标准更高的利润率核定其应纳税所得额。

（5）非居民企业与中国居民企业签订机器设备或货物销售合同，同时提供设备安装、装配、技术培训、指导、监督服务等劳务，其销售货物合同中未列明提供上述劳务服务收费金额，或者计价不合理的，主管税务机关可以根据实际情况，参照相同或相近业务的计价标准核定劳务收入；无参照标准的，以不低于销售货物合同总价款的 10% 为原则，确定非居民企业的劳务收入。

❋ **本节导读分析**：广告费支出不超过当年销售（营业）收入 15% 的部分准予扣除；超过部分，准予在以后纳税年度结转扣除。补缴的企业所得税＝纳税调增项目金额×25%=40×25%=10（万元）。

知识小结：

1. 居民企业应纳税额的计算总结

基本公式	应纳税额＝应纳税所得额×适用税率－减免税额－抵免税额 （1）直接法：应纳税所得额＝收入总额－不征税收入－免税收入－各项扣除－以前年度亏损 （2）间接法：应纳税所得额＝会计利润＋纳税调整增加金额－纳税调整减少金额 纳税调整增加金额：①实际发生额＞税法允许扣除标准时，差额调增；否则无须调整（如业务招待费、广告宣传费）。②不得扣除项目金额（如税收滞纳金、罚款等） 纳税调整减少金额：免税收入、加计扣除等税收优惠

(续)

境外所得抵免税额	（1）基本规定：企业取得的下列所得已在境外缴纳的所得税税额，可以从其当期应纳税额中抵免，抵免限额为该项所得依照规定计算的应纳税额；超过抵免限额的部分，可以在以后5个年度内，用每年抵免限额抵免当年应抵税额后的余额进行抵补。①居民企业来源于中国境外的应税所得；②非居民企业在中国境内设立机构、场所，取得发生在中国境外但与该机构、场所有实际联系的应税所得 （2）自2017年1月1日起，企业可以选择按"分国（地区）不分项"或者"不分国（地区）不分项"计算境外的应纳税所得额，并按照有关规定分别计算其可抵免境外所得税税额和抵免限额。上述方式一经选择，5年内不得改变 （3）在计算企业境外股息所得的可抵免所得税额和抵免限额时，由企业直接或者间接持有20%股份的外国企业，限于按规定持股方式确定的5层外国企业
核定征收	应纳所得税额=应纳税所得额×适用税率 应纳税所得额=应税收入额×应税所得率 或 应纳税所得额=成本（费用）支出额÷（1-应税所得率）×应税所得率 注：自2012年1月1日起，**专门从事股权（股票）投资业务的企业，不得核定征收**企业所得税

2. 非居民企业应纳税额的计算总结

项　目		规　定
适用范围		（1）非居民企业在中国境内没有设立机构、场所 （2）虽然设立机构、场所但取得的所得与所设立的机构、场所无关
应纳税所得额	收入全额	股息、红利等权益性投资收益和利息、租金、特许权使用费所得
	收入余额	转让财产所得-收入全额减除财产净值后的余额
税率		适用10%的优惠税率
核定征收办法		税款由扣缴义务人在每次向非居民企业支付或者到期应支付时，从支付或者到期应支付的款项中扣缴 扣缴企业所得税应纳税额计算如下： 扣缴企业所得税应纳税额=应纳税所得额×实际征收率

第七节　企业所得税纳税申报

/学习导读/

风森集团下属居民企业甲公司的财务人员小张于2020年11月应聘从事财税工作，在2021年年初对所得税申报事项较为头疼，对报税事项不知如何下手。试为小张分析：公司的纳税地点在哪里？公司如何进行税费的申报与缴纳？

一、企业所得税的征收管理

（一）纳税地点

（1）除税收法律、行政法规另有规定外，居民企业以企业**登记注册地**为纳税地点。但登记注册地在境外的，以**实际管理机构所在地**为纳税地点。企业注册登记地是指企业依照国家有关规定登记注册的住所地。

（2）居民企业在中国境内设立不具有法人资格的营业机构的，应当**汇总计算并缴纳企业所得税**。企业汇总计算并缴纳企业所得税时，应当统一核算应纳税所得额，具体办法由国务院财政、税务主管部门另行制定。

（3）非居民企业在中国境内设立机构、场所的，应当就其所设立机构、场所取得的来源于中国境内的所得，以及发生在中国境外但与其所设机构、场所有实际联系的所得，以机构、场所所在地为纳税地点。非居民企业在中国境内设立两个或者两个以上机构、场所的，经税务机关审核批准，可以选择由其主要机构、场所汇总缴纳企业所得税。非居民企业经批准汇总缴纳企业所得税后，需要增设、合并、迁移、关闭机构、场所或者停止机构、场所业务的，应当事先由负责汇总申报缴纳企业所得税的主要机构、场所向其所在地税务机关报告；需要变更汇总缴纳企业所得税的主要机构、场所的，依照上述规定办理。

（4）非居民企业在中国境内未设立机构、场所的，或者虽设立机构、场所但取得的所得与其所设机构、场所没有实际联系的所得，以扣缴义务人所在地为纳税地点。

（5）除国务院另有规定外，**企业之间不得合并**缴纳企业所得税。

（二）纳税期限

企业所得税**按年计征，分月或者分季预缴，年终汇算清缴，多退少补**。

企业所得税的纳税年度自公历 1 月 1 日起至 12 月 31 日止。企业在一个纳税年度的中间开业，或者由于合并、关闭等原因终止经营活动，使该纳税年度的实际经营期不足 12 个月的，应当以其实际经营期为一个纳税年度。企业清算时，应当以清算期间作为一个纳税年度。

自年度终了之日起 5 个月内，向税务机关报送年度企业所得税纳税申报表，并汇算清缴，结清应缴应退税款。

企业在年度中间终止经营活动的，应当自实际经营终止之日起 60 日内，向税务机关办理当期企业所得税汇算清缴。

二、纳税申报

按月或按季预缴的，应当自月份或者季度终了之日起 15 日内，向税务机关报送预缴企业所得税纳税申报表，预缴税款。

企业在报送企业所得税纳税申报表时，应当按照规定附送财务会计报告和其他有关资料。

企业应当在办理注销登记前，就其清算所得向税务机关申报并依法缴纳企业所得税。企业分月或者分季预缴企业所得税时，应当按照月度或者季度的实际利润额预缴；按照月度或者季度的实际利润额预缴有困难的，可以按照上一纳税年度应纳税所得额的月度或者季度平均额预缴，或者按照经税务机关认可的其他方法预缴。预缴方法一经确定，**该纳税年度内不得随意变更**。

企业在纳税年度内**无论盈利或者亏损**，都应当依照规定期限，向税务机关报送预缴企业所得税纳税申报表、年度企业所得税纳税申报表、财务会计报告和税务机关规定应当报送的其他有关资料。

企业所得税以人民币计算。所得以人民币以外的货币计算的，应当折合成人民币计算并缴纳税款。

企业所得以人民币以外的货币计算的，预缴企业所得税时，应当按照月度或者季度最后一日的人民币汇率中间价㉔，折合成人民币计算应纳税所得额。

> **知识拓展**
>
> ㉔ 人民币汇率中间价是即期银行间外汇交易市场和银行挂牌汇价的最重要参考指标。中国人民银行于每个工作日闭市后公布当日银行间外汇市场美元等交易货币对人民币的收盘价，作为下一个工作日该货币对人民币交易的中间价。

年度终了汇算清缴时,对已经按照月度或季度预缴税款的,不再重新折合计算,只就该纳税年度内未缴税部分按照纳税年度最后一日的人民币汇率中间价,折合成人民币计算应纳税所得额。

经税务机关检查确认,企业少计或多计前述规定的所得的应当按照检查确认补税或退税时的上一个月最后一日的人民币汇率中间价,将少计或多计的所得折合成人民币计算应纳税所得额,再计算应补缴或者应退的税款。

适用于实行查账征收企业所得税的居民企业纳税人所得税申报表格式与内容见表4-4。

表4-4 中华人民共和国企业所得税年度纳税申报表(A类)

行次	类别	项目	金额
1	利润总额计算	一、营业收入(填写A101010\101020\103000)	
2		减:营业成本(填写A102010\102020\103000)	
3		减:税金及附加	
4		减:销售费用(填写A104000)	
5		减:管理费用(填写A104000)	
6		减:财务费用(填写A104000)	
7		减:资产减值损失	
8		加:公允价值变动收益	
9		加:投资收益	
10		二、营业利润(1-2-3-4-5-6-7+8+9)	
11		加:营业外收入(填写A101010\101020\103000)	
12		减:营业外支出(填写A102010\102020\103000)	
13		三、利润总额(10+11-12)	
14	应纳税所得额计算	减:境外所得(填写A108010)	
15		加:纳税调整增加额(填写A105000)	
16		减:纳税调整减少额(填写A105000)	
17		减:免税、减计收入及加计扣除(填写A107010)	
18		加:境外应税所得抵减境内亏损(填写A108000)	
19		四、纳税调整后所得(13-14+15-16-17+18)	
20		减:所得减免(填写A107020)	
21		减:弥补以前年度亏损(填写A106000)	
22		减:抵扣应纳税所得额(填写A107030)	
23		五、应纳税所得额(19-20-21-22)	
24	应纳税额计算	税率(25%)	
25		六、应纳所得税额(23×24)	
26		减:减免所得税额(填写A107040)	
27		减:抵免所得税额(填写A107050)	
28		七、应纳税额(25-26-27)	

(续)

行次	类别	项目	金额
29	应纳税额计算	加：境外所得应纳所得税额（填写A108000）	
30		减：境外所得抵免所得税额（填写A108000）	
31		八、实际应纳所得税额（28+29-30）	
32		减：本年累计实际已预缴的所得税额	
33		九、本年应补（退）所得税额（31-32）	
34		其中：总机构分摊本年应补（退）所得税额（填写A109000）	
35		其中：财政集中分配本年应补（退）所得税额（填写A109000）	
36		其中：总机构主体生产经营部门分摊本年应补（退）所得税额（填写A109000）	

【例4-10】某居民企业甲公司2021年度销售货物收入1 000万元，销售边角废料收入20万元，发生营业成本600万元，无其他纳税调整事项。适用的所得税税率为25%。该企业2021年累计实际已预缴的所得税额为100万元。计算甲公司2021年度需要补缴的企业所得税，并填制企业所得税纳税申报表。

【解析】

营业收入 =1 000+20=1 020（万元）

营业成本 =600万元

利润总额 =1 020-600=420（万元）

应纳所得税额栏的金额 =420×25%=105（万元）

因该企业2021年已累计预缴所得税100万元，所以2021年应补缴所得税额 =105-100=5（万元）。

填制的企业所得税年度纳税申报表见表4-5。

表4-5 中华人民共和国企业所得税年度纳税申报表（A类）

行次	类别	项目	金额（万元）
1	利润总额计算	一、营业收入（填写A101010\101020\103000）	1 020
2		减：营业成本（填写A102010\102020\103000）	600
3		减：税金及附加	0
4		减：销售费用（填写A104000）	0
5		减：管理费用（填写A104000）	0
6		减：财务费用（填写A104000）	0
7		减：资产减值损失	0
8		加：公允价值变动收益	0
9		加：投资收益	0
10		二、营业利润（1-2-3-4-5-6-7+8+9）	420
11		加：营业外收入（填写A101010\101020\103000）	0

(续)

行次	类别	项目	金额（万元）
12	利润总额计算	减：营业外支出（填写A102010\102020\103000）	0
13		三、利润总额（10+11-12）	420
14	应纳税所得额计算	减：境外所得（填写A108010）	0
15		加：纳税调整增加额（填写A105000）	0
16		减：纳税调整减少额（填写A105000）	0
17		减：免税、减计收入及加计扣除（填写A107010）	0
18		加：境外应税所得抵减境内亏损（填写A108000）	0
19		四、纳税调整后所得（13-14+15-16-17+18）	420
20		减：所得减免（填写A107020）	0
21		减：弥补以前年度亏损（填写A106000）	0
22		减：抵扣应纳税所得额（填写A107030）	0
23		五、应纳税所得额（19-20-21-22）	420
24	应纳税额计算	税率（25%）	0.25
25		六、应纳所得税额（23×24）	105
26		减：减免所得税额（填写A107040）	0
27		减：抵免所得税额（填写A107050）	0
28		七、应纳税额（25-26-27）	105
29		加：境外所得应纳所得税额（填写A108000）	0
30		减：境外所得抵免所得税额（填写A108000）	0
31		八、实际应纳所得税额（28+29-30）	105
32		减：本年累计实际已预缴的所得税额	100
33		九、本年应补（退）所得税额（31-32）	5
34		其中：总机构分摊本年应补（退）所得税额（填写A109000）	0
35		其中：财政集中分配本年应补（退）所得税额（填写A109000）	0
36		其中：总机构主体生产经营部门分摊本年应补（退）所得税额（填写A109000）	0

三、源泉扣缴

（一）扣缴义务人

（1）对非居民企业在中国境内未设立机构、场所的，或者虽设立机构、场所但取得的所得与其所设机构、场所没有实际联系的所得应缴纳的所得税，实行源泉扣缴，以支付人为扣缴义务人。税款由扣缴义务人在每次支付或者到期支付时，从支付或者到期应支付的款项中扣缴。

上述所称支付人是指依照有关法律规定或者合同约定对非居民企业直接负有支付相关款项义务的单位或者个人。

（2）对非居民企业在中国境内取得工程作业和劳务所得应缴纳的所得税，税务机关可以指定工程价款或者劳务费的支付人为扣缴义务人。

（二）扣缴方法

（1）扣缴义务人扣缴税款时，按相关规定计算非居民企业应纳税款。

（2）应当扣缴的所得税，扣缴义务人未依法扣缴或者无法履行扣缴义务的，由企业在所得发生地缴纳。企业未依法缴纳的，税务机关可以从该企业在中国境内其他收入项的支付人应付的款项中，追缴该企业的应纳税款。

（3）税务机关在追缴企业应纳税款时，应当将追缴理由、追缴数额、缴纳期限和缴纳方式等告知企业。

（4）扣缴义务人每次代扣的税款，应当自代扣之日起 7 日内缴入国库，并向所在地的税务机关报送扣缴企业所得税报告表。

（三）税源管理

（1）扣缴义务人与非居民企业首次签订与应税所得有关的业务合同或协议（以下简称合同）的，扣缴义务人应当自合同签订之日起 30 日内，向其主管税务机关申报办理扣缴税款登记。

（2）扣缴义务人每次与非居民企业签订与应税所得有关的业务合同时，应当自签订合同（包括修改、补充、延期合同）之日起 30 日内，向其主管税务机关报送"扣缴企业所得税合同备案登记表"、合同复印件及相关资料。文本为外文的应同时附送中文译本。

股权转让交易双方均为非居民企业且在境外交易的，被转让股权的境内企业在依法变更税务登记时，应将股权转让合同复印件报送主管税务机关。

（3）扣缴义务人应当设立代扣代缴税款账簿和合同资料档案，准确记录企业所得税的扣缴情况，并接受税务机关的检查。

（四）征收管理

（1）扣缴义务人在每次向非居民企业支付或者到期应支付应税所得时，应从支付或者到期应支付的款项中扣缴企业所得税。

（2）扣缴义务人对外支付或者到期应支付的款项为人民币以外货币的，在申报扣缴企业所得税时，应当按照扣缴当日国家公布的人民币汇率中间价，折合成人民币计算应纳税所得额。

（3）扣缴义务人和非居民企业签订与应税所得有关的业务合同时，凡合同中约定由扣缴义务人负担应纳税款的，应将非居民企业取得的不含税所得换算为含税所得后计算征税。

（4）按照《企业所得税法》及其实施条例和相关税收法律法规规定，给予非居民企业减免税优惠的，应按相关税收减免管理办法和行政审批程序的规定办理。对未经审批或者减免税申请未得到批准前，扣缴义务人发生支付款项的，应按规定代扣代缴企业所得税。

（5）非居民企业可以使用的税收协定与国内相关法规有不同规定的，可申请执行税收协定规定；非居民企业未提出执行税收协定规定申请的，按国内税收法律法规的有关规定执行。

（6）非居民企业已按国内税收法律法规的有关规定征税后，提出享受减免税或税收协定待遇申请的，主管税务机关经审核确认应享受减免税或者税收协定待遇的，对多缴纳的税款应依据《税收征收管理法》及其实施细则的有关规定予以退税。

（7）非居民企业拒绝代扣税款的，扣缴义务人应当暂停支付相当于非居民企业应纳税款的款项，并在 1 日之内向其主管税务机关报告，并报送书面情况说明。

（8）扣缴义务人未依法扣缴或者无法履行扣缴义务的，非居民企业应于扣缴义务人支付或者到期应支付之日起 7 日内，到所得发生地主管税务机关申报缴纳企业所得税。

（9）非居民企业依照《非居民企业所得税源泉扣缴管理暂行办法》第 8 条规定申报缴纳企业所得税，但在中国境内存在多处所得发生地，并选定其中之一申报缴纳企业所得税的，应向申报纳税所在地主管税务机关如实报告有关情况。申报纳税所在地主管税务机关在受理申报纳税后,应将非居民企业申报缴纳所得税情况书面通知扣缴义务人所在地和其他所得发生地主管税务机关。

(10) 非居民企业未依照《非居民企业所得税源泉扣缴管理暂行办法》第8条规定申报缴纳企业所得税,由申报纳税所在地主管税务机关责令限期缴纳,逾期仍未缴纳的,申报纳税所在地主管税务机关可以收集、查实该非居民企业在中国境内其他收入项目及其支付人(以下简称"其他支付人")的相关信息,并向其他支付人发出《税务事项通知书》,从其他支付人应付的款项中,追缴该非居民企业的应纳税款和滞纳金。

其他支付人所在地与申报纳税所在地不在一地的,其他支付人所在地主管税务机关应给予配合和协助。

(11) 对多次付款的合同项目,扣缴义务人应当在履行合同最后一次付款前 **15 日内**,向主管税务机关报送合同全部付款明细,前期扣缴表和完税凭证等资料,办理扣缴税款清算手续。

本节导读分析:小张应认定甲公司的纳税地点为登记注册地;公司的所得税按年计征,分月或分季预缴,应于 2020 年 5 月 31 日前汇算清缴,向税务机关报送年度企业所得税纳税申报表,结清应缴应退税款。

知识小结:企业所得税纳税申报总结

项 目		规 定
纳税地点	居民企业	登记注册地
		登记注册地在境外的,以实际管理机构所在地为纳税地点
纳税期限		企业所得税按年计征,分月或者分季预缴,年终汇算清缴,多退少补
		企业在一个纳税年度中间开业或者终止经营活动,使该纳税年度的实际经营期不足12个月的,应当以实际经营期为一个纳税年度
纳税申报	分月或分季预缴	应当自月份或者季度终了之日起15日内,向税务机关报送预缴企业所得税纳税申报表,预缴税款
	汇算清缴	企业应当自年度终了后5个月内向税务机关报送年度企业所得税纳税申报表,并汇算清缴,结清应缴或应退税款
		企业年度中间终止经营活动,应当自实际经营终止之日起60日内,向税务机关办理当期企业所得税汇算清缴
	报送资料	在报送企业所得税纳税申报表时,应当按照规定附送财务会计报告和其他有关资料
	计价货币	人民币
	亏损申报	在纳税年度内无论盈利或者亏损,都应当在规定期限内向税务机关报送各项涉税资料
源泉扣缴	扣缴义务人	支付人
		税务机关可以指定工程价款或者劳务费的支付人为扣缴义务人
	扣缴方法	按相关规定计算非居民企业应纳税款
		未能扣缴企业所得税款的,由企业在所得发生地缴纳;否则,税务机关追缴税款
		扣缴义务人每次代扣的税款,应当自代扣之日起7日内缴入国库
	税源管理	由扣缴义务人按相关规定扣缴非居民企业应纳税款

拓展知识　企业所得税会计处理

> **/学习导读/**
>
> 风森集团下属居民企业甲公司的财务人员小张在 2021 年核对纳税事项时，发现公司 2021 年的一台常规的生产用机器设备会计与税法规定的折旧年限有差异：该设备不适宜加速折旧，公司已按会计年限 5 年折旧计入成本费用中，但税法规定该机器设备的最低折旧年限为 10 年，计税时未做任何调整。该项业务处理是否正确？

一、科目设置

（一）"应交税费——应交所得税"科目

该科目核算企业应缴的企业所得税。企业按规定计算出应缴的企业所得税时，记入其贷方，实际缴纳企业所得税时，记入其借方；期末贷方余额为应缴未缴的企业所得税，借方余额为多缴的企业所得税。

（二）"所得税费用"科目

该科目核算企业确认的应从当期利润总额中扣除的所得税费用。企业按规定计算的企业所得税费用，借记该科目；期末，将该科目的余额由贷方转入"本年利润"科目的借方，期末结转后该科目无余额。

（三）"递延所得税资产"科目

该科目核算企业确认的可抵扣暂时性差异产生的所得税资产。企业在确认相关资产、负债时，根据所得税准则应予确认的递延所得税资产，借记该科目，贷记"所得税费用"科目；资产负债表中，递延所得税资产的应有余额小于其账面价值的差额，贷记该科目，借记"所得税费用"科目。该科目期末借方余额，反映企业已确认的递延所得税资产的余额。

（四）"递延所得税负债"科目

该科目核算企业确认的应纳税暂时性差异产生的所得税负债。企业在确认相关资产、负债时，根据所得税准则应予确认的递延所得税负债，贷记该科目，借记"所得税费用"科目；资产负债表中，递延所得税负债的应有余额小于其账面价值的差额，借记该科目，贷记"所得税费用"科目。该科目期末贷方余额，反映企业已确认的递延所得税负债的余额。

二、具体的会计核算

企业会计准则规定，企业应采用**资产负债表债务法**核算所得税。资产负债表债务法是指从资产负债表出发，通过比较资产负债表上列示的资产、负债按照企业会计准则规定确定的账面价值与按照税法规定的计税基础，对于两者之间的差额，分为应纳税暂时性差异与可抵扣暂时性差异，确认相关的递延所得税负债和递延所得税资产，并在此基础上确定每一期间利润表中的所得税费用。具体资产负债表债务法的会计处理如下：

（一）递延所得税资产的确认

（1）递延所得税资产的确认应以未来期间可能取得的应纳税所得额为限。资产、负债的账面价值与其计税基础不同产生可抵扣暂时性差异的，在估计未来期间能够取得足够的应纳税所得额用以抵扣该可抵扣暂时性差异时，应当**以很可能取得用来抵扣可抵扣暂时性差异的应纳税**

所得额为限，确认相关的递延所得税资产；在可抵扣暂时性差异转回的未来期间内，若企业无法产生足够的应纳税所得额用以抵减可抵扣暂时性差异的影响时，使得与递延所得税资产相关的经济利益无法实现的，该部分递延所得税资产不应确认。

（2）按照税法规定可以结转以后年度的**未弥补亏损和税款抵减**，应**视同可抵扣暂时性差异**处理。在预计可利用可弥补亏损或税款抵减的未来期间内能够取得足够的应纳税所得额时，应当以很可能取得的应纳税所得额为限，确认相应的递延所得税资产，同时减少确认当期的所得税费用。

（3）适用税率的确定。确认递延所得税资产时，应估计相关可抵扣暂时性差异的转回时间，以转回期间适用的所得税税率为基础计算确定。无论相关的可抵扣暂时性差异转回期间如何，递延所得税资产均不予折现。

（4）资产负债表日，企业应当对递延所得税资产的账面价值进行复核，如果未来期间很可能无法取得足够的应纳税所得额用以抵扣递延所得税资产的利益，应当减计递延所得税资产的账面价值。递延所得税资产的账面价值减计以后，后续期间根据新的环境和情况判断能够产生足够的应纳税所得额用以抵扣可抵扣暂时性差异，使得递延所得税资产包含的经济利益能够实现的，应相应恢复递延所得税资产的账面价值。

递延所得税资产的计算公式为

"递延所得税资产"的余额＝该时点可抵扣暂时性差异×适用的所得税税率

当期"递延所得税资产"变动额＝（年末可抵扣暂时性差异－年初可抵扣暂时性差异）×所得税税率

如果所得税税率发生变化，则

当期"递延所得税资产"变动额＝年末可抵扣暂时性差异×新所得税税率－年初可抵扣暂时性差异×旧所得税税率

（二）递延所得税负债的确认

（1）应纳税暂时性差异在转回期间将增加未来期间企业的应纳税所得额和应交所得税，导致企业经济利益的流出，从其发生当期，构成企业应支付税金的义务，应作为递延所得税负债确认。除直接计入所有者权益的交易和事项以及企业合并外，在确认递延所得税负债的同时，应增加利润表中的所得税费用。

（2）递延所得税负债应以相关应纳税暂时性差异转回期间适用的所得税税率计量，在我国，除享受优惠政策的情况以外，企业适用的所得税税率在不同年度之间一般不会发生变化，企业在确认递延所得税负债时，以现行适用税率为基础计算确定，递延所得税负债的确认不要求折现。

递延所得税负债的计算公式为

"递延所得税负债"的余额＝该时点应纳税暂时性差异×当时适用的所得税税率

当期"递延所得税负债"变动额＝（年末应纳税暂时性差异－年初应纳税暂时性差异）×所得税税率

如果所得税税率发生变化，则

当期"递延所得税负债"变动额＝年末应纳税暂时性差异×新所得税税率－年初应纳税暂时性差异×旧所得税税率

（三）所得税费用的确认

利润表中的所得税费用由当期所得税和递延所得税两部分组成，即

所得税费用＝当期所得税＋递延所得税

当期所得税是指企业按照税法规定计算确定的针对当期发生的交易和事项，应缴纳给税务部门的所得税金额，即应交所得税。

递延所得税是指按照企业会计准则规定应予以确认的递延所得税资产和递延所得税负债在期末应有的金额相对于原已确认金额之间的差额，即递延所得税资产及递延所得税负债的当期发生额，但不包括直接计入所有者权益交易事项及企业合并的所得税影响。计算公式为

递延所得税 =（递延所得税负债的期末余额 - 递延所得税负债的期初余额）-
（递延所得税资产的期末余额 - 递延所得税资产的期初余额）

【例 4-11】 新兰股份有限公司 2021 年度利润表中利润总额为 2 000 万元，该公司适用的所得税税率为 25%，假定 2020 年年末资产负债表各项目的账面价值与其计税基础一致，2021 年年初递延所得税资产和负债的余额为 0。全年发生的有关交易和事项中，会计处理与税收处理存在的差异如下：

（1）2021 年 1 月 4 日开始计提折旧的一项固定资产，成本为 800 万元，使用年限为 10 年，净残值为 0，税法规定可采用双倍余额递减法计提折旧，会计处理按直线法计提折旧。假定税法规定的使用年限及净残值与会计规定相同。

（2）向关联企业提供现金捐赠 400 万元。

（3）当年度发生不能资本化的研究支出 600 万元。

（4）违反环保法规定应付罚款 100 万元。

（5）期末对持有的存货计提了 60 万元的存货跌价准备。

要求：根据以上资料，用资产负债表债务法进行会计核算。

【解析】

具体处理步骤如下：

（1）计算当期应缴纳的企业所得税金额。

2021 年当期应缴纳的所得税为

应纳税所得额 =2 000-80+400-600×75%+100+60=2 030（万元）

应缴纳的所得税金额 =2 030×25%=507.5（万元）

（2）确定资产、负债的账面价值与计税基础，并确定暂时性差异。

具体相关金额见表 4-6。

表 4-6 暂时性差异一览表

单位：万元

项 目	账面价值	计税基础	差 异	
			应纳税暂时性差异	可抵扣暂时性差异
存货	1 000	1 060		60
固定资产				
固定资产原值	800	800		
减：累计折旧	80	160		
减：固定资产减值准备	0	0		
固定资产账面价值	720	640	80	
其他应付款	100	100		
总计			80	60

(3) 计算确定所得税费用。

$$递延所得税资产 =60×25\%=15（万元）$$
$$递延所得税负债 =80×25\%=20（万元）$$
$$递延所得税 =20-15=5（万元）$$
$$所得税费用 =507.5+5=512.5（万元）$$

(4) 进行账务处理。

借：所得税费用　　　　　　　　　　　　　　　　　　　　512.5 万元
　　递延所得税资产　　　　　　　　　　　　　　　　　　 15 万元
　　贷：应交税费——应交所得税　　　　　　　　　　　　 507.5 万元
　　　　递延所得税负债　　　　　　　　　　　　　　　　 20 万元

❋ **本节导读分析**：甲公司在计税时未做任何调整的处理有误。无特殊情况下，公司应按税法规定计提折旧，税法规定折旧年限为 10 年，远大于会计年限 5 年，因此应按差额调增应纳税所得额，同时按固定资产账面价值与计税基础的差异确认递延所得税资产，减少所得税费用。

本章导读分析

企业所得税是对在中华人民共和国境内的企业和其他取得收入的组织的生产经营所得和其他所得征收的一种税。征税对象从内容上看包括生产经营所得、其他所得和清算所得，从空间范围上看包括来源于中国境内和境外的所得。国家对某一部分特定企业和课税对象给予一定的税收优惠，包括免税收入、减免所得、不同类型企业税收优惠、加计扣除、加速折旧等。企业是否能享受这些税收优惠，需要看是否满足享受税收优惠政策的条件。居民企业的应纳税额等于应纳税所得额乘以适用税率减去减免税额、抵免税额后的余额。

实务案例

昭阳公司（以下简称"公司"）是高新技术企业（一般纳税人）。公司销售收入为 6 500 万元，自行计算的利润总额是 149 万元，公司自行计算出来的所得税金额是 22.35 万元。2021 年税务师审核公司业务时，发现如下情况：

（1）检查发现公司当年管理费用中有 100 万元取得的发票不符合税法规定。

（2）管理费用中业务招待费 65 万元，财务费用中利息支出 150 万元（经检查发现，该利息支出系向乙公司借款发生，取得乙公司开具的相关发票不符合税法规定），销售费用中有 600 万元为广告费（未超过扣除限额，其中包含以前年度未扣除广告费 10 万元）。

（3）营业外收入中有 300 万元是当地政府发放的指定专项用途的财政补贴（已列支费用 100 万元）。

根据上面给出的情况，可以知道公司自行计算的税款 22.35 万元是不准确的。

原因如下：

（1）未取得合理发票的管理费用不能在税前扣除，调增 100 万元。

（2）业务招待费的扣除限额是 32.5 万元（6 500×5‰=32.5）小于 39 万元（65×60%），需要调增 32.5 万元；取得乙公司开具的相关发票不符合税法规定，利息支出 150 万元也不能在税前扣除，需要调增 150 万元；以前年度的广告费在当年扣除，要调减 10 万元。

（3）当地政府发放的指定专项用途的财政补贴属于企业的不征税收入，不征税收入形成的费用不能在税前扣除，要调增 100 万元。

因此，公司的应纳税所得额 =149+100+32.5+150-10+100=521.5（万元）；公司缴纳的所得税金额 =521.5×15%≈78.23（万元）。公司应该向税务机关缴纳的所得税为 78.23 万元。

思维导图

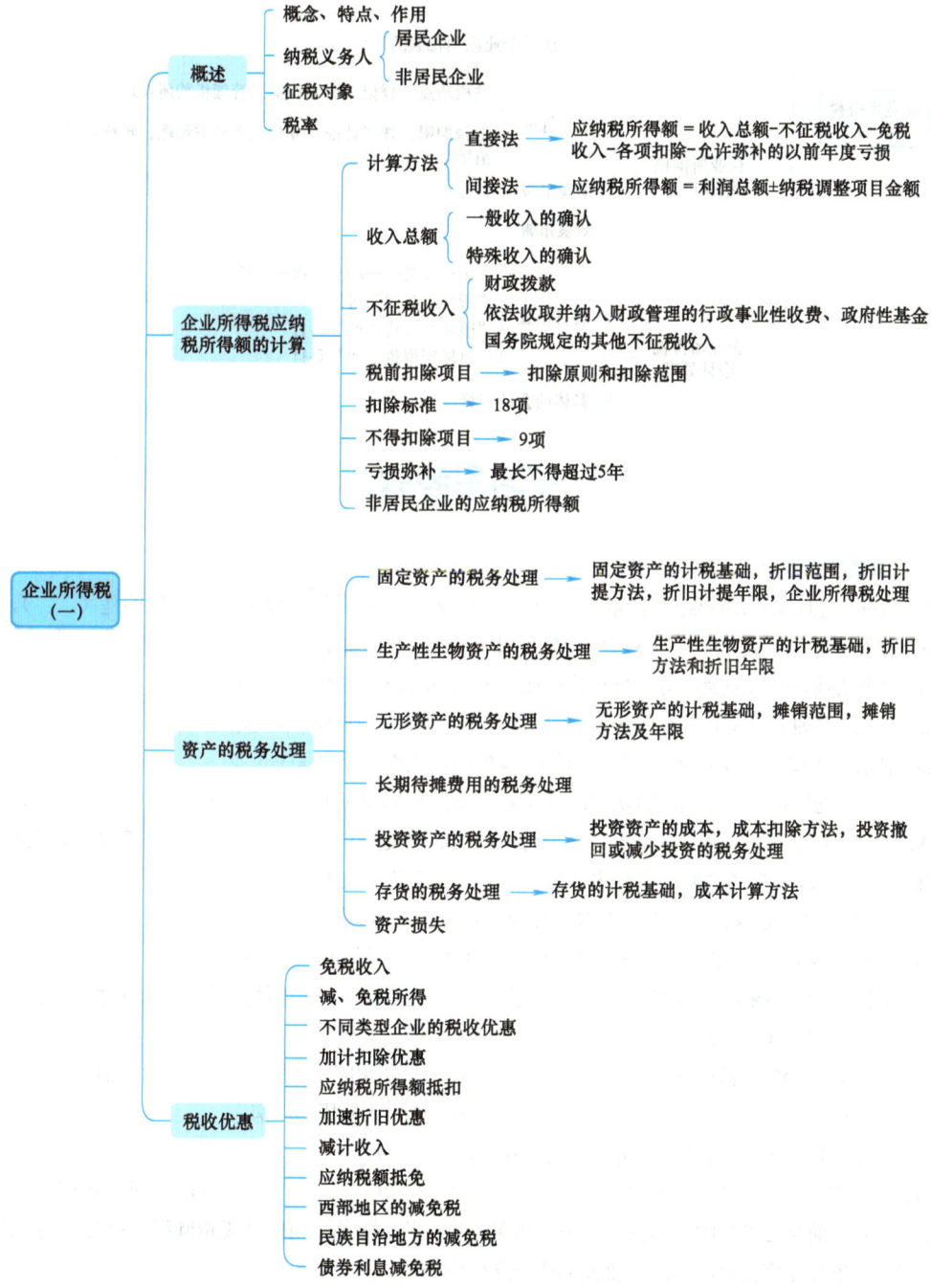

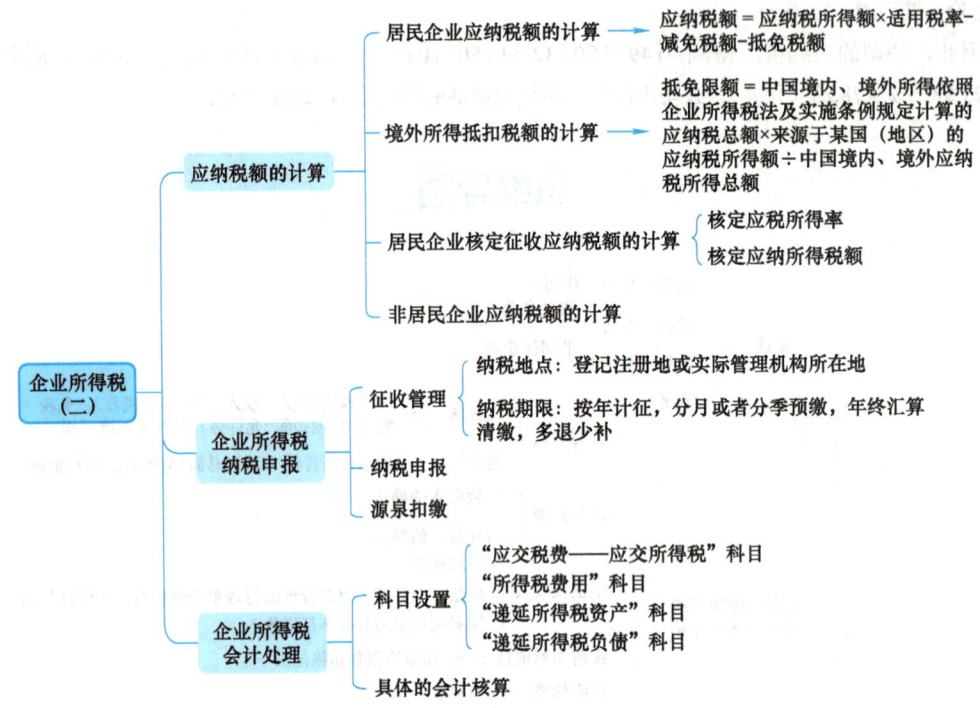

复习思考题

一、单项选择题

1. 根据企业所得税法律制度的规定，下列关于企业所得税纳税人的表述中，正确的是（   ）。
   A. 依照外国法律成立但实际管理机构在中国境内的企业均属于居民企业
   B. 依照外国法律成立且实际管理机构不在中国境内的企业均属于非居民企业
   C. 依照外国法律成立但在中国境内设立机构、场所的企业均属于居民企业
   D. 依法在中国境内成立但实际管理机构在境外的企业均属于非居民企业

2. 根据企业所得税法律制度的规定，下列关于确认收入实现时间的表述中，正确的是（   ）。
   A. 股息、红利等权益性投资收益，按照合同约定的被投资方应付股息、红利的日期确认收入的实现
   B. 利息收入，按照合同约定的债务人应付利息的日期确认收入的实现
   C. 接受捐赠收入，按照合同约定的捐赠日期确认收入的实现
   D. 以分期收款方式销售货物，按照实际收到款项的日期确认收入的实现

3. 根据企业所得税法律制度的规定，下列资产中，在计算应纳税所得额时准予计提折旧或计算摊销费用在税前扣除的是（   ）。
   A. 未投入使用的机器设备   B. 单独估价作为固定资产入账的土地
   C. 自创商誉   D. 未投入使用的厂房

4. 下列无形资产中，不得计算摊销费用扣除的是（   ）。
   A. 商标权   B. 自创商誉   C. 专利权   D. 土地使用权

5. 企业以前年度发生的实际资产损失未能在当年税前扣除的，可以按规定向税务机关说明，准予追补至该项损失发生年度扣除，其追补确认期限一般不得超过（   ）。

A. 1年　　　　B. 3年　　　　C. 5年　　　　D. 10年

二、多项选择题

1. 根据企业所得税法律制度的规定，下列有关所得来源地的表述中，正确的有（　　）。
   A. 销售货物所得按照企业或机构、场所所在地确定
   B. 提供劳务所得按照劳务发生地确定
   C. 权益性投资资产转让所得按照投资企业所在地确定
   D. 不动产转让所得按照不动产所在地确定

2. 根据企业所得税法律制度的规定，企业实际发生的与取得收入有关的、合理的下列支出，准予在计算应纳税所得额时扣除的有（　　）。
   A. 成本　　　　B. 费用　　　　C. 税金　　　　D. 损失

3. 根据企业所得税法律制度的规定，下列关于企业所得税征收管理的说法，正确的有（　　）。
   A. 按月或按季预缴所得税的，企业应当自月份或季度终了之日起30日内，向税务机关报送预缴企业所得税纳税申报表，预缴税款
   B. 企业应当自年度终了之日起5个月内，向税务机关报送年度企业所得税纳税申报表
   C. 企业只有在盈利情况下，才需要依照规定期限，向税务机关报送预缴企业所得税纳税申报表
   D. 企业在年度中间终止经营活动的，应当自实际经营终止之日起60日内，向税务机关办理当期企业所得税汇算清缴

三、简答题

1. 简述企业所得税的特点。
2. 简述《企业所得税法》规定的"不征税收入"的主要内容。
3. 《企业所得税法》界定享受小型微利企业优惠的条件是什么？

四、计算题

1. 甲服装公司是增值税一般纳税人，2020年会计利润为960万元，其中销售货物取得不含税收入5 500万元，出租生产设备取得不含税收入400万元。当年发生的部分业务如下：
   （1）已计入成本费用中的实际发放的职工工资1 200万元（其中残疾人员工资40万元），发生职工福利费支出180万元，拨缴工会经费22万元，发生职工教育经费20万元，另为投资者支付商业保险费10万元。
   （2）发生广告费支出800万元，非广告性质的赞助支出50万元，发生业务招待费支出60万元。
   （3）通过县级政府向贫困地区捐赠120万元，直接向某学校捐赠20万元。
   （4）购置一台符合规定的节能节水专用设备并投入使用，取得的普通发票上注明设备含税价80万元。
   要求：根据上述资料，计算甲公司本年度的应纳企业所得税税额。

2. 某公司是一家位于市区的生产企业，2020年发生经营业务如下：
   （1）销售产品取得收入4 500万元，出租仓库取得收入100万元。
   （2）直接成品销售成本2 200万元，全年发生管理费用130万元（其中业务招待费65万元），销售费用300万元（其中广告费和业务宣传费共计120万元）。上述成本费用中列支全年应发工资薪金300万元（实发工资薪金280万元）、拨缴工会经费6万元、发生职工福利费110万元、职工教育经费5万元。
   （3）全年缴纳增值税170万元、税金及附加17万元。
   （4）营业外支出200万元，其中通过民政部门向贫困地区捐款20万元，合同违约金30万元，违反市场竞争被政府部门处以罚款10万元。
   （5）转让技术取得收入300万元，转让支出100万元。
   （6）企业已预缴企业所得税款42.6万元。

要求：根据上述资料，计算该公司本年度的应纳企业所得税额及汇算清缴后应补缴的税款。

3．甲公司为居民企业，2020年度有关经济业务如下：

（1）取得产品销售收入2 000万元，从其直接投资的未上市居民企业分回股息收益27万元，银行存款利息收入5万元，没收逾期未退包装物押金取得不含增值税收入0.5万元。

（2）支付职工困难补贴3万元、职工交通补贴2.5万元、职工食堂人员工资15万元；缴纳生产工人基本养老保险费40万元。

（3）新技术研究开发费用30万元，已计入管理费用。

（4）支付税收滞纳金2万元，直接向贫困山区捐款5万元，向街道办事处赞助支出6万元。

（5）向乙公司支付管理费100万元。

要求：根据上述资料，分别回答下列问题：

（1）针对业务（1），计算甲公司应计入应纳税所得额的收入金额。

（2）针对业务（4）和业务（5），甲公司在计算2020年度企业所得税应纳税所得额时，不准扣除的金额。

（3）针对业务（3），计算甲公司2020年度企业所得税应纳税所得额时，准予扣除的新技术研究开发费用金额。

（4）针对业务（2），确定属于甲公司职工福利范畴的金额。

4．中国境内居民企业甲公司2020年的生产经营情况如下：

（1）实现不含税销售收入3 000万元，出租生产设备取得不含税租金收入50万元。

（2）销售成本、销售费用、管理费用、税金及附加共计2 800万元，全部符合税法规定，可以在企业所得税前扣除。

（3）"营业外支出"账户列支35万元。其中，通过希望工程基金委员会向某灾区捐款10万元，直接向某困难地区捐款5万元，非广告性赞助支出20万元。

要求：根据上述资料，计算甲公司2020年度企业所得税应纳税所得额。

第五章

个人所得税

本章导读

2017年4月底，某市某税务局收到市综合治税办公室转来的工商登记变更信息。在梳理这些信息时，税务人员发现Z公司在当年1月4日进行了减资处理，涉及自然人及单位减资1 506万元，并涉及股东数量变化。但该税务局基础税源管理分局从每月上报的自然人股权转让监控结果发现，当月并无有关Z公司股权变更的记录。

根据初步发现的问题，税务人员收集了Z公司近几年来的工商登记及变更信息。资料显示，Z公司在2010年—2015年频繁变换公司名称及股东：2010年，公司名称变更，同年7月再次变更，2013年又做变更。2011年，公司股东人数由2人变为4人，增加了1名法人股东，同时注册资本由806万元变更为1 506万元。2014年，公司股东人数变为6人，注册资本增加到3 000万元。2015年，公司进行减资操作，注册资本由3 000万元减少到1 494万元，公司股东由6人减少到2人……2017年，公司股东及公司注册资本再度变化。

试分析：Z公司股东减资是否需要缴纳个人所得税？如何缴纳个人所得税？该公司的处理是否合法合规？相信通过对本章的学习，这些问题均可迎刃而解。

第一节　个人所得税概述

学习导读

个人所得税是我国的一个重要税种，不仅关系国家财政收入，同时影响居民的个人收入。1980年9月10日，第五届全国人民代表大会第三次会议通过并公布了《中华人民共和国个人所得税法》。此后，全国人民代表大会常务委员会分别于1993年10月31日、1990年8月30日、2005年10月27日、2007年6月29日、2007年12月29日、2011年6月30日、2018年8月31日对《中华人民共和国个人所得税法》做出修订。这七次修订给纳税人带来了哪些利益呢？

一、个人所得税的概念

个人所得税是以个人（自然人）取得的各类应税所得为征税对象而征收的一种直接税，是国家利用税收对个人收入进行调节的一种手段，体现了国家与个人之间的分配关系。

个人所得税与企业（法人）所得税共同构成国家的所得税制。个人所得税的计税依据是个人的净所得，因而计税时以纳税人的收入或报酬扣除相关费用以后的余额为计税依据。

相关费用包括维持纳税人自身及家庭生活、教育和医疗等需要的费用，以及与获取收入和报酬有关的经营费用。相关费用可具体分为：①维持个人和家庭基本生计的费用；②与应税收入相对应的经营成本和费用；③为了体现特定社会政策而鼓励的支出，如慈善捐赠等。

二、个人所得税的特点

（一）实行综合与分类相结合课征

世界各国的个人所得税制大致可分为三种类型，即分类所得税制、综合所得税制和分类综合结合的混合所得税制。分类所得税制，是对纳税人不同来源、性质的所得项目，分别规定不同的税率征税；综合所得税制，是对纳税人全年的各项所得加以汇总，就其总额进行征税；混合所得税制，是对纳税人不同来源、性质的所得先分别按照不同的税率征税，然后将全年的各项所得进行汇总征税。我国现行税法实行分类与综合相结合的混合所得税制，即一方面对居民个人的四项劳动性所得实行综合征收，另一方面对其余所得又按照不同的费用减除规定、不同的税率和不同的计税方法分类征税。

（二）定额与定率相结合的费用扣除法

个人所得税的计税依据是净所得，各个国家的个人所得税制均有费用扣除的规定，但扣除的方法及额度不尽相同。我国采用费用定额扣除和定率扣除两种方法。例如，对居民综合所得的减除费用实行定额扣除；对非居民的劳务报酬所得、稿酬所得、特许权使用费所得，实行20%的费用定率扣除。按照这样的标准减除费用，事实上绝大多数人的工资、薪金所得予以免税或只征很少的税款，其结果使得提供一般劳务、取得中低劳务报酬所得的个人大多不用负担个人所得税。

（三）多种税率形式并用

分类所得税制一般采用比例税率，综合所得税制通常采用累进税率。比例税率计算简便，便于实行源泉扣缴；累进税率可以合理调节收入分配，体现公平。我国现行个人所得税根据各类个人所得的不同性质和特点，将这两种形式的税率综合运用于个人所得税制。其中，对居民的综合所得、经营所得以及非居民的四项劳动性所得，采用累进税率，实行量能负担；对纳税人的财产租赁所得，利息、股息、红利所得以及偶然所得，采用比例税率实行等比例负担。

（四）采取源泉扣缴和自行申报两种征纳方法

我国《个人所得税法》规定，对纳税人应纳税额的征收管理分别采取由支付单位源泉扣缴和纳税人自行申报两种方法。对凡是可以在应税所得的支付环节扣缴个人所得税的，均由支付人履行代扣代缴义务；对取得综合所得需要办理汇算清缴，取得应税所得没有扣缴义务人，取得应税所得而扣缴义务人未扣缴税款，取得境外所得，因移居境外注销中国户籍，非居民个人在中国境内从两处以上取得工资、薪金所得等情形，由纳税人自行申报纳税。

三、个人所得税的作用

（一）调节收入分配，体现社会公平

改革开放以来，我国个人之间的收入差距正在不断拉大，城乡之间、地区之间、行业之间以及居民之间的收入分配差距越来越悬殊，而这种差距有很大一部分是由经济转轨时期体制不完善引起的。征收个人所得税，本着公平税负的原则，能够把高收入者的一部分收入转化为国家所有，这在客观上有利于缓和社会分配不公的矛盾。同时，由于个人所得税具有费用扣除额及税率方面的规定，因此对低收入者可保证维持其基本的生活需要，而对高收入者也不至于因纳税而损害其生产经营和工作的积极性。

（二）提高公民的纳税意识

个人所得税作为直接税，有助于培养和增强公民的纳税意识。对于个人取得的所得，支付单位首先要代扣代缴个人所得税，个人拿到手的是税后所得，缴纳个人所得税有助于提高公民的纳税意识。

（三）稳定经济的功能

当经济处于繁荣时期，个人收入增加，个人所得税税基扩大，应纳税所得自动进入较高边际税率，税负自动增长，社会总需求自动随之减少，对经济发展和通货膨胀起到自动抑制作用；当经济处于萧条时期，个人所得税税基缩小，应纳税所得自动退回较低边际税率，税收收入自然减少，会削弱经济衰退的压力，有利于维持经济总需求的规模。

（四）增加劳动力供给，提高就业水平

税收对劳动力供给，即对就业的影响主要通过个人所得税来实现。具体表现在：一方面，征税会减少个人的可支配收入，要求人们增加工作时间，以弥补收入的不足；另一方面，政府通过税收资金的再分配，可以扩大投资，提供就业机会。同时，采取税收优惠措施，可以起到鼓励投资、增加就业机会的作用。所以，征税从总体上有利于增加劳动力供给。

（五）增加国家财政收入

就我国目前情况来看，由于个人总体收入水平不高，个人所得税收入还十分有限。但随着经济的不断发展、个人所得税制的日益健全、征管力度的加大及纳税人纳税意识的不断增强，个人所得税作为我国收入潜力最大的税种，在筹集财政收入方面必将发挥越来越重要的作用。

四、个人所得税的发展

在我国，个人所得税制度经历了一个从无到有、不断发展的过程。1994 年，我国个人所得税占税收收入总额的比例只有 1.42%。近年来，个人所得税收入在我国税收总收入中一般占 6% 左右，学习个人所得税法律制度十分必要。

1950 年 1 月，政务院发布了中华人民共和国税制建设的纲领性文件《全国税政实施要则》。其中涉及对个人所得征税的主要是薪给报酬所得税和存款利息所得税，但由于种种原因，一直没有开征。

1980 年 9 月 10 日，《个人所得税法》公布实施。同年 12 月 14 日，经国务院批准，财政部公布了《个人所得税法实施细则》。其中工资、薪金所得的免征额为每月或每次 800 元，征税对象包括中国公民和中国境内的外籍人员。但由于规定的免征额较高，而国内居民工资收入普遍很低，因此绝大多数国内居民不在征税范围内。

1986 年 1 月，国务院发布了《城乡个体工商业户所得税暂行条例》。同年 9 月，颁布了《个人收入调节税暂行条例》。这两项规定仅适用于我国居民。也就是说，此时个体工商户和个人分别适用这两项法律规定。

自 1994 年 1 月 1 日起，第一次修订的《个人所得税法》开始施行，初步建立起内外资统一的个人所得税制度。

1999 年 8 月 30 日，《个人所得税法》第二次修订，开征了个人储蓄存款利息所得税，税率为 20%。

2001 年 1 月 1 日起，个人独资企业和合伙企业投资者开始缴纳个人所得税，停止缴纳企业所得税。

2006 年 1 月 1 日起，工资、薪金所得的免征额改为 1 600 元/月。

2008年暂免征收储蓄存款利息所得个人所得税，工资、薪金所得的免征额改为2 000元/月，自2008年3月1日起实施。

2011年9月1日起，工资、薪金所得的免征额改为3 500元/月。

2018年10月1日起，工资、薪金所得的免征额改为5 000元/月。

工资、薪金所得的免征额经历了从800元到1 600元、2 000元、3 500元直至目前的5 000元的过程。第七次个人所得税法改革主要就居民纳税人认定标准、所得分类、费用减除额、专项附加扣除、反避税规则、预扣预缴以及年度汇算清缴等内容进行了调整或首次规定，是历次个人所得税法修法中变革最大的一次，实行综合和分类相结合的个人所得税制度，并且从2019年1月1日起实施。

第二节 个人所得税纳税人、征税对象及税率

/学习导读/

个人所得税是我国的一个重要税种，不仅关系国家财政收入，同时影响居民的个人收入。2020年我国个人所得税收入11 568亿元，同比增长11.4%，个人所得税收入占税收总收入的7.5%。居民的哪些收入需要缴纳个人所得税呢？假设你已经工作，每月的工资需不需要缴纳个人所得税？除了工资收入外，还可能有哪些收入需要缴纳个人所得税？请带着这些疑惑，让我们一起来寻找答案。

一、个人所得税纳税义务人

个人所得税纳税义务人包括中国公民、个体工商户、个人独资企业、合伙企业投资者以及在中国境内有所得的外籍人员和我国香港、澳门、台湾地区同胞。从2000年1月1日起，个人独资企业和合伙企业投资者也成为个人所得税的纳税义务人。上述纳税义务人依据其住所和居住时间两个标准，可区分为居民个人和非居民个人。

（一）居民个人

根据《个人所得税法》的规定，在中国境内有住所，或者无住所而一个纳税年度内在中国境内居住累计满183天的个人，为居民个人。居民个人从中国境内和境外取得的所得，依照《个人所得税法》的规定缴纳个人所得税。

在中国境内有住所是指因户籍、家庭、经济利益关系而在中国境内的习惯性居住。从中国境内和中国境外取得的所得分别是指来源于中国境内的所得和来源于中国境外的所得。这里所说的习惯性居住，是判定纳税义务人属于居民还是非居民的一个重要依据。它是指个人因学习、工作、探亲等原因消除之后，没有理由在其他地方继续居留时所要回到的地方，而不是指实际居住或在某一个特定时期内的居住地。

无住所个人一个纳税年度内在中国境内居住天数，按照个人在中国境内累计停留的天数计算。在中国境内停留的当天满24小时的，计入中国境内居住天数；在中国境内停留的当天不足24小时的，不计入中国境内居住天数。

现行税法中关于"中国境内"的概念是指中国大陆地区，目前还不包括我国香港、澳门和台湾地区。

个人独资企业和合伙企业不缴纳企业所得税，只对投资者个人或个人合伙人取得的生产经

营所得征收个人所得税。

（二）非居民个人

非居民个人是指在中国境内无住所又不居住，或者无住所而一个纳税年度内在中国境内居住累计不满 183 天的个人。非居民个人承担有限纳税义务，即仅就其来源于中国境内的所得，向中国缴纳个人所得税。在现实生活中，习惯性居住地不在中国境内的个人，只有外籍人员、华侨或香港、澳门和台湾同胞。因此，非居民个人实际上只能是在一个纳税年度中没有在中国境内居住，或者在中国境内居住累计不满 183 天的外籍人员、华侨或香港、澳门、台湾同胞。所谓在境内居住累计满 183 天，是指在一个纳税年度（即公历 1 月 1 日起至 12 月 31 日止，下同）内在中国境内居住累计满 183 天。

在中国境内无住所，且在一个纳税年度中在中国境内累计居住不超过 90 天的个人，其来源于中国境内的所得，由境外雇主支付并且不由该雇主在中国境内的机构、场所负担的部分，免予缴纳个人所得税。

在中国境内无住所的个人，在中国境内居住累计满 183 天的年度连续不满 6 年的，经向主管税务机关备案，其来源于中国境外且由境外单位或者个人支付的所得，免予缴纳个人所得税；在中国境内居住累计满 183 天的任一年度中有一次离境超过 30 天的，其在中国境内居住累计满 183 天的年度的连续年限重新计算。中国境内无住所的个人一个纳税年度在中国境内累计居住满 183 天的，如果此前 6 年在中国境内每年累计居住天数都满 183 天而且没有任何一年单次离境超过 30 天，该纳税年度来源于中国境内、境外所得应当缴纳个人所得税；如果此前 6 年的任何一年在中国境内累计居住天数不满 183 天或者单次离境超过 30 天，该纳税年度来源于中国境外且由境外单位或者个人支付的所得，免予缴纳个人所得税。

此前 6 年是指该纳税年度的前 1 年至前 6 年的连续 6 个年度，此前 6 年的起始年度自 2019 年（含）以后年度开始计算。

非居民个人的判断如图 5-1 所示。

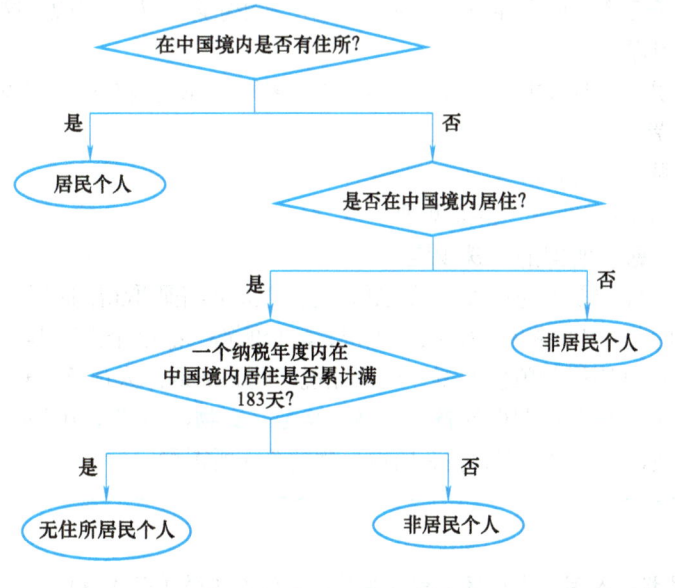

图 5-1　非居民个人的判断

【例 5-1】 判断合伙企业的自然人合伙人是否为个人所得税纳税人。
【解析】 合伙企业以每一个自然人合伙人为个人所得税的纳税义务人。

📢 **学习提示**：纳税人的划分标准为住所、居住时间。

（三）所得来源的确定

除国务院财政、税务主管部门另有规定外，下列所得，不论支付地点是否在中国境内，均为来源于中国境内的所得：

（1）因任职、受雇、履约等而在中国境内提供劳务取得的所得。
（2）将财产出租给承租人在中国境内使用而取得的所得。
（3）许可各种特许权在中国境内使用而取得的所得。
（4）转让中国境内的不动产等财产或者在中国境内转让其他财产取得的所得。
（5）从中国境内企业、事业单位、其他组织以及居民个人取得的利息、股息、红利所得。

二、个人所得税征税对象

个人所得税征税对象是个人取得的应税所得。个人所得的形式包括现金、实物、有价证券和其他形式的经济利益。

《个人所得税法》列举征税的个人所得共有 9 项，《个人所得税法实施条例》及相关法规具体确定了各项个人所得的征税范围。

（一）工资、薪金所得

1. 关于工资、薪金所得的一般规定

工资、薪金所得是指个人因任职或者受雇而取得的工资、薪金、奖金、年终加薪、劳务分红、津贴、补贴以及与任职或者受雇有关的其他所得。

一般来说，工资、薪金所得属于非独立个人劳动所得。所谓非独立个人劳动，是指个人所从事的是由他人指定、安排并接受管理的劳动，工作或服务于公司、工厂、机关、事业单位的人员（私营企业业主除外）均为非独立劳动者。

下列项目不属于工资、薪金性质的补贴、津贴，不予征收个人所得税。这些项目包括：

（1）独生子女补贴。
（2）执行公务员工资制度未纳入基本工资总额的补贴、津贴差额和家属成员的副食品补贴。
（3）托儿补助费。
（4）差旅费津贴、误餐补助[25]。
（5）外国来华留学生领取的生活津贴费、奖学金。

2. 关于工资、薪金所得的特殊规定

（1）退休人员再任职取得的收入征税问题。退休人员再任职取得的收入，符合相关条件的，在减除按税法规定的费用扣除标准后，按"工资、薪金所得"缴纳个人所得税。

（2）离退休人员从原任职单位取得补贴等征税问题。离退休人员除按规定领取离退休工资或养老金外，另从原任职单位取得的各类补贴、奖金、实物，不属于免税的退休工资、离休工资、离休生活补助费，应按"工资、薪金所得"缴纳个人所得税。

知识拓展

[25] 误餐补助是指个人因公在城区、郊区工作，不能在工作单位或返回就餐的，根据实际误餐顿数，按规定的标准领取的误餐费。单位以误餐补助名义发给职工的补助、津贴不包括在内。

（3）出租车驾驶员取得收入的征税问题。出租汽车经营单位对出租车驾驶员采取单车承包或承租方式运营的，出租车驾驶员从事客货运营取得的收入，按照"工资、薪金所得"缴纳个人所得税。

（4）个人取得公务交通、通信补贴收入征税问题。个人因**公务用车和通信制度改革**而取得的公务用车、通信补贴收入，扣除一定标准的公务费用后，按照"工资、薪金所得"缴纳个人所得税。

（5）个人取得股票增值权所得和限制性股票所得征税问题。个人**因任职、受雇**从上市公司取得的**股票增值权所得和限制性股票所得**，由上市公司或其境内机构按照"工资、薪金所得"和股票期权所得个人所得税计税方法，依法扣缴其个人所得税。

（6）关于基本养老保险费、基本医疗保险费、失业保险费和住房公积金征税问题。企业和事业单位和个人超过规定的比例和标准缴付的基本养老保险费、基本医疗保险费和失业保险费，应将超过部分并入个人当期的工资、薪金收入，缴纳个人所得税。

单位和个人分别在不超过职工本人上一年度月平均工资12%的幅度内，其实际缴存的住房公积金，允许在个人应纳税所得额中扣除。单位和职工个人缴存住房公积金的月平均工资不得超过职工工作地所在设区城市上一年度职工月平均工资的3倍，具体标准按照各地有关规定执行。单位和个人超过规定比例和标准缴付的住房公积金，应将超过部分并入个人当期的工资、薪金收入，缴纳个人所得税。

（7）关于保险金征税问题。企业为员工支付各项免税**之外**的保险金，应在企业向保险公司缴付时（即该保险落到被保险人的保险账户**并入员工当期的工资收入**，按"工资、薪金所得"缴纳个人所得税，税款由企业负责扣缴。

（8）**企业年金、职业年金**[26]征税问题。企业和事业单位**超过**国家有关政策规定的标准，为在本单位任职或者受雇的全体职工缴付的企业年金或职业年金（以下统称年金）单位缴费部分，应并入个人当期的"工资、薪金所得"，缴纳个人所得税。税款由建立年金的单位代扣代缴，并向主管税务机关申报解缴。

个人根据国家有关政策规定缴付的年金个人缴费部分，**超过**本人缴费工资计税基数的**4%**的部分，应并入个人当期的"工资、薪金所得"，缴纳个人所得税。税款由建立年金的单位代扣代缴，并向主管税务机关申报解缴。

📘 **学习提示**：按照国家规定标准缴纳的年金，本质上属于递延纳税收益，递延至退休后领取时再按照"工资、薪金所得"项目适用的税率，缴纳个人所得税。

（9）兼职律师从律师事务所取得工资、薪金性质的所得征税问题。兼职律师是指取得律师资格和律师执业证书，不脱离本职工作从事律师职业的人员。**兼职律师**从律师事务所取得**工资、薪金性质**的所得，律师事务所在代扣代缴其个人所得税时，**不再减除**《个人所得税法》规定的**费用扣除标准**，以收入**全额**（取得分成收入的为扣除办理案件支出费用后的余额）**直接确定**适用税率，计算扣缴个人所得税。兼职律师应自行向主管税务机关申报两处或两处以上取得的"工资、薪金所得"，合并计算缴纳个人所得税。

📖 **知识拓展**

[26] 年金是指一定时期内每次等额收付的系列款项，通常用A来表示。年金的形式包括保险费、养老金、直线法下计提的折旧、租金、等额分期收款、等额分期付款等。年金具有等额性和连续性特点，但年金的间隔期不一定是一年。

(10) 科技人员现金奖励的征税问题。依法批准设立的非营利性研究开发机构和高等学校根据《中华人民共和国促进科技成果转化法》的规定，从职务科技成果转化收入中给予科技人员的现金奖励，可减按50%计入科技人员当月"工资、薪金所得"，缴纳个人所得税。

（二）劳务报酬所得

劳务报酬所得是指个人从事劳务取得的所得，包括从事设计、装潢、安装、制图、化验、测试、医疗、法律、会计、咨询、讲学、翻译、审稿、书画、雕刻、影视、录音、录像、演出、表演、广告、展览、技术服务、介绍服务、经纪服务㉗、代办服务以及其他劳务取得的所得。

上述各项所得一般属于个人独立从事自由职业取得的所得或属于独立个人劳动所得，一般不存在雇佣关系。

（1）个人兼职取得的收入，应按照"劳务报酬所得"缴纳个人所得税。

（2）律师以个人名义再聘请其他人员为其工作而支付的报酬，应由该律师按"劳务报酬所得"负责代扣代缴个人所得税。为了便于操作，税款可由其任职的律师事务所代为缴入国库。

律师从接受法律事务服务的当事人处取得的法律顾问费或其他酬金，均按"劳务报酬所得"缴纳个人所得税，税款由支付报酬的单位或个人扣缴。

（3）保险营销员、证券经纪人取得的佣金收入，属于"劳务报酬所得"项目，自2019年1月1日起，以不含增值税的收入减除20%的费用后的余额为收入额，收入额减去展业成本以及附加税费后，并入当年综合所得，缴纳个人所得税。保险营销员、证券经纪人展业成本按照收入额的25%计算。

扣缴义务人向保险营销员、证券经纪人支付佣金时，按照规定的累计预扣法计算预扣税款。

（4）个人担任董事职务所取得的董事费收入分两种情形：个人担任公司董事、监事，且不在公司任职、受雇的情形，属于劳务报酬性质，按"劳务报酬所得"缴纳个人所得税；个人在公司（包括关联公司）任职、受雇，同时兼任董事、监事的，应将董事费、监事费与个人工资收入合并，统一按"工资、薪金所得"缴纳个人所得税。

（5）对商品营销活动中，企业和单位对营销业绩突出的非雇员以培训班、研讨会、工作考察等名义组织旅游活动，通过免收差旅费、旅游费对个人实行的营销业绩奖励（包括实物、有价证券等），应根据所发生费用的全额作为营销人员当期的劳务收入所得，按"劳务报酬所得"缴纳个人所得税，并由提供上述费用的企业和单位扣缴。

📢 **学习提示**：劳务报酬所得与工资、薪金所得的最大差异在于提供劳务方与接受劳务方是否存在雇佣关系。

（三）稿酬所得

稿酬所得是指个人因其作品以图书、报刊等形式出版、发表而取得的所得。作品包括文学作品、书画作品、摄影作品以及其他作品。作者去世后，财产继承人取得遗作稿酬，应按"稿酬所得"缴纳个人所得税。

关于报纸、杂志、出版等单位的职员在本单位的刊物上发表作品、出版图书取得所得征税的问题规定如下：

（1）任职、受雇于报纸、杂志等单位的记者、编辑等专业人员，在本单位的报纸、杂志上发表作品取得的所得，属于因任职、受雇而取得的所得，应与其当月工资收入合并，按"工资、

📖 **知识拓展**

㉗ 经纪服务是指经纪人通过居间介绍，促成各种交易和提供劳务等服务的业务。

薪金所得"缴纳个人所得税。

除上述专业人员以外，其他人员在本单位的报纸、杂志上发表作品取得的所得，应按"稿酬所得"缴纳个人所得税。

（2）出版社的专业作者撰写、编写或翻译的作品，由本社以图书形式出版而取得的稿费收入，应按"稿酬所得"缴纳个人所得税。个人因其作品举办或参加书画展、影展而取得的所得为"劳务报酬所得。"

> 学习提示：稿酬所得关键在于出版发表。翻译、审稿、书画若不需要出版发表，则按"劳务报酬所得"缴纳个人所得税。

（四）特许权使用费所得

特许权使用费所得是指个人提供专利权、商标权、著作权、非专利技术以及其他特许权的使用权取得的所得。

（1）特许权使用费所得与稿酬所得不同，提供著作权的使用权取得的所得，不包括稿酬的所得；对于作者将自己的文字作品手稿原件或复印件公开拍卖（竞价）取得的所得，属于提供著作权的使用权所得，故应按"特许权使用费所得"缴纳个人所得税。

（2）个人取得特许权的经济赔偿收入，应按"特许权使用费所得"缴纳个人所得税，税款由支付赔款的单位或个人扣缴。

（3）从2002年5月1日起，编剧从电视剧的制作单位取得的剧本使用费，不再区分剧本的使用方是否为其任职单位，统一按"特许权使用费所得"缴纳个人所得税。

（五）经营所得

经营所得包括以下各项：

（1）个体工商户从事生产、经营活动取得的所得，个人独资企业投资人、合伙企业的个人合伙人来源于境内注册的个人独资企业、合伙企业生产、经营的所得。

> 学习提示：合伙企业生产经营所得和其他所得采取"先分后税"原则。

（2）个人依法从事办学、医疗、咨询以及其他有偿服务活动取得的所得。

（3）个人对企业、事业单位承包经营、承租经营以及转包、转租取得的所得。

（4）个人从事其他生产、经营活动取得的所得。具体规定如下：

1）个人因从事彩票代销业务而取得的所得，应按"经营所得"缴纳个人所得税。

2）从事个体出租车运营的出租车驾驶员取得的收入，按"经营所得"缴纳个人所得税。

3）出租车属于个人所有，但挂靠出租车经营单位或企事业单位，驾驶员向挂靠单位缴纳管理费的，或出租车经营单位将出租车所有权转移给驾驶员的，出租车驾驶员从事客货运营取得的收入，按"经营所得"缴纳个人所得税。

> 学习提示：区分出租车驾驶员收入的征税项目（见图5-2）。

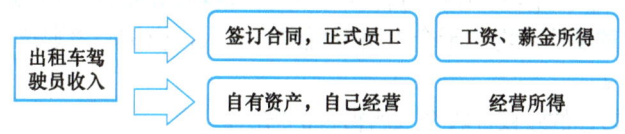

图5-2 出租车驾驶员收入征税项目的区分

（六）利息、股息、红利所得

利息、股息、红利所得是指个人拥有债权、股权而取得的利息、股息、红利所得。利息是指个人拥有债权而取得的利息，包括存款利息、贷款利息和各种债券的利息。按税法规定，个人取得的利息所得，除国债和国家发行的金融债券利息、储蓄存款利息外，应当依法缴纳个人所得税。股息、红利是指个人拥有股权取得的公司、企业分红。按照一定的比率派发的每股息金，称为股息；根据公司、企业应分配的超过股息部分的利润，按股派发的红股，称为红利。

从 2007 年 8 月 15 日起，居民储蓄利息税率调整为 5%，自 2008 年 10 月 9 日起暂免征收储蓄存款利息的个人所得税。

房屋买受人在未办理房屋产权证的情况下，按照与房地产公司约定条件（如对房屋的占有、使用、收益和处分权进行限制）在一定时期后无条件退房而取得的补偿款，应按照"利息、股息、红利所得"缴纳个人所得税，税款由支付补偿款的房地产公司代扣代缴。

（七）财产租赁所得

财产租赁所得是指个人出租不动产、机器设备、车船以及其他财产取得的所得。

个人取得的房屋转租收入，属于"财产租赁所得"的征税范围，由财产转租人缴纳个人所得税。取得转租收入的个人向房屋出租方支付的租金，凭房屋租赁合同和合法支付凭据允许在计算个人所得税时，从该项转租收入中扣除。

房地产开发企业与商店购买者个人签订协议，以优惠价格出售其商店给购买者个人，购买者个人在一定期限内必须将购买的商店无偿提供给房地产开发企业对外出租使用。该行为实质上是购买者个人以所购商店交由房地产开发企业出租而取得的房屋租赁收入支付了部分购房价款。对购买者个人少支出的购房价款，应视同个人财产租赁所得，按照"财产租赁所得"征收个人所得税。每次财产租赁所得的收入额，按照少支出的购房价款和协议规定的租赁月份数平均计算确定。

（八）财产转让所得

财产转让所得是指个人转让有价证券、股权、合伙企业中的财产份额、不动产、机器设备、车船以及其他财产取得的所得。

> **学习提示**：个人转让专利权、商标权、著作权、非专利技术取得的所得，不按照"财产转让所得"缴纳个人所得税，而是按照"特许权使用费所得"缴纳个人所得税。

（1）个人将投资于在中国境内成立的企业或组织（不包括个人独资企业和合伙企业）的股权或股份，转让给其他个人或法人的行为，按照"财产转让所得"缴纳个人所得税。具体包括以下情形：①出售股权；②公司回购股权；③发行人首次公开发行新股时，被投资企业股东将其持有的股份以公开发行方式一并向投资者发售；④股权被司法或行政机关强制过户；⑤以股权对外投资或进行其他非货币性交易；⑥以股权抵偿债务；⑦其他股权转移行为。

（2）个人以非货币性资产投资，属于个人转让非货币性资产和投资同时发生。对个人转让非货币性资产的所得，应按照"财产转让所得"缴纳个人所得税。

（3）个人因各种原因终止投资、联营、经营合作等行为，从被投资企业或合作项目、被投资企业的其他投资者以及合作项目的经营合作人取得股权转让收入、违约金、补偿金、赔偿金及以其他名目收回的款项等，均属于个人所得税应税收入，应按照"财产转让所得"项目适用的规定缴纳个人所得税。

（4）纳税人收回转让的股权征收个人所得税的方法。

1）股权转让合同履行完毕、股权已做变更登记，且所得已经实现的，转让人取得的股权转让收入应当依法缴纳个人所得税。转让行为结束后，当事人双方签订并执行解除原股权转让合同、退回股权的协议，是另一次股权转让行为，对前次转让行为征收的个人所得税款不予退回。

2）股权转让合同未履行完毕，因执行仲裁委员会做出的解除股权转让合同及补充协议的裁决、停止执行原股权转让合同,并**原价收回已转让股权的**,由于其股权转让行为尚未完成、收入未完全实现,随着股权转让关系的解除,股权收益不复存在,纳税人**不应缴纳**个人所得税。

(5)个人股权转让所得。

1)上市公司股票(非限售股)。对个人转让新三板挂牌公司原始股取得的所得,按照"财产转让所得"项目适用 20% 的比例税率征收个人所得税。自 2018 年 11 月 1 日(含)起,对个人转让新三板挂牌公司非原始股取得的所得,暂免征收个人所得税。

2)非上市公司股权。个人将投资于在中国境内成立的企业或组织(不包括个人独资企业和合伙企业)的股权或股份,转让给其他个人或法人的行为按照"财产转让所得"缴纳个人所得税。

(6)自 2010 年 1 月 1 日起,对个人**转让限售股**取得的所得,按照"财产转让所得"征收个人所得税。

个人转让限售股,以每次限售股转让收入,减除限售股原值和合理税费后的余额,为应纳税所得额,即

$$应纳税所得额 = 限售股转让收入 - (限售股原值 + 合理税费)$$

$$应纳税额 = 应纳税所得额 \times 20\%$$

限售股转让收入是指转让限售股股票实际取得的收入。限售股原值是指限售股买入时的买入价及按照规定缴纳的有关费用。合理税费是指转让限售股过程中发生的印花税、佣金、过户费等与交易相关的税费。

(7)个人通过**招标、竞拍或其他方式**购置债权以后,通过相关司法或行政程序主张债权而取得的所得,应按照"财产转让所得"缴纳个人所得税。

(8)个人通过**网络收购玩家的虚拟货币**,加价后向他人出售取得的收入,应按照"财产转让所得"缴纳个人所得税。

(九)偶然所得

偶然所得是指个人得奖、中奖、中彩以及其他偶然性质的所得。其中,得奖是指参加各种有奖竞赛活动,取得名次得到的奖金;中奖、中彩是指参加各种有奖活动,如有奖储蓄、购买彩票,经过规定程序,抽中、摇中号码而取得的奖金。偶然所得应缴纳的个人所得税税款,一律由**发奖单位或机构代扣代缴**。

(1)企业对累积消费达到一定额度的顾客给予额外抽奖机会,个人的获奖所得,按照"偶然所得",全额缴纳个人所得税。

(2)个人取得单张有奖发票奖金所得超过 800 元的,应全额按照"偶然所得"缴纳个人所得税。税务机关或其指定的有奖发票兑奖机构,是有奖发票奖金所得个人所得税的扣缴义务人。

(3)对个人购买社会福利彩票、体育彩票一次中奖收入不超过 1 万元(含 1 万元)的,暂免征收个人所得税;超过 1 万元的,全额征税。

(4)个人为单位或他人提供担保获得收入,按照"偶然所得"缴纳个人所得税。

(5)房屋产权所有人将房屋产权无偿赠与他人的,受赠人因无偿受赠房屋取得的受赠收入,按照"偶然所得"缴纳个人所得税。

(6)企业在业务宣传、广告等活动中,随机向本单位以外的个人赠送礼品(包括网络红包,下同),以及企业在年会、座谈会、庆典以及其他活动中向本单位以外的个人赠送礼品,个人取得的礼品收入,按照"偶然所得"缴纳个人所得税。但企业赠送的具有价格折扣或折让性质的消费券、代金券、抵用券、优惠券等礼品除外。

个人取得的所得,难以界定应纳税所得项目的,由主管税务机关确定。

居民个人取得上述（一）至（四）项所得（综合所得），按纳税年度合并计算个人所得税；**非居民个人取得上述（一）至（四）项所得，按月或者按次分项计算个人所得税。**纳税人取得上述（五）至（九）项所得，依照法律规定分别计算个人所得税。

三、个人所得税税率

我国个人所得税规定了**超额累进税率**[28]和**比例税率**两种形式。**个人所得税的税率按所得项目不同确定如下：**

（一）综合所得

工资、薪金所得，劳务报酬所得，稿酬所得，特许权使用费所得，统称为综合所得。综合所得适用七级超额累进税率，税率为3%～45%，见表5-1。

表5-1 个人所得税税率表（综合所得适用）

级　数	全年应纳税所得额	税　率	速算扣除数
1	未超过36 000元的	3%	0
2	超过36 000元至144 000元的部分	10%	2 520元
3	超过144 000元至300 000元的部分	20%	16 920元
4	超过300 000元至420 000元的部分	25%	31 920元
5	超过420 000元至660 000元的部分	30%	52 920元
6	超过660 000元至960 000元的部分	35%	85 920元
7	超过960 000元的部分	45%	181 920元

注：1. 本表所称全年应纳税所得额是指依照规定，居民个人取得综合所得以每一纳税年度收入额减除费用60 000元以及专项扣除、专项附加扣除和依法确定的其他扣除后的余额。

2. 非居民个人取得工资、薪金所得，劳务报酬所得，稿酬所得和特许权使用费所得，依照本表按月换算后的"月度税率表"计算应纳税额。按月换算的个人所得税税率表见表5-5。

（二）经营所得

经营所得适用5%～35%的五级超额累进税率，见表5-2。

表5-2 个人所得税税率表（经营所得适用）

级　数	全年应纳税所得额	税　率	速算扣除数
1	未超过30 000元的	5%	0
2	超过30 000元至90 000元的部分	10%	1 500元
3	超过90 000元至300 000元的部分	20%	10 500元
4	超过300 000元至500 000元的部分	30%	40 500元
5	超过500 000元的部分	35%	65 500元

注：本表全年应纳税所得额是指每一纳税年度的收入总额，减除成本、费用以及损失的余额。

知识拓展

[28] 超额累进税率是把征税对象的数额划分为若干等级，对每个等级部分的数额分别规定相应税率，分别计算税额，各级税额之和为应纳税额。

投资者经营两个或两个以上企业，并且企业性质全部是个人独资的，年度终了后汇算清缴时，应纳税款的计算按以下方法进行：汇总其投资兴办的所有企业的经营所得作为应纳税所得额，以此确定适用税率，计算出全年经营所得的应纳税额，再根据每个企业的经营所得占所有企业经营所得的比例，分别计算出每个企业的应纳税额和应补缴税额。

（三）财产租赁所得，财产转让所得，利息、股息、红利所得和偶然所得

财产租赁所得，财产转让所得，利息、股息、红利所得和偶然所得，适用比例税率，税率为20%。

自2001年1月1日起，对个人出租住房取得的所得暂减按10%的税率征收个人所得税。

（四）预扣预缴率表（见表5-3和表5-4）

表5-3　个人所得税预扣率表

（居民个人工资、薪金所得预扣预缴适用）

级　数	累计预扣预缴应纳税所得额	预扣率	速算扣除数
1	未超过36 000元的	3%	0
2	超过36 000元至144 000元的部分	10%	2 520元
3	超过144 000元至300 000元的部分	20%	16 920元
4	超过300 000元至420 000元的部分	25%	31 920元
5	超过420 000元至660 000元的部分	30%	52 920元
6	超过660 000元至960 000元的部分	35%	85 920元
7	超过960 000元的部分	45%	181 920元

表5-4　个人所得税预扣率表

（居民个人劳务报酬所得预扣预缴适用）

级　数	预扣预缴应纳税所得额	预扣率	速算扣除数
1	未超过20 000元的	20%	0
2	超过20 000元至50 000元的部分	30%	2 000元
3	超过50 000元的部分	40%	7 000元

（五）非居民个人工资、薪金所得，劳务报酬所得，稿酬所得，特许权使用费所得税率表（见表5-5）

表5-5　个人所得税税率表

（非居民个人工资、薪金所得，劳务报酬所得，稿酬所得，特许权使用费所得适用）

级　数	应纳税所得额	税　率	速算扣除数
1	未超过3 000元的	3%	0
2	超过3 000元至12 000元的部分	10%	210元
3	超过12 000元至25 000元的部分	20%	1 410元
4	超过25 000元至35 000元的部分	25%	2 660元
5	超过35 000元至55 000元的部分	30%	4 410元
6	超过55 000元至80 000元的部分	35%	7 160元
7	超过80 000元的部分	45%	15 160元

注：本表也属于居民个人的综合所得按月换算的"月度税率表"。

❄ **本节导读分析**：居民个人的工资、薪金所得，劳务报酬所得，稿酬所得，特许权使用费所得，经营所得，利息、股息、红利所得，财产租赁所得，财产转让所得，偶然所得均需要缴纳个人所得税。假设你已经工作，每月的工资、薪金需要缴纳个人所得税，具体要缴多少个人所得税则因工资、薪金收入的多少而有差异。

除了工资收入之外，取得的所得只要属于个税征税范围的另外 8 项收入，且不能享受税收优惠的，则均要缴纳个人所得税。

⚙ **知识小结**：

1．纳税义务人总结

纳税人	判定标准			纳税义务
居民个人	在中国境内有住所			就其从中国境内和境外取得的所得，向中国政府缴纳个人所得税
非居民个人	在中国境内无住所	在境内累计居住	≥ 183 天	
			< 183 天	仅就其从中国境内取得的所得，向中国政府缴纳个人所得税
		在境内不居住		

2．所得来源地总结

下列所得，不论支付地点是否在中国境内，均为来源于中国境内的所得	
项　目	具体规定
提供劳务所得	因任职、受雇、履约等在中国境内提供劳务取得的所得
提供财产使用权所得	将财产出租给承租人在中国境内使用而取得的所得许可各种特许在中国境内使用而取得的所得
转移财产所有权	转让中国境内的不动产等财产或者在中国境内转让其他财产取得的所得
利息、股息、红利所得	从中国境内企事业单位和其他组织或者居民个人取得的利息、股息、红利所得

3．个人所得税应税所得项目总结

项　目	基本规定	特殊规定
工资、薪金所得	因任职或者受雇取得的工资、薪金、奖金、年终加薪、劳动分红、津贴、补贴以及与任职或者受雇有关的其他所得	1．退休人员再任职，按"工资、薪金所得"缴纳个人所得税 2．离退休人员除按规定领取离退休工资或养老金外，另从原任职单位取得的各类补贴、奖金、实物，不属于免税项目，应按"工资、薪金所得"缴纳个人所得税 3．经营单位对出租车驾驶员采取单车承包或承租方式运营，驾驶员收入按"工资、薪金所得"缴纳个人所得税 4．企业年金、职业年金缴费时，未超标可暂从个人应纳税所得额中扣除，超标并入个人当期"工资、薪金所得"；个人退休领取时，按"工资、薪金所得"缴纳个人所得税 5．兼职律师同时在两个以上事务所任职、受雇，按"工资、薪金所得"缴纳个人所得税 6．非营利性科研机构及高校奖励：从职务科技成果转化收入中给予科技人员的现金奖励，可减按 50% 计入科技人员当月"工资、薪金所得"，缴纳个人所得税

(续)

项　　目	基本规定	特殊规定
劳务报酬所得	个人从事各种劳务所得	1. 个人兼职取得的收入，应按照"劳务报酬所得"缴纳个人所得税 2. 律师以个人名义再聘请其他人员为其工作而支付的报酬，应由该律师按"劳务报酬所得"缴纳个人所得税 3. 保险营销员、证券经纪人取得的佣金收入，应按"劳务报酬所得"缴纳个人所得税 4. 个人在公司任职、受雇同时兼任董事、监事取得的董事费、监事费收入，按"工资、薪金所得"缴纳个人所得税。不在公司任职、受雇的董事费、监事费收入，按"劳务报酬所得"缴纳个人所得税 5. 对商品营销活动中，企业和单位对营销业绩突出的非雇员以培训班研讨会、工作考察等名义组织旅游活动，通过免收差旅费、旅游费对个人实行的营销业绩奖励，按"劳务报酬所得"缴纳个人所得税
稿酬所得	个人因其作品以图书、报刊形式出版、发表而取得的所得	1. 非报纸、杂志等单位的受雇人员在该单位的报纸、杂志上发表作品取得的所得，应按"稿酬所得"缴纳个人所得税 2. 出版社的专业作者撰写、编写或翻译的作品，由本社以图书形式出版而取得的稿费收入，应按"稿酬所得"缴纳个人所得税
特许权使用费所得	个人提供专利权、商标权、著作权、非专利技术以及其他特许权的使用权取得的所得	1. 作者将自己的文字作品手稿原件或复印件公开拍卖（竞价）取得的所得，按"特许权使用费所得"缴纳个人所得税 2. 个人取得特许权的经济赔偿收入，应按"特许权使用费所得"缴纳个人所得税 3. 编剧从电视剧的制作单位取得的剧本使用费，统一按"特许权使用费所得"缴纳个人所得税
经营所得	1. 个体工商户从事生产、经营活动取得的所得，个人独资企业投资人、合伙企业的个人合伙人来源于境内注册的个人独资企业、合伙企业生产、经营的所得 2. 个人依法从事办学、医疗、咨询以及其他有偿服务活动取得的所得 3. 个人对企业、事业单位承包经营、承租经营以及转包、转租取得的所得 4. 个人从事其他生产、经营活动取得的所得	1. 个体工商户取得与生产经营无关的其他所得，按有关规定缴纳个人所得税 2. 出租车运营，出租车属于个人所有，但挂靠出租车经营单位缴纳管理费的，或出租车经营单位将出租车所有权转移给驾驶员的，驾驶员收入按"经营所得"缴纳个人所得税 3. 个人因从事彩票代销业务而取得的所得，应按"经营所得"缴纳个人所得税
利息、股息、红利所得	个人拥有债权、股权而取得的利息、股息、红利所得	1. 储蓄存款利息所得暂免征收个人所得税 2. 国债和国家发行的金融债券利息免税 3. 房屋买受人在未办理房屋产权证的情况下，按照与房地产公司约定条件（如对房屋的占有、使用、收益和处分权进行限制）在一定时期后无条件退房而取得的补偿款，应按照"利息、股息、红利所得"缴纳个人所得税，税款由支付补偿款的房地产公司代扣代缴

(续)

项　　目	基本规定	特殊规定
财产租赁所得	个人出租不动产、机器设备、车船以及其他财产取得的所得	个人取得的财产转租收入，应按"财产租赁所得"缴纳个人所得税
财产转让所得	个人转让有价证券、股权、合伙企业中的财产份额、不动产、机器设备、车船以及其他财产取得的所得	1. 股权转让所得，按"财产转让所得"缴纳个人所得税 2. 个人以非货币性资产投资，属于转让和投资同时发生，对转让所得应按"财产转让所得"缴纳个人所得税 3. 个人通过招标、竞拍或其他方式购置债权以后，通过相关司法或行政程序主张债权而取得的所得，按"财产转让所得"缴纳个人所得税 4. 个人通过网络收购玩家的虚拟货币，加价后向他人出售取得的收入，按"财产转让所得"缴纳个人所得税
偶然所得	个人得奖、中奖、中彩以及其他偶然性质的所得	1. 企业对累积消费达到一定额度的顾客，给予额外抽奖机会，个人的获奖所得，按照"偶然所得"缴纳个人所得税 2. 发票和彩票中奖所得 （1）个人取得单张有奖发票奖金所得不超过 800 元的，暂免缴纳个人所得税；超过 800 元的，全额缴纳个人所得税 （2）彩票一次中奖收入不超过 1 万元（含 1 万元）的，暂免缴纳个人所得税；超过 1 万元的，全额缴纳个人所得税 3. 个人为单位或他人提供担保获得收入，按照"偶然所得"缴纳个人所得税 4. 房屋产权所有人将房屋产权无偿赠与他人的，受赠人因无偿受赠房屋取得的受赠收入，按照"偶然所得"缴纳个人所得税 5. 企业在业务宣传、广告等活动中，随机向本单位以外的个人赠送礼品（包括网络红包，下同），以及企业在年会、座谈会、庆典以及其他活动中向本单位以外的个人赠送礼品，个人取得的礼品收入，按照"偶然所得"缴纳个人所得税。但企业赠送的具有价格折扣或折让性质的消费券、代金券、抵用券、优惠券等礼品除外

4．个人所得税税率总结

项　　目	税　　率
综合所得（工资、薪金所得，劳务报酬所得，稿酬所得，特许权使用费所得）	七级超额累进税率，税率为 3% ～ 45%
经营所得	五级超额累进税率，税率为 5% ～ 35%
财产租赁所得	比例税率，税率为 20%
财产转让所得	
利息、股息、红利所得	
偶然所得	

第三节 个人所得税应纳税所得额的确定

> **/学习导读/**
>
> 王某 2020 年 1 月收入中含购买福利彩票中奖 8 000 元；将门面出租每月收入 2 000 元，无修缮费用；2019 年 8 月购买的上市公司风森集团股票分红收入 1 000 元；工资、薪金 5 000 元，缴纳"三险一金"800 元，无其他附加扣除，当月加班奖金 3 000 元。王某当月的各项收入的应纳税所得额分别为多少？应该如何缴纳个人所得税？除了这些收入，是否还有其他形式的收入也需要缴纳个人所得税？请大家带着这些疑惑，一起来寻找答案。

个人所得税的**计税依据**是纳税人取得**的应纳税所得额**。应纳税所得额为个人取得的各项收入减去税法规定的费用扣除金额和减免税收入后的余额。由于个人所得税的应税项目不同，扣除费用标准也各不相同，需要按不同应税项目分项计算。

📢 **学习提示**：个人所得税的计税依据——应纳税所得额。

一、个人所得的形式

个人所得的形式包括**现金、实物、有价证券和其他形式的经济利益**。其中，所得为实物的，应当按照取得的凭证上注明的价格计算应纳税所得额；所得为无凭证的实物或者凭证上所注明的价格明显偏低的，参照市场价格核定应纳税所得额；所得为有价证券的，根据票面价格和市场价格核定应纳税所得额；所得为其他形式的经济利益的，参照市场价格核定应纳税所得额。

二、应纳税所得额的确定方式

（一）居民个人的综合所得

居民个人的综合所得，以每一纳税**年度的收入额**减除费用 **6 万元**以及**专项扣除**、**专项附加扣除**和依法确定的**其他扣除**后的余额，为应纳税所得额。综合所得包括工资、薪金所得，劳务报酬所得，稿酬所得，以及特许权使用费所得 4 项。劳务报酬所得、稿酬所得、特许权使用费所得以收入减除 20% 的费用后的余额为收入额。稿酬所得的收入额减按 **70%** 计算。

1. 专项扣除

专项扣除包括居民个人按照国家规定的范围和标准缴纳的基本养老保险、基本医疗保险、失业保险等社会保险费和住房公积金等。

📢 **学习提示**：个人缴纳的"三险一金"应当在计算应纳税所得额时扣除。生育险和工伤保险由单位缴纳，不在扣除范围内。

2. 专项附加扣除

专项附加扣除包括《个人所得税法》规定的子女教育、继续教育、大病医疗、住房贷款利息或住房租金、赡养老人 6 项。

（1）子女教育。纳税人的子女接受学前教育和全日制学历教育的相关支出，按照**每个子女每月 1 000 元**的标准定额扣除。其中，学前教育是指**年满 3 岁**至小学入学前子女的教育阶段；学历教育包括义务教育（小学、初中教育）、高中阶段教育（普通高中、中等职业、**技工教育**）、**高等教育**（大学专科、大学本科、硕士研究生、博士研究生教育）。

父母可以选择由其中一方按扣除标准的 100% 扣除，也可以选择由双方分别按扣除标准的

50%扣除，具体扣除方式在 一个纳税年度内 不能变更。纳税人子女在中国境外接受教育的，纳税人应当留存境外学校录取通知书、留学签证等相关教育的证明资料备查。

（2）继续教育。纳税人在中国境内接受学历（学位）继续教育的支出，在学历（学位）教育期间按照 每月400元 定额扣除。同一学历（学位）继续教育的扣除期限 不能超过48个月。纳税人接受技能人员职业资格继续教育、专业技术人员职业资格继续教育的支出，在 取得相关证书的当年，按照 3 600元 定额扣除。

个人接受本科及以下学历（学位）继续教育，符合《个人所得税专项附加扣除暂行办法》规定扣除条件的，可以选择由其父母扣除，也可以选择由本人扣除。纳税人接受技能人员职业资格继续教育、专业技术人员职业资格继续教育的，应当留存相关证书等资料备查。

（3）大病医疗。在一个纳税年度内，纳税人发生的与基本医保相关的医药费用支出，扣除医保报销后个人负担（指医保目录范围内的自付部分）累计超过15 000元的部分，由纳税人在办理年度汇算清缴时，在 80 000元 限额内据实扣除。纳税人发生的医药费用支出可以 选择由本人或者其配偶扣除；未成年子女 发生的医药费用支出 可以选择由其父母一方扣除。纳税人及其配偶、未成年子女发生的医药费用支出，按规定分别计算扣除额。

纳税人应当留存医药服务收费及医保报销相关票据原件（或者复印件）等资料备查。医疗保障部门应当向患者提供在医疗保障信息系统记录的本人年度医药费用信息查询服务。

（4）住房贷款利息。纳税人本人或者配偶单独或者共同使用商业银行或者住房公积金个人住房贷款为本人或者其配偶购买中国 境内 住房，发生的 首套住房贷款利息支出，在实际发生贷款利息的年度，按照 每月1 000元 的标准定额扣除，扣除期限最长不超过 240个月。纳税人 只能享受一次 首套住房贷款的利息扣除。

《个人所得税专项附加扣除暂行办法》所称首套住房贷款是指购买住房享受首套住房贷款利率的住房贷款。

经夫妻双方约定，可以选择由其中一方扣除，具体扣除方式在一个纳税年度内不得变更。夫妻双方婚前分别购买住房发生的首套住房贷款，其贷款利息支出，婚后可以选择其中一套购买的住房，由购买方按扣除标准的100%扣除，也可以由夫妻双方对各自购买的住房分别按扣除标准的50%扣除，具体扣除方式在一个纳税年度内不能变更。

纳税人应当留存住房贷款合同、贷款还款支出凭证备查。

（5）住房租金。纳税人在主要 工作城市没有自有住房 而发生的住房租金支出，可以按照以下标准定额扣除：

1）直辖市、省会（首府）城市、计划单列市以及国务院确定的其他城市，扣除标准为每月1 500元。

2）除第一项所列城市以外，市辖区户籍人口超过100万人的城市，扣除标准为每月1 100元；市辖区户籍人口不超过100万人的城市，扣除标准为每月800元。

纳税人的配偶在纳税人的主要工作城市有自有住房的，视同纳税人在主要工作城市有自有住房。

市辖区户籍人口以国家统计局公布的数据为准。

《个人所得税专项附加扣除暂行办法》所称主要工作城市是指纳税人任职受雇的直辖市、计划单列市、副省级城市、地级市（地区、州、盟）全部行政区域范围；无任职受雇单位的，为受理其综合所得汇算清缴的税务机关所在城市。

夫妻双方主要工作城市相同的，只能由一方扣除住房租金支出。住房租金支出由签订租赁住房合同的承租人扣除。纳税人及其配偶在一个纳税年度内不能同时分别享受住房贷款利息和住房租金专项附加扣除。

纳税人应当留存住房租赁合同、协议等有关资料备查。

(6) 赡养老人。纳税人赡养一位及以上被赡养人的赡养支出，统一按照以下标准定额扣除：

1) 纳税人为独生子女的，按照**每月2 000元的标准定额扣除**。

2) 纳税人为非独生子女的，由其与兄弟姐妹**分摊每月2 000元的扣除额度**，每人分摊的额度**不能超过每月1 000元**。可以由赡养人均摊或者约定分摊，也可以由被赡养人指定分摊。约定或者指定分摊的须签订书面分摊协议，**指定分摊优先于约定分摊**。具体分摊方式和额度在一个纳税年度内不能变更。

《个人所得税专项附加扣除暂行办法》所称被赡养人是指**年满60岁**的父母，以及子女均已去世的年满60岁的祖父母、外祖父母。

3．其他扣除

其他扣除包括个人缴付符合国家规定的**企业年金**、**职业年金**，个人购买符合国家规定的**商业健康保险**、**税收递延型商业养老保险**的支出，以及国务院规定可以扣除的其他项目。

> 📢 **学习提示**：税收递延型商业养老保险是指投保人在税前列支保费，在领取保险金时再缴纳税款。这实质上是国家在政策上给予购买养老保险产品个人的税收优惠。一方面，可以延迟缴纳税款，个人充分利用资金时间价值；另一方面，考虑到这期间物价上涨因素，这一产品实际能起到个税"减负"的作用。

(二) 非居民个人的工资、薪金所得，劳务报酬所得，稿酬所得，特许权使用费所得

非居民个人的工资、薪金所得，以**每月**收入额减除费用5 000元后的余额为应纳税所得额。

劳务报酬所得、稿酬所得、特许权使用费所得，以**每次**收入额为应纳税所得额，适用月度税率表计算应纳税额。

(三) 经营所得

个体工商户的生产、经营所得，以每一纳税年度的收入总额，减除成本、费用、税金、损失、其他支出以及允许弥补的以前年度亏损后的余额为应纳税所得额。

个体工商户、个人独资企业、合伙企业以及从事其他生产、经营活动的个人，未提供完整、准确的纳税资料，不能正确计算应纳税所得额的，由主管税务机关核定其应纳税所得额。

取得经营所得的个人，没有综合所得的，计算其每一纳税年度的应纳税所得额时，应减除费用6万元、专项扣除、专项附加扣除以及依法确定的其他扣除后的余额，为应纳税所得额。

关于个体工商户的生产、经营所得，《个人所得税法》中的具体规定如下：

个体工商户从事生产经营以及与生产经营有关的活动取得的货币形式和非货币形式的各项收入，为收入总额，包括销售货物收入、提供劳务收入、转让财产收入、利息收入、租金收入、接受捐赠收入、其他收入。

成本是指个体工商户在生产经营活动中发生的销售成本、销货成本、业务支出以及其他耗费。

费用是指个体工商户在生产经营活动中发生的销售费用、管理费用和财务费用，已经计入成本的有关费用除外。

税金是指个体工商户在生产经营活动中发生的除个人所得税和允许抵扣的增值税以外的各项税金及其附加。

损失是指个体工商户在生产经营活动中发生的固定资产和存货的盘亏、毁损、报废损失，

转让财产损失，坏账损失，自然灾害等不可抗力因素造成的损失以及其他损失。个体工商户发生的损失，减除责任人赔偿和保险赔款后的余额，参照财政部、国家税务总局有关企业资产损失税前扣除的规定扣除。

允许弥补的以前年度亏损是指个体工商户依照规定计算的应纳税所得额小于零的数额。

个体工商户已经作为损失处理的资产，在以后纳税年度又全部收回或者部分收回时，应当计入收回当期的收入。

其他支出是指除成本、费用、税金、损失外，个体工商户在生产经营活动中发生的与生产经营活动有关的、合理的支出。

（1）个体工商户下列支出不得扣除：①个人所得税税款；②税收滞纳金；③罚金、罚款和被没收财物的损失；④不符合扣除规定的捐赠支出；⑤赞助支出；⑥用于个人和家庭的支出；⑦与取得生产经营收入无关的其他支出；⑧国家税务总局规定不准扣除的支出。

（2）个体工商户生产经营活动中，应当分别核算生产经营费用与个人、家庭费用。对于生产经营与个人、家庭生活混用的难以分清的费用，其40%视为与生产经营有关的费用，准予扣除，如图5-3所示。

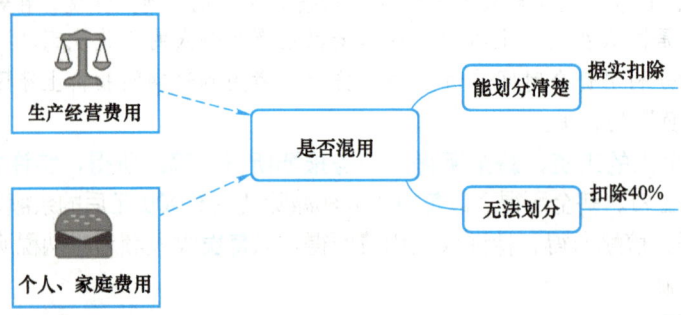

图5-3　混用费用的划分

（3）个体工商户纳税年度发生的亏损，准予向以后年度结转，用以后年度的生产经营所得弥补，但结转年限最长不得超过5年。

（4）个体工商户实际支付给从业人员的合理的工资、薪金支出，准予扣除。个体工商户业主的工资、薪金支出不得税前扣除。

（5）个体工商户按照国务院有关主管部门或者省级人民政府规定的范围和标准为其业主和从业人员缴纳的基本养老保险费、基本医疗保险费、失业保险费、生育保险费、工伤保险费和住房公积金，准予扣除。

个体工商户为从业人员缴纳的补充养老保险费、补充医疗保险费，分别在不超过从业人员工资总额5%标准内的部分据实扣除；超过部分，不得扣除。

个体工商户业主本人缴纳的补充养老保险费、补充医疗保险费，以当地（地级市）上年度社会平均工资的3倍为计算基数，分别在不超过该计算基数5%标准内的部分据实扣除；超过部分，不得扣除。

除个体工商户依照国家有关规定为特殊工种从业人员支付的人身安全保险费和财政部、国家税务总局规定可以扣除的其他商业保险费外，个体工商户业主本人或者为从业人员支付的商业保险费，不得扣除。可扣除的保险费如图5-4所示。

（6）个体工商户在生产经营活动中发生的合理的不需要资本化的借款费用，准予扣除。

（7）个体工商户在生产经营活动中发生的下列利息支出，准予扣除：

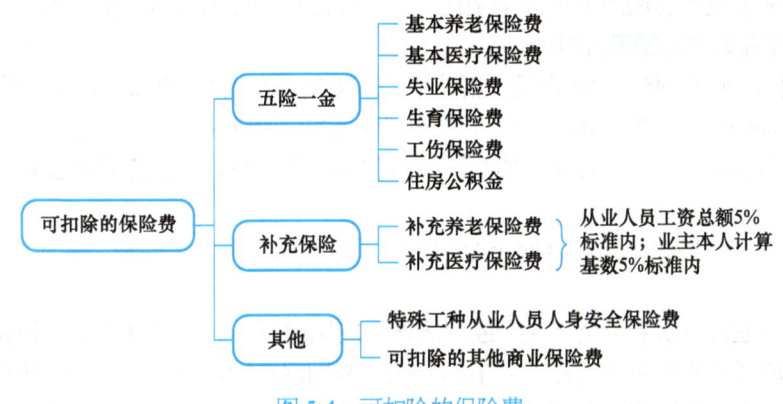

图 5-4　可扣除的保险费

1）向金融企业借款的利息支出。

2）向非金融企业和个人借款的利息支出，**不超过**按照金融企业同期同类贷款利率计算的数额的部分。

（8）个体工商户向当地工会组织拨缴的工会经费、实际发生的职工福利费支出、职工教育经费支出分别在工资、薪金总额的 2%、14%、2.5% 的标准内据实扣除。

工资、薪金总额是指允许在当期税前扣除的工资、薪金支出数额。

职工教育经费的实际发生数额超出规定比例当期不能扣除的数额，**准予在以后纳税年度结转扣除**。

个体工商户业主本人向当地工会组织缴纳的工会经费、实际发生的职工福利费支出、职工教育经费支出，以当地（地级市）上年度社会平均工资的 3 倍为计算基数，在规定比例内据实扣除。

（9）个体工商户发生的与生产经营活动有关的业务招待费，按照实际发生额的 60% 扣除，但最高不得超过当年销售（营业）收入的 5‰。

业主自申请营业执照之日起至开始生产经营之日止所发生的业务招待费，按照实际发生额的 60% 计入个体工商户的开办费。

（10）个体工商户每一纳税年度发生的与其生产经营活动直接相关的广告费和业务宣传费不超过当年销售（营业）收入 15% 的部分，可以据实扣除；超过部分，准予在以后纳税年度结转扣除。

（11）个体工商户**代其**从业人员或者他人**负担的税款**，**不得**税前扣除。

（12）个体工商户按照规定缴纳的摊位费、行政性收费、协会会费等，按实际发生数额扣除。

（13）个体工商户参加**财产保险**，**按照规定缴纳**的保险费，准予扣除。

（14）个体工商户发生的合理的劳动保护支出，准予扣除。

（15）个体工商户自申请营业执照之日起至开始生产经营之日止所发生符合规定的费用，除为取得固定资产、无形资产的支出，以及应计入资产价值的汇兑损益、利息支出外，作为开办费，个体工商户可以选择在开始生产经营的当年一次性扣除，也可以自生产经营月份起在不短于 3 年期限内摊销扣除，但一经选定，不得改变。开始生产经营之日为个体工商户取得第一笔销售（营业）收入的日期。

（16）个体工商户通过公益性社会团体或者县级以上人民政府及其部门，用于《中华人民共和国公益事业捐赠法》规定的公益事业的捐赠，捐赠额不超过其应纳税所得额 30% 的部分可以据实扣除。

财政部、国家税务总局规定可以全额在税前扣除的捐赠支出项目，按有关规定执行。个体工商户**直接对受益人的捐赠不得扣除**。

（17）个体工商户研究开发新产品、新技术、新工艺所发生的开发费用，以及研究开发新产品、新技术而购置单台价值在**10万元以下**的测试仪器和试验性装置的购置费准予**直接扣除**；单台价值在**10万元以上**（含10万元）的测试仪器和试验性装置，按**固定资产管理，不得在当期直接扣除**。

查账征收的个人独资企业和合伙企业的扣除项目比照《个体工商户个人所得税计税办法》的规定确定。

个人独资企业的投资者以全部生产经营所得为应纳税所得额；合伙企业的投资者按照合伙企业的全部生产经营所得和合伙协议约定的分配比例确定应纳税所得额，合伙协议没有约定分配比例的，以全部生产经营所得和合伙人数量平均计算每个投资者的应纳税所得额。生产经营所得包括企业分配给投资者个人的所得和企业当年留存的所得利润。

投资者兴办**两个或两个以上企业**的，其投资者个人费用扣除标准由投资者选择在其中一个企业的生产经营所得中扣除。

计提的各种准备金不得扣除。

企业与其关联企业之间的业务往来，应当按照独立企业之间的业务往来收取或者支付价款、费用。不按照独立企业之间的业务往来收取或者支付价款、费用，而减少其应纳税所得额的，主管税务机关有权进行合理调整。

国家对下列情形的个人独资企业和合伙企业实行核定征收个人所得税，具体包括：

1）依照国家有关规定应当设置但未设置账簿的。

2）虽设置账簿，但账目混乱或者成本资料、收入凭证、费用凭证残缺不全，难以查账的。

3）纳税人发生纳税义务，未按照规定的期限办理纳税申报，经税务机关责令限期申报，逾期仍不申报的。

核定征收方式包括定额征收、核定应税所得率征收以及其他合理的征收方式。

（四）财产租赁所得

（1）财产租赁所得，每次收入不超过4 000元的，减除费用800元。

（2）4 000元以上的，减除20%的费用，其余额为应纳税所得额。

（五）财产转让所得

财产转让所得，以转让财产的收入额减除财产原值和合理费用后的余额为应纳税所得额。

财产原值按照下列方法计算：

（1）有价证券，为买入价以及买入时按照规定缴纳的有关费用。

（2）建筑物，为建造费或者购进价格以及其他有关费用。

（3）土地使用权，为取得土地使用权所支付的金额、开发土地的费用以及其他有关费用。

（4）机器设备、车船，为购进价格、运输费、安装费以及其他有关费用。

（5）其他财产，参照上述规定的方法确定财产原值。

纳税人未提供完整、准确的财产原值凭证，不能正确计算财产原值的，由主管税务机关核定其财产原值。

合理费用是指卖出财产时按照规定支付的有关税费。

个人发生非货币性资产交换，以及将财产用于捐赠、偿债、赞助、投资等用途的，应当视

同转让财产并缴纳个人所得税，但国务院财政、税务主管部门另有规定的除外。

（六）利息、股息、红利所得和偶然所得

利息、股息、红利所得和偶然所得，以**每次**收入额为应纳税所得额。

三、其他费用的扣除规定

（1）个人将其所得对教育、扶贫、济困等公益慈善事业进行捐赠，捐赠额未超过纳税人申报的应纳税所得额 30% 的部分，可以从其应纳税所得额中扣除；国务院规定对公益慈善事业捐赠实行全额税前扣除的，从其规定。应纳税所得额是指计算扣除捐赠额之前的应纳税所得额。

（2）个人通过非营利性的社会团体和国家机关向红十字事业的捐赠，在计算缴纳个人所得税时，准予在税前的所得额中全额扣除。

学习提示：个人直接向受赠人的捐赠，不得在税前所得额中扣除。

（3）个人通过非营利性的社会团体和国家机关向农村义务教育的捐赠，在计算缴纳个人所得税时，准予在税前的所得额中全额扣除。

农村义务教育的范围是指政府和社会力量举办的农村乡镇（不含县和县级市政府所在地的镇）、村的小学和初中，以及属于这一阶段的特殊教育学校。纳税人对农村义务教育与高中在一起的学校的捐赠，也享受规定的所得税前扣除政策。

接受捐赠或办理转赠的非营利性的社会团体和国家机关，应按照财务隶属关系分别使用由中央或省级财政部门统一印（监）制的捐赠票据，并加盖接受捐赠或转赠单位的财务专用印章。税务机关据此对捐赠个人进行税前扣除。

（4）个人通过非营利性的社会团体和国家机关对公益性**青少年活动场所**（其中包括新建）的捐赠，在计算缴纳个人所得税时，准予在税前的所得额中**全额扣除**。公益性青少年活动场所是指专门为青少年学生提供科技、文化、德育、爱国主义教育、体育活动的青少年宫、青少年活动中心等校外活动的公益性场所。

（5）个人通过非营利性的社会团体、国家机关向教育事业的捐赠，在计算缴纳个人所得税时准予在税前全额扣除。

（6）个人的所得（不含偶然所得）用于对非关联的科研机构和高等学校研究开发新产品、新技术、新工艺所发生的研究开发经费的资助，可以全额在下月（工资、薪金所得）或下次（按次计征的所得）或当年（按年计征的所得）计征个人所得税时，从应纳税所得额中扣除，不足抵扣的，不得结转抵扣。

（7）根据财政部、国家税务总局有关规定，个人通过宋庆龄基金会等 6 家单位，中国医药卫生事业发展基金会、中国教育发展基金会、中国老龄事业发展基金会等 8 家单位，中华健康快车基金会等 5 家单位用于公益救济性的捐赠，符合相关条件的，准予在缴纳个人所得税税前**全额**扣除。

（8）自 2017 年 7 月 1 日起，对个人购买符合规定的**商业健康保险**产品的支出，允许在当年（月）计算应纳税所得额时予以税前扣除，**扣除限额为 2 400 元 / 年（200 元 / 月）**。单位统一为员工购买符合规定的商业健康保险产品的支出，应分别计入员工个人工资、薪金，视同个人购买，按上述限额予以扣除。2 400 元 / 年（200 元 / 月）的限额扣除为《个人所得税法》规定减除费用标准之外的扣除。适用商业健康保险税收优惠政策的纳税人是指取得工资、薪金所得、连续性劳务报酬所得的个人，以及取得个体工商户生产经营所得、对企事业单位的承包承租经营所得的个体工商户业主、个人独资企业投资者、合伙企业合伙人和承包承租经营者。

（9）根据财政部、国家税务总局有关规定，个人通过非营利性的社会团体和政府部门向福利性、非营利性老年服务机构捐赠，符合相关规定的准予在缴纳个人所得税税前全额扣除。

四、每次收入的确定

（1）财产租赁所得，以一个月内取得的收入为一次。

（2）利息、股息、红利所得，以支付利息、股息、红利时取得的收入为一次。

（3）偶然所得，以每次取得该项收入为一次。

（4）劳务报酬所得、稿酬所得、特许权使用费所得，属于一次性收入的，以取得该项收入为一次；属于同一项目连续性收入的，以一个月内取得的收入为一次。

✳ **本节导读分析**：王某 2020 年 1 月的工资、薪金所得的累计预扣预缴应纳税所得额＝累计收入－累计免税收入－累计减除费用－累计专项扣除－累计专项附加扣除－累计依法确定的其他扣除＝（5 000+3 000）－5 000-800=2 200（元）；王某购买福利彩票中奖属于偶然所得，以每次收入额为应纳税所得额，但因个人购买福利彩票一次中奖收入在 1 万元（含）以下的暂免征收个人所得税，因此其应纳税额为 0 元；王某将门面出租属于财产租赁所得，其应纳税所得额＝2 000-800=1 200（元）。

⚙ **知识小结**：

1．个人所得的形式总结

项　目	个人所得的形式	应纳税所得额的确定
个人所得	现金	—
	实物	取得的凭证上注明的价格
		无凭证的，或者凭证上所注明的价格明显偏低的，参照市场价格
	有价证券	根据票面价格和市场价格核定
	其他形式的经济利益	参照市场价格核定

2．应纳税所得额的确定方式总结

项　目		应纳税所得额的确定方式	
		一般规定	特殊规定
居民个人的综合所得	工资、薪金所得	每一纳税年度的收入额减除费用 6 万元以及专项扣除、专项附加扣除和依法确定的其他扣除后的余额为应纳税所得额	专项扣除："三险一金"
	劳务报酬所得		专项附加扣除：6 项
	稿酬所得		其他扣除：合规的企业年金、职业年金、商业健康保险、税收递延型商业养老保险及其他
	特许权使用费所得		
非居民个人的所得		1. 工资、薪金所得，以每月收入额减除费用 5 000 元后的余额为应纳税所得额 2. 劳务报酬所得、稿酬所得、特许权使用费所得，以每次收入额为应纳税所得额	1. 劳务报酬所得、稿酬所得、特许权使用费所得以收入减除 20% 的费用后的余额为收入额 2. 稿酬所得的收入额减按 70% 计算
经营所得		以每一纳税年度的收入总额，减除成本、费用、税金、损失、其他支出以及允许弥补的以前年度亏损后的余额为应纳税所得额	

（续）

项　目	应纳税所得额的确定方式	
	一般规定	特殊规定
财产租赁所得	每次收入不超过 4 000 元的，减除费用 800 元；4 000 元以上的，减除 20% 的费用，其余额为应纳税所得额	
财产转让所得	以转让财产的收入额减除财产原值和合理费用后的余额为应纳税所得额	
利息、股息、红利所得和偶然所得	以每次收入额为应纳税所得额	

3．居民个人的综合所得专项附加扣除总结

项目	准予扣除范围／类型	扣除标准	扣除方式	其　他
子女教育	1. 学前教育：年满3岁至小学入学前的教育 2. 学历教育（全日制）： ①义务教育：小学+初中 ②高中教育：普通高中+中等职业+技工教育 ③高等教育：专科、本科、硕士研究生、博士研究生	每个子女每年 12 000 元（每月 1 000 元）	1. 父母分别按扣除标准的 50% 扣除 2. 经父母约定，由其中一方按扣除标准的 100% 扣除	子女类型含婚生子女、非婚生子女、继子女、养子女
继续教育	1. 学历（学位）教育 2. 职业教育： ①技能人员职业资格继续教育 ②专业技术人员职业资格继续教育	1. 学历（学位）教育：每月 400 元定额扣除 2. 职业教育：取得相关证书的当年，一次性扣除 3 600 元（定额扣除）	个人接受本科及以下学历（学位）继续教育，符合规定扣除条件的，可以选择由其父母扣除，也可以选择由本人扣除	同一学历（学位）继续教育的扣除期限不能超过 48 个月
大病医疗	扣除医保报销后由个人负担累计超过 15 000 元的与基本医保相关的医药费用支出（当年）	按照每年 80 000 元标准限额据实扣除	本人或其配偶扣除，未成年子女发生的医药费用支出可由其父母一方扣除	—
住房贷款利息	1. 买房人：纳税人本人或配偶 2. 贷款类型：商业贷款或公积金贷款 3. 房屋类型：享受首套住房贷款利率的住房 4. 扣除对象：贷款利息	偿还贷款期间，每年 12 000 元（每月 1 000 元）定额扣除	经夫妻双方约定，可以选择由其中一方扣除	扣除期限最长不得超过 240 个月（20 年）；扣除方式一个纳税年度内不得变更
住房租金	1. 主要工作城市没有住房而发生的住房租金支出 2. 夫妻双方主要工作城市相同的，只能由一方扣除租金支出 3. 夫妻双方主要工作城市不相同的，且各自在其中均无住房的，可以分别扣除租金支出	1. 直辖市、省会城市类：1 500 元／月 2. 市辖区户籍人口超过 100 万人的城市：1 100 元／月 3. 市辖区户籍人口不超过 100 万人的城市：800 元／月	住房租金支出由签订租赁住房合同的承租人扣除	纳税人应当留存住房租赁合同、协议等有关资料备查

(续)

项目	准予扣除范围/类型	扣除标准	扣除方式	其他
赡养老人	年满60岁的父母（包括生父母、继父母、养父母）以及子女均已去世的年满60岁的祖父母、外祖父母	1.纳税人为独生子女的，按照每月2 000元的标准定额扣除 2.纳税人为非独生子女的，由其与兄弟姐妹分摊每月2 000元的扣除额度，每人分摊的额度不能超过每月1 000元		时间：被赡养人年满60周岁的当月至赡养义务终止的年末

4．其他费用的扣除规定总结

项目	税法规定	
	限额扣除	全额扣除
公益性捐赠	1.间接捐赠：个人将其所得通过中国境内非营利性的社会团体、国家机关向教育、扶贫、济困等公益慈善事业进行的捐赠 2.限额计算基数：计算扣除捐赠额之前的应纳税所得额 3.限额扣除比例：30%	1.向红十字事业的捐赠 2.向农村义务教育的捐赠 3.对公益性青少年活动场所的捐赠 4.向教育事业的捐赠 5.对非关联的科研机构和高等学校的资助 6.通过特定基金会，用于公益捐赠 7.向福利性、非营利性老年福利机构的捐赠
购买符合规定的商业健康保险产品的支出	允许在当年（月）计算应纳税所得额时予以税前扣除，扣除限额为2 400元/年（200元/月）	

5．每次收入的确定总结

项目	规定
财产租赁所得	以一个月内取得的收入为一次
利息、股息、红利所得	以支付利息、股息、红利时取得的收入为一次
偶然所得	以每次取得该项收入为一次
劳务报酬所得、稿酬所得、特许权使用费所得	属于一次性收入的，以取得该项收入为一次；属于同一项目连续性收入的，以一个月内取得的收入为一次

第四节 个人所得税应纳税额的计算

📁 /学习导读/

个人所得税与每个人的利益息息相关，请大家结合日常生活学习本节内容，如自己课外兼职获得的收入、投稿某杂志获得的稿酬、偶尔中得彩票大奖……通过本节的学习，请算一算自己个人所得税的账。

一、应纳税额的计算

（一）居民个人综合所得应纳税额的计算

扣缴义务人向居民个人支付**工资、薪金所得，劳务报酬所得，特许权使用费所得，稿酬所**

得时，按以下方法预扣预缴个人所得税，并向主管税务机关报送"个人所得税扣缴申报表"。年度**预扣预缴税额**与年度**应纳税额**不一致的，由居民个人于次年3月1日至6月30日向主管税务机关办理综合所得年度汇算清缴，税款多退少补。

1. 居民个人工资、薪金所得的预扣预缴

本期应预扣预缴税额 =（累计预扣预缴应纳税所得额 × 预扣率 − 速算扣除数）−

累计减免税额 − 累计已预扣预缴税额

累计预扣预缴应纳税所得额 = 累计收入 − 累计免税收入 − 累计减除费用 − 累计专项扣除 −

累计专项附加扣除 − 累计依法确定的其他扣除

其中，累计减除费用按照 5 000 元 / 月乘以纳税人当年截至本月在本单位的任职受雇月份数计算。

上述公式中，计算居民个人工资、薪金所得预扣预缴税额的预扣率、速算扣除数，按个人所得税预扣率表（居民个人工资、薪金所得预扣预缴适用）（见表 5-3）执行。

自 2020 年 7 月 1 日起，对一个纳税年度内首次取得工资、薪金所得的居民个人，扣缴义务人在预扣预缴个人所得税时，可按 5 000 元 / 月乘以纳税人当年截至本月月份数计算累计减除费用。首次取得工资、薪金的居民个人是指自纳税年度首月起至新入职时，未取得工资、薪金所得或者未按照累计预扣法预扣预缴过连续性劳务报酬所得个人所得税的居民个人。

【例 5-2】 2020 年第一季度，居民个人张某每月从任职单位风森集团取得工资 20 000 元，每月缴纳的"三险一金"共计 2 000 元，每月享受赡养父母支出专项附加扣除 2 000 元，无其他扣除项目和减免项目。试按照现行税法规定计算张某第一季度每月应预扣预缴税额。

【解析】

1 月应预扣预缴税额 =（20 000−5 000−2 000−2 000）×3%=330（元）

2 月应预扣预缴税额 =（20 000×2−5 000×2−2 000×2−2 000×2）×3%−330

= 660−330=330（元）

3 月应预扣预缴税额 =（20 000×3−5 000×3−2 000×3−2 000×3）×3%−660

= 990−660=330（元）

因张某第一季度累计预扣预缴应纳税所得额为 33 000 元，全部适用 3% 的预扣率，故第一季度每个月应预扣预缴的税款相同。

2. 综合所得其他项目的预扣预缴

扣缴义务人向居民个人支付劳务报酬所得、稿酬所得、特许权使用费所得，按次或者按月预扣预缴个人所得税。具体预扣预缴方法如下：

（1）劳务报酬所得、稿酬所得、特许权使用费所得以收入减除费用后的余额为收入额。其中，稿酬所得的收入额减按 70% 计算。

（2）减除费用：劳务报酬所得、稿酬所得、特许权使用费所得每次收入不超过 4 000 元的，减除费用按 800 元计算；每次收入 4 000 元以上的，减除费用按 20% 计算。

（3）预扣预缴应纳税所得额：劳务报酬所得、稿酬所得、特许权使用费所得，以每次收入额为预扣预缴应纳税所得额。劳务报酬所得适用 20%～40% 的超额累进预扣率（见表 5-4），稿酬所得、特许权使用费所得适用 20% 的比例预扣率。计算公式如下：

劳务报酬所得应预扣预缴税额 = 预扣预缴应纳税所得额 × 预扣率 − 速算扣除数

稿酬所得、特许权使用费所得应预扣预缴税额 = 预扣预缴应纳税所得额 ×20%

【例 5-3】 居民个人张某 2020 年 1 月取得劳务报酬所得 30 000 元，出版畅销小说获得稿酬

所得 20 000 元。请按照现行税法规定计算张某应预扣预缴税额。

【解析】
劳务报酬所得项目预扣预缴应纳税所得额 =30 000×（1-20%）=24 000（元）
劳务报酬所得项目应预扣预缴个人所得税 =24 000×30%-2 000=5 200（元）
稿酬所得项目预扣预缴应纳税所得额 =20 000×（1-20%）×70%=11 200（元）
稿酬所得项目应预扣预缴税额 =11 200×20%=2 240（元）

3．汇算清缴纳税申报

【例 5-4】 沿用【例 5-2】与【例 5-3】，假设居民个人张某 2020 年 2 月至 11 月只有工资、薪金所得，12 月份除了工资、薪金所得外，月初某卫视购买其本年出版的畅销小说著作权，获得剧本使用费收入 100 000 元，无其他所得项目，附加扣除等规定与【例 5-2】相同。假设张某均向付款单位取得了已缴税款的证据，试按照现行规定计算每月应预扣预缴税额和年终综合所得应纳税额。

【解析】 工资、薪金所得预扣预缴情况如下：
1 月应预扣预缴税额 =（20 000-5 000-2 000-2 000）×3%=330（元）
2 月应预扣预缴税额 =（20 000×2-5 000×2-2 000×2-2 000×2）×3%-330
　　　　　　　　 = 660-330=330（元）
3 月应预扣预缴税额 =（20 000×3-5 000×3-2 000×3-2 000×3）×3%-660
　　　　　　　　 = 990-660=330（元）
4 月应预扣预缴税额 =（20 000×4-5 000×4-2 000×4-2 000×4）×10%-2 520-990
　　　　　　　　 = 44 000×10%-2 520-990=890（元）
5 月应预扣预缴税额 =（20 000×5-5 000×5-2 000×5-2 000×5）×10%-2 520-1 880
　　　　　　　　 = 55 000×10%-2 520-1 880=1 100（元）
6 月应预扣预缴税额 =（20 000×6-5 000×6-2 000×6-2 000×6）×10%-2 520-2 980
　　　　　　　　 = 66 000×10%-2 520-2 980=1 100（元）
7 月应预扣预缴税额 =（20 000×7-5 000×7-2 000×7-2 000×7）×10%-2 520-4 080
　　　　　　　　 = 77 000×10%-2 520-4 080=1 100（元）
8 月应预扣预缴税额 =（20 000×8-5 000×8-2 000×8-2 000×8）×10%-2 520-5 180
　　　　　　　　 = 88 000×10%-2 520-5 180=1 100（元）
9 月应预扣预缴税额 =（20 000×9-5 000×9-2 000×9-2 000×9）×10%-2 520-6 280
　　　　　　　　 = 99 000×10%-2 520-6 280=1 100（元）
10 月应预扣预缴税额 =（20 000×10-5 000×10-2 000×10-2 000×10）×10%-2 520-7 380
　　　　　　　　　 = 110 000×10%-2 520-7 380=1 100（元）
11 月应预扣预缴税额 =（20 000×11-5 000×11-2 000×11-2 000×11）×10%-2 520-8 480
　　　　　　　　　 = 121 000×10%-2 520-8 480=1 100（元）
12 月应预扣预缴税额 =（20 000×12-5 000×12-2 000×12-2 000×12）×10%-2 520-9 580
　　　　　　　　　 = 132 000×10%-2 520-9 580=1 100（元）

剧本使用费收入属于特许权使用费所得，应由某卫视预扣预缴个人所得税。具体计算如下：
预扣预缴税款 =100 000×（1-20%）×20%=16 000（元）

因此，2020 年度张某共计预扣预缴税额 =10 680+5 200+2 240+16 000=34 120（元）。

国家税务总局 2018 年第 61 号公告规定，居民个人办理年度综合所得汇算清缴时，应当依法计算劳务报酬所得、稿酬所得、特许权使用费所得的收入额,并入年度综合所得计算应纳税款,税款多退少补(见表 5-6)。

表 5-6　2020 年度张某个人所得税汇算清缴计算

单位:元

项目	收入额	减除费用	专项扣除	专项附加扣除	应纳税所得额	适用税率	应纳税额	已预扣预缴税额	应补(退)税额
工资、薪金	240 000							10 680	
劳务报酬	30 000×(1−20%)							5 200	
稿酬	20 000×(1−20%)×70%	60 000	24 000	24 000				2 240	
特许权使用费	100 000×(1−20%)							16 000	
合计	355 200	60 000	24 000	24 000	247 200	20%	32 520	34 120	−1 600

根据表 5-6 可知,应退还张某个人所得税 1 600 元。

(二)非居民个人工资、薪金所得,劳务报酬所得,稿酬所得,特许权使用费所得扣缴个人所得税的计算

非居民个人取得工资、薪金所得,劳务报酬所得,稿酬所得,特许权使用费所得,**有扣缴义务人**的,由扣缴义务人代扣代缴税款,**不办理汇算清缴**。

扣缴义务人向非居民个人支付工资、薪金所得,劳务报酬所得,稿酬所得,特许权使用费所得时,应当按下列方法**按月**或者**按次**代扣代缴个人所得税:

(1)非居民个人的工资、薪金所得,以每月收入额减除费用 5 000 元后的余额为应纳税所得额。

(2)劳务报酬所得、稿酬所得、特许权使用费所得,以每次收入额为应纳税所得额,适用月度税率表(见表 5-5)计算应纳税额。其中,劳务报酬所得、稿酬所得、特许权使用费所得以收入减除 20% 的费用后的余额为收入额。

(3)稿酬所得的收入额减按 70% 计算。

非居民个人工资、薪金所得,劳务报酬所得,稿酬所得,特许权使用费所得应纳税额 =

应纳税所得额 × 税率 − 速算扣除数

【例 5-5】 2020 年 2 月,David(非居民个人)在我国境内取得劳务报酬收入 10 000 元。依照现行税法规定计算 David 应缴纳的个人所得税。

【解析】

应纳税所得额 =10 000×(1−20%)=8 000(元)

应缴纳个人所得税 =8 000×10%−210=590(元)

(三)经营所得应纳税额的计算

取得经营所得的个人,如果还有综合所得,则综合所得按照前述方法计算。其取得的经营所得个人所得税的计算公式为

应纳税额 = 应纳税所得额 × 适用税率 − 速算扣除数

= (全年收入总额 − 成本、费用、损失、其他支出以及允许弥补的以前年度亏损)× 适用税率 − 速算扣除数

取得经营所得的个人，没有综合所得的，计算其每一纳税年度的应纳税所得额时，应当**减除费用 6 万元**、专项扣除、专项附加扣除以及依法确定的其他扣除。**专项附加扣除在办理汇算清缴时减除。**

从事生产、经营活动，未提供完整、准确的纳税资料，不能正确计算应纳税所得额的，由主管税务机关核定应纳税所得额或者应纳税额。

（四）利息、股息、红利所得应纳税额的计算

利息、股息、红利所得应纳税额的计算公式为

$$应纳税额 = 应纳税所得额 \times 适用税率 = 每次收入额 \times 适用税率$$

📢 **学习提示**：利息、股息、红利的应纳税所得额以收入全额计算，不得扣除任何费用。

（五）财产租赁所得应纳税额的计算

1. 每次（月）收入不超过 4 000 元的

$$应纳税所得额 = 每次（月）收入额 - 财产租赁过程中缴纳的税费 - \\ 由纳税人负担的租赁财产实际开支的修缮费用（800 元为限） - 800 元$$

2. 每次（月）收入超过 4 000 元的

$$应纳税所得额 = [每次（月）收入额 - 财产租赁过程中缴纳的税费 - 由纳税人负担的租赁财产\\ 实际开支的修缮费用（800 元为限）] \times (1-20\%)$$

$$应纳税额 = 应纳税所得额 \times 适用税率$$

财产租赁所得适用 20% 的比例税率，但对个人按市场价格出租的**居民住房**取得的所得，自 2001 年 1 月 1 日起暂**减按 10% 的税率**征收个人所得税。

个人出租房屋的个人所得税应税收入不含增值税，计算房屋出租所得可扣除的税费不包括本次出租缴纳的增值税。个人转租房屋的，其向房屋出租方支付的租金和增值税额，在计算转租所得时予以扣除。

【例 5-6】 王某于 2020 年 6 月将其自有的 1 间门面房出租给张某经营，租期 1 年。王某每月取得门面房租金收入 4 000 元，全年租金收入 48 000 元。假设全年无修缮费开支，试计算王某 2020 年租金收入应缴纳的个人所得税。

【解析】 财产租赁所得以每月内取得的收入为一次，王某应纳税额计算如下：

$$每月应纳税额 = (4\,000-800) \times 20\% = 640（元）$$

$$2020 年应纳税额 = 640 \times 7 = 4\,480（元）$$

本例在计算个人所得税时未考虑其他税费。如果对租金收入计征城市维护建设税、房产税和教育费附加等，还应将其从税前的收入中先扣除后再计算应缴纳的个人所得税。

在实际征税过程中，有时会出现财产租赁所得的纳税人不明确的情况。对此，在确定财产租赁所得纳税人时，应以产权凭证为依据。无产权凭证的，由主管税务机关根据实际情况确定纳税人。如果产权所有人死亡，在未办理产权继承手续期间，该财产出租且有租金收入的，以领取租金收入的个人为纳税人。

（六）财产转让所得应纳税额的计算

1. 一般情况下财产转让所得应纳税额的计算

财产转让所得，以一次转让财产的**收入总额**减除**财产原值**和**合理费用**后的余额，为应纳税所得额。财产转让所得应纳税额的计算公式为

$$应纳税额 = 应纳税所得额 \times 适用税率 = (收入总额 - 财产原值 - 合理费用) \times 20\%$$

个人转让房屋的个人所得税应税收入**不含增值税**，其取得房屋时所支付价款中包含的增值

税计入财产原值,计算转让所得时可扣除的税费**不包括本次转让缴纳的增值税**。

2. 个人销售无偿受赠不动产应纳税额的计算

受赠人转让受赠房屋的,以其转让受赠房屋的**收入减除原捐赠人取得该房屋的实际购置成本**以及赠与和转让过程中受赠人**支付的相关税费**后的余额,为受赠人的应纳税所得额,依法计征个人所得税。受赠人转让受赠房屋价格明显偏低又无正当理由的,税务机关可以依据该房屋的市场评估价格或其他合理方式确定的价格核定其转让收入。

【例5-7】 王某建有两层小楼房一幢,造价500 000元,支付费用8 000元。2020年8月,王某将该房屋转让给张某,售价1 000 000元,在卖房过程中按规定支付交易费等有关费用24 000元。计算其应纳个人所得税额。

【解析】 计算过程如下:

应纳税所得额 = 财产转让收入 − 财产原值 − 合理费用
= 1 000 000 − (500 000+8 000) − 24 000
= 468 000(元)

应纳税额 = 468 000×20% = 93 600(元)

(七)偶然所得应纳税额的计算

偶然所得以每次收入为一次。

偶然所得应纳税额的计算公式为

应纳税额 = 应纳税所得额 × 适用税率 = 每次收入额 ×20%

【例5-8】 2020年6月,中国居民王某在购买体育彩票时幸运中奖20 000元,并于当月从中奖收入中拿出6 000元通过当地市教育局向某希望小学捐赠。按照规定,计算体彩代售点代扣代缴个人所得税后,王某实际可得中奖金额(王某选择在偶然所得中扣除公益捐赠支出)。

【解析】 根据税法有关规定,王某当月捐赠限额 = 20 000×30% = 6 000(元),故王某当月的捐赠额可以全部从应纳税所得额中扣除。

应纳税所得额 = 偶然所得 − 捐赠额 = 20 000−6 000 = 14 000(元)

应纳税额(体彩代售点代扣代缴)= 应纳税所得额 × 适用税率 = 14 000×20% = 2 800(元)

王某实际可得中奖金额 = 20 000−6 000−2 800 = 11 200(元)

(八)应纳税额计算的其他规定

(1)两个或两个以上的个人共同取得同一项目收入的,应当对每个人取得的收入分别按照《个人所得税法》的规定减除费用后计算纳税。

(2)居民个人从中国境内和境外取得的综合所得、经营所得,应当分别合并计算应纳税额;从中国境内和境外取得的其他所得,应当分别单独计算应纳税额。

居民个人从中国境外取得的所得,可以从其应纳税额中抵免已在境外缴纳的个人所得税税额,但抵免额不得超过该纳税人境外所得依照《个人所得税法》规定计算的应纳税额。

《个人所得税法》所称纳税人境外所得依照本法规定计算的应纳税额,是居民个人抵免已在境外缴纳的综合所得、经营所得以及其他所得的所得税税额的限额(以下简称抵免限额)。除国务院财政、税务主管部门另有规定外,来源于中国境外一个国家(地区)的综合所得抵免限额、经营所得抵免限额以及其他所得抵免限额之和,为来源于该国家(地区)所得的抵免限额。

居民个人在中国境外一个国家(地区)实际已经缴纳的个人所得税税额,低于依照《个人所得税法》规定计算出的来源于该国家(地区)所得的抵免限额的,应当在中国缴纳差额部分的税款;超过来源于该国家(地区)所得的抵免限额的,其超过部分不得在本纳税年度的应纳税额中抵免，但是可以在以后纳税年度来源于该国家（地区）所得的抵免限额的余额中补扣。补扣期限最长不得超过 5 年。居民个人申请抵免已在境外缴纳的个人所得税税额，应当提供境外税务机关出具的税款所属年度的有关纳税凭证。

（3）居民个人取得全年一次性奖金，符合相关规定的，在 2023 年 12 月 31 日前，不并入当年综合所得，以全年一次性奖金收入除以 12 个月得到的数额，按照按月换算后的综合所得税率表确定适用税率和速算扣除数，单独计算纳税。计算公式为

$$应纳税额 = 全年一次性奖金收入 \times 适用税率 - 速算扣除数$$

居民个人取得全年一次性奖金，也可以选择并入当年综合所得计算纳税。

自 2022 年 1 月 1 日起，居民个人取得全年一次性奖金，应并入当年综合所得计算缴纳个人所得税。

（4）居民个人取得股票期权、股票增值权、限制性股票、股权奖励等股权激励，符合规定的相关条件的，在 2021 年 12 月 31 日前，不并入当年综合所得，全额单独适用综合所得税率表计算纳税。计算公式为

$$应纳税额 = 股权激励收入 \times 适用税率 - 速算扣除数$$

居民个人一个纳税年度内取得两次以上（含两次）股权激励的，应合并计算纳税。

（5）个人办理提前退休手续而取得的一次性补贴收入，应按照办理提前退休手续至法定离退休年龄之间实际年度数平均分摊，确定适用税率和速算扣除数，单独适用综合所得税率表计算纳税。计算公式为

$$应纳税额 = \{[（一次性补贴收入 \div 办理提前退休手续至法定退休年龄的实际年度数）- 费用扣除标准] \times 适用税率 - 速算扣除数\} \times 办理提前退休手续至法定退休年龄的实际年度数$$

（6）实行内部退养的个人在其办理内部退养手续后至法定离退休年龄之间从原任职单位取得的工资、薪金，不属于离退休工资，应按"工资、薪金所得"项目缴纳个人所得税。个人在办理内部退养手续后从原任职单位取得的一次性收入，应按办理内部退养手续后至法定离退休年龄之间的所属月份进行平均，并与领取当月的工资、薪金所得合并后减除当月费用扣除标准，以余额为基数确定适用税率，再将当月工资、薪金加上取得的一次性收入，减去费用扣除标准，按适用税率缴纳个人所得税。

个人在办理内部退养手续后至法定离退休年龄之间重新就业取得的工资、薪金所得，应与其从原任职单位取得的同一月份的工资、薪金所得合并，并依法自行向主管税务机关申报缴纳个人所得税。

（7）单位按低于购置或建造成本价格出售住房给职工，职工因此而少支出的差价部分，符合相关规定的，不并入当年综合所得，以差价收入除以 12 个月得到的数额，按照月度税率表确定适用税率和速算扣除数，单独计算纳税。计算公式为

$$应纳税额 = 职工实际支付的购房价款低于该房屋的购置或建造成本价格的差额 \times 适用税率 - 速算扣除数$$

二、应纳税额计算的特殊规定

（1）个人因与用人单位解除劳动关系而取得的一次性补偿收入征税问题。个人因与用人单位解除劳动关系而取得的一次性补偿收入（包括用人单位发放的经济补偿金、生活补助费和其他补助费用），其收入超过当地上年职工平均工资 3 倍数额部分的一次性补偿收入，不并入当年

综合所得，单独适用综合所得税率表，计算纳税。个人领取一次性补偿收入时，按照国家和地方政府规定的比例实际缴纳的住房公积金、医疗保险费、基本养老保险费、失业保险费可以在计征其一次性补偿收入的个人所得税时予以扣除。

（2）关于企业改组改制过程中个人取得的量化资产征税问题。根据国家有关规定，集体所有制企业在改制为股份合作制企业时，可以将有关**资产量化**给职工个人。为了支持企业改组改制的顺利进行，对于企业在改制过程中个人取得量化资产的征税问题，税法做出如下规定：

对职工个人以股份形式取得的**仅作为分红依据**，不拥有所有权的企业量化资产，不征收个人所得税。

对职工个人以股份形式取得的拥有所有权的企业量化资产，**暂缓征收**个人所得税；待个人将股份**转让时**，就其转让收入额，减除个人取得该股份时实际支付的费用支出和合理转让费用后的余额，按"**财产转让所得**"项目计征个人所得税。

对职工个人以股份形式取得的企业量化资产参与企业分配而获得的**股息、红利**，应按"**利息、股息、红利所得**"项目征收个人所得税。

（3）符合以下情形的房屋或其他财产，不论所有权人是否将财产无偿或有偿交付企业使用，其实质均为企业对个人进行了实物性质的分配，应依法计征个人所得税：

1）企业出资购买房屋及其他财产，将**所有权登记为投资者个人、投资者家庭成员或企业其他人员的**。

2）企业投资者个人、投资者家庭成员或企业其他人员向企业借款用于购买房屋及其他财产，将所有权登记为投资者、投资者家庭成员或企业其他人员，且借款**年度终了后未归还借款的**。

3）对**个人独资企业、合伙企业的个人投资者或其家庭成员**取得的上述所得，视为企业对个人投资者的利润分配，按照"**经营所得**"项目计征个人所得税；对除个人独资企业、合伙企业**以外其他企业的个人投资者或其家庭成员**取得的上述所得，视为企业对个人投资者的红利分配，按照"**利息、股息、红利所得**"项目计征个人所得税；对企业**其他人员**取得的上述所得，按照"**综合所得**"项目计征个人所得税。

（4）企业年金、职业年金的其他征税问题。个人达到国家规定的退休年龄之后按月领取的年金，符合相关规定的，**不并入综合所得，全额单独计算应纳税款**。按月领取的，适用月度税率表计算纳税；按季度领取的，平均分摊计入各月，按每月领取额适用月度税率表计算纳税；按年领取的，适用综合所得税率表计算纳税。

个人因出境定居而一次性领取的年金个人账户资金，或个人死亡后，其指定的受益人或法定继承人一次性领取的年金个人账户余额，适用综合所得税率表计算纳税。对个人除上述特殊原因外一次性领取年金个人账户资金或余额适用月度税率表计算纳税。

（5）个人投资者收购企业股权后，将企业原有盈余公积转增股本个人所得税问题。一名或多名个人投资者以股权收购方式取得被收购企业100%股权，股权收购前，被收购企业原账面金额中的"资本公积""盈余公积""未分配利润"等盈余积累未转增股本，而在股权交易时将其一并计入股权转让价格并履行了所得税纳税义务。股权收购后，企业将**原账面金额**中的**盈余积累**向个人投资者（新股东，下同）转增股本，有关个人所得税问题区分以下情形处理：

1）新股东以不低于净资产价格收购股权的，企业原盈余积累已全部计入股权交易价格，新股东取得盈余积累转增股本的部分，不征收个人所得税。

2）新股东以低于净资产价格收购股权的，企业原盈余积累中，对于股权收购价格减去原股本的**差额部分已经计入股权交易价格**，新股东取得盈余积累转增股本的部分，**不征收**个人所得税；对于股权收购价格低于原所有者权益的差额部分未计入股权交易价格，新股东取得盈余积累转增股本的部分，应按照"利息、股息、红利所得"项目征收个人所得税。

3）新股东以低于净资产价格收购企业股权后转增股本，应按照下列顺序进行，即先转增应税的盈余积累部分，然后再转增免税的盈余积累部分。

（6）个人从公开发行和转让市场取得的上市公司股票，持股期限在1个月以内（含1个月）的，其股息、红利所得全额计入应纳税所得额；持股期限在1个月以上至1年（含1年）的，暂减按50%计入应纳税所得额；上述所得统一适用20%的税率计征个人所得税。对个人持有的上市公司限售股，解禁后取得的股息、红利，按照上市公司股息、红利差别化个人所得税政策规定计算纳税，持股时间自解禁日起计算；解禁前取得的股息、红利继续暂减按50%计入应纳税所得额，适用20%的税率计征个人所得税。

个人从公开发行和转让市场取得的上市公司股票包括以下几种：①通过证券交易所集中交易系统或大宗交易系统取得的股票；②通过协议转让取得的股票；③因司法扣划取得的股票；④因依法继承或家庭财产分割取得的股票；⑤通过收购取得的股票；⑥权证行权取得的股票；⑦使用可转换公司债券转换的股票；⑧取得发行的股票、配股、股份股利及公积金转增股本；⑨持有从代办股份转让系统转到主板市场（或中小板、创业板市场）的股票；⑩上市公司合并，个人持有的被合并公司股票转换的合并后公司股票；⑪上市公司分立，个人持有的被分立公司股票转换的分立后公司股票；⑫其他从公开发行和转让市场取得的股票。

自2019年7月1日起至2024年6月30日，个人持有全国中小企业股份转让系统挂牌公司的股票，持股期限在1个月以内（含1个月）的，其股息红利所得全额计入应纳税所得额；持股期限在1个月以上至1年（含1年）的，股息红利所得暂减按50%计入应纳税所得额；上述所得统一适用20%的税率计征个人所得税。

❀ **本节导读分析**：兼职获得的收入按照"劳务报酬所得"缴纳个人所得税；获得的稿酬按照"稿酬所得"缴纳个人所得税；中彩票获得的奖金按照"偶然所得"缴纳个人所得税。居民个人"工资、薪金所得""劳务报酬所得""稿酬所得""特许权使用费所得"并入综合所得进行汇算清缴。

❀ **知识小结**：
1. 应纳税额的计算总结

项目		应纳税额计算规定		
综合所得	工资、薪金所得	月收入-5 000元-专项扣除-专项附加扣除-其他扣除（预缴时计算累计数）	按月累计预扣预缴（预扣率）	年终汇算清缴（年税率）
	劳务报酬所得	应预扣预缴税额=预扣预缴应纳税所得额×预扣率-速算扣除数（见表5-4）	按次或按月预扣预缴（预扣率）	
	稿酬所得	应预扣预缴税额=预扣预缴应纳税所得额×20%		
	特许权使用费所得			
经营所得		应纳税额=（全年收入-成本、费用及损失）×适用税率-速算扣除数		
财产租赁所得		① 每次（月）收入≤4 000元 应纳税额=（每月收入额-财产租赁中缴纳的税费-由纳税人负担的租赁财产实际开支的修缮费用-800元）×20% ② 每次（月）收入＞4 000元 应纳税额=（每月收入额-财产租赁中缴纳的税费-由纳税人负担的租赁财产实际开支的修缮费用）×（1-20%）×20% 房屋修缮费每月最高扣除800元，其余部分在租赁期内，可以结转下月继续扣除个人出租住房取得的所得暂减按10%的税率征收		

(续)

项　目	应纳税额计算规定
财产转让所得	应纳税额=（收入总额-财产原值-合理费用）×20%
利息、股息、红利所得	应纳税额=每次收入额×20%
偶然所得	

2．非居民个人应纳税额总结

项　目	非居民个人应纳税额计算规定	
工资、薪金所得	应纳税额=（月收入-5 000元）×适用税率-速算扣除数	按月征收
劳务报酬所得、特许权使用费所得	应纳税额=收入×（1-20%）×适用税率-速算扣除数	按次征收
稿酬所得	应纳税额=收入×（1-20%）×70%×适用税率-速算扣除数	

3．应纳税额计算的特殊规定总结

项　目		税法规定	
个人因与用人单位解除劳动关系取得一次性补偿收入		超过当地上年职工平均工资3倍数额部分的一次性补偿收入，不并入当年综合所得，单独适用综合所得税率表计算纳税	
企业改组改制过程中个人取得的量化资产	对职工个人以股份形式取得的仅作为分红依据，不拥有所有权的企业量化资产，不征收个人所得税		
	对职工个人以股份形式取得的拥有所有权的企业量化资产	取得时，暂缓征收个人所得税	
		转让时，按"财产转让所得"项目计征个人所得税	
	参与企业分配而获得的股息、红利	按"利息、股息、红利所得"项目计征个人所得税	
房屋或其他财产	企业出资购买，所有权登记为投资者个人、投资者家庭成员或企业其他人员的	其实质为企业对个人进行了实物性质的分配，应依法计征个人所得税	1. 对个人独资企业、合伙企业的个人投资者或其家庭成员取得的上述所得，视为企业对个人投资者的利润分配，按照"经营所得"项目计征个人所得税
	企业投资者个人、投资者家庭成员或企业其他人员向企业借款购买的，所有权登记为投资者、投资者家庭成员或企业其他人员，且借款年度终了后未归还借款的		2. 对除个人独资企业、合伙企业以外其他企业的个人投资者或其家庭成员取得的上述所得，视为企业对个人投资者的红利分配，按照"利息、股息、红利所得"项目计征个人所得税
			3. 对企业其他人员取得的上述所得，按照"综合所得"项目计征个人所得税
个人从公开发行和转让市场取得的上市公司股票	持股期限≤1个月	股息红利所得全额计入应纳税所得额	
	1个月＜持股期限≤1年	暂减按50%计入应纳税所得额	

第五节　个人所得税税收优惠

> **/学习导读/**
>
> 2019年2月1日凤森集团因业务需要聘请专家张某为其提供研发服务，工资、薪金每月10万元。张某业绩表现突出，3月底获得公司的奖金5万元，且因研发的专利有较大贡献获得省级科学技术奖2万元；张某另获得教育储蓄存款利息收入600元。试分析张某的收入中，哪些可以减免个人所得税，哪些需要缴纳个人所得税。

一、减、免税项目

（一）免税项目

（1）省级人民政府、国务院部委和中国人民解放军军以上单位，以及外国组织、国际组织颁发的科学、教育、技术、文化、卫生、体育、环境保护等方面的奖金。

（2）国债和国家发行的金融债券利息。其中，国债利息是指个人持有中华人民共和国财政部发行的债券而取得的利息；国家发行的金融债券利息是指个人持有经国务院批准发行的金融债券而取得的利息。

（3）按照国家统一规定发给的补贴、津贴。这是指按照国务院规定发给的政府特殊津贴、院士津贴，以及国务院规定免纳个人所得税的其他补贴、津贴。

（4）福利费、抚恤金、救济金。其中，福利费是指根据国家有关规定，从企业、事业单位、国家机关、社会团体提留的福利费或者从工会经费中支付给个人的生活补助费；救济金是指各级人民政府部门支付给个人的生活困难补助费。

（5）保险赔款。

（6）军人的转业费、复员费、退役金。

（7）按照国家统一规定发给干部、职工的安家费、退职费、基本养老金或者退休费、离休费、离休生活补助费。其中，退职费是指符合《国务院关于工人退休、退职的暂行办法》规定的退职条件，并按该办法规定的退职费标准所领取的退职费。

> **学习提示**：离退休人员除按规定领取离退休工资或养老金外，另从原任职单位取得的各类补贴、奖金、实物，不属于免税的退休工资、离休工资、离休生活补助费，应按"工资、薪金所得"项目的规定缴纳个人所得税。

（8）依照有关法律规定应予免税的各国驻华使馆、领事馆的外交代表、领事官员和其他人员的所得。

（9）中国政府参加的国际公约、签订的协议中规定免税的所得。

（10）国务院规定免税的所得。

（二）减税项目

（1）有下列情形之一的，可以减征个人所得税，具体幅度和期限由省、自治区、直辖市人民政府规定，并报同级人民代表大会常务委员会备案：

1）残疾、孤老人员和烈属的所得。

2）因严重自然灾害造成重大损失的。

（2）2021年1月1日至2022年12月31日，关于个体工商户个人所得税减半政策有关事项：

1）对个体工商户经营所得年应纳税所得额不超过100万元的部分，在现行优惠政策基础上，再减半征收个人所得税。个体工商户不区分征收方式，均可享受。

2）个体工商户在预缴税款时即可享受，其年应纳税所得额暂按截至本期申报所属期末的情况进行判断，并在年度汇算清缴时按年计算，多退少补。若个体工商户从两处以上取得经营所得，需在办理年度汇总纳税申报时，合并个体工商户经营所得年应纳税所得额，重新计算减免税额，多退少补。

（3）个体工商户按照以下方法计算减免税额：

减免税额=（个体工商户经营所得应纳税所得额不超过100万元部分的应纳税额－其他政策减免税额×个体工商户经营所得应纳税所得额不超过100万元部分÷经营所得应纳税所得额）×（1-50%）

（4）个体工商户需将按上述方法计算得出的减免税额填入对应经营所得纳税申报表"减免税额"栏次，并附报"个人所得税减免税事项报告表"。对于通过电子税务局申报的个体工商户，税务机关将提供该优惠政策减免税额和报告表的预填服务。实行简易申报的定期定额个体工商户，税务机关按照减免后的税额进行税款划缴。

【例5-9】 纳税人李某经营个体工商户C，年应纳税所得额为80 000元（适用税率10%，速算扣除数1 500元），同时可以享受残疾人政策减免税额2 000元，那么李某该项政策的减免税额=[（80 000×10%-1 500）-2 000]×（1-50%）=2 250（元）。

【例5-10】 纳税人吴某经营个体工商户D，年应纳税所得额为1 200 000元（适用税率35%，速算扣除数65 500元），同时可以享受残疾人政策减免税额6 000元，那么吴某该项政策的减免税额=[（1 000 000×35%-65 500）-6 000×1 000 000÷1 200 000]×（1-50%）=139 750（元）。

> 学习提示：国务院可以规定其他减税情形，报全国人民代表大会常务委员会备案。

二、暂免征税项目

下列所得暂免征收个人所得税：

（1）外籍个人以**非现金形式**或**实报实销**形式取得的住房补贴、伙食补贴、搬迁费、洗衣费。

（2）外籍个人按合理标准取得的**境内、境外出差补贴**。

（3）外籍个人取得的**探亲费、语言训练费、子女教育费**等，经当地税务机关审核批准为合理的部分。

（4）外籍个人从外商投资企业取得的**股息、红利**所得。

（5）凡符合下列条件之一的外籍专家取得的工资、薪金所得，可免征个人所得税：

1）根据世界银行专项贷款协议，由世界银行直接派往我国工作的外国专家。

2）联合国组织直接派往我国工作的专家。

3）为联合国援助项目来华工作的专家。

4）援助国派往我国专为该国无偿援助项目工作的专家。

5）根据两国政府签订的文化交流项目来华工作两年以内的文教专家，其工资、薪金所得由该国负担的。

6）根据我国大专院校国际交流项目来华工作两年以内的文教专家，其工资、薪金所得由该国负担的。

7）通过民间科研协定来华工作的专家，其工资、薪金所得由该国政府机构负担的。

2019年1月1日至2021年12月31日期间，外籍个人符合居民个人条件的，可以选择享受个人所得税专项附加扣除，也可以选择按照规定，享受住房补贴、语言训练费、子女教育费等津补贴免税优惠政策，但不得同时享受。外籍个人一经选择，在一个纳税年度内不得变更。自2022年1月1日起，外籍个人不再享受住房补贴、语言训练费、子女教育费津补贴免税优惠政策，应按规定享受专项附加扣除。

（6）个人举报、协查各种违法、犯罪行为而获得的奖金。

（7）个人办理代扣代缴手续，按规定取得的扣缴手续费。

（8）个人转让自用达5年以上，并且是唯一的家庭生活用房取得的所得。

（9）对个人购买福利彩票、赈灾彩票、体育彩票，一次中奖收入在1万元（含）以下的，暂免征收个人所得税；超过1万元的，全额征收个人所得税。

（10）达到离休、退休年龄，但确因工作需要，适当延长离休、退休年龄的高级专家（指享受国家发放的政府特殊津贴的专家、学者），其在延长离休、退休期间的工资、薪金所得，视同离休、退休工资，免征个人所得税。

（11）个人取得单张有奖发票奖金所得不超过800元（含800元）的，暂免征收个人所得税。

（12）个人领取原提存的住房公积金、基本医疗保险金、基本养老保险金，以及具备《失业保险条例》规定条件的失业人员领取的失业保险金，免予征收个人所得税。

（13）按照《工伤保险条例》的规定，对工伤职工及其亲近家属取得的工伤保险待遇免征个人所得税。

（14）企事业单位按照国家或省（自治区、直辖市）人民政府规定的缴费比例或办法实际缴付的基本养老保险费、基本医疗保险费和失业保险费，免征个人所得税；个人按照国家或省（自治区、直辖市）人民政府规定的缴费比例或办法实际缴付的基本养老保险费、基本医疗保险费和失业保险费，允许在个人应纳税所得额中扣除。

（15）企业和事业单位根据国家有关政策规定的办法和标准，为在本单位任职或者受雇的全体职工缴付的企业年金或职业年金单位缴费部分，在计入个人账户时，个人暂不缴纳个人所得税。

个人根据国家有关政策规定缴付的年金个人缴费部分，在不超过本人缴费工资计税基数的4%标准内的部分，暂从个人当期的应纳税所得额中扣除。

年金基金投资运营收益分配计入个人账户时，个人暂不缴纳个人所得税。

（16）企业依照国家有关法律规定宣告破产，企业职工从该破产企业取得的一次性安置费收入，免征个人所得税。

（17）自2008年10月9日（含）起，对储蓄存款利息所得暂免征收个人所得税。

（18）个人在上海、深圳证券交易所转让从上市公司公开发行和转让市场取得的股票，转让所得暂不征收个人所得税。

（19）对个人转让全国中小企业股份转让系统（新三板）挂牌公司非原始股取得的所得，暂免征收个人所得税。非原始股是指个人在新三板挂牌公司挂牌后取得的股票，以及由上述股票孳生的送、转股。

（20）自2015年9月8日起，个人从公开发行和转让市场取得的上市公司股票，持股期限超过1年的，股息、红利所得暂免征收个人所得税。

（21）自2019年7月1日起至2024年6月30日止，个人持有全国中小企业股份转让系统挂牌公司的股票，持股期限超过1年的，对股息、红利所得暂免征收个人所得税。

（22）对被拆迁人按照国家有关城镇房屋拆迁管理办法规定的标准取得的拆迁补偿款，免征个人所得税。

（23）以下情形的房屋产权无偿赠与的，对当事双方不征收个人所得税：

1）房屋产权所有人将房屋产权无偿赠与配偶、父母、子女、祖父母、外祖父母、孙子女、外孙子女、兄弟姐妹。

2）房屋产权所有人将房屋产权无偿赠与对其承担直接抚养或者赡养义务的抚养人或者赡养人。

3）房屋产权所有人死亡，依法取得房屋产权的法定继承人、遗嘱继承人或者受遗赠人。

（24）个体工商户、个人独资企业和合伙企业或个人从事种植业、养殖业、饲养业、捕捞业取得的所得，暂不征收个人所得税。

（25）企业在销售商品（产品）和提供服务过程中向个人赠送礼品，属于下列情形之一的，不征收个人所得税：

1）企业通过价格折扣、折让方式向个人销售商品（产品）和提供服务。

2）企业在向个人销售商品（产品）和提供服务的同时给予赠品，如通信企业对个人购买手机赠话费、入网费，或者购话费赠手机等。

3）企业对累积消费达到一定额度的个人按消费积分反馈礼品。

税收法律、行政法规、部门规章和规范性文件中未明确规定纳税人享受减免税必须经税务机关审批，且纳税人取得的所得完全符合减免税条件的，无须经主管税务机关审核，纳税人可自行享受减免税。

税收法律、行政法规、部门规章和规范性文件中明确规定纳税人享受减免税必须经税务机关审批的，或者纳税人无法判断其取得的所得是否应享有个人所得税减免税的，必须经主管税务机关按照有关规定审核或批准后，方可减免个人所得税。

本节导读分析：张某因研发专利有较大贡献取得的省级科学技术奖 2 万元属于免税项目，不需要缴纳个人所得税；个人取得的教育储蓄存款利息属于免税项目，因此张某的教育储蓄存款利息收入 600 元不需要缴纳个人所得税；根据规定，张某工资、薪金所得需要按相关规定计算缴纳个人所得税；获得公司的奖金 5 万元，需要并入 3 月的工资、薪金，按规定预缴个人所得税。

第六节　个人所得税纳税申报

/学习导读/

风森集团的员工李某在中国境内除了取得风森集团的工资、薪金所得外，还在风森集团所在地以外的某地取得税前劳务报酬所得 10 万元，该公司未代扣代缴个人所得税。临近年底，李某有点犯愁：到底该到哪处自行申报缴纳个人所得税呢？未扣缴的个人所得税是否需要补缴？

一、个人所得税的征收管理

（一）税源扣缴

1. 个人所得税的扣缴义务人

税法规定，个人所得税以**所得人**为纳税人，以**支付所得**的单位或者个人为**扣缴义务人**。

纳税人有中国公民身份证号码的,以中国公民身份证号码为纳税人识别号;纳税人没有中国公民身份号码的,由税务机关赋予其纳税人识别号。扣缴义务人扣缴税款时,纳税人应当向扣缴义务人提供纳税人识别号。

2. 扣缴义务人的法定义务

扣缴义务人应当按照国家规定办理全员全额扣缴申报,并向纳税人提供其个人所得和已扣缴税款等信息。

(1) 居民个人取得工资、薪金所得时,可以向扣缴义务人提供专项附加扣除有关信息,由扣缴义务人在扣缴税款时减除专项附加扣除。纳税人同时从两处以上取得工资、薪金所得,并由扣缴义务人减除专项附加扣除的,对同一专项附加扣除项目,在一个纳税年度内只能选择从一处取得的所得中减除;居民个人仅取得劳务报酬所得、稿酬所得、特许权使用费所得,应当在汇算清缴时向税务机关提供有关信息,减除专项附加扣除。

(2) 纳税人可以委托扣缴义务人或者其他单位和个人办理汇算清缴。纳税人发现扣缴义务人提供或者扣缴申报的个人信息、所得、扣缴税款等与实际情况不符的,有权要求扣缴义务人修改。扣缴义务人拒绝修改的,纳税人应当报告税务机关,税务机关应当及时处理。

纳税人、扣缴义务人应当按照规定保存与专项附加扣除相关的资料。税务机关可以对纳税人提供的专项附加扣除信息进行抽查,具体办法由国务院税务主管部门另行规定。税务机关发现纳税人提供虚假信息的,应当责令改正并通知扣缴义务人;情节严重的,有关部门应当依法予以处理,纳入信用信息系统并实施联合惩戒。

(3) 纳税人申请退税时提供的汇算清缴信息有错误的,税务机关应当告知其更正;纳税人更正的,税务机关应当及时办理退税。

扣缴义务人未将扣缴的税款解缴入库的,不影响纳税人按照规定申请退税,税务机关应当凭纳税人提供的有关资料办理退税。

3. 个人所得税的代扣代缴期限

扣缴义务人每月或者每次预扣、代扣的税款,应当在**次月15日**内缴入国库,并向税务机关报送扣缴个人所得税申报表。

4. 代扣代缴税款的手续费

税务机关应根据扣缴义务人所扣缴的税款,付给2%的手续费,由扣缴义务人用于代扣代缴费用开支和奖励代扣代缴工作做得较好的办税人员。

📢 **学习提示**:个人取得的该项手续费暂免征收个人所得税。

5. 法律责任

依照《税收征收管理法》规定,扣缴义务人应扣未扣、应收而不收税款的,由税务机关向纳税人追缴税款,对扣缴义务人处**应扣未扣、应收未收税款50%以上3倍以下的罚款**;纳税人、扣缴义务人逃避、拒绝或者以其他方式阻挠税务机关检查的,由税务机关责令改正,可以处10 000元以下的罚款;情节严重的,处10 000元以上50 000元以下的罚款。

扣缴义务人的法人代表(或单位主要负责人)、财会部门的负责人及具体办理代扣代缴税款的有关人员,共同对依法履行代扣代缴义务负法律责任。根据税法规定,扣缴义务人有偷税或者抗税行为的,除依法追缴税款、处以罚款(罚金)外,对情节严重的,还应追究直接责任人的刑事责任。

(二) 自行申报纳税

自行申报纳税,是由纳税人自行在税法规定的纳税期限内,向税务机关申报取得的应税所得项目和数额，如实填写个人所得税纳税申报表，并按照税法规定计算应纳税额，据此缴纳个人所得税的一种方法。

个人所得税自行申报的范围：

（1）取得**综合所得需要办理汇算清缴**。需要办理汇算清缴的情形包括以下几种：

1）在两处或者两处以上取得综合所得，且综合所得年收入额减去专项扣除的余额超过6万元。

2）取得劳务报酬所得、稿酬所得、特许权使用费所得中一项或者多项所得，且综合所得年收入额减去专项扣除的余额超过6万元。

3）纳税年度内预缴税额低于应纳税额的。

4）纳税人申请退税。纳税人申请退税，应当提供其在中国境内开设的银行账户，并在汇算清缴地就地办理税款退库。

（2）取得应税所得**没有扣缴义务人**。

（3）取得应税所得，**扣缴义务人未扣缴税款**。

（4）取得**境外所得**。

（5）因移居境外注销中国户籍。

（6）**非居民个人**在中国境内从**两处以上取得工资、薪金所得**。

（7）国务院规定的其他情形。

（三）申报纳税地点

纳税人取得经营所得应向经营管理所在地主管税务机关申报纳税；从两处以上取得经营所得，应选择向其中一处经营管理所在地主管税务机关申报纳税。

居民个人从中国境外取得所得，应向中国境内任职、受雇单位所在地主管税务机关申报纳税；在中国境内没有任职、受雇单位，应向户籍所在地或中国境内经常居住地主管税务机关申报纳税；户籍所在地与中国境内经常居住地不一致的，应选择其中一地主管税务机关申报纳税；在中国境内没有户籍，应向中国境内经常居住地主管税务机关申报纳税。

非居民个人取得工资、薪金所得，劳务报酬所得，稿酬所得，特许权使用费所得，应向扣缴义务人所在地主管税务机关申报纳税；非居民个人在中国境内从两处以上取得工资、薪金所得，应向其中一处任职、受雇单位所在地主管税务机关申报纳税。

（四）申报纳税期限

（1）居民个人取得综合所得，按年计算个人所得税；有扣缴义务人的，由扣缴义务人按月或者按次预扣预缴税款；需要办理汇算清缴的，应当在取得所得的**次年3月1日至6月30日内**办理汇算清缴。

非居民个人取得工资、薪金所得，劳务报酬所得，稿酬所得和特许权使用费所得，有扣缴义务人的，由扣缴义务人按月或者按次代扣代缴税款，不办理汇算清缴。

（2）纳税人取得经营所得，按年计算个人所得税，由纳税人**在月度或者季度终了后15日内**向税务机关报送纳税申报表，并预缴税款；在取得所得的**次年3月31日前办理汇算清缴**。

纳税人取得利息、股息、红利所得，财产租赁所得，财产转让所得和偶然所得，**按月**或者**按次**计算个人所得税，有扣缴义务人的，由扣缴义务人按月或者按次代扣代缴税款。

（3）纳税人取得应税所得没有扣缴义务人的，应当在取得所得的**次月15日**内向税务机关报送纳税申报表，并缴纳税款。

（4）纳税人取得应税所得，扣缴义务人未扣缴税款的，纳税人应当在取得所得的**次年6月**

30 日前缴纳税款；税务机关通知限期缴纳的，纳税人应当按照期限缴纳税款。

（5）居民个人从中国境外取得所得的，应当在取得所得的次年 3 月 1 日至 6 月 30 日内申报纳税。

（6）非居民个人在中国境内从两处以上取得工资、薪金所得的，应当在取得所得的次月 15 日内申报纳税。

（7）纳税人因移居境外注销中国户籍的应当在注销中国户籍前办理税款清算。

（8）纳税人办理汇算清缴退税或者扣缴义务人为纳税人办理汇算清缴退税的，税务机关审核后，按照国库管理的有关规定办理退税。

> 学习提示：纳税人申请退税，应当提供其在中国境内开设的银行账户，并在汇算清缴地就地办理税款退库。

各项所得的计算以人民币为单位。所得为人民币以外货币的，按照办理纳税申报或扣缴申报的上一月最后一日人民币汇率中间价，折合成人民币计算应纳税所得额。年度终了后办理汇算清缴的，对已经按月、按季或者按次预缴税款的人民币以外货币所得，不再重新折算；对应当补缴税款的所得部分，按照上一纳税年度最后一日人民币汇率中间价，折合成人民币计算应纳税所得额。

二、纳税申报

（一）纳税申报方式

纳税人可以采用远程办税端、邮寄等方式申报，也可以直接到主管税务机关申报。其中，采取邮寄申报纳税的，以寄出地的邮戳日期为实际申报日期。

（二）专项附加扣除操作

为了规范个人所得税的专项附加扣除行为，国家税务总局制定了《个人所得税专项附加扣除操作办法（试行）》，自 2019 年 1 月 1 日起施行。

（1）纳税人首次享受专项附加扣除的，应当填写并向扣缴义务人报送《个人所得税专项附加扣除信息表》（简称《扣除信息表》）；纳税年度中间相关信息发生变化的，纳税人应当更新《扣除信息表》相应栏次，并及时报送给扣缴义务人。

（2）纳税人选择在汇算清缴申报时享受专项附加扣除的，应当填写并向汇缴地主管税务机关报送《扣除信息表》。

（3）纳税人可以通过远程办税端、电子或纸质报表等方式，向扣缴义务人或主管税务机关报送个人专项附加扣除信息。

（三）个人所得税《纳税记录》

为配合个人所得税制度改革，进一步落实国务院减证便民要求，优化纳税服务，国家税务总局决定将个人所得税《税收完税证明》（文书式）调整为《纳税记录》。

纳税人可以通过电子税务局、手机 App 申请开具本人的个人所得税《纳税记录》，也可以到办税服务厅申请开具。

> 学习提示：不论纳税人是否实际缴纳税款，均可以开具个人所得税《纳税记录》。

（四）纳税申报表

1. 基础信息表

个人所得税基础信息表分为 A 表和 B 表，A 表适用于扣缴义务人申报，B 表适用于自然人填报（见表 5-7 和表 5-8）。

表 5-7　个人所得税基础信息表（A 表）

（适用于扣缴义务人填报）

扣缴义务人名称：
扣缴义务人纳税人识别号（统一社会信用代码）：□□□□□□□□□□□□□□□□□□

序号	纳税人基本信息（带*必填）					任职受雇从业信息				联系方式				银行账户		投资信息		其他信息		华侨、港澳台、外籍个人信息（带*必填）				备注
	纳税人识别号	*纳税人姓名	*身份证件类型	*身份证件号码	*出生日期	国籍/地区	类型	职务	学历	任职受雇从业日期	离职日期	手机号码	户籍所在地	经常居住地	联系地址	电子邮箱	开户银行	银行账号	投资额（元）	投资比例	是否残疾/孤老/烈属	残疾/烈属号码	*出生地	*性别	*首次入境时间	*预计离境时间	*涉税事由	
1	2	3	4	5	6	7	8	9	10	11	12	13	14	15	16	17	18	19	20	21	22	23	24	25	26	27	28	29

谨声明：本表是根据国家税收法律法规及相关规定填报的，是真实的、可靠的、完整的。

扣缴义务人（签章）：　　　　　　年　月　日

经办人签字：	受理人：
经办人身份证件号码：	
代理机构签章：	受理税务机关（章）：
代理机构统一社会信用代码：	受理日期：　　年　月　日

国家税务总局监制

表 5-8　个人所得税基础信息表（B 表）

（适用于自然人填报）

纳税人识别号：□□□□□□□□□□□□□□□□□□

		基本信息（带*必填）			
基本信息	*纳税人姓名	中文名		英文名	
	*身份证件	证件类型一		证件号码	
		证件类型二		证件号码	
	*国籍/地区			*出生日期	年　月　日
联系方式	户籍所在地	省（区、市）	市	区（县）	街道（乡、镇）_____
	经常居住地	省（区、市）	市	区（县）	街道（乡、镇）_____
	联系地址	省（区、市）	市	区（县）	街道（乡、镇）_____
	*手机号码			电子邮箱	

(续)

其他信息	开户银行		银行账号			
	学历		□研究生 □大学本科 □大学本科以下			
	特殊情形		□残疾 残疾号_____ □烈属 烈属证号_____ □孤老			

任职、受雇、从业信息

任职受雇从业单位一	名称		国家/地区			
	纳税人识别号（统一社会信用代码）		任职受雇从业日期	年 月	离职日期	年 月
	类型	□雇员 □保险营销员 □证券经纪人 □其他	职务		□高层 □其他	
任职受雇从业单位二	名称		国家/地区			
	纳税人识别号（统一社会信用代码）		任职受雇从业日期	年 月	离职日期	年 月
	类型	□雇员 □保险营销员 □证券经纪人 □其他	职务		□高层 □其他	

该栏仅由投资者纳税人填写

被投资单位一	名称		国家/地区			
	纳税人识别号（统一社会信用代码）		投资额（元）		投资比例	
被投资单位二	名称		国家/地区			
	纳税人识别号（统一社会信用代码）		投资额（元）		投资比例	

该栏仅由华侨、港澳台、外籍个人填写（带*必填）

	*出生地		*首次入境时间	年 月 日		
	*性别		*预计离境时间	年 月 日		
	涉税事由	□任职受雇 □提供临时劳务 □转让财产 □从事投资和经营活动 □其他				

谨声明：本表是根据国家税收法律法规及相关规定填报的，是真实的、可靠的、完整的。

纳税人（签字）： 年 月 日

经办人签字：	受理人：
经办人身份证件号码：	
代理机构签章：	受理税务机关（章）：
代理机构统一社会信用代码：	受理日期： 年 月 日

国家税务总局监制

2. 申报表

个人所得税纳税申报表分为"个人所得税扣缴申报表""个人所得税自行纳税申报表（A表）""个人所得税年度自行纳税申报表（A表）（简易版）（问答版）""个人所得税年度自行纳税申报表（B表）""境外所得个人所得税抵免明细表""个人所得税经营所得纳税申报表（A表）（B表）（C表）""个人所得税减免税事项报告表增表""代扣代缴手续费申请表"（见表5-9～表5-20）。

表 5-9　个人所得税扣缴申报表

税款所属期：　年　月　日至　年　月　日

扣缴义务人名称：

扣缴义务人纳税人识别号（统一社会信用代码）：□□□□□□□□□□□□□□□□□□

金额单位：人民币元（列至角分）

序号	姓名	身份证件类型	身份证件号码	纳税人识别号	是否为非居民个人	所得项目	收入额计算				本月（次）情况								累计情况											税款计算						备注
							收入	免税收入	减除费用	专项扣除			其他扣除					累计收入额	累计减除费用	累计专项扣除	累计专项附加扣除					累计其他扣除	减按计税比例	准予扣除的捐赠额	应纳税所得额	税率/预扣率	速算扣除数	应纳税额	减免税额	已缴税额	应补/退税额	
										基本养老保险费	基本医疗保险费	失业保险费	住房公积金	年金	商业健康保险	税延养老保险	财产原值	允许扣除的税费	其他				子女教育	赡养老人	继续教育	住房贷款利息	住房租金										
1	2	3	4	5	6	7	8	9	10	11	12	13	14	15	16	17	18	19	20	21	22	23	24	25	26	27	28	29	30	31	32	33	34	35	36	37	38	39	40
合计																																			

谨声明：本表是根据国家税收法律法规及相关规定填报的，是真实的、可靠的、完整的。

经办人签字：

经办人身份证件号码：

代理机构签章：

代理机构统一社会信用代码：

扣缴义务人（签章）：

受理人：

受理税务机关（章）：

受理日期：　年　月　日

国家税务总局监制

表 5-10 个人所得税自行纳税申报表（A表）

税款所属期： 年 月 日至 年 月 日　　　　　　　　　金额单位：人民币元（列至角分）

纳税人姓名：

纳税人识别号：□□□□□□□□□□□□□□□□□□

| 自行申报情形 | □居民个人取得应税所得，扣缴义务人未扣缴税款
□非居民个人取得应税所得，扣缴义务人未扣缴税款
□非居民个人在中国境内从两处以上取得工资、薪金所得　□其他 | 是否为非居民个人 | □是
□否 | 非居民个人本年度境内居住天数 | □不超过 90 天
□超过 90 天不超过 183 天 |

序号	所得项目	收入额计算			专项扣除				其他扣除				减按计税比例	准予扣除的捐赠额	应纳税所得额	税款计算					备注
		收入	费用	免税收入	减除费用	基本养老保险费	基本医疗保险费	失业保险费	住房公积金	财产原值	允许扣除的税费	其他				税率	速算扣除数	应纳税额	减免税额	已缴税额	应补/退税额	
1	2	3	4	5	6	7	8	9	10	11	12	13	14	15	16	17	18	19	20	21	22	23

谨声明：本表是根据国家税收法律法规及相关规定填报的，是真实的、可靠的、完整的。

经办人签字：　　　　　　　　　　　　　　　　　　　　　　　　　纳税人签字：

经办人身份证件号码：

代理机构签章：　　　　　　　　　　　　　　　　　　　　　　　　受理人：

代理机构统一社会信用代码：　　　　　　　　　　　　　　　　　　受理税务机关（章）：

　　　　　　　　　　　　　　　　　　　　　　　　　　　　　　　受理日期：　年　月　日

国家税务总局监制

表5-11 个人所得税年度自行纳税申报表（A表）

（仅取得境内综合所得年度汇算适用）

税款所属期：　　年　　月　　日至　　年　　月　　日

纳税人姓名：

纳税人识别号：□□□□□□□□□□□□□□□□□-□□　　　金额单位：人民币元（列至角分）

基本情况					
手机号码		电子邮箱		邮政编码	□□□□□□
联系地址	____省（区、市）____市____区（县）_____街道（乡、镇）_____				

纳税地点（单选）		
1. 有任职受雇单位的，需选本项并填写"任职受雇单位信息"：		□任职受雇单位所在地
任职受雇单位信息	名称	
	纳税人识别号	□□□□□□□□□□□□□□□□□
2. 没有任职受雇单位的，可以从本栏次选择一地：		□户籍所在地　　□经常居住地
户籍所在地/经常居住地	____省（区、市）____市____区（县）_____街道（乡、镇）_____	

申报类型（单选）	
□首次申报	□更正申报

综合所得个人所得税计算		
项目	行次	金额
一、收入合计（第1行＝第2行＋第3行＋第4行＋第5行）	1	
（一）工资、薪金	2	
（二）劳务报酬	3	
（三）稿酬	4	
（四）特许权使用费	5	
二、费用合计［第6行＝（第3行＋第4行＋第5行）×20%］	6	
三、免税收入合计（第7行＝第8行＋第9行）	7	
（一）稿酬所得免税部分［第8行＝第4行×（1-20%）×30%］	8	
（二）其他免税收入（附报"个人所得税减免税事项报告表"）	9	
四、减除费用	10	
五、专项扣除合计（第11行＝第12行＋第13行＋第14行＋第15行）	11	
（一）基本养老保险费	12	
（二）基本医疗保险费	13	
（三）失业保险费	14	
（四）住房公积金	15	
六、专项附加扣除合计（附报"个人所得税专项附加扣除信息表"） （第16行＝第17行＋第18行＋第19行＋第20行＋第21行＋第22行）	16	
（一）子女教育	17	
（二）继续教育	18	

(续)

综合所得个人所得税计算		
项　　目	行次	金额
（三）大病医疗	19	
（四）住房贷款利息	20	
（五）住房租金	21	
（六）赡养老人	22	
七、其他扣除合计（第23行=第24行+第25行+第26行+第27行+第28行）	23	
（一）年金	24	
（二）商业健康保险（附报"商业健康保险税前扣除情况明细表"）	25	
（三）税延养老保险（附报"个人税收递延型商业养老保险税前扣除情况明细表"）	26	
（四）允许扣除的税费	27	
（五）其他	28	
八、准予扣除的捐赠额（附报"个人所得税公益慈善事业捐赠扣除明细表"）	29	
九、应纳税所得额 （第30行=第1行−第6行−第7行−第10行−第11行−第16行−第23行−第29行）	30	
十、税率（%）	31	
十一、速算扣除数	32	
十二、应纳税额（第33行=第30行×第31行−第32行）	33	
全年一次性奖金个人所得税计算		
（无住所居民个人预判为非居民个人取得的数月奖金，选择按全年一次性奖金计税的填写本部分）		
一、全年一次性奖金收入	34	
二、准予扣除的捐赠额（附报"个人所得税公益慈善事业捐赠扣除明细表"）	35	
三、税率（%）	36	
四、速算扣除数	37	
五、应纳税额 [第38行=（第34行−第35行）×第36行−第37行]	38	
税额调整		
一、综合所得收入调整额（需在"备注"栏说明调整具体原因、计算方式等）	39	
二、应纳税额调整额	40	
应补/退个人所得税计算		
一、应纳税额合计（第41行=第33行+第38行+第40行）	41	
二、减免税额（附报"个人所得税减免税事项报告表"）	42	
三、已缴税额	43	
四、应补/退税额（第44行=第41行−第42行−第43行）	44	
无住所个人附报信息		
纳税年度内在中国境内居住天数	已在中国境内居住年数	
退税申请 （应补/退税额小于0的填写本部分）		

（续）

□申请退税（需填写"开户银行名称""开户银行省份""银行账号"）		□放弃退税	
开户银行名称		开户银行省份	
银行账号			
备注			

谨声明：本表是根据国家税收法律法规及相关规定填报的，本人对填报内容（附带资料）的真实性、可靠性、完整性负责。

纳税人签字： 　　　年　　月　　日

经办人签字： 经办人身份证件类型： 经办人身份证件号码： 代理机构签章： 代理机构统一社会信用代码：	受理人： 受理税务机关（章）： 受理日期：　　年　　月　　日

国家税务总局监制

表 5-12 个人所得税年度自行纳税申报表（简易版）

（纳税年度：20____）

一、填表须知

填写本表前，请仔细阅读以下内容：

1. 如果您的年综合所得收入额不超过 6 万元且在纳税年度内未取得境外所得的，可以填写本表
2. 您可以在纳税年度的次年 3 月 1 日至 5 月 31 日使用本表办理汇算清缴申报，并在该期限内申请退税
3. 建议您下载并登录个人所得税 App，或者直接登录税务机关官方网站在线办理汇算清缴申报，体验更加便捷的申报方式
4. 如果您对于申报填写的内容有疑问，您可以参考相关办税指引，咨询您的扣缴单位、专业人士，或者拨打 12366 纳税服务热线
5. 以纸质方式报送本表的，建议通过计算机填写打印，一式两份，纳税人、税务机关各留存一份

二、个人基本情况

1. 姓名	
2. 公民身份号码/纳税人识别号	□□□□□□□□□□□□□□□□□-□□（无校验码不填后两位）
说明：有中国公民身份号码的，填写中华人民共和国居民身份证上载明的"公民身份号码"；没有中国公民身份号码的，填写税务机关赋予的纳税人识别号	
3. 手机号码	□□□□□□□□□□□
提示：中国境内有效手机号码，请准确填写，以方便与您联系	
4. 电子邮箱	
5. 联系地址	____省（区、市）____市____区（县）_____街道（乡、镇）_____
提示：能够接收信件的有效通信地址	
6. 邮政编码	□□□□□□

（续）

三、纳税地点（单选）

1. 有任职受雇单位的，需选本项并填写"任职受雇单位信息"：　　☐ 任职受雇单位所在地

任职受雇单位信息	名称	
	纳税人识别号	☐☐☐☐☐☐☐☐☐☐☐☐☐☐☐☐☐☐

2. 没有任职受雇单位的，可以从本栏次选择一地：　　☐ 户籍所在地　　☐ 经常居住地

户籍所在地/经常居住地	＿＿省（区、市）＿＿市＿＿区（县）＿＿街道（乡、镇）＿＿＿＿

四、申报类型

请您选择本次申报类型，未曾办理过年度汇算申报，勾选"首次申报"；已办理过年度汇算申报，但有误需要更正的，勾选"更正申报"

　　　　　　　　☐ 首次申报　　　　　　☐ 更正申报

五、纳税情况

已缴税额	☐☐，☐☐☐.☐☐（元）

纳税年度内取得综合所得时，扣缴义务人预扣预缴以及个人自行申报缴纳的个人所得税

六、退税申请

1. 是否申请退税？	☐ 申请退税（选择此项的，填写个人账户信息）　☐ 放弃退税
2. 个人账户信息	开户银行名称：＿＿＿＿＿＿＿＿开户银行省份：＿＿＿＿＿＿＿＿ 银行账号：＿＿＿＿＿＿＿＿＿＿＿＿＿＿＿＿＿＿＿＿＿＿＿

说明：开户银行名称填写居民个人在中国境内开立银行账户的银行名称

七、备注

如果您有需要特别说明或者税务机关要求说明的事项，请在本栏填写：

八、承诺及申报受理

谨声明：

1. 本人纳税年度内取得的综合所得收入额合计不超过 6 万元。

2. 本表是根据国家税收法律法规及相关规定填报的，本人对填报内容（附带资料）的真实性、可靠性、完整性负责。

　　　　　　　　　　　　　　　　　　　纳税人签名：　　　　　年　　月　　日

经办人签字：	受理人：
经办人身份证件类型：	
经办人身份证件号码：	受理税务机关（章）：
代理机构签章：	
代理机构统一社会信用代码：	受理日期：　　　年　　月　　日

国家税务总局监制

表 5-13　个人所得税年度自行纳税申报表（问答版）

（纳税年度：20＿＿＿）

一、填表须知

填写本表前，请仔细阅读以下内容：
1. 如果您需要办理个人所得税综合所得汇算清缴，并且未在纳税年度内取得境外所得，可以填写本表
2. 您需要在纳税年度的次年 3 月 1 日至 6 月 30 日办理汇算清缴申报，并在该期限内补缴税款或者申请退税
3. 建议您下载并登录个人所得税 App，或者直接登录税务机关官方网站在线办理汇算清缴申报，体验更加便捷的申报方式
4. 如果您对于申报填写的内容有疑问，您可以参考相关办税指引，咨询您的扣缴单位、专业人士，或者拨打 12366 纳税服务热线
5. 以纸质方式报送本表的，建议通过计算机填写打印，一式两份，纳税人、税务机关各留存一份

二、基本情况

1. 姓名	
2. 公民身份号码/纳税人识别号	□□□□□□□□□□□□□□□□□-□□（无校验码不填后两位）

说明：有中国公民身份号码的，填写中华人民共和国居民身份证上载明的"公民身份号码"；没有中国公民身份号码的，填写税务机关赋予的纳税人识别号

3. 手机号码	□□□□□□□□□□□

提示：中国境内有效手机号码，请准确填写，以方便与您联系

4. 电子邮箱	
5. 联系地址	＿＿＿省（区、市）＿＿＿市＿＿＿区（县）＿＿＿＿＿＿街道（乡、镇）＿＿＿＿＿＿＿＿

提示：能够接收信件的有效通信地址

6. 邮政编码	□□□□□□

三、纳税地点

7. 您是否有任职受雇单位，并取得工资、薪金？（单选）
　□有任职受雇单位（需要回答问题8）　　□没有任职受雇单位（需要回答问题9）

8. 如果您有任职受雇单位，您可以选择一处任职受雇单位所在地办理汇算清缴，请提供该任职受雇单位的具体情况：
任职受雇单位名称（全称）：＿＿＿＿＿＿＿＿＿＿＿＿＿＿＿＿＿＿＿＿＿＿＿
任职受雇单位纳税人识别号：□□□□□□□□□□□□□□□□□□

9. 如果您没有任职受雇单位，您可以选择在以下地点办理汇算清缴：（单选）
　□户籍所在地　　　　　　　　　　　□经常居住地
具体地址：＿＿＿省（区、市）＿＿＿市＿＿＿区（县）＿＿＿＿＿＿街道（乡、镇）＿＿＿＿＿＿＿＿
说明：
（1）户籍所在地是指居民户口簿中登记的地址
（2）经常居住地是指居民个人申领居住证上载载的居住地址。若没有申领居住证，指居民个人当前实际居住的地址；若居民个人不在中国境内的，指支付或者实际负担综合所得的境内单位或个人所在地

（续）

四、申报类型

10．未曾办理过年度汇算申报，勾选"首次申报"；已办理过年度汇算申报，但有误需要更正的，勾选"更正申报"：
□首次申报　　　　　　　　　　□更正申报

五、收入——A（工资、薪金）

11．您在纳税年度内取得的工资、薪金收入有多少？
（A1）工资、薪金收入（包括并入综合所得计算的全年一次性奖金）：□□，□□□，□□□，□□□.□□（元）
□无此类收入

说明：

（1）工资、薪金收入是指个人因任职或者受雇取得的工资、薪金收入，包括工资、薪金、奖金、年终加薪、劳动分红、津贴、补贴以及与任职或者受雇有关的其他收入。全年一次性奖金是指行政机关、企事业单位等扣缴义务人根据其全年经济效益和对雇员全年工作业绩的综合考核情况，向雇员发放的一次性奖金，包括年终加薪、实行年薪制和绩效工资办法的单位根据考核情况兑现的年薪和绩效工资

（2）全年一次性奖金可以单独计税，也可以并入综合所得计税。具体方法请查阅财税（2018）164号文件规定。选择何种方式计税对您更为有利，可以咨询专业人士

（3）工资、薪金收入不包括单独计税的全年一次性奖金

六、收入——A（劳务报酬）

12．您在纳税年度内取得的劳务报酬收入有多少？
（A2）劳务报酬收入：□□，□□□，□□□，□□□.□□（元）　　　　　　　　　　□无此类收入

说明：劳务报酬收入是指个人从事设计、装潢、安装、制图、化验、测试、医疗、法律、会计、咨询、讲学、翻译、审稿、书画、雕刻、影视、录音、录像、演出、表演、广告、展览、技术服务、介绍服务、经纪服务、代办服务以及其他劳务取得的收入

七、收入——A（稿酬）

13．您在纳税年度内取得的稿酬收入有多少？
（A3）稿酬收入：□□，□□□，□□□，□□□.□□（元）　　　　　　　　　　□无此类收入

说明：稿酬收入是指个人作品以图书、报刊等形式出版、发表而取得的收入

八、收入——A（特许权使用费）

14．您在纳税年度内取得的特许权使用费收入有多少？
（A4）特许权使用费收入：□□，□□□，□□□，□□□.□□（元）　　　　　　　　　　□无此类收入

说明：特许权使用费收入是指个人提供专利权、商标权、著作权、非专利技术以及其他特许权的使用权取得的收入

九、免税收入——B

15．您在纳税年度内取得的综合所得收入中，免税收入有多少？（需附报"个人所得税减免税事项报告表"）
（B1）免税收入：□□，□□□，□□□，□□□.□□（元）　　　　　　　　　　□无此类收入

说明：免税收入是指按照税法规定免征个人所得税的收入。其中，《税法》规定"稿酬所得的收入额减按70%计算"，对稿酬所得的收入额减计30%的部分无须填入本项，将在后续计算中扣减该部分

十、专项扣除——C

16．您在纳税年度内个人负担的，按规定可以在税前扣除的基本养老保险费、基本医疗保险费、失业保险费、住房公积金是多少？
（C1）基本养老保险费：□□□，□□□.□□（元）　　　　　　　　　　□无此类扣除
（C2）基本医疗保险费：□□□，□□□.□□（元）　　　　　　　　　　□无此类扣除
（C3）失业保险费：□□□，□□□.□□（元）　　　　　　　　　　□无此类扣除
（C4）住房公积金：□□□，□□□.□□（元）　　　　　　　　　　□无此类扣除

说明：个人实际负担的"三险一金"可以扣除

（续）

十一、专项附加扣除——D

17．您在纳税年度内可以扣除的子女教育支出是多少？（需附报"个人所得税专项附加扣除信息表"）
（D1）子女教育：□□，□□□.□□（元） □无此类扣除
说明：
子女教育支出可扣除金额（D1）＝每一子女可扣除金额合计
每一子女可扣除金额＝纳税年度内符合条件的扣除月份数 ×1 000 元 × 扣除比例
纳税年度内符合条件的扣除月份数包括子女年满 3 周岁当月起至受教育前一月、实际受教育月份以及寒暑假休假月份等
扣除比例：由夫妻双方协商确定，每一子女可以在本人或配偶处按照 100% 扣除，也可由双方分别按照 50% 扣除

18．您在纳税年度内可以扣除的继续教育支出是多少？（需附报"个人所得税专项附加扣除信息表"）
（D2）继续教育：□□，□□□.□□（元） □无此类扣除
说明：
继续教育支出可扣除金额（D2）＝学历（学位）继续教育可扣除金额＋职业资格继续教育可扣除金额
学历（学位）继续教育可扣除金额＝纳税年度内符合条件的扣除月份数 ×400 元
纳税年度内符合条件的扣除月份数包括受教育月份、寒暑假休假月份等，但同一学历（学位）教育扣除期限不能超过 48 个月
纳税年度内，个人取得符合条件的技能人员、专业技术人员相关职业资格证书的，职业资格继续教育可扣除金额 ＝3 600 元

19．您在纳税年度内可以扣除的大病医疗支出是多少？（需附报"个人所得税专项附加扣除信息表"）
（D3）大病医疗：□，□□□，□□□.□□（元） □无此类扣除
说明：
大病医疗支出可扣除金额（D3）＝选择由您扣除的每一家庭成员的大病医疗可扣除金额合计
某一家庭成员的大病医疗可扣除金额（不超过 80 000 元）＝纳税年度内医保目录范围内的自付部分 −15 000 元
家庭成员包括个人本人、配偶、未成年子女

20．您在纳税年度内可以扣除的住房贷款利息支出是多少？（需附报"个人所得税专项附加扣除信息表"）
（D4）住房贷款利息：□□，□□□.□□（元） □无此类扣除
说明：
住房贷款利息支出可扣除金额（D4）＝符合条件的扣除月份数 × 扣除定额
符合条件的扣除月份数为纳税年度内实际贷款月份数
扣除定额：正常情况下，由夫妻双方协商确定，由其中 1 人扣除 1 000 元 / 月；婚前各自购房，均符合扣除条件的，婚后可选择由其中 1 人扣除 1 000 元 / 月，也可以选择各自扣除 500 元 / 月

21．您在纳税年度内可以扣除的住房租金支出是多少？（需附报"个人所得税专项附加扣除信息表"）
（D5）住房租金：□□，□□□.□□（元） □无此类扣除
说明：
住房租金支出可扣除金额（D5）＝纳税年度内租房月份的月扣除定额之和
月扣除定额：直辖市、省会（首府）城市、计划单列市以及国务院确定的其他城市，扣除标准为 1 500 元 / 月；市辖区户籍人口超过 100 万人的城市，扣除标准为 1 100 元 / 月；市辖区户籍人口不超过 100 万人的城市，扣除标准为 800 元 / 月

22．您在纳税年度内可以扣除的赡养老人支出是多少？（需附报"个人所得税专项附加扣除信息表"）
（D6）赡养老人：□□，□□□.□□（元） □无此类扣除
说明：
赡养老人支出可扣除金额（D6）＝纳税年度内符合条件的月份数 × 月扣除定额
符合条件的月份数：纳税年度内满 60 岁的老人，自满 60 岁当月至 12 月份计算；纳税年度前满 60 岁的老人，按照 12 个月计算
月扣除定额：独生子女，月扣除定额 2 000 元 / 月；非独生子女，月扣除定额由被赡养人指定分摊，也可由赡养人均摊或约定分摊，但不超过 1 000 元 / 月。

（续）

十二、其他扣除——E

23. 您在纳税年度内可以扣除的企业年金、职业年金是多少？
    （E1）年金：□□□，□□□.□□（元）　　　　　　　　　　　　　　　□无此类扣除

24. 您在纳税年度内可以扣除的商业健康保险是多少？（需附报"商业健康保险税前扣除情况明细表"）
    （E2）商业健康保险：□，□□□.□□（元）　　　　　　　　　　　　　□无此类扣除

25. 您在纳税年度内可以扣除的税收递延型商业养老保险是多少？（需附报"个人税收递延型商业养老保险税前扣除情况明细表"）
    （E3）税延养老保险：□□，□□□.□□（元）　　　　　　　　　　　　□无此类扣除

26. 您在纳税年度内可以扣除的税费是多少？
    （E4）允许扣除的税费：□□，□□□，□□□，□□□.□□（元）　　　　□无此类扣除
    说明：允许扣除的税费是指个人取得劳务报酬、稿酬、特许权使用费收入时，发生的合理税费支出

27. 您在纳税年度内发生的除上述扣除以外的其他扣除是多少？
    （E5）其他扣除：□□，□□□，□□□，□□□.□□（元）　　　　　　□无此类扣除
    说明：其他扣除（其他）包括保险营销员、证券经纪人佣金收入的展业成本

十三、捐赠——F

28. 您在纳税年度内可以扣除的捐赠支出是多少？（需附报"个人所得税公益慈善事业捐赠扣除明细表"）
    （F1）准予扣除的捐赠额：□□，□□□，□□□.□□（元）　　　　　　□无此类扣除

十四、全年一次性奖金——G

29. 您在纳税年度内取得的一笔要转换为全年一次性奖金的数月奖金是多少？
    （G1）全年一次性奖金：□□，□□□，□□□.□□（元）　　　　　　　□无此类情况
    （G2）全年一次性奖金应纳个人所得税=G1×适用税率－速算扣除数=□□，□□□，□□□，□□□.□□（元）
    说明：仅适用于无住所居民个人预缴时因预判为非居民个人而按取得数月奖金计算缴税，汇缴时可以根据自身情况，将一笔数月奖金按照全年一次性奖金单独计算

十五、税额计算——H（使用纸质申报的居民个人需要自行计算填写本项）

30. 综合所得应纳个人所得税计算
    （H1）综合所得应纳个人所得税=[（A1+A2×80%+A3×80%×70%+A4×80%）－B1－60 000元－（C1+C2+C3+C4）－（D1+D2+D3+D4+D5+D6）－（E1+E2+E3+E4+E5）－F1]×适用税率－速算扣除数=□□，□□□，□□□.□□（元）

说明：适用税率和速算扣除数如下

级数	全年应纳税所得额	税率（%）	速算扣除数
1	不超过36 000元的	3	0
2	超过36 000元至144 000元的	10	2 520元
3	超过144 000元至300 000元的	20	16 920元
4	超过300 000元至420 000元的	25	31 920元
5	超过420 000元至660 000元的	30	52 920元
6	超过660 000元至960 000元的	35	85 920元
7	不超过960 000元的	45	181 920元

（续）

十六、减免税额——J

31．您可以享受的减免税类型有哪些？
□残疾 □孤老 □烈属 □其他（需附报"个人所得税减免税事项报告表"）　　□无此类情况

32．您可以享受的减免税金额是多少？
（J1）减免税额：□□，□□□，□□□，□□□.□□（元）　　□无此类情况

十七、已缴税额——K

33．您在纳税年度内取得本表填报的各项收入时，已经缴纳的个人所得税是多少？
（K1）已纳税额：□□，□□□，□□□，□□□.□□（元）　　□无此类情况

十八、应补/退税额——L（使用纸质申报的居民个人需要自行计算填写本项）

34．您本次汇算清缴应补/退的个人所得税税额是：
（L1）应补/退税额 =G2+H1–J1–K1= □□，□□□，□□□，□□□.□□（元）

十九、无住所个人附报信息（有住所个人无须填写本项）

35．您在纳税年度内，在中国境内的居住天数是多少？
纳税年度内在中国境内居住天数：____天

36．您在中国境内的居住年数是多少？
中国境内居住年数：____年
说明：境内居住年数自 2019 年（含）以后年度开始计算。境内居住天数和年数的具体计算方法参见财政部、税务总局公告 2019 年第 34 号

二十、退税申请（应补/退税额小于 0 的填写本项）

37．您是否申请退税？
□申请退税　　　　　　□放弃退税

38．如果您申请退税，请提供您的有效银行账户
开户银行名称：_____　　开户银行省份：_____
银行账号：_____
说明：开户银行名称填写居民个人在中国境内开立银行账户的银行名称

二十一、备注

如果您有需要特别说明或者税务机关要求说明的事项，请在本栏填写：

二十二、申报受理

谨声明：本表是根据国家税收法律法规及相关规定填报的，本人对填报内容（附带资料）的真实性、可靠性、完整性负责。

个人签名：_____　_____年___月___日

经办人签字：	受理人：
经办人身份证件类型：	
经办人身份证件号码：	受理税务机关（章）：
代理机构签章：	
代理机构统一社会信用代码：	受理日期：　　年　月　日

国家税务总局监制

表 5-14　个人所得税年度自行纳税申报表（B 表）
（居民个人取得境外所得适用）

税款所属期：　　年　月　日至　　年　月　日

纳税人姓名：

纳税人识别号：□□□□□□□□□□□□□□□-□□　　　　金额单位：人民币元（列至角分）

基本情况					
手机号码		电子邮箱		邮政编码	□□□□□□
联系地址	＿＿省（区、市）＿＿市＿＿区（县）＿＿＿＿街道（乡、镇）＿＿＿＿＿＿＿				

纳税地点（单选）		
1. 有任职受雇单位的，需选本项并填写"任职受雇单位信息"：		□任职受雇单位所在地
任职受雇单位信息	名称	
	纳税人识别号	
2. 没有任职受雇单位的，可以从本栏次选择一地：		□户籍所在地 □经常居住地
户籍所在地/经常居住地	＿＿省（区、市）＿＿市＿＿区（县）＿＿＿＿街道（乡、镇）＿＿＿＿＿＿＿	

申报类型（单选）	
□首次申报	□更正申报

综合所得个人所得税计算

项　目	行次	金额
一、境内收入合计（第1行＝第2行＋第3行＋第4行＋第5行）	1	
（一）工资、薪金	2	
（二）劳务报酬	3	
（三）稿酬	4	
（四）特许权使用费	5	
二、境外收入合计（附报"境外所得个人所得税抵免明细表"） （第6行＝第7行＋第8行＋第9行＋第10行）	6	
（一）工资、薪金	7	
（二）劳务报酬	8	
（三）稿酬	9	
（四）特许权使用费	10	
三、费用合计 [第11行＝（第3行＋第4行＋第5行＋第8行＋第9行＋第10行）×20%]	11	
四、免税收入合计（第12行＝第13行＋第14行）	12	
（一）稿酬所得免税部分 [第13行＝（第4行＋第9行）×（1－20%）×30%]	13	
（二）其他免税收入（附报"个人所得税减免税事项报告表"）	14	
五、减除费用	15	
六、专项扣除合计（第16行＝第17行＋第18行＋第19行＋第20行）	16	
（一）基本养老保险费	17	

（续）

项　目	行次	金额
（二）基本医疗保险费	18	
（三）失业保险费	19	
（四）住房公积金	20	
七、专项附加扣除合计（附报"个人所得税专项附加扣除信息表"） （第 21 行 = 第 22 行 + 第 23 行 + 第 24 行 + 第 25 行 + 第 26 行 + 第 27 行）	21	
（一）子女教育	22	
（二）继续教育	23	
（三）大病医疗	24	
（四）住房贷款利息	25	
（五）住房租金	26	
（六）赡养老人	27	
八、其他扣除合计（第 28 行 = 第 29 行 + 第 30 行 + 第 31 行 + 第 32 行 + 第 33 行）	28	
（一）年金	29	
（二）商业健康保险（附报"商业健康保险税前扣除情况明细表"）	30	
（三）税延养老保险（附报"个人税收递延型商业养老保险税前扣除情况明细表"）	31	
（四）允许扣除的税费	32	
（五）其他	33	
九、准予扣除的捐赠额（附报"个人所得税公益慈善事业捐赠扣除明细表"）	34	
十、应纳税所得额 （第 35 行 = 第 1 行 + 第 6 行 − 第 11 行 − 第 12 行 − 第 15 行 − 第 16 行 − 第 21 行 − 第 28 行 − 第 34 行）	35	
十一、税率（%）	36	
十二、速算扣除数	37	
十三、应纳税额（第 38 行 = 第 35 行 × 第 36 行 − 第 37 行）	38	

除综合所得外其他境外所得个人所得税计算
（无相应所得不填本部分，有相应所得另需附报"境外所得个人所得税抵免明细表"）

	项目	行次	金额
一、经营所得	（一）经营所得应纳税所得额（第 39 行 = 第 40 行 + 第 41 行）	39	
	其中：境内经营所得应纳税所得额	40	
	境外经营所得应纳税所得额	41	
	（二）税率（%）	42	
	（三）速算扣除数	43	
	（四）应纳税额（第 44 行 = 第 39 行 × 第 42 行 − 第 43 行）	44	

(续)

项　目		行次	金额
二、利息、股息、红利所得	（一）境外利息、股息、红利所得应纳税所得额	45	
	（二）税率（%）	46	
	（三）应纳税额（第47行＝第45行×第46行）	47	
三、财产租赁所得	（一）境外财产租赁所得应纳税所得额	48	
	（二）税率（%）	49	
	（三）应纳税额（第50行＝第48行×第49行）	50	
四、财产转让所得	（一）境外财产转让所得应纳税所得额	51	
	（二）税率（%）	52	
	（三）应纳税额（第53行＝第51行×第52行）	53	
五、偶然所得	（一）境外偶然所得应纳税所得额	54	
	（二）税率（%）	55	
	（三）应纳税额（第56行＝第54行×第55行）	56	
六、其他所得	（一）其他境内、境外所得应纳税所得额合计（需在"备注"栏说明具体项目）	57	
	（二）应纳税额	58	
股权激励个人所得税计算			
（无境外股权激励所得不填本部分，有相应所得另需附报"境外所得个人所得税抵免明细表"）			
一、境内、境外单独计税的股权激励收入合计		59	
二、税率（%）		60	
三、速算扣除数		61	
四、应纳税额（第62行＝第59行×第60行－第61行）		62	
全年一次性奖金个人所得税计算			
（无住所个人预判为非居民个人取得的数月奖金，选择按全年一次性奖金计税的填写本部分）			
一、全年一次性奖金收入		63	
二、准予扣除的捐赠额（附报"个人所得税公益慈善事业捐赠扣除明细表"）		64	
三、税率（%）		65	
四、速算扣除数		66	
五、应纳税额 [第67行＝（第63行－第64行）×第65行－第66行]		67	
税额调整			
一、综合所得收入调整额（需在"备注"栏说明调整具体原因、计算方法等）		68	
二、应纳税额调整额		69	
应补/退个人所得税计算			
一、应纳税额合计 （第70行＝第38行＋第44行＋第47行＋第50行＋第53行＋第56行＋第58行＋第62行＋第67行＋第69行）		70	

（续）

项　目	行次	金额
二、减免税额（附报"个人所得税减免税事项报告表"）	71	
三、已缴税额（境内）	72	
其中：境外所得境内支付部分已缴税额	73	
境外所得境外支付部分预缴税额	74	
四、境外所得已纳所得税抵免额（附报"境外所得个人所得税抵免明细表"）	75	
五、应补/退税额（第76行＝第70行－第71行－第72行－第75行）	76	

无住所个人附报信息			
纳税年度内在中国境内居住天数		已在中国境内居住年数	

退税申请

（应补/退税额小于0的填写本部分）

□ 申请退税（需填写"开户银行名称""开户银行省份""银行账号"）□ 放弃退税

开户银行名称		开户银行省份	
银行账号			

备注

谨声明：本表是根据国家税收法律法规及相关规定填报的，本人对填报内容（附带资料）的真实性、可靠性、完整性负责。

纳税人签字：　　　　年　　月　　日

经办人签字：	受理人：
经办人身份证件类型：	
经办人身份证件号码：	受理税务机关（章）：
代理机构签章：	
代理机构统一社会信用代码：	受理日期：　　年　　月　　日

国家税务总局监制

表 5-15 境外所得个人所得税抵免明细表

税款所属期：　　年　月　日至　　年　月　日

纳税人姓名：

纳税人识别号：□□□□□□□□□□□□□□□□□-□□　　　　金额单位：人民币元（列至角分）

列次		行次	A	B	C	D	E
项目			金额				
国家（地区）		1	境内	境外			合计
一、综合所得	（一）收入	2					
	其中：工资、薪金	3					
	劳务报酬	4					
	稿酬	5					
	特许权使用费	6					
	（二）费用	7					
	（三）收入额	8					
	（四）应纳税额	9	—	—	—	—	
	（五）减免税额	10	—	—	—	—	
	（六）抵免限额	11	—				
二、经营所得	（一）收入总额	12					
	（二）成本费用	13	—				
	（三）应纳税所得额	14					
	（四）应纳税额	15	—	—	—	—	
	（五）减免税额	16	—	—	—	—	
	（六）抵免限额	17	—				
三、利息、股息、红利所得	（一）应纳税所得额	18					
	（二）应纳税额	19	—				
	（三）减免税额	20					
	（四）抵免限额	21					
四、财产租赁所得	（一）应纳税所得额	22					
	（二）应纳税额	23					
	（三）减免税额	24					
	（四）抵免限额	25					
五、财产转让所得	（一）收入	26					
	（二）财产原值	27					
	（三）合理税费	28					

(续)

项目		行次	金额			
五、财产转让所得	（四）应纳税所得额	29	—			
	（五）应纳税额	30	—			
	（六）减免税额	31	—			
	（七）抵免限额	32				
六、偶然所得	（一）应纳税所得额	33	—			
	（二）应纳税额	34				
	（三）减免税额	35				
	（四）抵免限额	36				
七、股权激励	（一）应纳税所得额	37				
	（二）应纳税额	38	—	—	—	—
	（三）减免税额	39				
	（四）抵免限额	40				
八、其他境内、境外所得	（一）应纳税所得额	41				
	（二）应纳税额	42				
	（三）减免税额	43				
	（四）抵免限额	44	—			
九、本年可抵免限额合计 （第45行＝第11行＋第17行＋第21行＋第25行＋第32行＋第36行＋第40行＋第44行）		45	—			
本期实际可抵免额计算						
一、以前年度结转抵免额 （第46行＝第47行＋第48行＋第49行＋第50行＋第51行）		46	—			
其中：前5年		47	—			
前4年		48	—			
前3年		49	—			
前2年		50	—			
前1年		51	—			
二、本年境外已纳税额		52	—			
其中：享受税收饶让抵免税额（视同境外已纳）		53	—			
三、本年抵免额（境外所得已纳所得税抵免额）		54	—			
四、可结转以后年度抵免额 （第55行＝第56行＋第57行＋第58行＋第59行＋第60行）		55	—		—	
其中：前4年		56	—		—	

（续）

项目	行次	金额			
前3年	57	—			—
前2年	58	—			—
前1年	59	—			—
本年	60	—			—
备注					

谨声明：本表是根据国家税收法律法规及相关规定填报的，本人对填报内容（附带资料）的真实性、可靠性、完整性负责。

纳税人签字： 年 月 日

经办人签字： 经办人身份证件类型： 经办人身份证件号码： 代理机构签章： 代理机构统一社会信用代码：	受理人： 受理税务机关（章）： 受理日期： 年 月 日

国家税务总局监制

表 5-16　个人所得税经营所得纳税申报表（A表）

税款所属期：　　年　月　日至　　年　月　日
纳税人姓名：
纳税人识别号：□□□□□□□□□□□□□□□□□□　　　金额单位：人民币元（列至角分）

被投资单位信息	
名称	
纳税人识别号（统一社会信用代码）	□□□□□□□□□□□□□□□□□□

征收方式（单选）

☐查账征收（据实预缴）　　☐查账征收（按上年应纳税所得额预缴）　　☐核定应税所得率征收
☐核定应纳税所得额征收　　☐税务机关认可的其他方式 _____

个人所得税计算

项　目	行　次	金额/比例
一、收入总额	1	
二、成本费用	2	
三、利润总额（第3行＝第1行－第2行）	3	

（续）

个人所得税计算

项　目	行　次	金额/比例
四、弥补以前年度亏损	4	
五、应税所得率（%）	5	
六、合伙企业个人合伙人分配比例（%）	6	
七、允许扣除的个人费用及其他扣除（第7行=第8行+第9行+第14行）	7	
（一）投资者减除费用	8	
（二）专项扣除（第9行=第10行+第11行+第12行+第13行）	9	
1. 基本养老保险费	10	
2. 基本医疗保险费	11	
3. 失业保险费	12	
4. 住房公积金	13	
（三）依法确定的其他扣除（第14行=第15行+第16行+第17行）	14	
1.	15	
2.	16	
3.	17	
八、准予扣除的捐赠额（附报"个人所得税公益慈善事业捐赠扣除明细表"）	18	
九、应纳税所得额	19	
十、税率（%）	20	
十一、速算扣除数	21	
十二、应纳税额（第22行=第19行×第20行－第21行）	22	
十三、减免税额（附报"个人所得税减免税事项报告表"）	23	
十四、已缴税额	24	
十五、应补/退税额（第25行=第22行－第23行－第24行）	25	
备注		

谨声明：本表是根据国家税收法律法规及相关规定填报的，本人对填报内容（附带资料）的真实性、可靠性、完整性负责。

纳税人签字：　　　　年　月　日

经办人签字：
经办人身份证件类型：
经办人身份证件号码：
代理机构签章：
代理机构统一社会信用代码：

受理人：
受理税务机关（章）：
受理日期：　　　年　月　日

国家税务总局监制

表 5-17　个人所得税经营所得纳税申报表（B 表）

税款所属期：　　年　月　日至　　年　月　日

纳税人姓名：

纳税人识别号：□□□□□□□□□□□□□□□□□□　　　　金额单位：人民币元（列至角分）

被投资单位信息	名称		纳税人识别号 （统一社会信用代码）	

项　目	行　次	金　额
一、收入总额	1	
其中：国债利息收入	2	
二、成本费用（第 3 行 = 第 4 行 + 第 5 行 + 第 6 行 + 第 7 行 + 第 8 行 + 第 9 行 + 第 10 行）	3	
（一）营业成本	4	
（二）营业费用	5	
（三）管理费用	6	
（四）财务费用	7	
（五）税金	8	
（六）损失	9	
（七）其他支出	10	
三、利润总额（第 11 行 = 第 1 行 − 第 2 行 − 第 3 行）	11	
四、纳税调整增加额（第 12 行 = 第 13 行 + 第 27 行）	12	
（一）超过规定标准的扣除项目金额（第 13 行 = 第 14 行 + 第 15 行 + 第 16 行 + 第 17 行 + 第 18 行 + 第 19 行 + 第 20 行 + 第 21 行 + 第 22 行 + 第 23 行 + 第 24 行 + 第 25 行 + 第 26 行）	13	
1. 职工福利费	14	
2. 职工教育经费	15	
3. 工会经费	16	
4. 利息支出	17	
5. 业务招待费	18	
6. 广告费和业务宣传费	19	
7. 教育和公益事业捐赠	20	
8. 住房公积金	21	
9. 社会保险费	22	
10. 折旧费用	23	
11. 无形资产摊销	24	
12. 资产损失	25	
13. 其他	26	
（二）不允许扣除的项目金额（第 27 行 = 第 28 行 + 第 29 行 + 第 30 行 + 第 31 行 + 第 32 行 + 第 33 行 + 第 34 行 + 第 35 行 + 第 36 行）	27	

（续）

项　　目	行　次	金　额
1．个人所得税税款	28	
2．税收滞纳金	29	
3．罚金、罚款和被没收财物的损失	30	
4．不符合扣除规定的捐赠支出	31	
5．赞助支出	32	
6．用于个人和家庭的支出	33	
7．与取得生产经营收入无关的其他支出	34	
8．投资者工资、薪金支出	35	
9．其他不允许扣除的支出	36	
五、纳税调整减少额	37	
六、纳税调整后所得（第38行＝第11行＋第12行－第37行）	38	
七、弥补以前年度亏损	39	
八、合伙企业个人合伙人分配比例（％）	40	
九、允许扣除的个人费用及其他扣除（第41行＝第42行＋第43行＋第48行＋第55行）	41	
（一）投资者减除费用	42	
（二）专项扣除（第43行＝第44行＋第45行＋第46行＋第47行）	43	
1．基本养老保险费	44	
2．基本医疗保险费	45	
3．失业保险费	46	
4．住房公积金	47	
（三）专项附加扣除（第48行＝第49行＋第50行＋第51行＋第52行＋第53行＋第54行）	48	
1．子女教育	49	
2．继续教育	50	
3．大病医疗	51	
4．住房贷款利息	52	
5．住房租金	53	
6．赡养老人	54	
（四）依法确定的其他扣除（第55行＝第56行＋第57行＋第58行＋第59行）	55	
1．商业健康保险	56	
2．税延养老保险	57	
3．	58	
4．	59	
十、投资抵扣	60	

（续）

项　　目	行次	金　额
十一、准予扣除的个人捐赠支出	61	
十二、应纳税所得额（第62行＝第38行－第39行－第41行－第60行－第61行）或［第62行＝（第38行－第39行）×第40行－第41行－第60行－第61行］	62	
十三、税率（%）	63	
十四、速算扣除数	64	
十五、应纳税额（第65行＝第62行×第63行－第64行）	65	
十六、减免税额（附报"个人所得税减免税事项报告表"）	66	
十七、已缴税额	67	
十八、应补/退税额	68	

谨声明：本表是根据国家税收法律法规及相关规定填报的，是真实的、可靠的、完整的。

纳税人签字：　　　　　　年　　月　　日

经办人签字：	受理人：
经办人身份证件号码：	
代理机构签章：	受理税务机关（章）
代理机构统一社会信用代码：	受理日期：　　年　　月　　日

国家税务总局监制

表5-18　个人所得税经营所得纳税申报表（C表）

税款所属期：　　　年　月　日至　　　年　月　日

纳税人姓名：

纳税人识别号：□□□□□□□□□□□□□□□□□□　　　金额单位：人民币元（列至角分）

被投资单位信息	单位名称		纳税人识别号（统一社会信用代码）	投资者应纳税所得额
	汇总地			
	非汇总地	1		
		2		
		3		
		4		
		5		

项　　目	行次	金　额
一、投资者应纳税所得额合计	1	
二、应调整的个人费用及其他扣除（第2行＝第3行＋第4行＋第5行＋第6行）	2	
（一）投资者减除费用	3	
（二）专项扣除	4	
（三）专项附加扣除	5	
（四）依法确定的其他扣除	6	

（续）

项 目	行 次	金 额
三、应调整的其他项目	7	
四、调整后应纳税所得额（第8行＝第1行＋第2行＋第7行）	8	
五、税率（%）	9	
六、速算扣除数	10	
七、应纳税额（第11行＝第8行×第9行－第10行）	11	
八、减免税额（附报"个人所得税减免税事项报告表"）	12	
九、已缴税额	13	
十、应补/退税额（第14行＝第11行－第12行－第13行）	14	

谨声明：本表是根据国家税收法律法规及相关规定填报的，是真实的、可靠的、完整的。

纳税人签字：　　　　　年　　月　　日

经办人：	受理人：
经办人身份证件号码：	
代理机构签章：	受理税务机关（章）：
代理机构统一社会信用代码：	受理日期：　　年　　月　　日

国家税务总局监制

表5-19　个人所得税减免税事项报告表增表

税款所属期：　　年　　月　　日至　　年　　月　　日

纳税人姓名：

纳税人识别号：□□□□□□□□□□□□□□□□□-□□

扣缴义务人名称：

扣缴义务人纳税人识别号：□□□□□□□□□□□□□□□□□　　　金额单位：人民币元（列至角分）

减免税情况

编号	勾选	减免税事项	减免人数	免税收入	减免税额	备注
1	□	残疾、孤老、烈属减征个人所得税				
2	□	个人转让5年以上唯一住房免征个人所得税		—		
3	□	随军家属从事个体经营免征个人所得税		—		
4	□	军转干部从事个体经营免征个人所得税		—		
5	□	退役士兵从事个体经营免征个人所得税		—		
6	□	建档立卡贫困人口从事个体经营减征个人所得税		—		
7	□	登记失业半年以上人员、零就业家庭、享受城市低保登记失业人员、毕业年度内高校毕业生从事个体经营扣减个人所得税		—		
8	□	取消农业税从事"四业"所得暂免征收个人所得税		—		
9	□	符合条件的房屋赠与免征个人所得税				

（续）

减免税情况						
编号	勾选	减免税事项 ||减免人数	免税收入	减免税额	备注
10	□	科技人员取得职务科技成果转化现金奖励 ||	—		
11	□	外籍个人出差补贴、探亲费、语言训练费、子女教育费等津补贴 ||	—		
12	□	税收协定	股息	税收协定名称及条款：	—	
13	□	^	利息	税收协定名称及条款：	—	
14	□	^	特许权使用费	税收协定名称及条款：	—	
15	□	^	财产收益	税收协定名称及条款：	—	
16	□	^	受雇所得	税收协定名称及条款：	—	
17	□	^	其他	税收协定名称及条款：	—	
18		其他	减免税事项名称及减免性质代码：			
19	□		减免税事项名称及减免性质代码：			
20			减免税事项名称及减免性质代码：			
合计						

减免税人员名单						
序号	姓名	纳税人识别号	减免税事项（编号或减免性质代码）	所得项目	免税收入	减免税额	备注

谨声明：本表是根据国家税收法律法规及相关规定填报的，本人（单位）对填报内容（附带资料）的真实性、可靠性、完整性负责。

纳税人或扣缴单位负责人签字：　　　　　年　月　日

经办人签字：	受理人：
经办人身份证件类型：	
经办人身份证件号码：	受理税务机关（章）：
代理机构签章：	
代理机构统一社会信用代码：	受理日期：　　年　月　日

国家税务总局监制

表 5-20　代扣代缴手续费申请表

金额单位：人民币元（列至角分）

扣缴义务人名称		统一社会信用代码（纳税人识别号）	
联系人姓名		联系电话	

原完税情况	品目名称	税款所属时期	税票号码	实缴金额
	合计（小写）			

申请手续费金额（小写）	

声明	此表是根据国家税收法律法规及相关规定填写的，本人（单位）对填报内容（附带资料）的真实性、可靠性、完整性负责。 扣缴义务人签章：
授权声明	如果您已委托代理人申请，请填写下列资料： 为代理个人所得税扣缴手续费申请相关事宜，现授权 　　　　　　　　　　　　　　　　　（地址） 为代理申请人，任何与本申请有关的往来文件，都可寄于此人。 授权人签章：
税务机关填写	受理人： 受理税务机关（章）： 受理日期：

📖 学习提示：

（1）"个人所得税年度自行纳税申报表（A表）"适用于纳税年度内仅从中国境内取得工资、薪金所得，劳务报酬所得，稿酬所得，特许权使用费所得（以下简称"综合所得"）的居民个人，按税法规定进行年度汇算。

"个人所得税年度自行纳税申报表（简易版）"适用于纳税年度内仅从中国境内取得综合所得，且年综合所得收入额不超过6万元的居民个人，按税法规定进行年度汇算。

"个人所得税年度自行纳税申报表（问答版）"通过提问的方式引导居民个人完成纳税申报，适用于纳税年度内仅从中国境内取得综合所得的居民个人，按税法规定进行年度汇算。

（2）"个人所得税年度自行纳税申报表（B表）"适用于纳税年度内取得境外所得的居民个

人，按税法规定进行个人所得税年度自行申报。同时，办理境外所得纳税申报时，需一并附报"境外所得个人所得税抵免明细表"，以便计算其取得境外所得的抵免限额。

（3）"个人所得税经营所得纳税申报表（A表）"适用于查账征收和核定征收的个体工商户业主、个人独资企业投资人、合伙企业个人合伙人、承包承租经营者个人以及其他从事生产、经营活动的个人在中国境内取得经营所得，按税法规定办理个人所得税预缴纳税申报。

（4）"个人所得税减免税事项报告表"适用于个人在纳税年度内发生减免税事项，扣缴义务人预扣预缴时或者个人自行纳税申报时填报享受税收优惠。

【例5-11】中国公民金先生为独生子，任职于境内风森集团，至今未婚，父母健在且年龄均超过60岁；从2020年开始金先生攻读在职博士学位；对赡养老人和继续教育专项附加扣除选择在风森集团预扣预缴其税款时扣除。2020年金先生取得各项收入如下：

（1）每月工资收入30 000元，按所在省人民政府规定的比例提取并缴付"三险一金"2 960元。业余时间在长鑫公司兼职，每月取得兼职收入20 000元。

（2）6月1日，在某出版社出版书籍取得稿酬收入80 000元。

要求：
(1)计算风森集团全年需要预扣预缴金先生的个人所得税。
(2)计算长鑫公司全年需要预扣预缴金先生的个人所得税。
(3)计算某出版社需要预扣预缴金先生的个人所得税。
(4)计算金先生年终汇算清缴时应补（退）税金额。

【解析】
(1)风森集团全年需要预扣预缴金先生的个人所得税计算见表5-21。

表5-21　金先生的个人所得税计算

月份	累计预扣预缴应纳税所得额＝累计收入－累计免税收入－累计减除费用－累计专项扣除－累计专项附加扣除－累计依法确定的其他扣除	本期应预扣预缴税额＝（累计预扣预缴应纳税所得额×预扣率－速算扣除数）－累计减免税额－累计已预扣预缴税额
1	30 000－0－5 000－2 960－（2 000+400）－0=19 640（元）	19 640×3%－0－0－0=589.2（元）
2	30 000×2－0－5 000×2－2 960×2－（2 000+400）×2－0=39 280（元）	39 280×10%－2 520－0－589.2=818.8（元）
3	30 000×3－0－5 000×3－2 960×3－（2 000+400）×3－0=58 920（元）	58 920×10%－2 520－0－（589.2+818.8）=1 964（元）
4	30 000×4－0－5 000×4－2 960×4－（2 000+400）×4－0=78 560（元）	78 560×10%－2 520－0－（589.2+818.8+1 964）=1 964（元）
5	30 000×5－0－5 000×5－2 960×5－（2 000+400）×5－0=98 200（元）	98 200×10%－2 520－0－（589.2+818.8+1 964×2）=1 964（元）
6	30 000×6－0－5 000×6－2 960×6－（2 000+400）×6－0=117 840（元）	117 840×10%－2 520－0－（589.2+818.8+1 964×3）=1 964（元）
7	30 000×7－0－5 000×7－2 960×7－（2 000+400）×7－0=137 480（元）	137 480×10%－2 520－0－（589.2+818.8+1 964×4）=1 964（元）

（续）

月份	累计预扣预缴应纳税所得额＝累计收入－累计免税收入－累计减除费用－累计专项扣除－累计专项附加扣除－累计依法确定的其他扣除	本期应预扣预缴税额＝（累计预扣预缴应纳税所得额×预扣率－速算扣除数）－累计减免税额－累计已预扣预缴税额
8	30 000×8－0－5 000×8－2 960×8－（2 000+400）×8－0=157 120（元）	157 120×20%－16 920－0－（589.2+818.8+1 964×5）=3 276（元）
9	30 000×9－0－5 000×9－2 960×9－（2 000+400）×9－0=176 760（元）	176 760×20%－16 920－0－（589.2+818.8+1 964×5+3 276）=3 928（元）
10	30 000×10－0－5 000×10－2 960×10－（2 000+400）×10－0=196 400（元）	196 400×20%－16 920－0－（589.2+818.8+1 964×5+3 276+3 928）=3 928（元）
11	30 000×11－0－5 000×11－2 960×11－（2 000+400）×11－0=216 040（元）	216 040×20%－16 920－0－（589.2+818.8+1 964×5+3 276+3 928×2）=3 928（元）
12	30 000×12－0－5 000×12－2 960×12－（2 000+400）×12－0=235 680（元）	235 680×20%－16 920－0－（589.2+818.8+1 964×5+3 276+3 928×3）=3 928（元）
合计	—	589.2+818.8+1 964×5+3 276+3 928×4=30 216（元）

（2）劳务报酬所得应预扣预缴税额＝（预扣预缴应纳税所得额×预扣率－速算扣除数）×12=[20 000×（1－20%）×20%－0]×12=38 400（元）。

因此，长鑫公司全年需要预扣预缴金先生的个人所得税为 38 400 元。

（3）某出版社应预扣预缴金先生稿酬所得的个人所得税=80 000×（1－20%）×70%×20%= 8 960（元）。

（4）金先生的综合所得应纳个人所得税=（30 000×12+20 000×80%×12+80 000×56%－2 960×12－（60 000－24 000－4 800）×30%－52 920=88 824（元）。

应补缴个人所得税=88 824－（30 216+38 400+8 960）=11 248（元）。

金先生的个人所得税年度自行纳税申报表见表 5-22。

表 5-22 金先生的个人所得税年度自行纳税申报表（A 表）
（仅取得境内综合所得年度汇算适用）

税款所属期：2019 年 1 月 1 日至 2019 年 12 月 31 日

纳税人姓名：金先生

纳税人识别号：220181197605164427　　　　　　　　　　　金额单位：人民币元（列至角分）

基本情况					
手机号码	15555555555	电子邮箱	15555555555@163.com	邮政编码	100000
联系地址	____省（区、市）北京 市 海淀 区（县）____街道（乡、镇）____				

纳税地点（单选）

1. 有任职受雇单位的，需选本项并填写"任职受雇单位信息"：		☑ 任职受雇单位所在地
任职受雇单位信息	名称	风森集团
	纳税人识别号	91220102309926178W

（续）

基本情况			
2. 没有任职受雇单位的，可以从本栏次选择一地：		☐ 户籍所在地	☐ 经常居住地
户籍所在地／经常居住地	＿＿省（区、市）＿＿市＿＿区（县）＿＿＿＿街道（乡、镇）＿＿＿＿＿＿		

申报类型（单选）

☑ 首次申报　　　　☐ 更正申报

综合所得个人所得税计算

项　目	行次	金额
一、收入合计（第1行＝第2行＋第3行＋第4行＋第5行）	1	680 000
（一）工资、薪金	2	360 000
（二）劳务报酬	3	240 000
（三）稿酬	4	80 000
（四）特许权使用费	5	
二、费用合计 [第6行＝（第3行＋第4行＋第5行）×20%]	6	64 000
三、免税收入合计（第7行＝第8行＋第9行）	7	19 200
（一）稿酬所得免税部分 [第8行＝第4行×（1-20%）×30%]	8	19 200
（二）其他免税收入（附报"个人所得税减免税事项报告表"）	9	
四、减除费用	10	60 000
五、专项扣除合计（第11行＝第12行＋第13行＋第14行＋第15行）	11	35 520
（一）基本养老保险费	12	12 744
（二）基本医疗保险费	13	3 180
（三）失业保险费	14	480
（四）住房公积金	15	19 116
六、专项附加扣除合计（附报"个人所得税专项附加扣除信息表"）（第16行＝第17行＋第18行＋第19行＋第20行＋第21行＋第22行）	16	28 800
（一）子女教育	17	
（二）继续教育	18	4 800
（三）大病医疗	19	
（四）住房贷款利息	20	
（五）住房租金	21	
（六）赡养老人	22	24 000
七、其他扣除合计（第23行＝第24行＋第25行＋第26行＋第27行＋第28行）	23	
（一）年金	24	
（二）商业健康保险（附报"商业健康保险税前扣除情况明细表"）	25	
（三）税延养老保险（附报"个人税收递延型商业养老保险税前扣除情况明细表"）	26	
（四）允许扣除的税费	27	

（续）

综合所得个人所得税计算

项　目	行次	金额
（五）其他	28	
八、准予扣除的捐赠额（附报"个人所得税公益慈善事业捐赠扣除明细表"）	29	
九、应纳税所得额（第30行＝第1行－第6行－第7行－第10行－第11行－第16行－第23行－第29行）	30	472 480
十、税率（%）	31	30%
十一、速算扣除数	32	52 920
十二、应纳税额（第33行＝第30行×第31行－第32行）	33	88 824

全年一次性奖金个人所得税计算

（无住所居民个人预判为非居民个人取得的数月奖金，选择按全年一次性奖金计税的填写本部分）

项目	行次	金额
一、全年一次性奖金收入	34	
二、准予扣除的捐赠额（附报"个人所得税公益慈善事业捐赠扣除明细表"）	35	
三、税率（%）	36	
四、速算扣除数	37	
五、应纳税额[第38行＝（第34行－第35行）×第36行－第37行]	38	

税额调整

项目	行次	金额
一、综合所得收入调整额（需在"备注"栏说明调整具体原因、计算方式等）	39	
二、应纳税额调整额	40	

应补/退个人所得税计算

项目	行次	金额
一、应纳税额合计（第41行＝第33行＋第38行＋第40行）	41	88 824
二、减免税额（附报"个人所得税减免税事项报告表"）	42	
三、已缴税额	43	77 576
四、应补/退税额（第44行＝第41行－第42行－第43行）	44	11 248

无住所个人附报信息

纳税年度内在中国境内居住天数		已在中国境内居住年数	

退税申请

（应补/退税额小于0的填写本部分）

□ 申请退税（需填写"开户银行名称""开户银行省份""银行账号"）		□ 放弃退税	
开户银行名称		开户银行省份	
银行账号			

备注

（续）

谨声明：本表是根据国家税收法律法规及相关规定填报的，本人对填报内容（附带资料）的真实性、可靠性、完整性负责。

纳税人签字：金先生　　　2020 年 3 月 10 日

经办人签字：	受理人：
经办人身份证件类型：	
经办人身份证件号码：	受理税务机关（章）：
代理机构签章：	
代理机构统一社会信用代码：	受理日期：　　年　　月　　日

国家税务总局监制

❄ **本节导读分析**：根据本节相关规定可知，李某取得工资、薪金所得和劳务报酬所得需要汇算清缴，因此需要自行申报纳税，应当在取得所得的次年 3 月 1 日至 6 月 30 日内办理汇算清缴；其取得的劳务报酬所得相关付款人应扣未扣税款的，由税务机关向纳税人追缴税款，纳税人应当在取得所得的次年 6 月 30 日前缴纳税款，税务机关通知限期缴纳的，纳税人应当按照期限缴纳税款。

✿ **知识小结**：

1. 税源扣缴总结

项　目	税法规定
纳税人	所得人
扣缴义务人	支付所得的单位或者个人
纳税人识别号	纳税人有中国公民身份号码的，以中国公民身份证号码为纳税人识别号；纳税人没有中国公民身份号码的，由税务机关赋予其纳税人识别号
扣缴义务人法定义务	应当按照国家规定办理全员全额扣缴申报，并向纳税人提供其个人所得和已扣缴税款等信息
扣缴手续费	所扣缴税款的 2%
代扣代缴期限	次月 15 日内

2. 自行申报纳税总结

项　目	税法规定
自行申报范围	取得综合所得需要办理汇算清缴
	取得应税所得没有扣缴义务人
	取得应税所得，扣缴义务人未扣缴税款
	取得境外所得
	因移居境外注销中国户籍
	非居民个人在中国境内从两处以上取得工资、薪金所得
	国务院规定的其他情形

（续）

项　目			税法规定	
申报纳税地点	一般应为经营管理所在地主管税务机关			
	两处以上取得经营所得		选择其中一处经营管理所在地主管税务机关	
	居民个人	中国境外取得所得	1. 境内任职、受雇单位所在地主管税务机关 2. 户籍所在地或中国境内经常居住地主管税务机关	
	非居民个人	扣缴义务人所在地主管税务机关		
		中国境内两处以上取得工资、薪金所得	其中一处任职、受雇单位所在地主管税务机关	
申报纳税期限	综合所得	按年计算个人所得税		
		有扣缴义务人的	由扣缴义务人按月或者按次预扣预缴税款	
		需要办理汇算清缴的，应当在取得所得的次年3月1日至6月30日内办理		
		非居民个人取得工资、薪金所得，劳务报酬所得，稿酬所得，特许权使用费所得，有扣缴义务人的，由扣缴义务人按月或者按次代扣代缴税款，不办理汇算清缴		
	经营所得	按年计算个人所得税		
		纳税人在月度或者季度终了后15日内向税务机关报送纳税申报表，并预缴税款		
		在取得所得的次年3月31日前办理汇算清缴		
	没有扣缴义务人的	在取得所得的次月15日内申报纳税		
	扣缴义务人未扣缴税款的	在取得所得的次年6月30日前申报纳税		
		税务机关通知限期缴纳的，纳税人应当按照期限缴纳税款		
	非居民个人在中国境内从两处以上取得工资、薪金所得的，应当在取得所得的次月15日内申报纳税			
申报纳税方式	本人直接申报纳税			
	委托他人代为申报纳税			
	邮寄申报纳税			

拓展知识　个人所得税会计处理

/学习导读/

　　企业需要核算每位员工的职工薪酬、福利并归集计入相应的成本费用，同时计算与其对应的个人所得税，并进行相应的会计处理。这部分内容将带领大家站在企业视角看待个人所得税与会计之间的关系。

一、科目设置

（一）"应交税费——应交个人所得税"科目

对采用自行申报缴纳个人所得税的纳税人，除实行查账征收的个体工商户、个人独资企业、合伙企业外，一般不需要进行会计核算。实行查账征收的个体工商户，应设置"**应交税费——应交个人所得税**"科目，核算应缴纳的个人所得税。对企业涉及的代扣代缴个人所得税业务，纳税人在"应交税费——应交个人所得税"科目下设置"**代扣个人所得税**"明细科目进行会计处理。该明细科目采用三栏式账户记账，贷方核算企业按规定应代扣代缴的个人所得税，借方核算企业实际缴纳的代扣个人所得税；期末，贷方余额表示尚未缴纳的代扣个人所得税，借方余额表示企业多缴的代扣个人所得税。

（二）"应付职工薪酬"科目

为了正确、及时地反映企业应付职工工资总额，应在"应付职工薪酬"科目下设置"工资"明细科目进行会计处理。该明细科目贷方核算企业按规定计提的应付职工薪酬，借方核算企业实际发放的工资和代扣个人所得税等代扣款项；期末，**贷方余额**表示**尚未发放**的应付职工薪酬，**借方余额**表示企业**多发**的应付职工薪酬。

二、具体会计核算

（一）经营所得个人所得税的会计核算

实行查账征收的个体工商户应缴纳的个人所得税，其会计核算应通过"**留存利润**"和"**应交税费——应交个人所得税**"等科目核算。在计算应纳个人所得税时，借记"留存利润"科目，贷记"应交税费——应交个人所得税"科目；实际缴纳税款时，借记"应交税费——应交个人所得税"科目，贷记"银行存款"科目。

【**例 5-12**】 李某于 2019 年申请开设某个人工作室，按个体工商户纳税申报，2020 年全年经营收入 800 000 元，发生生产经营成本、费用等总额为 640 000 元。试计算其全年应纳的个人所得税（李某当年无综合所得）。

【解析】

应纳税所得额 =800 000−640 000−60 000=100 000（元）

应纳税额 =100 000×20%−10 500=9 500（元）

会计分录如下：

计算应纳个人所得税时：

借：留存利润　　　　　　　　　　　　　　　　　　　　　　　9 500
　　贷：应交税费——应交个人所得税　　　　　　　　　　　　9 500

实际缴纳税款时：

借：应交税费——应交个人所得税　　　　　　　　　　　　　　9 500
　　贷：银行存款　　　　　　　　　　　　　　　　　　　　　9 500

（二）代扣代缴个人所得税的会计核算

现行会计准则并未对代扣税款核算做出规定，但实际工作中，一般可在"应交税费"总账下设置"**代扣个人所得税**"明细账进行核算。同时，根据所代扣税款的具体项目不同，将代扣的税额冲减"**应付职工薪酬**""**应付账款**""**其他应付款**"等科目。

1. 支付工资、薪金所得的单位代扣代缴个人所得税核算

单位对支付给职工的工资、薪金代扣个人所得税时，借记"应付职工薪酬"和"应付账款"等科目，贷记"应交税费——应交个人所得税（代扣个人所得税）"科目；实际缴纳个人所得税税款时，借记"应交税费——应交个人所得税（代扣个人所得税）"科目，贷记"银行存款"科目。

【例 5-13】 风森集团在月底发放职工工资时,应扣缴李某个人所得税 450 元。该集团应如何进行会计核算?

【解析】 风森集团应代扣其个人所得税的会计分录如下:

借:应付职工薪酬　　　　　　　　　　　　　　　　　　　　　　　450
　贷:应交税费——应交个人所得税(代扣个人所得税)　　　　　　　450

下月初按规定期限上缴税款时:

借:应交税费——应交个人所得税(代扣个人所得税)　　　　　　　450
　贷:银行存款　　　　　　　　　　　　　　　　　　　　　　　　450

2. 支付其他所得的单位代扣代缴个人所得税的核算

企业代扣除工资、薪金所得以外的个人所得税时,根据个人所得项目不同,代扣个人所得税时,应分别借记"**应付债券**""**应付股利**""**应付账款**""**其他应付款**"等科目,贷记"应交税费——应交个人所得税(**代扣个人所得税**)"科目;实际缴纳个人所得税税款时,借记"应交税费——应交个人所得税(代扣个人所得税)"科目,贷记"银行存款"科目。

【例 5-14】 风森集团 2020 年 4 月与王某签约租赁其商业门面作为销售处,约定每月底支付租赁费 10 000 元,并取得税务机关代开增值税专用发票。风森集团 4 月应如何对该业务进行会计核算?

【解析】 风森集团在签订合同时,可暂不进行税务处理。

假设无准予扣除项目,在月底支付租赁费时,风森集团应代扣代缴王某财产租赁应缴纳的个人所得税。

代扣代缴个人所得税税额 =10 000×(1−20%)×20%=1 600(元)

会计分录如下:

月底计提租赁费时:

借:销售费用　　　　　　　　　　　　　　　　　　　　　　　　10 000
　贷:其他应付款　　　　　　　　　　　　　　　　　　　　　　10 000

支付租赁费并代扣个人所得税时:

借:其他应付款　　　　　　　　　　　　　　　　　　　　　　　10 000
　贷:应交税费——应交个人所得税(代扣个人所得税)　　　　　　1 600
　　　银行存款　　　　　　　　　　　　　　　　　　　　　　　 8 400

本节导读分析:根据不同的情况,核算个人所得税时记入的会计科目可能不同:实行查账征收的个体工商户应缴纳的个人所得税通过"留存利润"来核算;支付工资、薪金所得的单位代扣代缴个人所得税通过"应付职工薪酬"来核算;支付其他所得的企业根据个人所得税项目不同,可以通过"应付债券""应付股利""应付账款""其他应付款"等科目来核算。

知识小结:应纳个人所得税的会计处理表

项　目		会计处理
经营所得	计算应纳个人所得税时	借:留存利润 　贷:应交税费——应交个人所得税
	实际缴纳税款时	借:应交税费——应交个人所得税 　贷:银行存款

（续）

项　目			会 计 处 理
代扣代缴	工资、薪金所得	代扣个税时	借：应付职工薪酬 　　贷：应交税费——应交个人所得税（代扣个人所得税）
		实际缴税时	借：应交税费——应交个人所得税（代扣个人所得税） 　　贷：银行存款
	其他所得	代扣个税时	借：销售费用、应付债券、应付股利等 　　贷：应交税费——应交个人所得税（代扣个人所得税）
		实际缴税时	借：应交税费——应交个人所得税（代扣个人所得税） 　　贷：银行存款

本章导读分析

Z公司的处理违背税法的立法目的，该公司频繁变换公司名称及股东，以新股东注资入股、老股东撤资退股的形式，实质为股权转让行为，应按"财产转让所得"缴纳个人所得税。《个人所得税法》（2018年修正）第十五条明确规定："个人转让股权办理变更登记的，市场主体登记机关应当查验与该股权交易相关的个人所得税的完税凭证。"

实务案例

中国居民张某2020年每月应发工资30 000元，每月减除费用5 000元、"三险一金"等专项扣除为4 500元。

享受子女教育和赡养老人两项专项附加扣除合计2 000元；已由扣缴义务人预缴完成。2020年12月取得劳务报酬50 000元，稿酬50 000元；2020年大病医疗医保范围内自负费用60 000元；没有减免税收入及减免税额等情况。2021年2月扣缴义务人（任职单位）向张某提供了已办理的子女教育及赡养老人两项专项附加扣除共计24 000元，已预扣预缴税款27 480元等信息。张某向支付劳务报酬和稿酬的单位取得了已缴税款的证据：劳务报酬已预扣预缴10 000元，稿酬已预扣预缴5 600元。请依照现行税法规定说明2021年3月张某如何向主管税务机关汇算清缴。

2020年度共计已预扣预缴税额=27 480+10 000+5 600=43 080（元）

依据《国家税务总局关于发布〈个人所得税扣缴申报管理办法（试行）〉的公告》（国家税务总局公告2018年第61号）第十三条规定："支付工资、薪金所得的扣缴义务人应当于年度终了后两个月内，向纳税人提供其个人所得和已扣缴税款等信息。纳税人年度中间需要提供上述信息的，扣缴义务人应当提供。纳税人取得除工资、薪金所得以外的其他所得，扣缴义务人应当在扣缴税款后，及时向纳税人提供其个人所得和已扣缴税款等信息。"

根据规定，居民个人办理年度综合所得汇算清缴时，应当依法计算劳务报酬所得、稿酬所得、特许权使用费所得的收入额，并入年度综合所得计算应纳税款，税款多退少补（见表5-23）。

表 5-23 2020 年度张某个人所得税汇算清缴计算

单位：元

项目	收入额	减除费用	专项扣除	专项附加扣除	应纳税所得额	适用税率	应纳税额	已预扣预缴税额	应补（退）税额
工资、薪金	360 000	60 000	54 000	69 000	177 000			27 480	
劳务报酬	40 000	—	—	—	40 000			10 000	
稿酬	28 000	—	—	—	28 000			5 600	
合计	428 000	60 000	54 000	69 000	245 000	20%	32 080	43 080	−11 000

根据张某个人所得税汇算清缴计算可知，还应退个人所得税 11 000 元。

思维导图

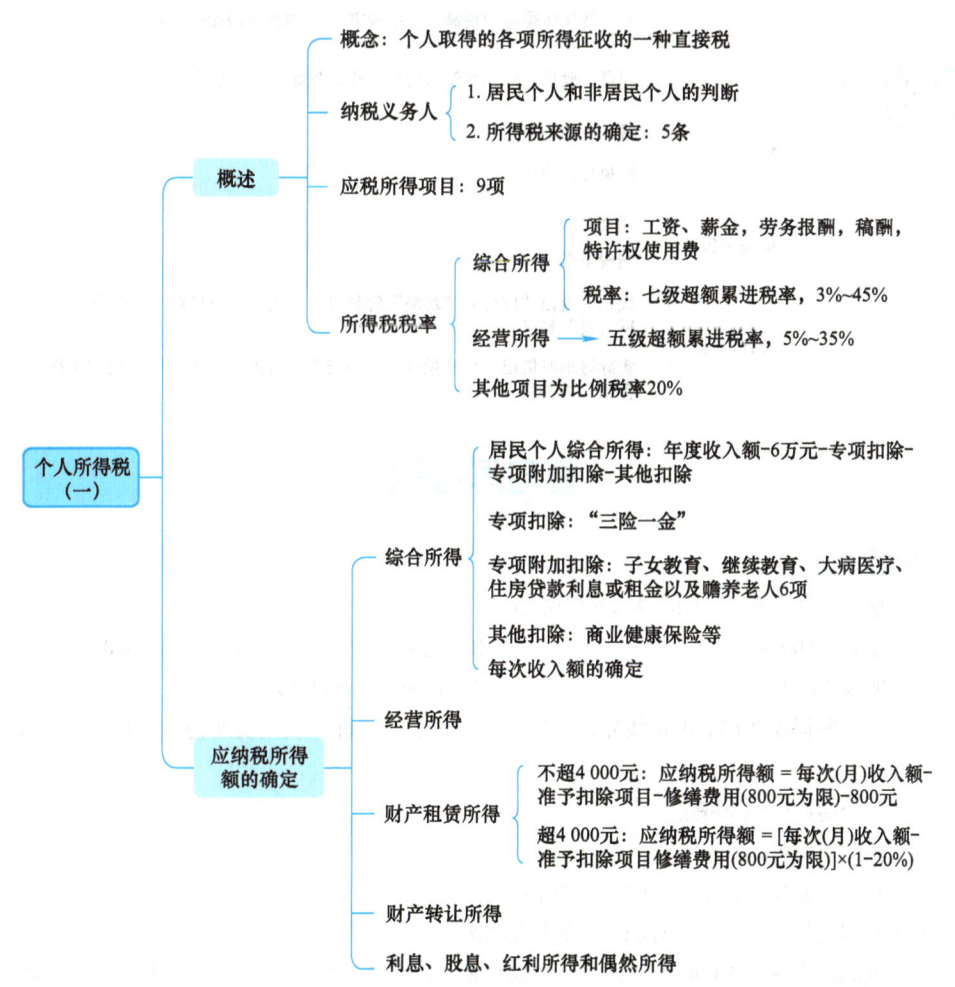

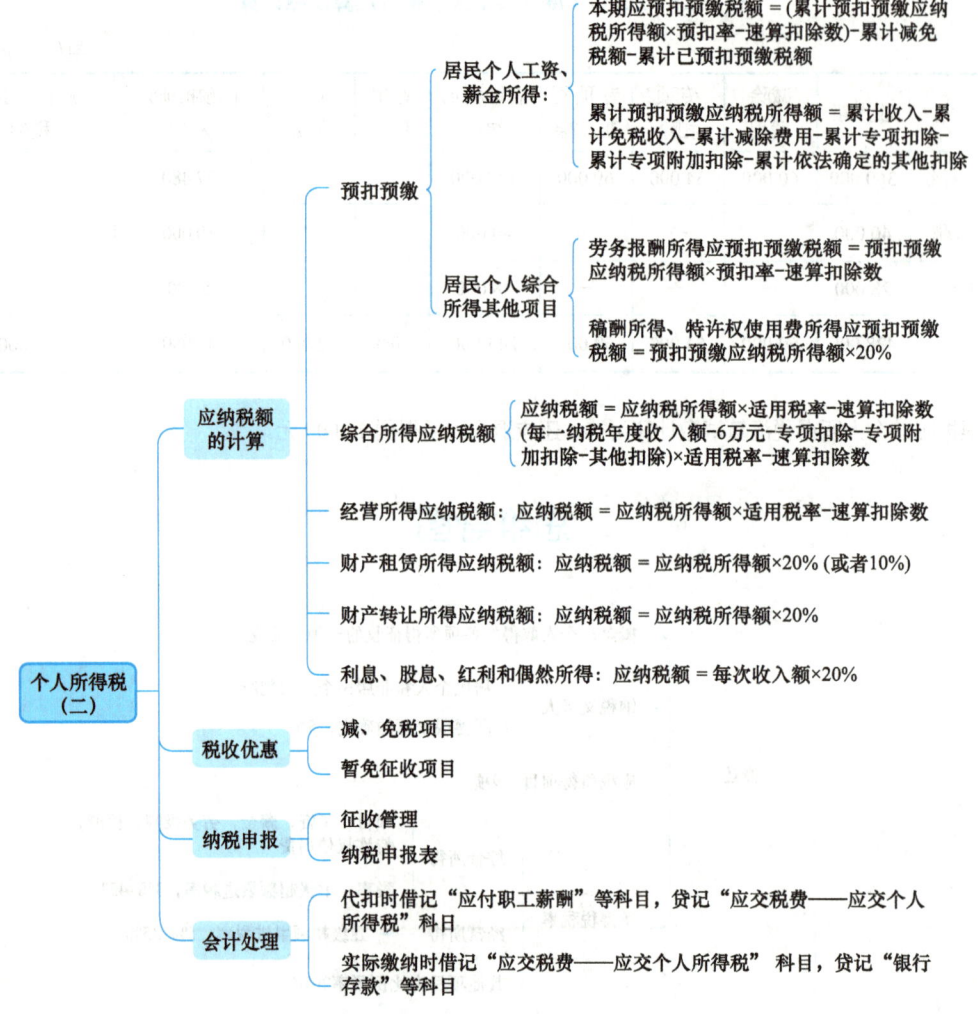

复习思考题

一、单项选择题

1. 甲企业退休职工刘某本月取得的下列收入中,应当按照规定计算缴纳个人所得税的是（　　）。
   A. 退休工资 1 500 元
   B. 国家发行的金融债券利息收入 500 元
   C. 稿酬所得 3 000 元
   D. 保险赔款 5 000 元

2. 根据个人所得税法律制度的规定,下列不属于按照"特许权使用费所得"征收个人所得税的是（　　）。
   A. 个人取得特许权的经济赔偿收入
   B. 转让土地使用权的收入
   C. 编剧从电视剧制作单位取得的剧本使用费
   D. 作者将自己的文字作品手稿复印件公开拍卖取得的所得

3. 国庆期间,张某花 5 000 元购买即开型福利彩票,其中一张彩票中了特等奖,奖品为价值 80 万元的宝马轿车一辆和奖金20万元。根据个人所得税法律制度的规定，张某本次中奖应纳个人所得税为（　　）万元。

A．4　　　　　　B．16　　　　　　C．19.9　　　　　　D．20

4．2020年2月，王某出租住房取得租金收入3 000元（不含增值税，房屋租赁过程中缴纳的可扣除相关税费为120元，支付出租住房修缮费1 000元，可提供合法票据）。王某2月出租住房应缴纳个人所得税为（　　）元。

A．128　　　　　　B．208　　　　　　C．188　　　　　　D．108

5．根据个人所得税法律制度的规定，在计算缴纳个人所得税时，一定可以在应纳税所得额中全额扣除的捐赠是（　　）。

A．通过民政部门向红十字事业捐赠1 000元

B．直接捐赠给某小学2 000元

C．通过当地民政部门向贫困地区捐赠3 000元

D．通过国家机关向遭受自然灾害地区捐赠5 000元

二、多项选择题

1．根据个人所得税法律制度的规定，下列支出中，在计算个体工商户个人所得税应纳税所得额时，不得扣除的有（　　）。

A．从业人员的合理工资　　　　　　B．税收滞纳金

C．用于个人和家庭的支出　　　　　　D．个体工商户直接对受益人的捐赠

2．根据个人所得税法律制度的规定，下列表述正确的有（　　）。

A．个人提供商标权的使用权取得的所得，按"稿酬所得"缴纳个人所得税

B．编剧从电视剧制作单位取得的剧本使用费，按"特许权使用费所得"缴纳个人所得税

C．个人提供专利权的使用权取得的所得，按"特许权使用费所得"缴纳个人所得税

D．作者将自己的文字作品手稿原件或复印件公开拍卖取得的所得，按"财产转让所得"缴纳个人所得税

3．根据个人所得税法律制度的规定，下列各项中，免征或暂免征收个人所得税的有（　　）。

A．离退休人员除按规定领取离退休工资以外，另从原任职单位取得的补贴

B．符合国家有关规定的福利费、抚恤金、救济金

C．对国有企业职工，因企业被依法宣告破产，从破产企业取得的一次性安置费收入

D．个人转让自用5年以上并且是家庭唯一生活用房取得的所得

三、计算分析题

1．中国公民陈某为国内某大学教授，2020年1月至3月其有关收支情况如下：

（1）1月转让一套住房，取得含增值税销售收入945 000元，该套住房原值840 000元，系陈某2019年8月购入，本次转让过程中，发生合理费用5 000元。

（2）2月转让从公开发行市场购入的上市公司股票6 000股，取得股票转让所得120 000元。

（3）3月在甲电信公司购话费获赠价值390元的手机一部；获得乙保险公司给付的保险赔款30 000元。

假设陈某2020年其他收入及相关情况如下：

（1）工资、薪金所得190 000元，专项扣除40 000元。

（2）劳务报酬所得8 000元，稿酬所得5 000元。

根据上述资料，不考虑其他因素，分析回答下列问题：

（1）计算陈某1月转让住房、2月转让上市公司股票应缴纳的个人所得税。

237

（2）计算陈某 2020 年综合所得应缴纳的个人所得税。

2．中国公民杨某 2020 年的有关收支情况如下：

（1）1 月购买体育彩票，取得中奖收入 20 000 元，购买体育彩票支出 700 元。

（2）2 月获赠父母名下的住房一套。

（3）3 月取得储蓄存款利息 1 500 元。

（4）4 月将一套商铺出租，取得当月租金 6 000 元，缴纳相关税费 720 元。

（5）其他相关情况：2020 年总计取得工资收 105 600 元，专项扣除 20 250 元。

（6）杨某夫妇有个在上小学的孩子，子女教育专项附加扣除由杨某夫妇分别按扣除标准的 50% 扣除。

根据上述资料，不考虑其他因素，分析回答下列问题：

（1）计算杨某 1 月体育彩票中奖收入、2 月获赠住房、3 月取得存款利息应缴纳的个人所得税。

（2）计算杨某 4 月出租商铺应缴纳的个人所得税。

（3）计算杨某 2020 年综合所得应缴纳的个人所得税。

3．中国公民李某就职于国内 A 上市公司，月工资为 18 000 元，2020 年收入情况如下：

（1）出版一部长篇小说，取得稿酬 40 000 元。

（2）5 月与一家培训机构签订了半年的劳务合同，合同规定从 5 月起每周六为该培训机构授课 1 次，每次报酬为 5 000 元。5 月为培训机构授课 4 次。

（3）7 月 1 日起将其位于市区的一套公寓住房按市价出租，每月收取租金 3 800 元。当月因卫生间漏水发生修缮费用 1 200 元，已取得合法有效的支出凭证。

（4）11 月底转让通过沪港通投资香港联交所上市股票，取得转让净收入 15 000 元。

（5）12 月取得全年一次性奖金 60 000 元。

其他相关资料：李某每月自行负担的"三险一金"为 1 800 元；李某为独生子且其父母均已年满 60 周岁；李某每月根据规定缴付的年金为 500 元，上年度月平均工资为 16 000 元，当地上年职工月平均工资为 5 000 元。对于专项附加扣除李某选择在 A 公司预扣预缴其税款时扣除，对于全年一次性奖金李某选择不并入综合所得计税。

根据上述资料，回答下列问题：

（1）计算 1 月 A 公司应预扣预缴李某的个人所得税。

（2）计算李某出版小说被预扣预缴的个人所得税。

（3）计算培训机构 5 月支付李某授课费应预扣预缴的个人所得税。

（4）计算李某 7 月、8 月出租房屋应缴纳的个人所得税。

（5）计算李某 11 月底转让股票收入应缴纳的个人所得税。

（6）计算李某取得全年一次性奖金应缴纳的个人所得税。

第六章

其他税收法律制度

本章导读

税收的重要职能之一就是调节经济。前面学习的增值税是对商品和劳务在流转过程中产生的增值额进行征税，消费税是对特定消费品流转额进行征税，而企业及个人所得税是对其所得进行征税。但在现实的社会中，经济活动多样化、产品需求多元化，除了给人们的生活带来更好的体验之外，也给社会带来了一些冲击，如房地产行业的兴起、私人轿车数量的增加等。那么，国家对这些特别的经济活动又是如何在税收方面进行调控的呢？让我们进入本章内容的学习，探索国家对那些小税种都做了哪些规定吧。

第一节 房产税

学习导读

据记载，房产税可追溯至欧洲中世纪，当时它是封建君主敛财的一项重要手段，且名目繁多，如"窗户税""灶税""烟囱税"等，这类房产税大多以房屋的某种外部标志作为确定负担的标准。那么，我国的房产税是怎样的呢？是否也对烟囱征收房产税呢？

一、房产税的概念

房产税[29]是以**房产**为征税对象，按照房产的**计税价值或房产租金收入**向产权所有人或经营管理人等征收的一种税。

📢 **学习提示**：房产税属于财产税。财产税是对法人或自然人在某一时点占有或可支配财产课征的一类税收的统称。

二、房产税纳税人

房产税纳税人是指在我国城市、县城、建制镇和工矿区内拥有房屋产权的单位和个人，具

知识拓展

[29] 1949年中华人民共和国成立后，政务院于1950年发布《全国税政实施要则》，将房产税列为开征的14个税种之一。1951年8月，政务院发布《中华人民共和国城市房地产税暂行条例》，将房产税与地产税合并为房地产税。1984年改革工商税制，将房地产税分为房产税和城镇土地使用税两个税种。

体包括产权所有人、经营管理单位、承典人、房产代管人或者使用人。房产税以房产为征税对象。所谓房产,是指有屋面和围护结构(有墙或两边有柱),能够遮风避雨,可供人们在其中生产、工作、学习、娱乐、居住或储藏物资的场所。具体包括:

(1)产权属国家所有的,其经营管理单位为纳税人。

(2)产权属集体和个人所有的,集体单位和个人为纳税人。

(3)产权出典的,承典人为纳税人。

(4)产权所有人、承典人不在房屋所在地的,房产代管人或者使用人为纳税人。

(5)产权未确定及租典纠纷未解决的,房产代管人或者使用人为纳税人。

(6)纳税单位和个人无租使用房产管理部门、免税单位及纳税单位的房产,由使用人代为缴纳房产税。

(7)房地产开发企业建造的商品房,在出售前不征收房产税,但对出售前已使用或出租、出借的商品房按规定征收房产税。

三、房产税征税范围

房产税征税范围为城市、县城、建制镇和工矿区的房屋。

其中,城市是指国务院批准设立的市,其征税范围为市区、郊区和市辖县城,不包括农村;县城是指未设立建制镇的县人民政府所在地的地区;建制镇是指经省、自治区、直辖市人民政府批准设立的建制镇;工矿区是指工商业比较发达,人口比较集中,符合国务院规定的建制镇的标准,但尚未设立建制镇的大中型工矿企业所在地。在工矿区开征房产税必须经省、自治区、直辖市人民政府批准。

独立于房屋之外的建筑物,如围墙、烟囱、水塔、菜窖、室外游泳池等,不属于房产税的征税范围。

四、房产税税率

我国房产税采用比例税率,从价计征和从租计征实行不同标准的比例税率。

按从价计征方式计征房产税的,税率为1.2%;按从租计征方式计征房产税的,税率为12%。

自2008年3月1日起,对个人出租住房,不区分用途,按4%的税率征收房产税;对企业事业单位及其他组织按市场价格向个人出租用于居住的住房,减按4%的税率征收房产税。

五、房产税计税依据

房产税以房产的计税价值或房产租金收入为计税依据。按**房产计税价值**征税的,称为从价计征;按**房产租金收入**征税的,称为从租计征。

(一)从价计征的房产税的计税依据

房产税从价计征的,以房产余值为计税依据。房产余值是指房产原值一次减除10%~30%后的剩余价值。具体减除幅度,由省、自治区、直辖市人民政府规定。

1. 房产原值

房产原值是指纳税人按照会计制度规定,在会计核算账簿"固定资产"科目记载的房屋原价。房产原值包括不可分割的附属设备和不单独计价的配套设施,主要有暖气、卫生、通风等设备。纳税人对原有房屋进行改建、扩建的,要相应增加房屋的原值。对纳税人未按会计制度规定记载,房产原值不实和没有原值的房产,由房产所在地税务机关参考同时期的同类房产核定。

2. 对投资联营的房产的计税规定

对于投资联营的房产，应根据投资联营的具体情况，在计征房产税时予以区别对待。

（1）对于以房产投资联营，投资者参与投资利润分红、共担风险的情况，按房产余值作为计税依据计缴房产税。

（2）对于以房产投资收取固定收入，不承担经营风险的情况，实际上是以联营名义取得房产的租金，应根据房产税有关规定由出租方按租金收入为计税依据计缴房产税。

3. 对融资租赁房屋的计税规定

对于融资租赁房屋的情况，由于租赁费包括购进房屋的价款、手续费、借款利息等，与一般房屋出租的"租金"内涵不同，且租赁期满后，当承租方偿还最后一笔租赁费时，房屋产权要转移到承租方。这实际上是一种变相的分期付款购买固定资产的形式，所以由承租人自融资租赁合同约定开始日的次月起依照房产余值缴纳房产税。合同未约定开始日的，由承租人自合同签订的次月起依照房产余值缴纳房产税。

4. 居民住宅区内业主共有的经营性房产的计税规定

自 2007 年 1 月 1 日起，对居民住宅内业主共有的经营性房产，由实际经营（包括自营和出租）的代管人或使用人缴纳房产税。其中自营的，依照房产原值减除 10%～30% 后的余值计征，没有房产原值或不能将业主共有房产与其他房产的原值准确划分的，由房产所在地税务机关参照同类房产核定房产原值；出租房产的，依照租金收入计征。

（二）从租计征的房产税的计税依据

房产出租的，以房屋出租取得的租金收入为计税依据，计缴房产税。计征房产税的租金收入不含增值税。

房产的租金收入是指房屋产权所有人出租房产使用权所取得的报酬，包括货币收入和实物收入。对以劳务或其他形式为报酬抵付房租收入的，应根据当地同类房产的租金水平，确定一个标准租金额从租计征。

纳税人对个人出租房屋的租金收入申报不实或申报数与同一地段同类房屋的租金收入相比明显不合理的，税务部门可以按照《中华人民共和国税收征收管理法》的有关规定，采取科学合理的方法核定其应纳税额。

六、房产税应纳税额的计算

（一）从价计征房产税的计算公式

房产税年应纳税额 = 应税房产原值 ×（1 − 扣除比例）×1.2%

扣除比例幅度为 10%～30%，具体减除幅度由省、自治区、直辖市人民政府规定。

（二）从租计征房产税的计算公式

房产税应纳税额 = 租金收入 ×12%（或 4%）

【例 6-1】 某国有企业一幢房产原值为 600 000 元，已知房产税税率为 1.2%，当地规定的房产税扣除比例为 30%。该企业年度应缴纳的房产税税额为多少元？该企业对房产税如何进行会计处理？

【解析】

该企业房产税年应纳税额 =600 000×（1−30%）×1.2%=5 040（元）

该企业对该房产税会计处理如下：

计算应缴纳房产税税额时：

借：税金及附加 5 040
　　贷：应交税费——应交房产税 5 040
缴纳房产税时：
借：应交税费——应交房产税 5 040
　　贷：银行存款 5 040

七、房产税税收优惠

（1）国家机关、人民团体[30]、军队自用的房产免征房产税。但上述免税单位的出租房产以及非自身业务使用的生产、营业用房，不属于免税范围。自2004年8月1日起，对军队空余房产租赁收入暂免征收房产税。上述"自用的房产"是指这些单位本身的办公用房和公务用房。

（2）由国家财政部门拨付事业经费（全额或差额）的单位（学校、医疗卫生单位、托儿所、幼儿园、敬老院以及文化、体育、艺术类单位）所有的、本身业务范围内使用的房产免征房产税。

由国家财政部门拨付事业经费的单位，其经费来源实行自收自支后，从事业单位实行自收自支的年度起，免征房产税3年。

上述单位所属的附属工厂、商店、招待所等不属于单位公务、业务的用房，应照章纳税。

（3）宗教寺庙、公园、名胜古迹自用的房产免征房产税。宗教寺庙自用的房产是指举行宗教仪式等的房屋和宗教人员使用的生活用房屋。公园、名胜古迹自用的房产是指供公共参观游览的房屋及其管理单位的办公用房屋。

宗教寺庙、公园、名胜古迹中附设的营业单位，如影剧院、饮食部、茶社、照相馆等所使用的房产及出租的房产，不属于免税范围，应照章征税。

（4）个人所有非营业用的房产免征房产税。个人所有的非营业用房主要是指居民住房，不分面积多少，一律免征房产税。对个人拥有的营业用房或者出租的房产，不属于免税房产，应照章征税。

（5）经财政部批准免税的其他房产。

1）毁损不堪使用的房屋和危险房屋，经有关部门鉴定，在停止使用后，可免征房产税。

2）纳税人因房屋大修导致连续停用半年以上的，在房屋大修期间免征房产税，免征税额由纳税人在申报缴纳房产税时自行计算扣除，并在申报表附表或备注栏中做相应说明。

3）在基建工地为基建工地服务的各种工棚、材料棚、休息棚和办公室、食堂、茶炉房、汽车房等临时性房屋，在施工期间，一律免征房产税。但工程结束后，施工企业将这种临时性房屋交还或估价转让给基建单位的，应从基建单位接收的次月起，照章纳税。

4）对房管部门经租的居民住房，在房租调整改革之前收取租金偏低的，可暂缓征收房产税。对房管部门经租的其他非营业用房，是否给予照顾，由各省、自治区、直辖市根据当地具体情况按税收管理体制的规定办理。

5）对高校学生公寓免征房产税。

知识拓展

[30] 人民团体是指经国务院授权的政府部门批准设立或登记备案并由国家拨付行政事业费的社会团体，如新闻工作者协会、外交学会、残联、宋庆龄基金会、红十字总会等。

6）对非营利性的医疗机构、疾病控制机构和妇幼保健机构等卫生机构自用的房产，免征房产税。

7）老年服务机构自用的房产免征房产税。

8）对公共租赁住房免征房产税。公共租赁住房经营单位应该单独核算公共租赁住房租金收入，未单独核算的，不得享受免征房产税优惠。

对廉租住房经营管理单位按照政府规定价格，向规定保障对象出租廉租住房的租金收入，免征房产税。

对个人出租住房，不区分用途，按4%的税率征收房产税；对企业事业单位及其他组织按市场价格向个人出租用于居住的住房，减按4%的税率征收房产税。

9）国家机关、军队、人民团体、财政补助事业单位、村民委员会等拥有的体育场馆，其用于体育活动的房产，免征房产税。

经费自理事业单位、体育社会团体、体育基金会、体育类民办非企业单位等拥有并运营管理的体育场馆，符合向社会开放且取得的收入主要用于场馆的维护、管理等条件的，其用于体育活动的房产，免征房产税。

企业拥有并运营管理的大型体育场馆，其用于体育活动的房产，减半征收房产税。

享受上述税收优惠体育场馆的运动场地，用于体育活动的天数不得低于全年自然天数的70%。

10）自2019年1月1日至2020年12月31日，对向居民供热收取采暖费的供热企业，为居民供热所使用的厂房及土地免征房产税；对供热企业其他厂房及土地，应当按照规定征收房产税。

自2019年1月1日至2021年12月31日，对农产品批发市场、农贸市场（包括自有和承租）专门用于经营农产品的房产、土地，暂免征收房产税。对同时经营其他产品的，按其他产品与农产品交易场地面积的比例确定征免房产税。

农产品批发市场、农贸市场的行政办公区、生活区，以及商业餐饮娱乐等非直接为农产品交易提供服务的房产、土地，应按规定征收房产税。

自2019年1月1日至2021年12月31日，对国家级、省级科技企业孵化器、大学科技园和国家备案众创空间自用以及无偿或通过出租等方式提供给在孵对象使用的房产、土地，免征增值税。

八、房产税征收管理

（一）纳税义务发生时间

（1）纳税人将原有房产用于生产经营，从生产经营之月起缴纳房产税。

（2）纳税人新建房屋用于生产经营，从建成之日的次月起缴纳房产税。

（3）纳税人委托施工企业建设的房屋，从办理验收手续之次月起缴纳房产税。

（4）纳税人购置新建商品房[31]，自房屋交付使用之次月起缴纳房产税。

知识拓展

[31] 商品房在我国兴起于20世纪80年代，它是指经政府有关部门批准，由房地产开发经营公司（个人、外国公司）向政府机关单位租用土地使用权期限40年、50年、70年开发的房屋，建成后用于市场出售出租的房屋，包括住宅、商业用房以及其他建筑物。

（5）纳税人购置存量房[32]，自办理房屋权属转移、变更登记手续，房地产权属登记机关签发房屋权属证书之次月起缴纳房产税。

（6）纳税人出租、出借房产，交付出租、出借房产之次月起缴纳房产税。

（7）房地产开发企业自用、出租、出借本企业建造商品房，自房屋使用或交付之次月起缴纳房产税。

（8）纳税人因房产的实物或权利状态发生变化，而依法终止房产税纳税义务的，其应纳税款的计算应截止到房产的实物或权利状态发生变化的当月月末。

（二）纳税地点

房产税在房产所在地缴纳。房产不在同一地方的纳税人，应按房产的坐落地点分别向房产所在地的税务机关申报纳税。

（三）纳税期限

房产税实行按年计算、分期缴纳的征收方法，具体纳税期限由省、自治区、直辖市人民政府确定。

本节导读分析：目前我国的房产税只对城市、县城、建制镇和工矿区的房屋征收，烟囱如果是独立于房屋之外的建筑物，则不属于房产税的征税范围。

实务案例

2008年6月20日，平原公司（甲方）与天银公司（乙方）签订了一份土地入股经营合同，约定甲方将其21.55亩土地入股给乙方投资建设经营，由乙方按甲、乙双方确认的规划出资建盖，乙方投资建设完毕后，在使用土地到期前，地上建筑物等设施的使用权及处置权均归乙方所有。

2010年8月10日，平原公司（甲方）、天银公司（乙方）、天威商贸（丙方）签订了一份土地入股经营合同转让协议，甲方、乙方同意将双方于2008年6月20日签订的土地入股经营合同及其补充协议中乙方的全部权利、义务转让给丙方。涉案房产没有办理产权登记。

2016年1月13日，稽查局对天威商贸2013年1月1日至2015年12月31日应缴纳各项税费的情况立案检查，依法定程序于2017年3月28日做出《税务处理决定书》，其中载明天威商贸2013年—2015年以公司名义出租取得的房屋租赁收入少缴纳从租计征的房产税209 786.40元，要求其补缴房产税209 786.40元，并从滞纳税款之日起至实际缴纳之日止按日加收滞纳税款万分之五的滞纳金。

天威商贸认为《税务处理决定书》中的补缴房产税209 786.40元及滞纳金的处理决定适用法律错误，因为涉案房产产权明确，产权人系平原公司，应由产权人平原公司缴纳房产税。于是天威商贸申请行政复议，复议机关做出了维持原判的复议决定。天威商贸不服，继续向法院起诉，一审和二审均驳回了天威商贸请求稽查局退回其已缴纳房产税和滞纳金的请求。

本案例中，房产税是以房产为征税对象，按照房产的计税价值或房产租金收入向房产所有人或经营管理人征收的一种税。案例中购买该房屋的单位未取得产权的，符合"产权未确定的，由使用人缴纳房产税"的情形。因此，涉案房屋由于没有办理产权登记，参照上述规定，应由其实际使用人（2013年—2015年以

知识拓展

[32] 存量房是指已被购买或自建并取得所有权证书的房屋，一般是指未居住过的二手房。与存量房对应的是增量房，增量房是指房地产开发商投资新建造的商品房。

公司名义取得房屋租金收入）天威商贸以其取得的租赁收入缴纳房产税。

对于出租的房屋，纳税人应当于出租次月起到出租房产的所在地税务局缴纳房产税。本案例中，天威商贸为该房产的房产税纳税义务人，应当承担出租房屋取得租赁收入少缴纳的房产税209 786.40元及其滞纳金的责任与义务。

思维导图

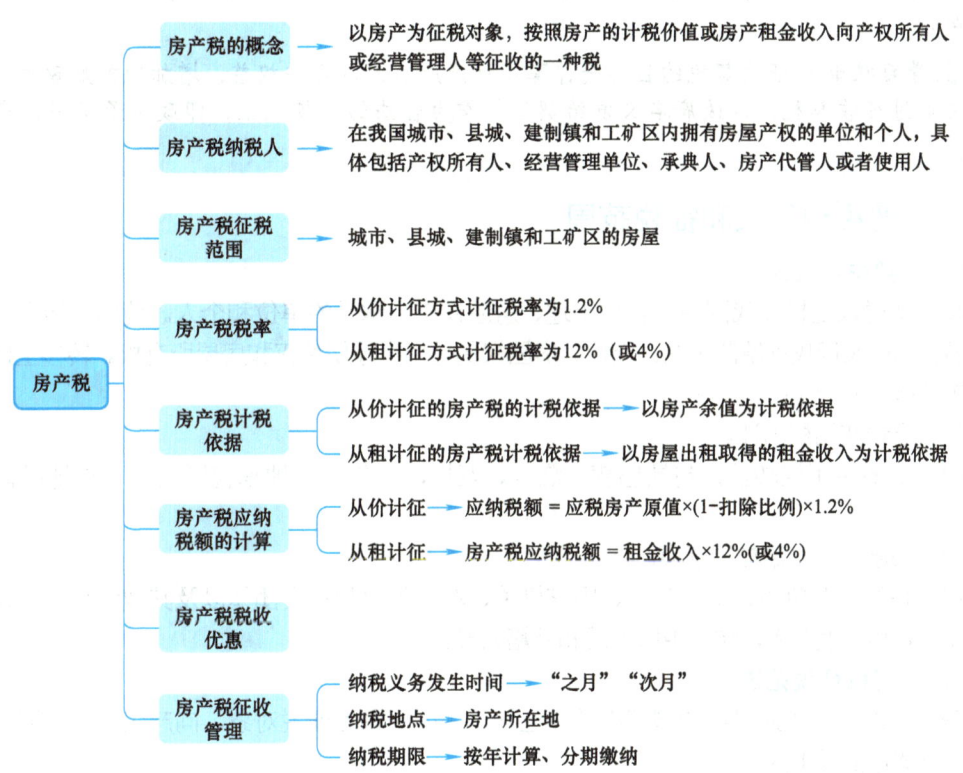

第二节 契税

学习导读

契税至今已有1600多年，起源于东晋时期，当时称为"估税"，凡买卖田宅、奴婢、牛马，立有契据者，每一万钱交易额官府征收四百钱，其中卖方缴纳三百钱，买方缴纳一百钱。北宋开宝二年（公元969年），开始征收印契钱（即税），这时不再由买卖双方分摊，而是由买方缴纳，并规定缴纳期限为两个月。以后，历代封建王朝对土地、房屋的买卖、典当等产权变动都征收契税，只是税率和征收范围不尽相同。

新中国成立后，于1950年发布《契税暂行条例》，对土地、房屋的买卖、典当、赠与和交换征收契税。但社会主义改造完成后，土地禁止买卖和转让，使得契税征收范围大大缩小，收入额很低。直到改革开放，房地产市场逐步得到了复苏和发展，全国契税征管工作逐渐全面恢复。

> 现行的《中华人民共和国契税法》，于 2020 年 8 月 11 日第十三届人民代表大会常务委员会第二十一次会议表决通过，并于 2021 年 9 月 1 日施行。让我们走进这一节，了解契税法律制度阐述了哪些内容。

一、契税的概念

契税是以在中华人民共和国境内转移土地、房屋权属为征税对象，向产权承受人征收的一种财产税。

📢 **学习提示**：征收契税的目的是保障不动产所有人的合法权益，增加地方财政收入。征收机关通过征收契税，以政府名义发给契证，作为合法的产权凭证，即政府承担保证产权的责任。

二、契税纳税人和征税范围

（一）契税纳税人

契税纳税人是指在我国境内转移土地、房屋权属，承受的单位和个人。境内是指中华人民共和国实际税收行政管辖范围内；土地、房屋权属是指土地使用权和房屋所有权。转移土地、房屋权属是指下列行为：

（1）土地使用权出让。

（2）土地使用权转让，包括出售、赠与、互换，不包括土地承包经营权和土地经营权的转移。

（3）房屋买卖、赠与、互换。

单位是指企业单位、事业单位、国家机关、军事单位和社会团体以及其他组织。个人是指个体经营者和其他个人，包括中国公民和外籍人员。

（二）契税征税范围

契税是以在中华人民共和国境内转移土地、房屋权属为征税对象，向产权承受人征收的一种税。具体包括以下内容：

1. 国有土地使用权出让。

国有土地使用权出让是指土地使用者向国家交付土地使用权出让费用，国家将国有土地使用权在一定年限内让与土地使用者的行为。

2. 土地使用权的转让。

土地使用权的转让是指土地使用者以出售、赠与、交换或者其他方式将土地使用权转移给其他单位和个人的行为。

📢 **学习提示**：土地使用权的转让不包括农村集体土地承包经营权和土地经营权的转移。

3. 房屋买卖

房屋买卖是指以货币为媒介，出卖者向购买者过渡房产所有权的交易行为。以下几种特殊情况，视同买卖房屋：

（1）以房产抵债或实物交换房屋。经当地政府和有关部门批准，以房产抵债和实物交换房屋，均视同房屋买卖，应由产权承受人按房屋现值缴纳契税。例如，甲因无力偿还乙债务，而以自有的房产折价抵偿债务。经双方同意，有关部门批准，乙取得甲的房屋产权，在办理产权过户手续时，按房产折价款缴纳契税。如以实物（金银首饰等等价物品）交换房屋，应视同以货币购买房屋。

对已缴纳契税的购房单位和个人，在未办理房屋权属变更登机前退房的，退还已纳契税；在办理房屋权属变更登记后退房的，不予退还已纳契税。

（2）以房产作投资或作股权转让。根据国家房地产管理的有关规定，办理房屋产权交易和产权变更登记手续，视同房屋买卖，由产权承受方按契税税率计算缴纳契税。例如，甲以自有房产投资于乙企业。其房屋产权变为乙企业所有，故产权所有人发生变化，因此，乙企业在办理产权登记手续后，按甲入股房产现值（国有企事业房产须经国有资产管理部门评估价）缴纳契税。如丙以股份方式购买乙企业房屋产权，丙在办理产权登记后，按取得房产买价缴纳契税。

以自有房产作股投入本人独资经营的企业，免纳契税。因为以自有的房地产投入本人独资经营的企业，产权所有人和使用权使用人未发生变化，不需办理房产变更手续，也不办理契税手续。

（3）买房拆料或翻建新房，应照章征收契税。例如，甲购买乙的房产，不论其目的是取得该房产的建筑材料还是翻建新房，实际均构成房屋买卖。甲应首先办理房屋产权变更手续，再按买价缴纳契税。

4．房屋赠与

房屋赠与是指房屋产权所有人将房屋无偿转让给他人所有。其中，将自己的房屋转交给他人的法人和自然人，称作房屋赠与人；接受他人房屋的法人和自然人，称为受赠人。房屋赠与的前提必须是产权无纠纷，赠与人和受赠人双方自愿。

由于房屋是不动产，价值较高，故法律要求赠与房屋应有书面合同（契约），并到房地产管理机关或农村基层政权机关办理登记过户手续，才能生效。房屋的受赠人要按规定缴纳契税。

对于《中华人民共和国民法典》规定的法定继承人（包括配偶、子女、父母、兄弟姐妹、祖父母、外祖父母）继承土地、房屋权属的，不征契税，非法定继承人根据遗嘱承受死者生前的土地、房屋权属，属于赠与行为，应征收契税。

以获奖方式取得房屋产权的，其实质是接受赠与房产，应缴纳契税。

5．房屋交换

房屋交换是指房屋所有者之间互相交换房屋使用权或所有权的行为。

交换双方应订立交换契约，办理房屋产权变更手续和契税手续。

房屋产权相互交换，若双方交换价值相等，免纳契税，办理免征契税手续；若价值不相等，按超出部分由支付差价方缴纳契税。

三、契税计税依据、税率和应纳税额的计算

（一）契税计税依据

契税的计税依据为不动产的价格。由于土地、房屋权属转移方式不同，定价方法不同，具体计税依据视不同情况而定。

（1）土地使用权出让、出售，房屋买卖，其计税依据为土地、房屋权属转移合同确定的成交价格，包括应交付的货币以及实物、其他经济利益对应的价款。

（2）土地使用权互换、房屋互换，其计税依据为所互换的土地使用权、房屋价格的差额。

（3）土地使用权赠与、房屋赠与，以及其他没有价格的转移土地、房屋权属行为，其计税依据为税务机关参照土地使用权出售、房屋买卖的市场价格依法核定的价格。

(4)国有土地使用权出让,其计税依据为承受人为取得土地使用权而支付的全部经济利益。具体而言:

1)以协议方式出让的,其计税价格为土地合同确定的成交价格。具体包括土地出让金、土地补偿费、安置补助费、地上附着物和青苗补偿费、拆迁补偿费、市政建设配套费等承受者应支付的货币、实物、无形资产及其他经济利益。没有成交价格或者成交价格明显偏低的,征收机关可依次按下列两种方式确定:

① 评估价格,即由政府批准设立的房地产评估机构根据相同地段同类房地产进行综合评定,并经当地税务机关确认的价格。

② 土地基准地价,即由县以上人民政府公示的土地基准地价。

2)先以划拨方式取得土地使用权,后经批准改为出让方式取得该土地使用权的,应依法缴纳契税。其计税依据为应补缴的土地出让金和其他出让费用。

(5)房屋附属设施征收契税的依据。

1)不涉及土地使用权和房屋所有权转移变动的,不征收契税。

2)采取分期付款方式购买房屋附属设施土地使用权、房屋所有权的,应按合同规定的总价款计征契税。

3)承受的房屋附属设施权属如为单独计价的,按照当地确定的适用税率征收契税;如与房屋统一计价的,适用与房屋相同的契税税率。

(二)契税税率

契税采用比例税率,实行3%~5%的幅度税率。各省、自治区、直辖市人民政府可以在3%~5%的幅度税率规定范围内,按照本地区的实际情况决定具体税率。

(三)契税应纳税额的计算

契税应纳税额的计算公式为

$$应纳税额 = 计税依据 \times 税率$$

【例6-2】 某企业新购入写字楼一幢,产权转移书据上注明不含增值税成交价格为700万元,试计算该企业应缴纳的契税(假定税率为3%)。

【解析】 企业应纳税额 =7 000 000×3%=210 000(元)

【例6-3】 居民甲有两套住房,将一套出售给居民乙,成交价格为200 000元;将另一套两室住房与居民丙交换成两处一室住房,并支付给居民丙换房差价款60 000元。试计算甲、乙、丙相关行为应缴纳的契税(假定税率为4%)。

【解析】 (1)甲应缴纳契税 =60 000×4%=2 400(元)。

(2)乙应缴纳契税 =200 000×4%=8 000(元)。

(3)丙无须缴纳契税。

四、契税税收优惠

(1)有下列情形之一的,免征契税:

1)国家机关、事业单位、社会团体、军事单位承受土地、房屋权属用于办公、教学、医疗、科研、军事设施。

2)非营利性的学校、医疗机构、社会福利机构承受土地、房屋权属用于办公、教学、医疗、科研、养老、救助。

3)承受荒山、荒地、荒滩土地使用权用于农、林、牧、渔业生产。

4）婚姻关系存续期间夫妻之间变更土地、房屋权属。

5）法定继承人通过继承承受土地、房屋权属。

6）依照法律规定应当予以免税的外国驻华使馆、领事馆和国际组织驻华代表机构承受土地、房屋权属。

根据国民经济和社会发展的需要，国务院对居民住房需求保障、企业改制重组、灾后重建等情形可以规定免征或者减征契税，报全国人民代表大会常务委员会备案。

（2）省、自治区、直辖市可以决定对下列情形免征或者减征契税：

1）因土地、房屋被县级以上人民政府征收、征用，重新承受土地、房屋权属。

2）因不可抗力灭失住房，重新承受住房权属。

免征或者减征契税的具体办法，由省、自治区、直辖市人民政府提出，报同级人民代表大会常务委员会决定，并报全国人民代表大会常务委员会和国务院备案。

五、契税征收管理

（一）纳税义务发生时间

契税的纳税义务发生时间是纳税人签订土地、房屋权属转移合同的当天，或者纳税人取得其他具有土地、房屋权属转移合同性质凭证的当天。

（二）纳税期限

纳税人应当在依法办理土地、房屋权属登记手续前申报缴纳契税。

（三）纳税地点

契税实行属地征收管理，纳税人发生契税纳税义务时，应向土地、房屋所在地的征收机关申报缴纳。

（四）其他规定

纳税人办理纳税事宜后，税务机关应向纳税人开具契税完税凭证。纳税人办理有关土地、房屋的权属登记，不动产登记机构应当查验契税完税、减免税凭证或者相关信息。未按照规定缴纳契税的，不动产登记机构不予办理土地、房屋权属登记。

在依法办理土地、房屋权属登记前，权属转移合同、权属转移合同性质凭证不生效、无效、被撤销或被解除的，纳税人可以向税务机关申请退还已缴纳的税款，税务机关应当办理。

实务案例

李先生与开发商签订了一份房屋买卖合同，贷款购买了一套商品房，开发商代收了契税并承诺为李先生办理房屋产权证书。一个月后，李先生收房入住，但开发商始终没有为其办理房产证，于是李先生到法院起诉开发商。法院判决，如果开发商怠于履行，业主可以自行办理，所需费用由开发商承担。最终，李先生奔波数月，缴纳了契税，拿到了房产证。随后，李先生将开发商告上法院，要求退还代收款 20 000 余元。

本案例中，李先生为该商品房权属的承受人，应当于签订房屋权属买卖合同的 10 日内办理缴纳契税。虽然开发商代收契税并承诺为李先生办理房屋产权证书，但开发商怠于履行，李先生作为契税纳税义务人，很负责任地先行承担了契税纳税义务，这种行为值得肯定。

思维导图

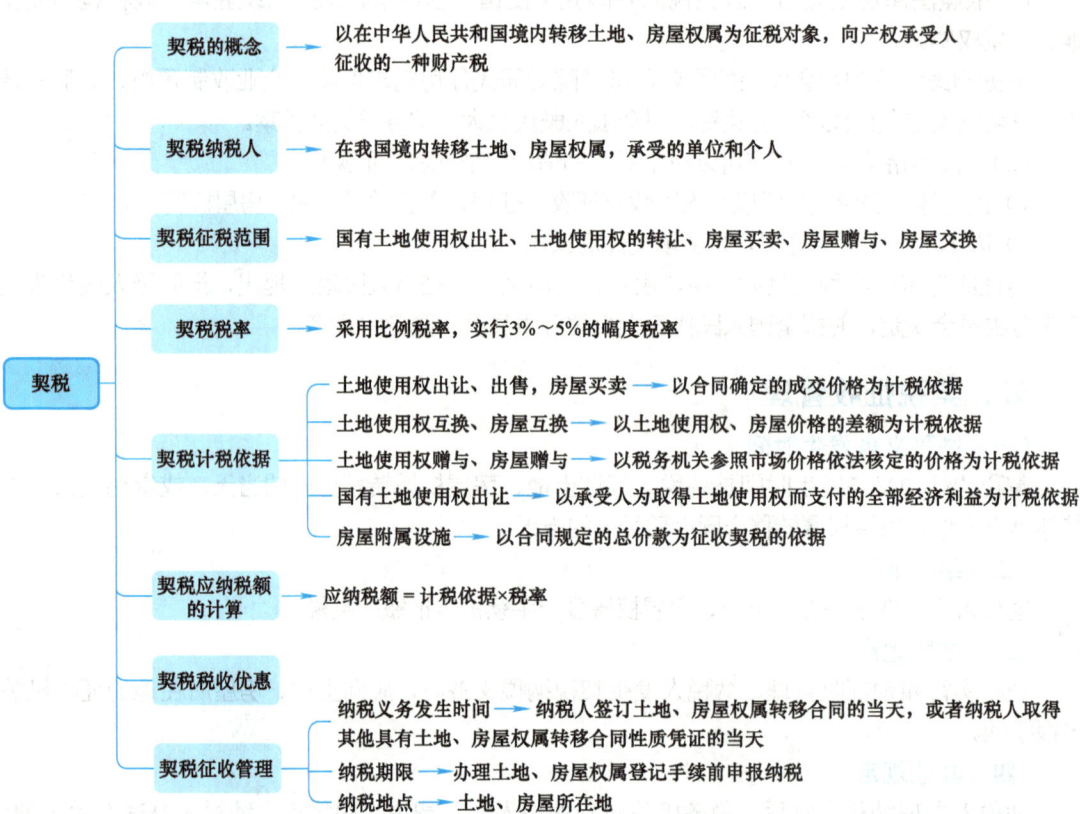

第三节　土地增值税

学习导读

改革开放以前，我国实行计划经济，土地资源采取无偿划拨的方式进行管理，随着改革开放和市场经济的不断发展，土地的使用方式由划拨方式转变为有偿的出让及转让方式。新的土地管理使用制度让我国的房地产市场迅速活跃起来，部分地区的土地价格迅速上涨，出现了很多利用地价上涨进行套利的行为，导致房地产行业畸形发展。为规范土地、房地产市场交易秩序，国务院于1993年12月13日以国务院第138号令发布了《中华人民共和国土地增值税暂行条例》。2019年7月财政部会同国家税务总局起草了《中华人民共和国土地增值税法（征求意见稿）》。

让我们走进这一节内容，看看土地增值税在改革开放的浪潮中怎样发挥着它独特的调控作用吧！

一、土地增值税的概念

土地增值税是对转让国有土地使用权、地上建筑物及其附着物并取得不含增值税收入的单位和个人，就其转让房地产所取得的增值额征收的一种税。

二、土地增值税纳税人

土地增值税纳税人为转让国有土地使用权、地上建筑物及其附着物（简称"转让房地产"）并取得收入的单位和个人。

三、土地增值税征税范围

（一）征税范围的一般规定

（1）土地增值税只对转让国有土地使用权的行为征税，对出让国有土地的行为不征税。

国有土地使用权是指土地使用人根据国家法律、合同等规定，对国家所有的土地享有的使用权利。国有土地出让是指国家以所有者的身份将土地使用权在一定年限内让与土地使用者，并由土地使用者向国家支付土地出让金的行为。

（2）土地增值税既对转让国有土地使用权的行为征税，也对转让地上建筑物及其他附着物产权的行为征税。

地上建筑物是指建于土地上的一切建筑物，包括地上地下的各种附属设施，如厂房、仓库、商店、医院、住宅、地下室、围墙、烟囱、电梯、中央空调、管道等；附着物是指附着于土地上的不能移动，一经移动即遭损坏的种植物、养殖物及其他物品。

（3）土地增值税只对有偿转让房地产征税，对以继承、赠与等方式无偿转让的房地产，不予征税。

但并非所有名为"赠与"的行为均不征税。不征土地增值税的房地产赠与行为包括以下两种情况：

1）房屋所有人、土地使用权所有人将房屋产权、土地使用权赠与直系亲属或承担直接赡养义务人的行为。

2）房产所有人、土地使用权所有人通过中国境内非营利性的社会团体、国家机关将房屋产权、土地使用权赠与教育、民政[33]和其他社会福利、公益事业的行为。

（二）征税范围的特殊规定

1．企业改制重组

（1）非公司制企业整体改制为有限责任公司或者股份有限公司，有限责任公司（股份有限公司）整体改制为股份有限公司（有限责任公司）。对改制前的企业将国有土地使用权、地上建筑物及其附着物（以下称"房地产"）转移、变更到改制后的企业，暂不征土地增值税。整体改制是指不改变原企业的投资主体，并承继原企业权利、义务的行为。

（2）按照法律规定或者合同约定，两个或两个以上企业合并为一个企业，且原企业投资主体存续的，对原企业将房地产转移、变更到合并后的企业，暂不征土地增值税。

（3）按照法律规定或者合同约定，企业分设为两个或两个以上与原企业投资主体相同的企业，对原企业将房地产转移、变更到分立后的企业，暂不征土地增值税。

（4）单位、个人在改制重组时以房地产作价入股进行投资，对其将房地产转移、变更到被投资的企业，暂不征土地增值税。

知识拓展

[33] 民政是主管民间社会事务的行政部门，一般包括主管婚姻登记、救灾救济、优抚安置、拥政爱民、区划地名、老龄工作、低保、福利、慈善、殡葬、救助等工作的部门。

（5）上述改制重组有关土地增值税政策不适用于房地产转移任意一方为房地产开发企业的。

2．合作建房

对于一方出地，一方出资金，双方合作建房，建成后按比例分房自用的，暂免征收土地增值税；建成后转让的，照章征税。

3．房地产交换

房地产交换是指一方以房地产与另一方的房地产进行交换的行为，属于土地增值税的征税范围。但是个人之间互换自有居住用房地产的，经当地税务机关核实，可以免征土地增值税。

4．房地产抵押

房地产抵押是指房产所有者或土地使用者作为债务人或第三人向债权人提供不动产作为清偿债务的担保而不转移权属的法律行为。抵押期间，因为房地产的权属未转移，因此不予征税；抵押期满后，视该房地产是否转移占有而确定是否征收土地增值税。对于以房地产抵债而发生房地产权属转让的，应列入土地增值税征税范围。

5．房地产出租

由于房地产权属未变更，因此，房地产出租不属于土地增值税征税范围。

6．房地产评估增值

由于产权未转移，房屋产权所有人、土地使用权所有人也未取得收入，因此，房地产评估增值不属于土地增值税征税范围。

7．房地产开发企业自用或者用于出租

房地产开发企业将开发的部分房地产转为自用或者用于出租等商业用途时，如果产权没有发生转移，不征收土地增值税。

8．代建房行为

代建房行为是指房地产开发公司代客户进行房地产的开发，开发完成后，向客户收取代建收入的行为。对于房地产开发公司而言，虽然取得了收入，但由于房地产权属未变更，因此，代建房行为不属于土地增值税征税范围。

9．土地使用者转让、抵押或置换土地

土地使用者转让、抵押或置换土地，无论其是否取得了该土地的使用权属证书，无论其在转让、抵押或置换土地过程中是否与对方当事人办理了土地使用权属证书变更登记手续，只要土地使用者享有占有、使用、收益或处分该土地的权利，且有合同等证据表明其实质转让、抵押或置换了土地并取得了相应的经济利益，就应当依照规定征税。

四、土地增值税税率

土地增值税实行四级超率累进税率，见表 6-1。

表 6-1　土地增值税四级超率累进税率表

级数	增值额与扣除项目金额的比	税率（%）	速算扣除系数（%）
1	未超过 50% 的部分	30	0
2	超过 50% 未超过 100% 的部分	40	5
3	超过 100% 未超过 200% 的部分	50	15
4	超过 200% 的部分	60	35

五、土地增值税计税依据

土地增值税计税依据是纳税人转让房地产所取得的增值额。转让房地产的增值额是纳税人转让房地产的收入减除税法规定的扣除项目金额后的余额。

(一) 应税收入的确定

纳税人转让房地产取得的应税收入，应包括转让房地产的全部价款及有关的经济收益。从收入的形式来看，包括货币收入、实物收入和其他收入。纳税人转让房地产取得的收入为不含增值税收入。

1. 货币收入

货币收入是指纳税人转让房地产而取得的现金、银行存款和国库券、金融债券、企业债券、股票[34]等有价证券。

2. 实物收入

实物收入是指纳税人转让房地产而取得的各种实物形态的收入，如钢材、水泥等建材，房屋、土地等不动产等。对于这些实物收入，一般要按照公允价值[35]确认应税收入。

3. 其他收入

其他收入是指纳税人转让房地产而取得的无形资产收入或具有财产价值的权利，如专利权、商标权、著作权、专有技术使用权、土地使用权、商誉权等。对于这些无形资产收入一般要进行专门的评估，按照评估价确认应税收入。

纳税人取得的收入为外国货币的，应当以取得收入当天或当月1日国家公布的市场汇价折合成人民币，据以计算土地增值税税额。当月以分期收款方式取得的外币收入，也应按实际收款日或收款当月1日国家公布的市场汇价折合成人民币。

(二) 扣除项目及其金额

准予纳税人从房地产转让收入额减除的扣除项目金额具体包括以下内容：

1. 取得土地使用权所支付的金额

（1）纳税人为取得土地使用权所支付的地价款。地价款的确定有以下三种方式：①以协议、招标、拍卖等出让方式取得的，为纳税人所支付的土地出让金；②以行政划拨方式取得的，为按照国家有关规定补交的土地出让金；③以转让方式取得的，为向原土地使用权人实际支付的地价款。

（2）纳税人在取得土地使用权时，按国家统一规定缴纳的有关费用和税金。有关费用和税金是指纳税人在取得土地使用权过程中按国家统一规定缴纳的有关登记、过户手续费和契税。

知识拓展

[34] 国库券是指国家财政当局为弥补国库收支不平衡而发行的一种政府债券。

金融债券是指银行及其他金融机构所发行的债券。

企业债券又称公司债券，是企业依照法定程序发行，约定在一定期限内还本付息的债券。

股票是股份公司发行的所有权凭证，是股份公司为筹集资金而发行给各个股东作为持股凭证并借以取得股息和红利的一种有价证券。每股股票都代表股东对企业拥有一个基本单位的所有权。

[35] 公允价值是指市场参与者在计量日发生的有序交易中，出售一项资产所能收到或者转移一项负债所需支付的价格。

2. 房地产开发成本

房地产开发成本是指纳税人开发房地产项目实际发生的成本,包括土地的征用及拆迁补偿费、前期工程费、建筑安装工程费、基础设施费、公共配套设施费、开发间接费用等。

(1) 土地征用及拆迁补偿费包括土地征用费、耕地占用税、劳动力安置费、有关地上及地下附着物拆迁补偿的净支出、安置动迁用房支出等。

(2) 前期工程费包括规划、设计、项目可行性研究和水文、地质、勘察、测绘、"三通一平"[36]等支出。

(3) 建筑安装工程费是指以出包方式支付给承包单位的建筑安装工程费,以自营方式发生的建筑安装工程费。

(4) 基础设施费包括开发小区内道路、供水、供电、供气、排污、排洪、通信、照明、环卫、绿化等工程发生的支出。

(5) 公共配套设施费包括不能有偿转让的开发小区内公共配套设施发生的支出。

(6) 开发间接费用是指直接组织、管理开发项目发生的费用,包括工资、职工福利费、折旧费、修理费、办公费、水电费、劳动保护费、周转房摊销等。

3. 房地产开发费用

房地产开发费用是指与房地产开发项目有关的销售费用、管理费用和财务费用。根据现行会计制度的规定,这三项费用作为期间费用,按照实际发生额直接计入当期损益。但在计算土地增值税时,房地产开发费用并不是按照纳税人实际发生额进行扣除,应分别按以下两种情况扣除:

(1) 财务费用中的利息支出,凡能够按转让房地产项目计算分摊并提供金融机构证明的,允许据实扣除,但最高不能超过按商业银行同类同期贷款利率计算的金额。其他房地产开发费用,按规定(即取得土地使用权所支付的金额和房地产开发成本,下同)计算的金额之和的5%以内计算扣除。计算扣除的具体比例,由各省、自治区、直辖市人民政府规定。计算公式为

$$允许扣除的房地产开发费用 = 利息 + (取得土地使用权所支付的金额 + 房地产开发成本) × 省级政府确定的比例$$

(2) 财务费用中的利息支出,凡不能按转让房地产项目计算分摊利息支出或不能提供金融机构证明的,房地产开发费用按规定计算的金额之和的10%以内计算扣除。计算扣除的具体比例,由各省、自治区、直辖市人民政府规定。计算公式为

$$允许扣除的房地产开发费用 = (取得土地使用权所支付的金额 + 房地产开发成本) × 省级政府确定的比例$$

财政部、国家税务总局对扣除项目金额中利息支出的计算问题做了两点专门规定:一是利息的上浮幅度按国家的有关规定执行,超过上浮幅度的部分不允许扣除;二是对于超过贷款期限的利息部分和加罚的利息不允许扣除。

> **学习提示**:土地增值税清算时,已经计入房地产开发成本的利息支出,应调整至财务费用中计算扣除。

4. 与转让房地产有关的税金

与转让房地产有关的税金是指在转让房地产时缴纳的城市维护建设税、印花税。因转让房

---

[36] "三通"是指水通、电通和路通;"一平"是指红线范围内的土地平整。

地产缴纳的教育费附加，也可视同税金予以扣除。《土地增值税暂行条例》等规定的土地增值税扣除项目涉及的增值税进项税额，允许在销项税额中计算抵扣的，不计入扣除项目，不允许在销项税额中计算抵扣的，可以计入扣除项目。

房地产开发企业按照《施工、房地产开发企业财务制度》有关规定，其在转让时缴纳的印花税已列入管理费用中，因此不允许单独再扣除。其他纳税人缴纳的印花税允许在此扣除。

5. 财政部确定的其他扣除项目

对从事房地产开发的纳税人可按规定计算的金额之和，加计 20% 的扣除。此条优惠只适用于从事房地产开发的纳税人，除此之外的其他纳税人不适用。计算公式为

从事房地产开发的纳税人加计扣除 =（取得土地使用权所支付的金额 + 房地产开发成本）×20%

6. 旧房及建筑物的扣除金额

（1）按评估价格扣除。旧房及建筑物的评估价格是指在转让已使用的房屋及建筑物时，由政府批准设立的房地产评估机构评定的重置成本价乘以成新度折扣率后的价格。评估价格须经当地税务机关确认。

重置成本价的含义是对旧房及建筑物，按转让时的建材价格及人工费用计算建造同样面积、同样层次、同样结构、同样建设标准的新房及建筑物所需花费的成本费用。成新度折扣率的含义是按旧房的新旧程度做一定比例的折扣。

因此，转让旧房应按房屋及建筑物的评估价格、取得土地使用权所支付的地价款和按国家统一规定缴纳的有关费用，以及在转让环节缴纳的税金作为扣除项目金额计征土地增值税。对取得土地使用权时未支付地价款或不能提供已支付的地价款凭据的，在计征土地增值税时不允许扣除。

（2）按购房发票金额计算扣除。纳税人转让旧房及建筑物，凡不能取得评估价格，但能提供购房发票的，经当地税务部门确认，《土地增值税暂行条例》规定的扣除项目的金额，可按发票所载金额并从购买年度起至转让年度止每年加计 5% 计算。对于纳税人购房时缴纳的契税，凡能够提供契税完税凭证的，准予作为"与转让房地产有关的税金"予以扣除，但不作为加计 5% 的基数。

📣 **学习提示**：计算扣除项目时，"每年"按购房发票所载日期起至售房发票开具之日止，每满 12 个月计 1 年；超过 1 年未满 12 个月但超过 6 个月的，可以视为同 1 年。

7. 计税依据的特殊规定

（1）隐瞒、虚报房地产成交价格的。隐瞒、虚报房地产成交价格是指纳税人不报或有意低报转让土地使用权、地上建筑物及其附着物价款的行为。

对于纳税人隐瞒、虚报房地产成交价格的，应由评估机构参照同类房地产的市场交易价格进行评估，税务机关根据评估价格确定转让房地产的收入。

（2）提供扣除项目金额不实的。提供扣除项目金额不实是指纳税人在纳税申报时，不据实提供扣除项目金额，而是虚增被转让房地产扣除项目的内容或金额，使税务机关无法从纳税人方面了解计征土地增值税所需的正确的扣除项目金额，以达到虚增成本偷税的目的。

对于纳税人申报扣除项目金额不实的，应由评估机构对该房屋按照评估出的房屋重置成本价，乘以房屋成新度折扣率，确定房产的扣除项目金额，并用该房产所坐落土地取得时的基准地价或标准地价来确定土地的扣除项目金额，房产和土地的扣除项目金额之和即为该房地产的扣除项目金额。

（3）转让房地产的成交价格低于房地产评估价格，又无正当理由的。转让房地产的成交价

格低于房地产评估价格且无正当理由,是指纳税人申报的转让房地产的成交价低于房地产评估机构通过市场比较法进行房地产评估时所确定的正常市场交易价,纳税人又不能提供有效凭据或无正当理由进行解释的行为。对于这种情况,应按评估的市场交易价确定其实际成交价,并以此作为转让房地产的收入计算征收土地增值税。

(4) 非直接销售和自用房地产收入的确定。房地产开发企业将开发产品用于职工福利、奖励、对外投资、分配给股东或投资人、抵偿债务、换取其他单位和个人的非货币性资产等,发生所有权转移时应视同销售房地产,其收入按下列方法和顺序确认:一是按本企业在同一地区、同一年度销售的同类房地产的平均价格确定;二是由主管税务机关参照当地当年、同类房地产的市场价格或评估价值确定。

六、土地增值税应纳税额的计算

(一) 应纳税额的计算公式

土地增值税按照纳税人转让房地产所取得的增值额和规定的税率计算征收。
计算公式为

$$应纳税额 = \sum (每级距的增值额 \times 适用税率)$$

由于分步计算比较烦琐,所以一般可以采用速算扣除法计算,即计算土地增值税税额,可按增值额乘以适用的税率减去扣除项目金额乘以速算扣除系数的简便方法计算。

1. **增值额未超过扣除项目金额 50%**

$$土地增值税应纳税额 = 增值额 \times 30\%$$

2. **增值额超过扣除项目金额 50%,未超过 100%**

$$土地增值税应纳税额 = 增值额 \times 40\% - 扣除项目金额 \times 5\%$$

3. **增值额超过扣除项目金额 100%,未超过 200%**

$$土地增值税应纳税额 = 增值额 \times 50\% - 扣除项目金额 \times 15\%$$

4. **增值额超过扣除项目金额 200%**

$$土地增值税应纳税额 = 增值额 \times 60\% - 扣除项目金额 \times 35\%$$

(二) 应纳税额的计算步骤

根据上述计算公式,土地增值税应纳税额的计算可分为以下四步:

1. **计算增值额**

$$增值额 = 房地产转让收入 - 扣除项目金额$$

2. **计算增值率**

$$增值率 = 增值额 \div 扣除项目金额 \times 100\%$$

3. **确定适用税率**

按照计算出的增值率,从土地增值税税率表中确定适用税率。

4. **计算应纳税额**

$$土地增值税应纳税额 = 增值额 \times 适用税率 - 扣除项目金额 \times 速算扣除系数$$

【例 6-4】 2020 年甲企业利用库房空地进行住宅商品房开发,按照国家有关规定补交土地出让金 3 000 万元,缴纳相关税费 170 万元;住宅开发成本 2 800 万元,其中含装修费用 500 万元;房地产开发费用中的利息支出为 300 万元(不能提供金融机构证明);当年住宅全部销售完毕,取得不含增值税销售收入共计 9 000 万元;缴纳城市维护建设税和教育费附加 45 万元、缴纳印花税 4.5 万元。已知该企业所在省人民政府规定的房地产开发费用的计算扣除比例为 10%。

要求计算甲企业销售住宅应缴纳的土地增值税税额，同时对此业务进行账务处理。

【解析】 非房地产开发企业缴纳的印花税允许作为税金扣除；非房地产开发企业不允许按照取得土地使用权所支付金额和房地产开发成本合计数的 20% 加计扣除。应缴纳的土地增值税税额计算如下：

（1）住宅销售收入为 9 000 万元。

（2）确定转让房地产的扣除项目金额包括：

1）取得土地使用权所支付的金额 =3 000+170=3 170（万元）。

2）住宅开发成本 =2 800 万元。

3）房地产开发费用 =（3 170+2 800）×10%=597（万元）。

4）与转让房地产有关的税金 =45+4.5=49.5（万元）。

5）转让房地产的扣除项目金额 =3 170+2 800+597+49.5=6 616.5（万元）。

（3）转让房地产的增值额 =9 000-6 616.5=2 383.5（万元）。

（4）增值额与扣除项目金额的比率 =2 383.5÷6 616.5=36.02%，增值额与扣除项目金额的比率未超过 50%，适用税率为 30%。

（5）应纳土地增值税税额 =2 383.5×30%=715.05（万元）。

该企业应进行以下账务处理：

计提应缴纳的土地增值税税额时：

借：固定资产清理　　　　　　　　　　　　　　　　　7 150 500

　　贷：应交税费——应交土地增值税　　　　　　　　　　　7 150 500

实际缴纳已计提的税款时：

借：应交税费——应交土地增值税　　　　　　　　　　7 150 500

　　贷：银行存款　　　　　　　　　　　　　　　　　　　　7 150 500

七、土地增值税税收优惠

（1）纳税人建造普通标准住宅出售，增值额未超过扣除项目金额 20% 的，予以免税；超过 20% 的，按全部增值额缴纳土地增值税。

对于纳税人既建普通标准住宅又进行其他房地产开发的，应分别核算增值额。不分别核算增值额或不能准确核算增值额的，其建造的普通标准住宅不能适用这一免税规定。

（2）因国家建设需要依法征用、收回的房地产，免征土地增值税。

因城市实施规划、国家建设的需要而搬迁，由纳税人自行转让原房地产的，免征土地增值税。

（3）企事业单位、社会团体以及其他组织转让旧房作为公共租赁住房房源且增值额未超过扣除项目金额 20% 的，免征土地增值税。

（4）自 2008 年 11 月 1 日起，对居民个人转让住房暂免征收土地增值税。

八、土地增值税征收管理

（一）纳税申报

纳税人应在转让房地产合同签订后 **7 日**内，到**房地产所在地**主管税务机关办理纳税申报，并向税务机关提交房屋及建筑物产权、土地使用权证书、土地转让、房产买卖合同、房地产评估报告及其他与转让房地产有关的资料，在规定期限向税务机关缴税。

纳税人经常发生房地产转让而难以在每次转让后申报的，经税务机关审核同意后可以**按月或按季定期**进行纳税申报，具体期限由主管税务机关根据情况确定。

纳税人采取预售方式销售房地产的，对在项目全部竣工结算前转让房地产取得的收入，税务机关可以预征土地增值税。具体办法由各省、自治区、直辖市税务局根据当地情况制定。

对于纳税人预售房地产所取得的收入，凡当地税务机关规定预征土地增值税的，纳税人应当到主管税务机关办理纳税申报，并按规定比例预交，待办理完纳税清算后，多退少补。

（二）纳税清算

1. 土地增值税的清算单位

土地增值税以国家有关部门审批的房地产开发项目为单位进行清算，对于分期开发的项目，以分期项目为单位清算。

开发项目中同时包含普通住宅和非普通住宅的，应分别计算增值额。

2. 土地增值税的清算条件

（1）纳税人应进行土地增值税清算的情形：①房地产开发项目全部竣工、完成销售的；②整体转让未竣工决算房地产开发项目的；③直接转让土地使用权的。

（2）主管税务机关可要求纳税人进行土地增值税清算的情形：①已竣工验收的房地产开发项目，已转让的房地产建筑面积占整个项目可售建筑面积的比例在85%以上，或该比例虽未超过85%，但剩余的可售建筑面积已经出租或自用的；②取得销售（预售）许可证满3年仍未销售完毕的；③纳税人申请注销税务登记但未办理土地增值税清算手续的；④省级税务机关规定的其他情况。

3. 土地增值税清算应报送的资料

（1）房地产开发企业清算土地增值税书面申请、土地增值税纳税申报表。

（2）项目竣工决算报表、取得土地使用权所支付的地价款凭证、国有土地使用权出让合同、银行贷款利息结算通知单、项目工程合同结算单、商品房购销合同统计表等与转让房地产的收入、成本和费用有关的证明资料。

（3）主管税务机关要求报送的其他与土地增值税清算有关的证明资料等。

纳税人委托税务中介机构审核鉴证的清算项目，还应报送中介机构出具的《土地增值税清算税款鉴证报告》。

4. 清算后再转让房地产的处理

在土地增值税清算时未转让的房地产，清算后销售或有偿转让的，纳税人应按规定进行土地增值税的纳税申报，扣除项目金额按清算时的单位建筑面积成本费用乘以销售或转让面积计算。

$$单位建筑面积成本费用 = 清算时的扣除项目总金额 \div 清算的总建筑面积$$

5. 土地增值税的核定征收

房地产开发企业有下列情形之一的，税务机关可以参照与其开发规模和收入水平相近的当地企业的土地增值税税负情况，按不低于预征率的征收率核定征收土地增值税。

（1）依照法律、行政法规的规定应当设置但未设置账簿的。

（2）擅自销毁账簿或者拒不提供纳税资料的。

（3）虽设置账簿，但账目混乱或者成本资料、收入凭证、费用凭证残缺不全，难以确定转让收入或扣除项目金额的。

（4）符合土地增值税清算条件，未按照规定的期限办理清算手续，经税务机关责令限期清算，逾期仍不清算的。

（5）申报的计税依据明显偏低，又无正当理由的。

（三）纳税地点

土地增值税纳税人发生应税行为，应向**房地产所在地**主管税务机关缴纳税款。

纳税人转让的房地产坐落在两个或两个以上地区的，应按房地产所在地**分别**申报纳税。具体分为以下情况：

（1）纳税人是法人的，当转让的房地产坐落地与其机构所在地或经营所在地**一致**时，则在**办理税务登记的原管辖税务机关**申报纳税；当转让的房地产坐落地与其机构所在地或经营所在地**不一致**时，则应在**房地产坐落地**所管辖的税务机关申报纳税。

（2）纳税人是自然人的，当转让的房地产坐落地与其居住所在地一致时，则在居住所在地税务机关申报纳税；当转让的房地产坐落地与其居住所在地不一致时，则在房地产坐落地的税务机关申报纳税。

本节导读分析：土地增值税是对转让国有土地使用权、地上建筑物及其附着物并取得收入的单位和个人，就其转让房地产所取得的增值额征收的一种税。征收土地增值税增强了政府对房地产开发和交易市场的调控，有利于抑制炒买炒卖土地获取暴利的行为，也增加了国家的财政收入。

实务案例

近日，媒体指控某开发商在吉林市、广州市的多个项目已达到清缴土地增值税的条件，但企业并未主动申报，当地税务主管部门也并未要求企业清缴，致使欠缴土地增值税达到44亿元人民币。随后，该开发商反驳称，提取土地增值税清算准备金只是"企业会计处理程序，与企业现时纳税义务无关"，并宣称"公司不存在应缴未缴的土地增值税"。

通过本节内容学习，对以上内容进行简要分析：

（1）开发商的观点正确吗？

开发商观点是从"会计"角度做出的解释，并非税法规定，是否正确取决于土地增值税纳税义务的具体发生时间。如果纳税义务在计提时产生，则开发商的观点就是不正确的。如果纳税义务直到清算时才产生，那么开发商的观点可以成立。

（2）能否确定该开发商欠缴税款？

根据本节内容，纳税人应在转让房地产合同签订后7日内到房地产所在地主管税务机关办理土地增值税纳税申报。当然，若纳税人经常发生房地产转让的，也可以按月或按季定期进行纳税申报。若纳税人采用预售方式销售房地产，税务机关可以预征土地增值税，待纳税人办理纳税清算后多退少补。那么，对于该案例中开发商是否欠缴税款，需要进一步核实该开发商计提土地增值税清算准备金的时点，一旦确认计提税款的时点开发商已发生土地增值税纳税义务，则该开发商确实存在欠缴税款的嫌疑。

思维导图

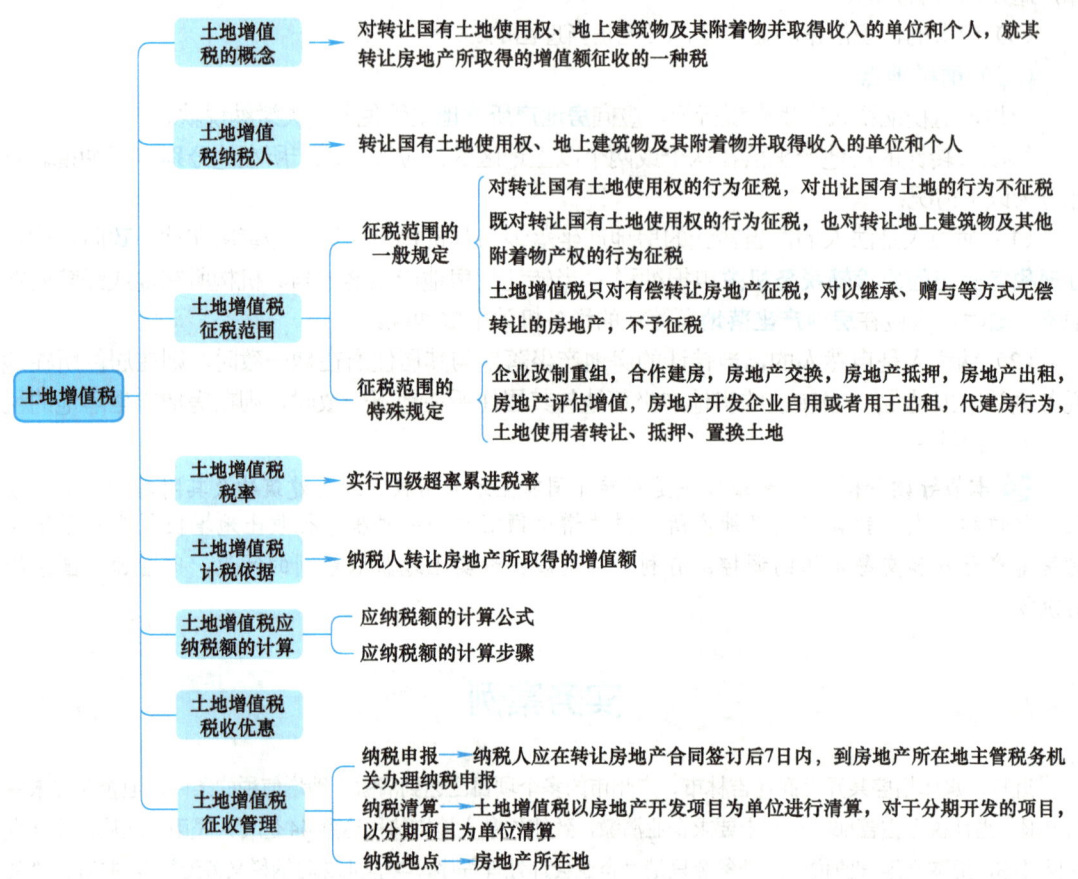

第四节　城镇土地使用税

学习导读

土地是人类生存、从事生产活动不可缺少的物质条件。我国人多地少,珍惜土地、节约用地是一项基本国策。在新中国成立初期就开征了地产税。长期以来,我国对非农业土地基本是实行行政划拨、无偿使用的办法,但这种做法不利于合理和节约使用土地。为了进一步达到合理利用城镇土地,提高土地使用效率,加强城镇土地管理等目的,国务院于2006年12月31日以第483号令颁布了《中华人民共和国城镇土地使用税暂行条例》。让我们走进这一节内容,看看国家在城镇土地使用税中提出了哪些基本规定。

一、城镇土地使用税的概念

城镇土地使用税是国家在城市、县城、建制镇和工矿区范围内,对使用土地的单位和个人,以其实际占用的土地面积为计税依据,按照规定的税额计算征收的一种税。

二、城镇土地使用税纳税人

城镇土地使用税纳税人是指在税法规定的征税范围内使用土地的单位和个人。其中,单位包括国有企业、集体企业、私营企业、股份制企业、外商投资企业、外国企业以及其他企业和事业单位、社会团体、国家机关、军队以及其他单位;个人包括个体工商户以及其他个人。

城镇土地使用税的纳税人,根据用地者的不同情况分别确定为:

(1) 城镇土地使用税由拥有土地使用权的单位或个人纳税。
(2) 拥有土地使用权的纳税人不在土地所在地的,由代管人或实际使用人纳税。
(3) 土地使用权未确定或权属纠纷未解决的,由实际使用人纳税。
(4) 土地使用权共有的,共有各方均为纳税人,由共有各方分别纳税。土地使用权共有的,以共有各方实际使用土地的面积占总面积的比例,分别计算缴纳城镇土地使用税。

三、城镇土地使用税征税范围

城镇土地使用税征税范围是税法规定的纳税区域内的土地。凡在城市、县城、建制镇、工矿区范围内的土地,不论是国家所有的土地,还是集体所有的土地,都属于城镇土地使用税的征税范围。

城市是指国务院批准设立的市,城市的征税范围包括市区和郊区。县城是指县人民政府所在地,县城的征税范围为县人民政府所在地的城镇。建制镇是经省级人民政府批准设立的建制镇,建制镇的征税范围为镇人民政府所在地的地区,但不包括镇政府所在地所辖行政村。工矿区是指工商业比较发达、人口比较集中、符合国务院规定的建制镇标准,但尚未设立建制镇的大中型工矿企业所在地。工矿区的设立必须经省级人民政府批准。

建立在城市、县城、建制镇和工矿区以外的工矿企业则不需缴纳城镇土地使用税。

由于城市、县城、建制镇和工矿区内的不同地方,其自然条件和经济繁荣程度各不相同,各省、自治区、直辖市人民政府可根据税法的规定,具体划定本地城市、县城、建制镇和工矿区的具体征税范围。

📢 **学习提示**:自2009年1月1日起,公园、名胜古迹内的索道公司经营用地,应按规定缴纳城镇土地使用税。

四、城镇土地使用税税率

城镇土地使用税采用定额税率,按大、中、小城市和县城、建制镇、工矿区分别规定每平方米城镇土地使用税年应纳税额。大、中、小城市以公安部门登记在册的非农业正式户口人数为依据,按照国务院颁布的《城市规划条例》中规定的标准划分。人口在50万人以上的为大城市;人口在20万~50万人之间的为中等城市;人口在20万人以下的为小城市。

城镇土地使用税每平方米年税额标准具体规定如下:

(1) 大城市 1.5~30元。
(2) 中等城市 1.2~24元。
(3) 小城市 0.9~18元。
(4) 县城、建制镇、工矿区 0.6~12元。

城镇土地使用税规定幅度税额,每个幅度税额的差距为20倍。这主要考虑我国各地存在较为悬殊的土地级差收益,同一地区内不同地段的市政建设情况和经济发展程度也有较大差别。

各省、自治区、直辖市人民政府,在上述规定的税额幅度内,根据市政建设情况、经济繁荣程度等条件,确定所辖地区的适用税额幅度。经济落后地区,城镇土地使用税的适用税额标准可适当降低,但降低幅度不得超过上述规定最低税额的30%;经济发达地区,城镇土地使用税的适用税额可以适当提高,但须报经财政部批准。这样,各地在确定不同地段的等级和适用税额时就有选择余地,尽可能做到平衡税负。

五、城镇土地使用税计税依据

城镇土地使用税计税依据是纳税人实际占用的土地面积。土地面积以平方米为计量标准,具体按以下办法确定:

(1) 凡由省级人民政府确定的单位组织测定土地面积的,以测定的土地面积为准。

(2) 尚未组织测定,但纳税人持有政府部门核发的土地使用证书的,以证书确定的土地面积为准。

(3) 尚未核发土地使用证书的,应由纳税人据实申报土地面积,并据以纳税,待核发土地使用证书后再做调整。

六、城镇土地使用税应纳税额的计算

城镇土地使用税是以纳税人实际占用的土地面积为计税依据,按照规定的适用税额计算征收。其应纳税额计算公式为

$$年应纳税额 = 实际占用应税土地面积(平方米) \times 适用税额$$

【例6-5】 恒晟公司实际占地面积为25 000m², 经税务机关核定, 该公司所在地段适用城镇土地使用税税额为每平方米2元。计算该公司全年应缴纳的城镇土地使用税税额。

【解析】 全年应缴纳的城镇土地使用税税额 = 25 000×2 = 50 000 (元)。

七、城镇土地使用税税收优惠

(一) 下列用地免征城镇土地使用税

(1) 国家机关、人民团体、军队自用的土地。

(2) 由国家财政部门拨付事业经费的单位自用的土地。

(3) 宗教寺庙、公园、名胜古迹自用的土地。

(4) 市政街道、广场、绿化地带等公共用地。

(5) 直接用于农、林、牧、渔业的生产用地。

(6) 经批准开山填海整治的土地和改造的废弃土地,从使用的月份起免缴土地使用税5~10年。

(7) 由财政部另行规定免税的能源、交通、水利设施用地和其他用地。

学习提示:国家财政部门拨付事业经费的单位自用的土地是指这些单位本身的业务用地,如学校的教学楼、操场、食堂等占用的土地。

(二) 税收优惠的特殊规定

1. 城镇土地使用税与耕地占用税的征税范围衔接

为避免对一块土地同时征收耕地占用税和城镇土地使用税,凡是缴纳了耕地占用税的,从批准征用之日起满1年后征收城镇土地使用税;征用非耕地因不需要缴纳耕地占用税,应从批准征用之次月起征收城镇土地使用税。

2. 免税单位与纳税单位之间无偿使用的土地

对免税单位无偿使用纳税单位的土地（如公安、海关等单位使用铁路、民航等单位的土地），免征城镇土地使用税；对纳税单位无偿使用免税单位的土地，纳税单位应照章缴纳城镇土地使用税。

3. 房地产开发公司开发建造商品房的用地

房地产开发公司开发建造商品房的用地，除经批准开发建设经济适用房的用地外，对各类房地产开发用地一律不得减免城镇土地使用税。

4. 基建项目在建期间的用地

对基建项目在建期间使用的土地，原则上应征收城镇土地使用税。但对有些基建项目，特别是国家产业政策扶持发展的大型基建项目，占地面积大，建设周期长，在建期间又没有经营收入，纳税确有困难的，可由各省、自治区、直辖市税务局根据具体情况予以免征或减征城镇土地使用税；对已经完工或已经使用的建设项目，其用地应照章征收城镇土地使用税。

5. 城镇内的集贸市场（农贸市场）用地

城镇内的集贸市场（农贸市场）用地，按规定应征收城镇土地使用税。为了促进集贸市场的发展及照顾各地的不同情况，各省、自治区、直辖市税务局可根据具体情况，自行确定对集贸市场用地征收或者免征城镇土地使用税。

6. 防火、防爆、防毒等安全防范用地

对于各类危险品仓库、厂房所需的防火、防爆、防毒等安全防范用地，可由各省、自治区、直辖市税务局确定，暂免征收城镇土地使用税；对仓库库区、厂房本身用地，应依法征收城镇土地使用税。

7. 搬迁企业的用地

（1）企业搬迁后原场地不使用的、企业范围内荒山等尚未利用的土地，免征城镇土地使用税。免征税额由企业在申报缴纳城镇土地使用税时自行计算扣除，并在申报表附表或备注栏中做相应说明。

（2）对搬迁后原场地不使用的和企业范围内荒山等尚未利用的土地，凡企业申报暂免征收城镇土地使用税的，应事先向土地所在地的主管税务机关报送有关部门的批准文件或认定书等相关证明材料，以备税务机关查验。具体报送材料由各省、自治区、直辖市和计划单列市税务局确定。

企业按上述规定暂免征收城镇土地使用税的土地开始使用时，应从使用的次月起自行计算和申报缴纳城镇土地使用税。

8. 企业的铁路专用线、公路等用地

对企业的铁路专用线、公路等用地，除另有规定的外，在企业厂区（包括生产、办公及生活区）以内的，应照章征收城镇土地使用税；在厂区以外、与社会公用地段未加隔离的，暂免征收城镇土地使用税。

9. 企业范围内的荒山、林地、湖泊等占地

对2014年以前已按规定免征城镇土地使用税的企业范围内荒山、林地、湖泊等占地，自2014年1月1日至2015年12月31日，按应纳税额减半征收城镇土地使用税；自2016年1月1日起，全额征收城镇土地使用税。

10．石油天然气（含页岩气、煤层气㊲）**生产企业用地**

（1）下列石油天然气生产建设用地暂免征收城镇土地使用税：①地质勘探、钻井、井下作业、油气田地面工程等施工临时用地；②企业厂区以外的铁路专用线、公路及输油（气、水）管道用地；③油气长输管线用地。

（2）在城市、县城、建制镇以外工矿区内的消防、防洪排涝、防风、防沙设施用地，暂免征收城镇土地使用税。

除上述列举免税的土地外，其他油气生产及办公、生活区用地，依照规定征收城镇土地使用税。享受上述税收优惠的用地，用于非税收优惠用途的，不得享受税收优惠。

11．林业系统用地

（1）对林区的育林地、运材道、防火道、防火设施用地，免征城镇土地使用税。

（2）林业系统的森林公园、自然保护区可比照公园免征城镇土地使用税。

除上述列举免税的土地外，对林业系统的其他生产用地及办公、生活区用地，均应征收城镇土地使用税。

12．盐场、盐矿用地

（1）对盐场、盐矿的生产厂房、办公、生活区用地，应照章征收城镇土地使用税。

（2）盐场的盐滩、盐矿的矿井用地，暂免征收城镇土地使用税。

（3）对盐场、盐矿的其他用地，由各省、自治区、直辖市税务局根据实际情况，确定征收城镇土地使用税或给予定期减征、免征的照顾。

13．矿山企业用地

（1）矿山的采矿场、排土场、尾矿库、炸药库的安全区，以及运矿运岩公路、尾矿输送管道及回水系统用地，免征城镇土地使用税。

（2）对位于城镇土地使用税征税范围内的煤炭企业已取得土地使用权、未利用的塌陷地，征收城镇土地使用税。

除上述规定外，对矿山企业的其他生产用地及办公、生活区用地，均应征收城镇土地使用税。

14．电力行业用地

（1）火电厂厂区围墙内的用地均应征收城镇土地使用税。对厂区围墙外的灰场、输灰管、输油（气）管道、铁路专用线用地，免征城镇土地使用税；厂区围墙外的其他用地，应照章征税。

（2）水电站的发电厂房用地（包括坝内、坝外式厂房），生产、办公、生活用地，应征收城镇土地使用税；对其他用地给予免税照顾。

（3）对供电部门的输电线路用地、变电站用地，免征城镇土地使用税。

15．水利设施用地

（1）水利设施及其管护用地（如水库库区、大坝、堤防、灌渠、泵站等用地），免征城镇土

知识拓展

㊲煤层气是指储存在煤层中以甲烷为主要成分、以吸附在煤基质颗粒表面为主、部分游离于煤孔隙中或溶解于煤层水中的烃类气体，是煤的伴生矿产资源，属非常规天然气，俗称"瓦斯"。

地使用税；其他用地，如生产、办公、生活用地，应照章征税。

（2）对兼有发电的水利设施用地城镇土地使用税的征免，具体办法比照电力行业征免城镇土地使用税的有关规定办理。

16．交通部门港口用地

（1）对港口的码头（即泊位，包括岸边码头、伸入水中的浮码头、堤岸、堤坝、栈桥等）用地，免征城镇土地使用税。

（2）对港口的露天堆货场用地，原则上应征收城镇土地使用税。企业纳税确有困难的，可由各省、自治区、直辖市税务局根据其实际情况，给予定期减征或免征城镇土地使用税的照顾。

除上述规定外，港口的其他用地，应按规定征收城镇土地使用税。

17．民航机场用地

（1）机场飞行区（包括跑道、滑行道、停机坪、安全带、夜航灯光区）用地、场内外通信导航设施用地和飞行区四周排水防洪设施用地，免征城镇土地使用税。

（2）在机场道路中，场外道路用地免征城镇土地使用税；场内道路用地依照规定征收城镇土地使用税。

（3）机场工作区（包括办公、生产和维修用地及候机楼、停车场）用地、生活区用地、绿化用地，均须依照规定征收城镇土地使用税。

18．老年服务机构自用的土地

老年服务机构是指专门为老年人提供生活照料、文化、护理、健身等多方面服务的福利性、非营利性的机构，主要包括老年社会福利院、敬老院（养老院）、老年服务中心、老年公寓（含老年护理院、康复中心、托老所）等老年服务机构自用土地免征城镇土地使用税。

19．邮政部门的土地

对邮政部门坐落在城市、县城、建制镇、工矿区范围内的土地，应当依法征收城镇土地使用税；对坐落在城市、县城、建制镇、工矿区范围以外的，尚在县邮政局内核算的土地，在单位财务账中划分清楚的，不征收城镇土地使用税。

20．体育场馆的土地

（1）国家机关、军队、人民团体、财政补助事业单位、居民委员会、村民委员会拥有的体育场馆，用于体育活动的土地，免征城镇土地使用税。

（2）经费自理事业单位、体育社会团体、体育基金会、体育类民办非企业单位拥有并运营管理的体育场馆，符合相关条件的，其用于体育活动的土地，免征城镇土地使用税。

（3）企业拥有并运营管理的大型体育场馆，其用于体育活动的土地，减半征收城镇土地使用税。

享受上述税收优惠体育场馆的运动场地用于体育活动的天数不得低于全年自然天数的70%。

21．农产品批发市场、农贸市场的土地

自2019年1月1日至2021年12月31日，对农产品批发市场、农贸市场（包括自有和承租）专门用于经营农产品的房产、土地，暂免征收城镇土地使用税；对同时经营其他产品的，按其他产品与农产品交易场地面积的比例确定征免城镇土地使用税。

农产品批发市场、农贸市场的行政办公区、生活区，以及商业餐饮娱乐等非直接为农产品交易提供服务的房产、土地，应按规定征收城镇土地使用税。

22．国家级、省级科技企业孵化器用地

自2019年1月1日至2021年12月31日，对国家级、省级科技企业孵化器，大学科技园和国家备案众创空间自用以及无偿或通过出租等方式提供给在孵对象使用的房产、土地，免征城镇土地使用税。

八、城镇土地使用税征收管理

（一）纳税义务发生时间

（1）纳税人购置新建商品房，自房屋交付使用之次月起，缴纳城镇土地使用税。

（2）纳税人购置存量房，自办理房屋权属转移、变更登记手续，房地产权属登记机关签发房屋权属证书之次月起，缴纳城镇土地使用税。存量房是指已被购买或自建并取得所有权证书的房屋，即通常所讲的"库存待售"的房产。

（3）纳税人出租、出借房产，自交付出租、出借房产之次月起，缴纳城镇土地使用税。

（4）以出让或转让方式有偿取得土地使用权的，应由受让方从合同约定交付土地时间之次月起缴纳城镇土地使用税；合同未约定交付土地时间的，由受让方从合同签订之次月起缴纳城镇土地使用税。

（5）纳税人新征用的耕地，自批准征用之日起满1年时开始缴纳城镇土地使用税。

（6）纳税人新征用的非耕地，自批准征用之次月起缴纳城镇土地使用税。

（二）纳税地点

城镇土地使用税在土地所在地缴纳。

纳税人使用的土地不属于同一省、自治区、直辖市管辖的，由纳税人分别向土地所在地税务机关缴纳城镇土地使用税；在同一省、自治区、直辖市管辖范围内，纳税人跨地区使用的土地，其纳税地点由各省、自治区、直辖市税务局确定。

（三）纳税期限

城镇土地使用税按年计算、分期缴纳，一般按月、季、半年或1年等缴纳。具体纳税期限由各省、自治区、直辖市人民政府确定。

❄ **本节导读分析**：城镇土地使用税是国家在城市、县城、建制镇和工矿区范围内，对使用土地的单位和个人，以其实际占用的土地面积为计税依据，按照规定的税额计算征收的一种税。征收城镇土地使用税有利于促进土地的合理使用，调节土地级差收入，也有利于筹集地方财政资金。

实务案例

某税务稽查局在对星隆地产公司2020年的纳税情况进行检查时发现，该公司应纳城镇土地使用税相比往年大幅减少。在未有新征土地的情况下，随着房屋的销售土地使用税逐年减少是正常的，但该公司商品房账面销售较少而土地却大幅减少，属于不正常现象。因此，稽查人员对该公司的土地使用税按以下步骤做了重点检查。

第一步，要求该公司提供有关土地批文、土地使用证及其他土地相关资料，并到建设局、土管局等涉及土地审批管理的部门核实相关资料的真实性，核实批文的时间、土地面积、土地坐落地，同时要求公司提供房屋销售合同。

第二步，实地查看土地开发情况，查看批文与土地使用证是否相符；查看房产开发情况及每栋楼的方位，并绘制了整个小区的楼房方位图；在相关人员见证下，随机抽查6幢楼的销售情况以核实该公司提供的销售明细是否属实。

第三步，根据上述资料及检查情况计算企业应纳的土地使用税。

经过上述检查基本确定，企业实际占用的全部土地面积为 191 282.5m²，同时根据企业提供的有关销售资料及购房者产权信息，计算出已售房产所分摊的土地面积为 115 275.2m²，从而计算出剩余土地面积为 76 007.30m²，进一步计算得出该企业少缴纳税款 117 275.67 元。

分析本案例，可以推测星隆地产公司主要在以下环节企图少缴纳土地使用税：

（1）只对已开发土地缴税，对尚未开发土地不缴税。地产公司由于各方面原因，开发周期比较长，使得部分土地较长时间处于闲置状态，而在申报土地使用税时，地产公司又自行把未开发土地从计税土地面积中扣除，以达到少缴纳税款的目的。

（2）未严格划分已售房产同未售房产所分摊的土地，地产公司把整栋楼中未售出部分应分摊的土地面积从应税土地面积中扣除，是在人为减少未售房产所分摊的土地，以达到少缴纳税款的目的。

思维导图

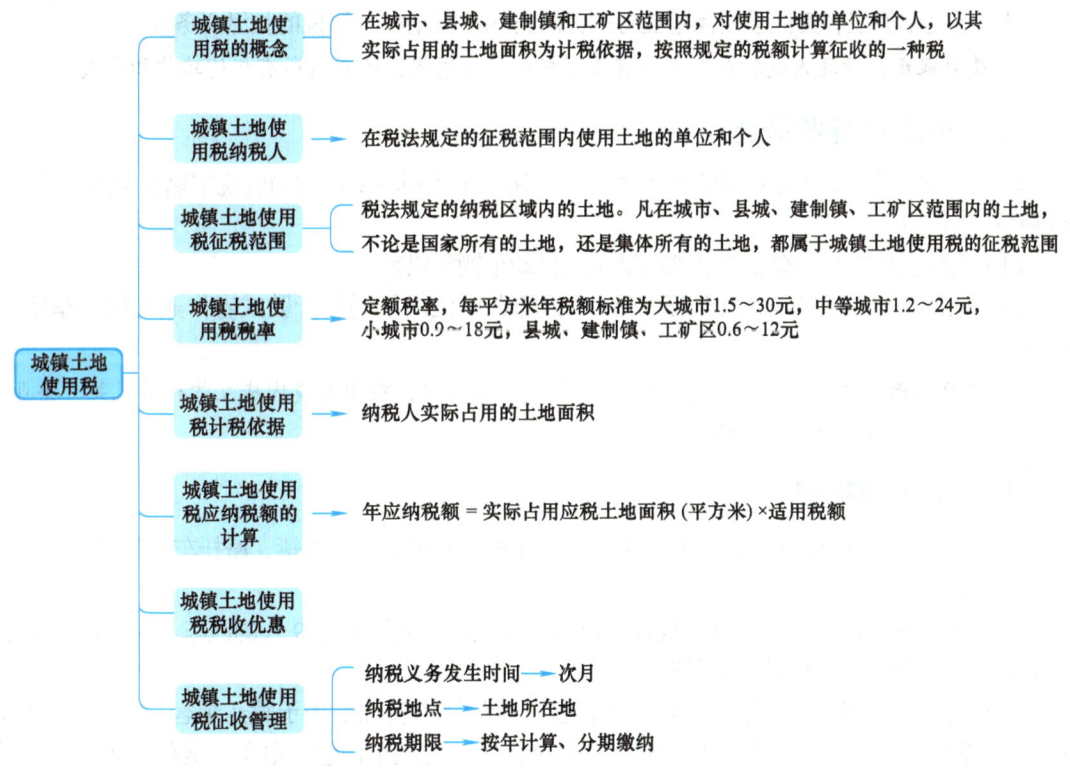

第五节 车船税

/学习导读/

在经济全球化的今天，车船对人们来说已经是很熟悉的交通运输工具了。那么对车船课税的历史可以追溯到什么时候呢？据记载，早在公元前 129 年（汉武帝元光六年），我国就开征了算商税。新中国成立后，中央人民政府政务院于 1951 年 9 月颁布了《车船使用牌照税暂行条例》，在全国部分地区开征。后来经过几次改革，由原"车船使用牌照税"更名为"车船使用税"。现行的《中华人民共和国车船税法》于 2011 年 2 月 25 日第十一届全国人民代表大会常务委员会第十九次会议通过，自 2012 年 1 月 1 日起施行。让我们走进本节内容，看看现行的车船税法律制度都做了哪些具体规定。

一、车船税的概念

车船税是对在中华人民共和国境内属于《中华人民共和国车船税法》中"车船税税目税额表"所规定的车辆、船舶的所有人或者管理人征收的一种税。

二、车船税纳税人

车船税纳税人是指在中华人民共和国境内属于税法规定的车辆、船舶（简称"车船"）的所有人或者管理人。

从事机动车第三者责任强制保险业务的保险机构为机动车车船税的扣缴义务人。

📢 **学习提示**：管理人是指对车船具有管理权或者使用权，不具有所有权的单位和个人。

三、车船税征收范围

车船税征税范围是指在中华人民共和国境内属于车船税法所规定的应税车辆和船舶。其中，车辆和船舶是指：

（1）依法应当在车船登记管理部门登记的机动车辆和船舶。

（2）依法不需要在车船登记管理部门登记的在单位内部场所行驶或者作业的机动车辆和船舶。

📢 **学习提示**：单位是指依照中国法律、行政法规规定，在中国境内成立的行政机关、企业、事业单位、社会团体以及其他组织。

四、车船税税目

车船税的税目分为 6 大类，包括乘用车、商用车、挂车、其他车辆、摩托车和船舶。
具体含义如下：

（1）乘用车。乘用车是指核定载客人数包括驾驶员在内不超过 9 人的汽车，在设计和技术特性上主要用于载运乘客及随身行李。

（2）商用车。商用车是指除乘用车外，在设计和技术特性上用于载运乘客、货物的汽车，可划分为客车和货车。客车是指核定载客人数 9 人以上的汽车，包括电车。货车包括半挂牵引车、三轮汽车和低速载货汽车。半挂牵引车是指装备有特殊装置用于牵引半挂车的商用车。三轮汽车是指最高设计车速不超过每小时 50km，具有 3 个车轮的货车。低速载货汽车是指以柴油机为动力，最高设计车速不超过每小时 70km，具有 4 个车轮的货车。

（3）挂车。挂车是指就其设计和技术特性需由汽车或者拖拉机牵引，才能正常使用的一种无动力的道路车辆。

（4）其他车辆。其他车辆是指专用作业车和轮式专用机械车。专用作业车是指在其设计和技术特性上用于特殊工作的车辆。轮式专用机械车是指有特殊结构和专门功能，装有橡胶车轮可以自行行驶，最高设计车速大于每小时 20km 的轮式工程机械车。

（5）摩托车。摩托车是指无论采用何种驱动方式，最高设计车速大于每小时 50km，或者使用内燃机，其排量大于 50mL 的两轮或者三轮车辆。

（6）船舶。船舶是指各类机动、非机动船舶以及其他水上移动装置，包括机动船舶和游艇，但是船舶上装备的救生艇筏和长度小于 5m 的艇筏除外。其中，机动船舶是指用机器推进的船舶。拖船是指专门用于拖（推）动运输船舶的专业作业船舶。非机动驳船是指在船舶登记管理部门登记为驳船的非机动船舶。游艇是指具备内置机械推进动力装置，长度在 90m 以下，主要用于游览观光、休闲娱乐、水上体育运动等活动，并应当具有船舶检验证书和适航证书的船舶。

五、车船税税率

车船税采用定额税率，又称固定税额。根据《车船税法》的规定，对应税车船实行有幅度的定额税率，即对各类车船分别规定一个最低到最高限度的年税额。车船的适用税额依照"车船税税目税额表"执行。

车船税税目税额表见表 6-2。

表 6-2　车船税税目税额表

税	目	计税单位	年基准税额（元）	备 注
乘用车[按发动机汽缸容量（排气量）分档]	1.0L（含）以下的	每辆	60～360	核定载客人数 9 人（含）以下
	1.0L 以上至 1.6L（含）的		300～540	
	1.6L 以上至 2.0L（含）的		360～660	
	2.0L 以上至 2.5L（含）的		660～1 200	
	2.5L 以上至 3.0L（含）的		1 200～2 400	
	3.0L 以上至 4.0L（含）的		2 400～3 600	
	4.0L 以上的		3 600～5 400	
商用车	客车	每辆	480～1 440	核定载客人数 9 人以上（包括电车）
	货车	整备质量 每吨	16～120	包括半挂牵引车、三轮汽车和低速载货汽车等
挂车		整备质量 每吨		挂车按照货车税额的 50% 计算
其他车辆	专用作业车	整备质量 每吨	16～120	不包括拖拉机
	轮式专用机械车	整备质量 每吨	16～120	
摩托车		每辆	36～180	
船舶	机动船舶	净吨位 每吨	3～6	拖船、非机动驳船分别按照机动船舶税额的 50% 计算
	游艇	艇身长度每米	600～2 000	

（一）机动船舶具体适用税额

（1）净吨位不超过 200t 的，每吨 3 元。

(2) 净吨位超过 200t 但不超过 2 000t 的，每吨 4 元。
(3) 净吨位超过 2 000t 但不超过 10 000t 的，每吨 5 元。
(4) 净吨位超过 10 000t 的，每吨 6 元。
拖船按照发动机功率每 1kW 折合净吨位 0.67t 计算征收车船税。

（二）游艇具体适用税额
(1) 艇身长度超过 10m 但不超过 18m 的，每米 900 元。
(2) 艇身长度超过 18m 但不超过 30m 的，每米 1 300 元。
(3) 艇身长度超过 30m 的，每米 2 000 元。
(4) 辅助动力帆艇，每米 600 元。

排气量、整备质量、核定载客人数、净吨位、千瓦、艇身长度，以车船登记管理部门核发的车船登记证书或者行驶证所载数据为准。

依法不需要办理登记的车船和依法应当登记而未办理登记或者不能提供车船登记证书、行驶证的车船，以车船出厂合格证明或者进口凭证标注的技术参数、数据为准；不能提供车船出厂合格证明或者进口凭证的，由主管税务机关参照国家相关标准核定，没有国家相关标准的，参照同类车船核定。

六、车船税计税依据

车船税以车船的计税单位数量为计税依据。《车船税法》按车船的种类和性能，分别确定每辆、整备质量[38]每吨、净吨位[39]每吨和艇身长度每米为计税单位。具体如下：
(1) 乘用车、商用客车和摩托车，以辆数为计税依据。
(2) 商用货车、挂车、专用作业车和轮式专用机械车，以整备质量吨位数为计税依据。
(3) 机动船舶、非机动驳船、拖船，以净吨位数为计税依据。
(4) 游艇以艇身长度为计税依据。

七、车船税应纳税额的计算

（一）车船税各税目应纳税额的计算公式

乘用车、客车和摩托车的应纳税额＝辆数×适用年基准税额
货车、挂车、专用作业车和轮式专用机械车的应纳税额＝整备质量吨位数×适用年基准税额
机动船舶的应纳税额＝净吨位数×适用年基准税额
拖船和非机动驳船的应纳税额＝净吨位数×适用年基准税额×50%
游艇的应纳税额＝艇身长度×适用年基准税额

（二）购置的新车船，购置当年的应纳税额自纳税义务发生的当月起按月计算

具体计算公式为

📖 知识拓展

[38] 整备质量即整车装备质量，也称自重，是指汽车无乘员或不载货时，仅带有工具备胎，加满燃油和冷却水时的重量。

[39] 净吨位是指根据有关国家主管机关制定的规范丈量确定的船舶有效容积，即扣除不能用来载货或载客的处所后得到的船舶可营运容积。

应纳税额＝适用年基准税额÷12×应纳税月份数

（三）保险机构代收代缴车船税和滞纳金的计算

（1）购买短期交强险的车辆。对于境外机动车临时入境、机动车临时上道路行驶、机动车距规定的报废期限不足1年而购买短期交强险的车辆，保单中"当年应缴"项目的计算公式为

当年应缴＝计税单位×年单位税额×应纳税月份数÷12

其中，应纳税月份数为"交强险"有效期起始日期的当月至截止日期当月的月份数。

（2）对于已向税务机关缴税的车辆或税务机关已批准减免税的车辆，保单中"当年应缴"项目应为0。对于税务机关已批准减税的机动车，保单中"当年应缴"项目应根据减税前的应纳税额扣除依据减税证明中注明的减税幅度计算的减税额确定。计算公式为

减税车辆应纳税额＝减税前应纳税额×（1－减税幅度）

（3）对于2007年1月1日前购置的车辆或者曾经缴纳过车船税的车辆，保单中"往年补缴"项目的计算公式为

往年补缴＝计税单位×年单位税额×（本次缴税年度－前次缴税年度－1）

其中，对于2007年1月1日前购置的车辆，纳税人从未缴纳车船税的，前次缴税年度设定为2006年。

（4）对于2007年1月1日以后购置的车辆，纳税人从购置时起一直未缴纳车船税的，保单中"往年补缴"项目的计算公式为

往年补缴＝购置当年欠缴的税款＋购置年度以后欠缴税款

其中，购置当年欠缴的税款＝计税单位×年单位税额×应纳税月份数÷12。应纳税月份数为车辆登记日期的当月起至该年度终了的月份数。若车辆尚未到车船管理部门登记，则应纳税月份数为购置日期的当月起至该年度终了的月份数。

购置年度以后欠缴税款＝计税单位年单位税额×（本次缴税年度－车辆登记年度－1）

（5）滞纳金计算。对于纳税人在应购买"交强险"截止日期以后购买"交强险"的，或以前年度没有缴纳车船税的，保险机构在代收代缴税款的同时，还应代收代缴欠缴税款的滞纳金。

保单中"滞纳金"项目为各年度欠税应加收滞纳金之和。

每一年度欠税应加收的滞纳金＝欠税金额×滞纳天数×0.5‰

滞纳天数的计算自应购买"交强险"截止日期的次日起到纳税人购买"交强险"当日止。纳税人连续两年以上欠缴车船税的，应分别计算每一年度欠税应加收的滞纳金。

【例6-6】 某公司于2020年4月12日购买1辆发动机气缸容量为1.6L的乘用车，已知适用年基准税额480元。计算该公司2020年应缴纳车船税税额。

【解析】 该公司购置的新车船，购置当年的应纳税额自纳税义务发生的当月起按月计算。

该公司2020年应缴纳车船税税额＝480×9÷12=360（元）

八、车船税税收优惠

（一）法定减免

（1）捕捞、养殖渔船，是指在渔业船舶管理部门登记为捕捞船或者养殖船的船舶。

（2）军队、武装警察部队专用的车船，是指按照规定在军队、武装警察部队车船登记管理部门登记，并领取军队、武警牌照的车船。

（3）警用车船，是指公安机关、国家安全机关、监狱、劳动教养管理机关和人民法院、人民检察院领取警用牌照的车辆和执行警务的专用船舶。

（4）依照法律规定应当予以免税的外国驻华使领馆、国际组织驻华代表机构及其有关人员的车船。

（5）对节能车船，减半征收车船税；对新能源车船，免征车船税。

减半征收车船税的节约能源乘用车应同时符合以下标准：①获得许可在中国境内销售的排量为1.6L以下（含1.6L）的燃用汽油、柴油的乘用车（含非插电式混合动力、双燃料和两用燃料乘用车）；②综合工况燃料消耗量应符合标准。

减半征收车船税的节约能源商用车应同时符合下列标准：①获得许可在中国境内销售的燃用天然气、汽油、柴油的轻型和重型商用车（含非插电式混合动力、双燃料和两用燃料轻型和重型商用车）；②燃用汽油、柴油的轻型和重型商用车综合工况燃料消耗量应符合标准。

📢 **学习提示**：免征车船税的使用新能源汽车是指纯电动商用车、插电式（含增程式）混合动力汽车、燃料电池商用车。纯电动乘用车和燃料电池乘用车不属于车船税征税范围，对其不征车船税。免征车船税的使用新能源汽车（不含纯电动乘用车和燃料电池乘用车），必须符合国家有关标准。

（6）省、自治区、直辖市人民政府根据当地实际情况，可以对公共交通车船，农村居民拥有并主要在农村地区使用的摩托车、三轮汽车和低速载货汽车定期减征或者免征车船税。

（7）根据规定，国家综合性消防救援车辆和国家综合性消防救援船舶由部队号牌改挂应急救援专用号牌的，一次性免征改挂当年车船税。

（二）特定减免

（1）经批准临时入境的外国车船和香港特别行政区、澳门特别行政区、台湾地区的车船，不征收车船税。

（2）按照规定缴纳船舶吨税的机动船舶，自《车船税法》实施之日起5年内免征车船税。

（3）依法不需要在车船登记管理部门登记的机场、港口铁路站场内部行驶或作业的车船，自《车船税法》实施之日起5年内免征车船税。

九、车船税征收管理

（一）纳税义务发生时间

车船税纳税义务发生时间为取得车船所有权或者管理权的当月。以购买车船的发票或其他证明文件所载日期的当月为准。

车船税的纳税义务发生时间，为车船管理部门核发的车船登记证书或者行驶证书所记载日期的当月。纳税人未按照规定到车船管理部门办理应税车船登记手续的，以车船购置发票所载开具时间的当月作为车船税的纳税义务发生时间。对未办理车船登记手续且无法提供车船购置发票的，由主管税务机关核定纳税义务发生时间。

（二）纳税地点

车船税的纳税地点为车船的登记地或者车船税扣缴义务人所在地。

扣缴义务人代收代缴车船税的，纳税地点为扣缴义务人所在地。

纳税人自行申报缴纳车船税的，纳税地点为车船登记地的主管税务机关所在地。

依法不需要办理登记的车船，其车船税的纳税地点为车船的所有人或者管理人所在地。

（三）纳税申报

车船税按年申报，分月计算，一次性缴纳。纳税年度为公历1月1日至12月31日。具体

要求如下:

(1) 从事机动车第三者责任强制保险⑩业务的保险机构为机动车车船税的扣缴义务人,应当在收取保险费时依法代收车船税,并出具代收税款凭证。

(2) 已完税或者依法减免税的车辆,纳税人应当向扣缴义务人提供登记地的主管税务机关出具的完税凭证或者减免税证明。

纳税人没有按照规定期限缴纳车船税的,扣缴义务人在代收代缴税款时,可以一并代收代缴欠缴税款的滞纳金。

(3) 扣缴义务人已代收代缴车船税的,纳税人不再向车辆登记地的主管税务机关申报缴纳车船税。

(4) 没有扣缴义务人的,纳税人应当向主管税务机关自行申报缴纳车船税。

(5) 纳税人缴纳车船税时,应当提供反映排气量、整备质量、核定载客人数、净吨位、千瓦、艇身长度等与纳税相关信息的相应凭证以及税务机关根据实际需要要求提供的其他资料。纳税人以前年度已经提供前款所列资料信息的,可以不再提供。

(6) 已缴纳车船税的车船在同一纳税年度内办理转让过户的,不另纳税,也不退税。

(7) 在一个纳税年度内已完税的车船被强盗、灭失、报废的,纳税人可以凭有关管理机关出具的证明和完税凭证,向纳税人所在地的主管税务机关申请退还自被强盗、灭失、报废的月份起至该纳税年度终了期间的税款。已办理退税的被强盗的车船失而复得,纳税人应当从公安机关出具证明的当月起计算缴纳车船税。

本节导读分析:车船税以车船为征税对象,向拥有车船的单位和个人征收的一种税。征收车船税有利于车船的管理和合理配置,有利于调节财富的差异,也有利于为地方政府筹集财政资金。

实务案例

2016 年 7 月,肥西县税务稽查局和安徽省税务稽查局先后接到匿名举报,称肥西县有部分保险公司和运输公司使用伪造的车船税完税凭证办理交强险,逃避缴纳税款。该举报引起了肥西县税务稽查局的高度重视,迅疾立案,省税务稽查局将该案确定为督办案件,全程予以指导和协调。9 月下旬,肥西县税务局将案件线索移交该县公安部门查处。经过 7 个多月的周密部署、艰苦调查,2017 年 5 月,肥西县税务稽查局与肥西县公安刑警大队携手合作,成功破获了该起特大非法制售假车船税完税凭证的案件,抓获以张某为首的 9 名犯罪嫌疑人,捣毁违法分子位于深圳市龙岗区的制假窝点,现场查获伪造的车船税完税凭证、增值税发票及其半成品逾千份,查获赃款 100 余万元。同时,全省开展车船税专项检查,通过对全省近 40 家保险机构的上千个营业网点代征车船税情况比对核查,对流失的税款进行追缴,共查补入库车船税税款 85 万元,加收滞纳金 15 万元,涉及车辆 1500 余台。

至此,我们应当明白,从事机动车第三者责任强制保险业务的保险机构应当在收取保险费时依法代收车船税并出具代收税款凭证,即在该案例中,原则上保险公司应当在收取保险费时依法代收并如实缴纳车

知识拓展

⑩ 强制保险是指根据国家颁布的有关法律和法规,凡是在规定范围内的单位或个人,不管愿意与否都必须参加的保险。

船税,同时办理代收税款凭证,但保险公司并未如实上缴,而是与运输公司一起伪造车船税完税凭证,故意逃避缴纳税款。

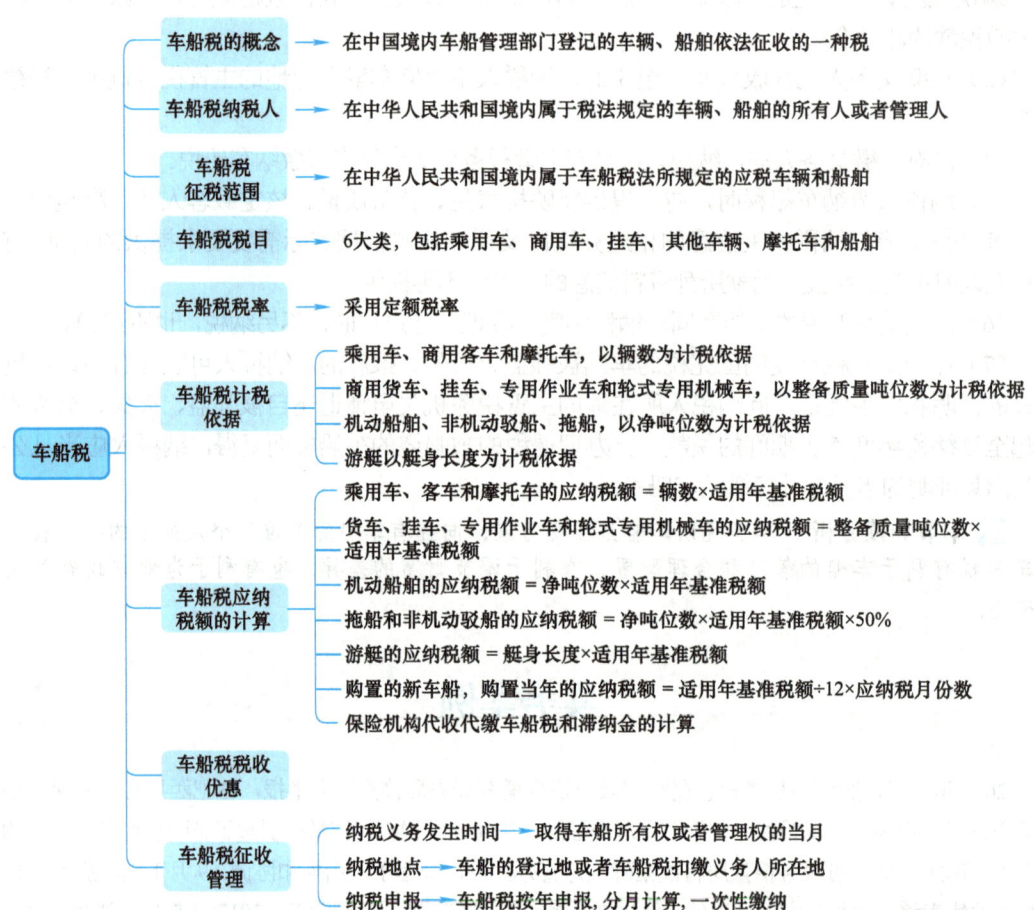

第六节　印花税

📂 /学习导读/

印花税历史悠久,最早始于1624年的荷兰。旧中国,北洋军阀政府曾颁布过《印花税法》,并于1913年首次开征印花税。新中国成立后,中央人民政府政务院于1950年1月发布《全国税政实施要则》,规定印花税为全国统一开征的14个税种之一。1958年简化税制时,印花税被并入工商统一税,不再单独征收。

随着改革开放政策的贯彻实施,我国经济得到迅速发展,经济活动中依法书立各种凭证已成为普遍现象。为了在税收上适应客观经济情况变化,维护经济凭证书立、领受人的合法权益,1988年8月,国务院发布了《中华人民共和国印花税暂行条例》,并于同年10月1日起恢复征收印花税。2021年6月10日，第十三届全国人民代表大会常务委员会第二十九次会议通过《中华人民共和国印花税法》，自2022年7月1日起施行。

一、印花税的概念

印花税是对经济活动和经济交往中书立、领受、使用的应税经济凭证征收的一种税。因这种税主要是通过纳税人在应税凭证上粘贴印花税票来完成纳税义务，故名印花税。

二、印花税纳税人

订立、领受在中华人民共和国境内具有法律效力的应税凭证，或者在中华人民共和国境内进行证券交易的单位和个人，为印花税纳税人。

应税凭证是指《印花税税目率表》规定的书面形式的合同、产权转移书据、营业账簿和权利、许可证照。

如果一份合同或应税凭证由两方或两方以上当事人共同签订，签订合同或应税凭证的各方都是纳税人，应各自就其所持合同或应税凭证的计税金额履行纳税义务。

根据书立、领受、使用应税凭证的不同，纳税人可分为立合同人、立账簿人、立据人和使用人等。

（一）立合同人

立合同人是指合同的当事人，即对凭证有直接权利义务关系的单位和个人，但不包括合同的担保人、证人、鉴定人[41]。

（二）立账簿人

立账簿人是指开立并使用营业账簿的单位和个人。如某企业因生产需要，设立了实收资本（股本）、资本公积账簿，该企业即为印花税纳税人。

（三）立据人

立据人是指书立产权转移书据的单位和个人。

（四）使用人

使用人是指在国外书立、领受，但在国内使用应税凭证的单位和个人。

三、印花税征税范围

我国现行印花税采取正列举形式，只对法律规定中列举的凭证征收，对没有列举的凭证不征税。列举的凭证分为4类，即合同类、产权转移书据类、营业账簿类、证券交易类。具体征税范围如下：

（一）合同

合同是指平等主体的自然人、法人、其他组织之间设立、变更、终止民事权利义务关系的协议。在税目税率表中列举了如下11大类合同：

知识拓展

[41] 鉴定人是指受司法机关指派或聘请，运用专门知识或技能对案件的专门性问题进行鉴别和判断的人。

(1) 买卖合同，包括供应、预购、采购、购销结合及协作、调剂、补偿、易货等合同；还包括各出版单位与发行单位（不包括订阅单位和个人）之间订立的图书、报刊、音像征订凭证。

凡属于明确双方供需关系，据以供货和结算，具有合同性质的凭证，应按规定缴纳印花税。

对纳税人以电子形式签订的各类应税凭证按规定征收印花税。

对发电厂与电网之间、电网与电网之间（国家电网公司系统、南方电网公司系统内部各级电网互供电量除外）签订的购售电合同，按购销合同征收印花税。电网与用户之间签订的供用电合同不征收印花税。

(2) 借款合同，包括银行及其他金融组织和借款人（不包括银行同业拆借）所签订的借款合同。

学习提示：同业拆借是指具有法人资格的金融机构及经法人授权的金融分支机构之间进行短期资金融通的行为。

(3) 融资租赁㊷合同，是指实质上转移了与资产所有权有关的几乎全部风险和报酬的合同。

(4) 租赁合同，包括租赁房屋、船舶、飞机、机动车辆、机械、器具、设备等合同，还包括企业、个人出租门店、柜台等所签订的合同，但不包括企业与主管部门签订的租赁承包合同。

(5) 承揽合同，包括加工、定做、修缮、修理、印刷、广告、测绘、测试等合同。

(6) 建设工程合同，包括勘察、设计、建筑、安装工程合同的总包合同、分包合同和转包合同。

(7) 运输合同，包括民用航空运输、铁路运输、海上运输、内河运输、公路运输和联运合同。

(8) 技术合同，包括技术开发、转让、咨询、服务等合同。其中，技术转让合同包括专利申请转让、非专利技术转让所书立的合同，但不包括专利权转让、专利实施许可所书立的合同，后者适用于产权转移书据合同；技术咨询合同是合同当事人就有关项目的分析、论证、评价、预测和调查订立的技术合同，而一般的法律、会计、审计等方面的咨询不属于技术咨询，其所立合同不贴印花；技术服务合同的征税范围包括技术服务合同、技术培训合同和技术中介合同。

(9) 保管合同，包括保管合同或作为合同使用的仓单、栈单（或称入库单）。对某些使用不规范的凭证不便计税的，可就其结算单据作为计税贴花的凭证。

(10) 仓储合同，是指保管人储存存货人交付的仓储物，存货人支付仓储费的合同。

(11) 财产保险合同，包括财产、责任、保证、信用等保险合同。

（二）产权转移书据

产权转移即财产权利关系的变更行为，表现为产权主体发生变更。产权转移书据是在产权的买卖、交换、继承、赠与、分割等产权主体变更过程中，由产权出让人与受让人之间所订立的民事法律文书。

知识拓展

㊷ 融资租赁是指出租人根据承租人的要求，与第三方订立供货合同，根据此合同，出租人出资购买承租人选定的设备。同时，出租人与承租人订立一项租赁合同，将设备出租给承租人，并向承租人收取一定的租金。

我国印花税税目中的产权转移书据包括土地使用权出让和转让书据，房屋等建筑物、构筑物所有权，股权（不包括上市和挂牌公司股票），商标专用权，著作权，专利权，专有技术使用权转让书据。

（三）营业账簿

营业账簿归属于财务会计账簿，是按照财务会计制度的要求设置的反映生产经营活动的账册。按照营业账簿反映的内容不同，在税目中分为记载资金的账簿（简称"资金账簿"）和其他营业账簿两类，对记载资金的营业账簿征收印花税，对其他营业账簿不征收印花税。

资金账簿是反映生产经营单位"实收资本"和"资本公积"金额增减变化的账簿。

📢 **学习提示**：对于金融系统营业账簿，要结合金融系统财务会计核算的实际情况进行具体分析。

（四）证券交易

证券交易是指在依法设立的证券交易所上市交易或者在国务院批准的其他证券交易场所转让公司股票和以股票为基础发行的存托凭证。

四、印花税税率

印花税采用比例税率。按照凭证所标明的确定的金额按比例计算应纳税额。具体税率如下：

（1）借款合同、融资租赁合同，税率为万分之零点五。

（2）实收资本（股本）、资本公积税率为万分之二点五。

（3）买卖合同、承揽合同、建设工程合同、运输合同、技术合同等，税率为万分之三。

（4）租赁合同、保管合同、仓储合同、财产保险合同、证券交易，税率为千分之一。

（5）土地使用权出让和转让书据，房屋等建筑物、构筑物所有权，股权（不包括上市和挂牌公司股票），税率为万分之五，商标专用权、著作权、专利权、专有技术使用权转让书据，税率为万分之三。

印花税税目税率表见表 6-3。

表 6-3 印花税税目税率表

税　目		税　率	备　注
合同（指书面合同）	借款合同	借款金额的万分之零点五	指银行业金融机构、经国务院银行业监督管理机构批准设立的其他金融机构与借款人（不包括同业拆借）的借款合同
	融资租赁合同	租金的万分之零点五	
	买卖合同	价款的万分之三	指动产买卖合同（不包括个人书立的动产买卖合同）
	承揽合同	报酬的万分之三	
	建设工程合同	价款的万分之三	
	运输合同	运输费用的万分之三	指货运合同和多式联运合同（不包括管道运输合同）

(续)

税 目		税 率	备 注
合同（指书面合同）	技术合同	价款、报酬或者使用费的万分之三	不包括专利权、专有技术使用权转让书据
	租赁合同	租金的千分之一	
	保管合同	保管费的千分之一	
	仓储合同	仓储费的千分之一	
	财产保险合同	保险费的千分之一	不包括再保险合同
产权转移书据	土地使用权出让书据	价款的万分之五	转让包括买卖（出售）、继承、赠与、互换、分割
	土地使用权、房屋等建筑物和构筑物所有权转让书据（不包括土地承包经营和土地经营权转移）	价款的万分之五	
	股权转让书据（不包括应缴纳证券交易印花税的）	价款的万分之五	
	商标专用权、著作权、专利权、专有技术使用权转让书据	价款的万分之三	
营业账簿		实收资本（股本）、资本公积合计金额的万分之二点五	
证券交易		成交金额的千分之一	

五、印花税计税依据

印花税计税依据按照下列方法确定：

（1）应税合同的计税依据，为合同列明的价款或者报酬，不包括增值税税款；合同中价款或者报酬与增值税税款未分开列明的，按照合计金额确定。具体包括买卖合同和建设工程合同中的支付价款、承揽合同中的支付报酬、租赁合同和融资租赁合同中的租金、运输合同中的运输费用、保管合同中的保管费、仓储合同中的仓储费、借款合同中的借款金额、财产保险合同中的保险费，以及技术合同中的支付价款、报酬或者使用费等。

（2）应税产权转移书据的计税依据，为产权转移书据列明的金额，不包括增值税税款；产权转移书据中价款与增值税税款未分开列明的，按照合计金额确定。

应税合同、产权转移书据未列明金额，印花税的计税依据按照实际结算的金额确定，实际结算的金额仍不能确定的，按照订立合同、产权转移书据时的市场价格确定；依法应当执行政府定价的，按照其规定确定。

（3）应税营业账簿的计税依据，为营业账簿记载的实收资本（股本）、资本公积合计金额。

（4）证券交易的计税依据，为成交金额。以非集中交易方式转让证券时无转让价格的，按照办理过户登记手续前一个交易日收盘价计算确定计税依据；办理过户登记手续前一个交易日无收盘价的，按照证券面值计算确定计税依据。

同一应税凭证载有两个或者两个以上经济事项并分别列明价款或者报酬的，按照各自适用税目税率计算应纳税额；未分别列明价款或者报酬的，按税率高的计算应纳税额。

同一应税凭证由两方或者两方以上当事人订立的，应当按照各自涉及的价款或者报酬分别计算应纳税额。

纳税人有以下情形的，税务机关可以核定纳税人印花税计税依据：①未按规定建立印花税应税凭证登记簿，或未如实登记和完整保存应税凭证的；②拒不提供应税凭证或不如实提供应税凭证致使计税依据明显偏低的；③采用按期汇总缴纳办法的，未按税务机关规定的期限报送汇总缴纳印花税情况报告，经税务机关责令限期报告，逾期仍不报告的或者税务机关在检查中发现纳税人有未按规定汇总缴纳印花税情况的。

六、印花税应纳税额的计算

印花税应纳税额按照下列方法计算：

（一）对于应税合同

$$应纳税额 = 价款或者报酬 \times 适用税率$$

（二）对于应税产权转移书据

$$应纳税额 = 价款 \times 适用税率$$

（三）对于应税营业账簿

$$应纳税额 = 实收资本（股本）、资本公积合计金额 \times 适用税率$$

（四）对于证券交易

$$应纳税额 = 成交金额或者依法确定的计税依据 \times 适用税率$$

【例6-7】 某罐头厂与某运输公司签订了两份运输保管合同：甲合同载明的金额合计50万元（运费和保管费并未分别记载）；乙合同中注明运费30万元、保管费10万元。分别计算该罐头厂甲、乙合同应缴纳的印花税税额。

【解析】 计算过程如下：

罐头厂甲合同应缴纳印花税税额 = 500 000×1‰ = 500（元）

罐头厂乙合同应缴纳印花税税额 = 300 000×3‰ + 100 000×1‰ = 190（元）

七、印花税税收优惠

下列凭证免征印花税：

（1）应税凭证的副本或者抄本。

（2）依照法律规定应当予以免税的外国驻华使馆、领事馆和国际组织驻华代表机构为获得馆舍书立的应税凭证。

（3）中国人民解放军、中国人民武装警察部队书立的应税凭证。

（4）农民、家庭农场、农民专业合作社、农村集体经济组织、村民委员会购买农业生产资料或者销售农产品书立的买卖合同和农业保险合同。

（5）无息或者贴息借款合同、国际金融组织向中国提供优惠贷款书立的借款合同。

(6)财产所有权人将财产赠与政府、学校、社会福利机构、慈善组织书立的产权转移书据。

(7)非营利性医疗卫生机构采购药品或者卫生材料书立的买卖合同。

(8)个人与电子商务经营者订立的电子订单。

八、印花税征收管理

(一)纳税义务发生时间

印花税纳税义务发生时间为纳税人书立应税凭证或者完成证券交易的当日。

如果合同是在国外签订且不便在国外贴印花的,应在将合同带入境时办理贴印花纳税手续。

证券交易印花税扣缴义务发生时间为证券交易完成的当日。证券登记结算机构为证券交易印花税的扣缴义务人。纳税人为境外单位或者个人,在境内有代理人的,以其境内代理人为扣缴义务人;在境内没有代理人的,由纳税人自行申报缴纳印花税。

(二)纳税地点

单位纳税人应当向其机构所在地的主管税务机关申报缴纳印花税;个人纳税人应当向应税凭证书立地或者纳税人居住地的税务机关申报缴纳印花税。

纳税人出让或者转让不动产产权的,应当向不动产所在地的税务机关申报缴纳印花税。

证券登记结算机构为证券交易印花税的扣缴义务人,应当向其机构所在地的主管税务机关申报缴纳税款以及银行结算的利息。

(三)纳税期限

印花税按季、按年或者按次计征。实行按季、按年计征的,纳税人应当于季度、年度终了之日起15日内申报并缴纳税款;实行按次计征的,纳税人应当于纳税义务发生之日起15日内申报并缴纳税款。

证券交易印花税按周解缴。证券交易印花税的扣缴义务人应当于每周终了之日起5日内申报解缴税款及孳息。

已缴纳印花税的凭证所载价款、报酬增加或减少的,纳税人应当补缴或向主管税务机关申请退还印花税税款。

❄ **本节导读分析**:印花税是对经济活动和经济交往中书立、领受、使用的应税凭证征收的一种税。征收印花税有利于配合和加强经济合同的监督管理,有利于培养纳税人的纳税意识,有利于配合对其他应纳税种的监督管理,也有利于增加财政收入。

实务案例

2017年,优科公司进行管理创新,为了营造良好的内部竞争环境,引进"阿米巴经营",部门之间采取收费制。比如,技术部门给业务部门提供技术支持,需要业务部门在公司内部系统下采购订单,技术部门保质保量完成订单后再向业务部门收取费用。该公司技术部门全年共完成了200万元的订单,未缴纳印花税。在本年度内审时发现了这一问题并及时进行了补缴。

对纳税人以电子形式签订的、属于明确双方供需关系,据以供货和结算,具有合同性质的凭证,应按规定缴纳印花税。在本案例中,技术部门与业务部门是同一企业之间的两个部门,两个部门之间的电子订单具有合同性质,应该按技术合同缴纳印花税。在不考虑滞纳金的情况下,该公司 2017 年度应缴印花税税额 =2 000 000×0.000 3=600(元)。

思维导图

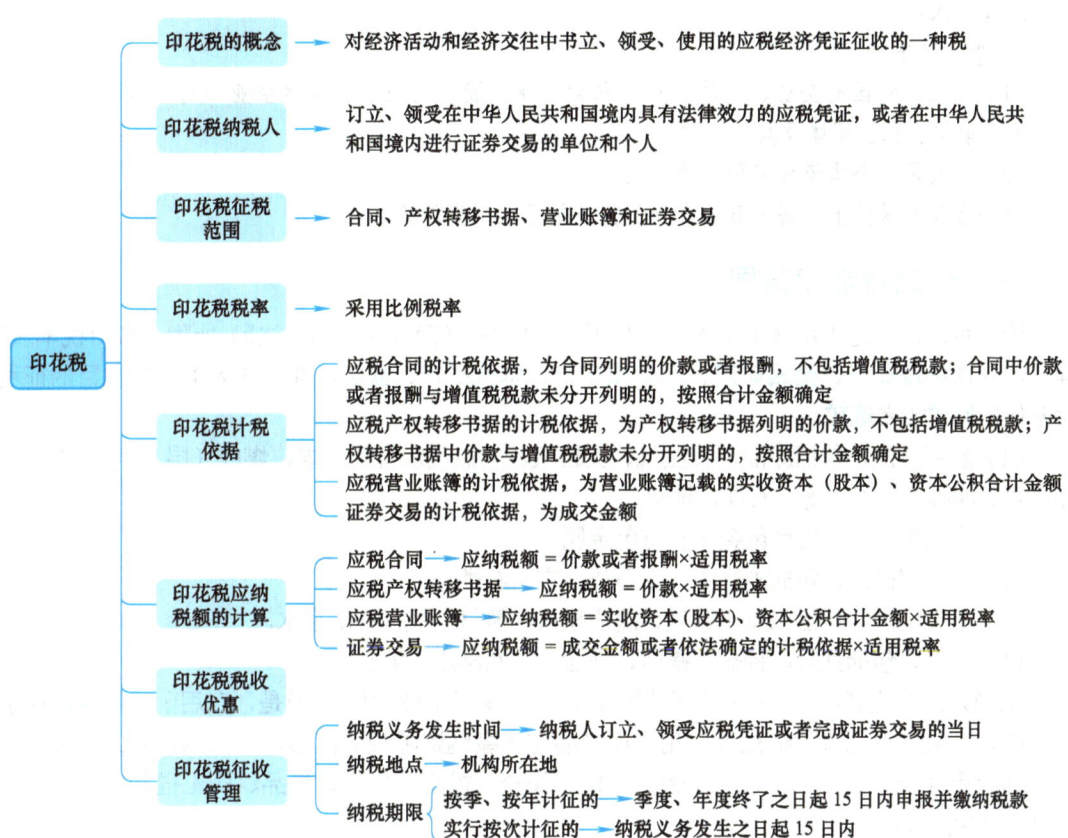

第七节 资源税

学习导读

提到资源,人们并不陌生,如水资源、矿产资源、空气资源……但资源税却鲜为人知。其实早在中国古代,官府就开始征缴盐税了。新中国成立后,政务院于 1950 年发布的《全国税政实施要则》将盐税列为一个税种征收。盐税带有明显的对资源征税的性质。1973 年,税制改革将盐税并入工商税,1984 年又分离出来成为独立税种。1984 年,国务院发布《中华人民共和国资源税条例(草案)》,对原油、天然气、煤炭三种资源开征资源税。1993 年,国务院重新发布《中华人民共和国资源税暂行条例》。2019 年 8 月 26 日,第十三届全国人民代表大会常务委员会第十二次会议通过了《中华人民共和国资源税法》,并自 2020 年 9 月 1 日起施行。

一、资源税的概念

资源税是对在我国领域或管辖的其他海域开发应税资源的单位和个人征收的一种税。

二、资源税纳税人

资源税纳税人是指在中华人民共和国领域和中华人民共和国管辖的其他海域开发应税资源的单位和个人。

> 学习提示：
> （1）单位是指国有企业、集体企业、私营企业、股份制企业、其他企业和行政单位、事业单位、军事单位、社会团体及其他单位。
> （2）个人是指个体经营者和其他个人。

中外合作开采陆上、海上石油资源的企业依法缴纳资源税。

三、资源税征税范围

资源税的征税范围由《中华人民共和国资源税法》（简称《资源税法》）所附《税目税率表》确定，包括能源矿产、金属矿产、非金属矿产、水气矿产、盐类，共计5大类，各税目的征税对象包括原矿或者选矿。

（1）能源矿产，包括原油，天然气、页岩气、天然气水合物、煤、煤成（层）气、铀、钍、油页岩、油砂、天然沥青、石煤、地热。
（2）金属矿产，包括黑色金属和有色金属。
（3）非金属矿产，包括矿物类、岩石类、宝玉石类。
（4）水气矿产，包括二氧化碳气、硫化氢气、氦气、氡气、矿泉水。
（5）盐类，包括钠盐、钾盐、镁盐、锂盐、天然卤水、海盐。

纳税人开采或者生产应税产品自用的，应当依法缴纳资源税；但是，自用于连续生产应税产品的，不缴纳资源税。纳税人自用应税产品应当缴纳资源税的情形，包括纳税人以应税产品用于非货币性资产交换、捐赠、偿债、赞助、集资、投资、广告、样品、职工福利、利润分配或者连续生产非应税产品等。

国务院根据国民经济和社会发展需要，依法对取用地表水或者地下水的单位和个人试点征收水资源税。

四、资源税税率

资源税税率采用比例税率和定额税率两种形式。

"资源税税目税率表"中规定实行幅度税率的，其具体适用税率由省、自治区、直辖市人民政府统筹考虑该应税资源的品位、开采条件以及对生态环境的影响等情况，在"资源税税目税率表"规定的税率幅度内提出，报同级人民代表大会常务委员会决定，并报全国人民代表大会常务委员会和国务院备案。

"资源税税目税率表"中规定征税对象为原矿或者选矿的，应当分别确定具体适用税率。

纳税人开采或者生产不同税目应税产品的，应当分别核算不同税目应税产品的销售额或者销售数量；未分别核算或者不能准确提供不同税目应税产品的销售额或者销售数量的，从高适用税率。资源税税目税率表见表6-4。

表 6-4　资源税税目税率表

税　目			征税对象	税　率
能源矿产	原油		原矿	6%
	天然气、页岩气、天然气水合物		原矿	6%
	煤		原矿或者选矿	2%～10%
	煤成（层）气		原矿	1%～2%
	铀、钍		原矿	4%
	油页岩、油砂、天然沥青、石煤		原矿或者选矿	1%～4%
	地热		原矿	1%～20%或者每立方米1～30元
金属矿产	黑色金属	铁、锰、铬、钒、钛	原矿或者选矿	1%～9%
	有色金属	铜、铅、锌、锡、镍、锑、镁、钴、铋、汞	原矿或者选矿	2%～10%
		铝土矿	原矿或者选矿	2%～9%
		钨	选矿	6.5%
		钼	选矿	8%
		金、银	原矿或者选矿	2%～6%
		铂、钯、钌、锇、铱、铑	原矿或者选矿	5%～10%
		轻稀土	选矿	7%～12%
		中重稀土	选矿	20%
		铍、锂、锆、锶、铷、铯、铌、钽、锗、镓、铟、铊、铪、铼、镉、硒、碲	原矿或者选矿	2%～10%
非金属矿产	矿物类	高岭土	原矿或者选矿	1%～6%
		石灰岩	原矿或者选矿	1%～6%或者每吨（或者每立方米）1～10元
		磷	原矿或者选矿	3%～8%
		石墨	原矿或者选矿	3%～12%
		萤石、硫铁矿、自然硫	原矿或者选矿	1%～8%
		天然石英砂、脉石英、粉石英、水晶、工业用金刚石、冰洲石、蓝晶石、硅线石（矽线石）、长石、滑石、刚玉、菱镁矿、颜料矿物、天然碱、芒硝、钠硝石、明矾石、砷、硼、碘、溴、膨润土、硅藻土、陶瓷土、耐火黏土、铁矾土、凹凸棒石黏土、海泡石黏土、伊利石黏土、累托石黏土	原矿或者选矿	1%～12%
		叶蜡石、硅灰石、透辉石、珍珠岩、云母、沸石、重晶石、毒重石、方解石、蛭石、透闪石、工业用电气石、白垩、石棉、蓝石棉、红柱石、石榴子石、石膏	原矿或者选矿	2%～12%

（续）

税　目			征税对象	税　率
非金属矿产	矿物类	其他黏土（铸型用黏土、砖瓦用黏土、陶粒用黏土、水泥配料用黏土、水泥配料用红土、水泥配料用黄土、水泥配料用泥岩、保温材料用黏土）	原矿或者选矿	1%～5% 或者每吨（或者每立方米）0.1～5 元
	岩石类	大理岩、花岗岩、白云岩、石英岩、砂岩、辉绿岩、安山岩、闪长岩、板岩、玄武岩、片麻岩、角闪岩、页岩、浮石、凝灰岩、黑曜岩、霞石正长岩、蛇纹岩、麦饭石、泥灰岩、含钾岩石、含钾砂页岩、天然油石、橄榄岩、松脂岩、粗面岩、辉长岩、辉石岩、正长岩、火山灰、火山渣、泥炭	原矿或者选矿	1%～10%
		砂石	原矿或者选矿	1%～5% 或者每吨（或者每立方米）0.1～5 元
	宝玉石类	宝石、玉石、宝石级金刚石、玛瑙、黄玉、碧玺	原矿或者选矿	4%～20%
水气矿产	二氧化碳气、硫化氢气、氦气、氡气		原矿	2%～5%
	矿泉水		原矿	1%～20% 或者每立方米 1～30 元
盐	钠盐、钾盐、镁盐、锂盐		选矿	3%～15%
	天然卤水		原矿	3%～15% 或者每吨（或者每立方米）1～10 元
	海盐		—	2%～5%

五、资源税计税依据

资源税以纳税人开发应税资源产品的**销售额**或者**销售数量**为计税依据。应税产品为矿产品的，包括原矿和选矿产品。

"资源税税目税率表"中规定可以选择实行从价计征或者从量计征的，具体计征方式由省、自治区、直辖市人民政府提出，报同级人民代表大会常务委员会决定，并报全国人民代表大会常务委员会和国务院备案。

（一）从价计征

实行从价计征的，应纳税额按照应税产品的销售额乘以具体适用税率计算。

1．销售额的确定

应税产品的销售额，按照纳税人销售应税产品向购买方收取的全部价款确定，**不包括增值税税款**。计入销售额中的相关运杂费用，凡取得增值税发票或者其他合法有效凭证的，**准予从销售额中扣除**。相关运杂费用是指应税产品从坑口或者洗选（加工）地到车站、码头或者购买方指定地点的运输费用、建设基金以及随运销产生的装卸、仓储、港杂费用。

2．核定销售额

纳税人申报的应税产品销售额明显偏低且无正当理由的，或者有自用应税产品行为而无销售额的，主管税务机关可以按下列方法和顺序确定其应税产品销售额：

（1）按纳税人最近时期同类产品的平均销售价格确定。

（2）按其他纳税人最近时期同类产品的平均销售价格确定。

（3）按后续加工非应税产品销售价格，减去后续加工环节的成本、利润后确定。

（4）按应税产品组成计税价格确定。

组成计税价格＝成本×（1+成本利润率）÷（1－资源税税率）

（5）按其他合理方法确定。

（二）从量计征

实行从量计征的，应纳税额按照应税产品的销售数量乘以具体适用税率计算。

应税产品的销售数量，包括纳税人开采或者生产应税产品的实际销售数量和自用于应当缴纳资源税情形的应税产品数量。

（三）计税依据的特殊规定

（1）纳税人外购应税产品与自采应税产品混合销售或者混合加工为应税产品销售的，在计算应税产品销售额或者销售数量时，准予扣减外购应税产品的购进金额或者购进数量；当期不足扣减的，可结转下期扣减。纳税人应当准确核算外购应税产品的购进金额或者购进数量，未准确核算的，一并计算缴纳资源税。

纳税人核算并扣减当期外购应税产品购进金额、购进数量，应当依据外购应税产品的增值税发票，海关进口增值税专用缴款书或者其他合法有效凭证。

（2）纳税人以外购原矿与自采原矿混合为原矿销售的，或者以外购选矿产品与自产选矿产品混合为选矿产品销售的，在计算应税产品销售额或者销售数量时，直接扣减外购原矿或者外购选矿产品的购进金额或者购进数量。

纳税人以外购原矿与自产原矿混合洗选加工为选矿产品的，在计算应税产品销售额或者销售数量时，按照下列方法进行扣减：

准予扣减的外购应税产品购进金额（数量）＝外购原矿购进金额（数量）×（本地区原矿适用税率÷本地区选矿产品适用税率）

不能按照上述方法计算扣减的，按照主管税务机关确定的其他合理方法进行扣减。

例如，某煤矿企业将外购100万元原煤与自采200万元原煤混合洗选加工为选煤销售，选煤销售额为450万元，当地原煤税率为3%，选煤税率为2%，在计算应税产品销售额时，准予扣减的外购应税产品购进金额＝外购原煤购进金额×（本地区原煤适用税率÷本地区选煤适用税率）=100×（3%÷2%）=150（万元）。

（3）纳税人开采或者生产同一税目下适用不同税率应税产品的，应当分别核算不同税率应税产品的销售额或者销售数量；未分别核算或者不能准确提供不同税率应税产品的销售额或者销售数量的，从高适用税率。

六、资源税应纳税额的计算

资源税的应纳税额，按照从价定率或者从量定额的办法，分别以应税产品的销售额乘以纳税人具体适用的比例税率或者以应税产品的销售数量乘以纳税人具体适用的定额税率计算。

计算公式如下：

（1）实行从价定率计征办法的应税产品，资源税应纳税额按销售额和比例税率计算：

$$应纳税额 = 应税产品的销售额 \times 适用的比例税率$$

（2）实行**从量定额**计征办法的应税产品，资源税应纳税额按销售数量和定额税率计算：

$$应纳税额 = 应税产品的销售数量 \times 适用的定额税率$$

（3）扣缴义务人**代扣代缴**资源税应纳税额的计算：

$$代扣代缴应纳税额 = 收购未税产品的数量（对应的价款）\times 适用的单位税额（税率）$$

（4）关于原矿销售额与精矿销售额的换算或折算。为公平原矿与精矿之间的税负，对同一种应税产品，征税对象为精矿的，纳税人销售原矿时，应将原矿销售额换算为精矿销售额缴纳资源税；征税对象为原矿的，纳税人销售自采原矿加工的精矿，应将精矿销售额折算为原矿销售额缴纳资源税。

具体可采用成本法或市场法将原矿销售额换算为精矿销售额计算缴纳资源税。

成本法的计算公式为

$$精矿销售额 = 原矿销售额 + 原矿加工为精矿的成本 \times （1 + 成本利润率）$$

市场法的计算公式为

$$精矿销售额 = 原矿销售额 \times 换算比$$

$$换算比 = 同类精矿单位价格 \div （原矿单位价格 \times 选矿比）$$

$$选矿比 = 加工精矿耗用的原矿数量 \div 精矿数量$$

【例6-8】 某铜矿开采企业为增值税一般纳税人，2019年4月生产经营情况如下：销售自采铜矿原矿2 000t，不含增值税单价0.08万元/t；销售自采铜矿原矿加工的铜精矿40t，取得不含增值税销售额160万元。该企业选矿比为25：1，铜精矿资源税税率为5%。要求按市场法计算该企业当月应纳资源税税额。

【解析】 原矿与精矿换算：

$$换算比 = （160 \div 40）\div （0.08 \times 25）= 2$$

$$精矿销售额 = 2\ 000 \times 0.08 \times 2 = 320（万元）$$

因此，该企业当月应纳资源税税额 = （320 + 160）×5% = 24（万元）。

（5）煤炭资源税的计算方法。

1）纳税人开采原煤直接对外销售的，其计税销售额为向购买方收取的全部价款和价外费用，不包括销项税额和从坑口到车站、码头等的运输费用。

2）纳税人将开采的原煤自用于连续生产洗选煤的，在原煤移送使用环节不缴纳资源税；用于其他方面的，视同销售原煤。

3）纳税人将开采的原煤加工为洗选煤销售的，以洗选煤销售额乘以折算率作为计税销售额。洗选煤销售额包括洗选副产品的销售额。

4）原煤及洗选煤销售额中的运输费用、建设基金以及随运销产生的装卸、仓储、港杂等费用，不计入煤炭销售额征税。

洗选煤折算计算公式有两种。

公式一：

$$洗选煤折算率 = （洗选煤平均销售额 - 洗选环节平均成本 - 洗选环节平均利润）\div 洗选煤平均销售额 \times 100\%$$

洗选煤平均销售额、洗选环节平均成本、洗选环节平均利润可按照上年当地行业平均水平测算确定。

公式二：
$$洗选煤折算率 = 原煤平均销售额 \div (洗选煤平均销售额 \times 综合回收率) \times 100\%$$
$$综合回收率 = 洗选煤数量 \div 入洗前原煤数量 \times 100\%$$

【例6-9】 某煤矿企业为增值税一般纳税人。2019年2月该企业开采原煤100t，当月销售80t，取得不含增值税销售额48 000元，另收取港口至购买方指定地点的运输费用5 850元。煤炭资源税税率为5%。计算该煤矿企业当月应纳资源税税额。

【解析】 应纳资源税税额 = 48 000 × 5% = 2 400（元）

【例6-10】 某煤矿企业为增值税一般纳税人。2019年6月该企业开采原煤500万t，销售原煤60万t，取得不含税销售额12 000万元，另外收取含税装卸费、仓储费5.8万元，将自产原煤400万t移送生产洗选煤150万t，本月销售洗选煤120万t，取得不含税销售额36 000万元。计算该企业2019年6月应纳资源税税额。（洗选煤折算率为80%，资源税税率为10%）

【解析】 应纳资源税税额 = 12 000 × 10% + 36 000 × 80% × 10% = 4 080（万元）

七、资源税税收优惠

（一）免征资源税
（1）开采原油以及在油田范围内运输原油过程中用于**加热**的原油、天然气。
（2）煤炭开采企业因**安全生产**需要抽采的煤成（层）气。

（二）减征资源税
（1）从低丰度油气田开采的原油、天然气，减征20%资源税。
（2）高含硫天然气、三次采油和从深水油气田开采的原油、天然气，减征30%资源税。
（3）稠油、高凝油减征40%资源税。
（4）从衰竭期矿山开采的矿产品，减征30%资源税。
（5）自2019年1月1日至2021年12月31日，对增值税小规模纳税人可以在**50%的税额幅度内**减征资源税。

（三）省、自治区、直辖市可以决定免征或者减征资源税
（1）纳税人开采或者生产应税产品过程中，因意外事故或者自然灾害等原因遭受重大损失。
（2）纳税人开采共伴生矿、低品位矿、尾矿。

上述规定的免征或者减征资源税的具体办法，由省、自治区、直辖市人民政府提出，报同级人民代表大会常务委员会决定，并报全国人民代表大会常务委员会和国务院备案。

纳税人的免税、减税项目，应当单独核算销售额或者销售数量；未单独核算或者不能准确提供销售额或者销售数量的，不予免税或者减税。

八、资源税征收管理

（一）纳税义务发生时间
（1）纳税人销售应税产品，纳税义务发生时间为收讫销售款或者取得索取销售款凭据的当日。
（2）纳税人自用应税产品的，纳税义务发生时间为移送应税产品的当日。

（二）纳税地点
纳税人应当向矿产品的**开采地**或者海盐的**生产地**税务机关申报缴纳资源税。

（三）纳税期限
（1）资源税按月或者按季申报缴纳；不能按固定期限计算缴纳的，可以按次申报缴纳。

（2）纳税人按月或者按季申报缴纳的，应当自月度或者季度终了之日起 15 日内，向税务机关办理纳税申报并缴纳税款；按次申报缴纳的，应当自纳税义务发生之日起 15 日内，向税务机关办理纳税申报并缴纳税款。

九、水资源税改革试点实施办法

为全面贯彻落实党的十九大精神，推进资源全面节约和循环利用，推动形成绿色发展方式和生活方式，按照党中央、国务院决策部署，自 2017 年 12 月 1 日起在北京、天津、山西、内蒙古、山东、河南、四川、陕西、宁夏等 9 个省（自治区、直辖市）扩大水资源税改革试点，由征收水资源费改为征收水资源税。

（一）纳税义务人

除规定的情形外，水资源税的纳税人为直接取用地表水、地下水的单位和个人，包括直接从江、河、湖泊（含水库）和地下取水资源的单位和个人。

下列情形，不缴纳水资源税：

（1）农村集体经济组织及其成员从本集体经济组织的水塘、水库中取用水的。
（2）家庭生活和零星散养、圈养畜禽饮用等少量取用水的。
（3）水利工程管理单位为配置或者调度水资源取水的。
（4）为保障矿井等地下工程施工安全和生产安全必须进行临时应急取用（排）水的。
（5）为消除对公共安全或者公共利益的危害临时应急取水的。
（6）为农业抗旱和维护生态与环境必须临时应急取水的。

（二）税率

除中央直属和跨省（区、市）水力发电取用水外，由试点省份省级人民政府统筹考虑本地区水资源状况、经济社会发展水平和水资源节约保护要求，在《扩大水资源税改革试点实施办法》所附"试点省份水资源税最低平均税额表"（见表 6-5）规定的最低平均税额的基础上，分类确定具体适用税额。

表 6-5　试点省份水资源税最低平均税额表

单位：元 /m³

省（区、市）	地表水最低平均税额	地下水最低平均税额
北京	1.6	4
天津	0.8	4
山西	0.5	2
内蒙古	0.5	2
山东	0.4	1.5
河南	0.4	1.5
四川	0.1	0.2
陕西	0.3	0.7
宁夏	0.3	0.7

（三）应纳税额的计算

水资源税实行从量计征。对一般取用水按照实际用水量征税，对采矿和工程建设疏干排水

按照排水量征税，对水力发电和火力发电贯流式（不含循环式）冷却取用水按照实际发电量征税。计算公式为

一般取用水应纳税额＝实际取用水量×适用税额

疏干排水应纳税额＝实际取用水量×适用税额

疏干排水的实际取用水量按照排水量确定。疏干排水是指在采矿和工程建设过程中破坏地下水层、发生地下涌水的活动。

水力发电和火力发电贯流式（不含循环式）冷却取用水应纳税额＝实际发电量×适用税额

火力发电贯流式冷却取用水是指火力发电企业从江河、湖泊（含水库）等水源取水，并对机组冷却后将水直接排入水源的取用水方式。

火力发电循环式冷却取用水是指火力发电企业从江河、湖泊（含水库）、地下等水源取水并引入自建冷却水塔，对机组冷却后返回冷却水塔循环利用的取用水方式。

（四）税收减免

下列情形予以免征或者减征水资源税：

（1）规定限额内的农业生产取用水，免征水资源税。

（2）取用污水处理再生水，免征水资源税。

（3）除接入城镇公共供水管网以外，军队、武警部队通过其他方式取用水的，免征水资源税。

（4）抽水蓄能发电取用水，免征水资源税。

（5）采油排水经分离净化后在封闭管道回注的，免征水资源税。

（6）财政部、税务总局规定的其他免征或者减征水资源税的情形。

（五）征收管理

为加强税收征管，提高征管效率，《扩大水资源税试点实施办法》确定了"税务征管、水利核量、自主申报、信息共享"的征管模式，即税务机关依法征收管理，水利行政主管部门负责核定取用水量，纳税人依法办理纳税申报，税务机关与水利行政管理部门建立涉税信息共享平台和工作配合机制，定期交换征税和取用水信息资料。

水资源税的纳税义务发生时间为纳税人取用水资源的当日。除农业生产取用水外，水资源税按季或者按月征收，由主管税务机关根据实际情况确定。对超过规定限额的农业生产取用水水资源税可按年征收。不能按固定期限计算纳税的，可以按次申报纳税。纳税人应当自纳税期满或者纳税义务发生之日起15日内申报纳税。水资源税由生产经营所在地的税务机关征收管理，跨省（区、市）调度的水资源，由调入区域所在地的税务机关征收水资源税。在试点省份内取用水，其纳税地点需要调整的，由省级财政、税务部门决定。

本节导读分析：资源税是对在我国境内从事应税矿产品开采或生产盐的单位和个人征收的一种税。征收资源税有利于促进企业之间开展平等竞争，有利于促进对自然资源的合理开发利用，有利于为国家筹集财政资金。

实务案例

近年来，国家不断完善西部基础设施。通岭公司承接了甘肃省内的某路段施工工程，所修之路均盘踞于高原深处，山大沟深，修路所用建材购买及运输成本极高。该公司工程师经过实地勘察，发现所修公路

途经的山体含有强度较高的岩层,经过公司管理层集体决议,同意从岩层中开采普通石料用于公路建设。此事被在当地税务局任职的小蔡知晓,小蔡认为石头属于自然资源,归国家所有,通岭公司开采石料用来修路应当缴纳资源税,并将此事上报当地税务局。当地税务局认同了小蔡的说法,并要求该公司就修路所用的石料缴纳资源税。公司接到该通知后拒绝缴纳资源税,理由是国家支持西部建设,且西北地区群山星罗棋布,岩层随处可见,石料任意可取,不属于稀有资源,不需要缴纳资源税。

通过学习本节内容,对该案例进行简要分析:资源税征税范围为天然原油、天然气、煤炭、其他非金属矿、金属矿、海盐,该案例中通岭公司开采的普通石料并不属于资源税征税范围,因此该公司无须就修路所用的石料缴纳资源税。

思维导图

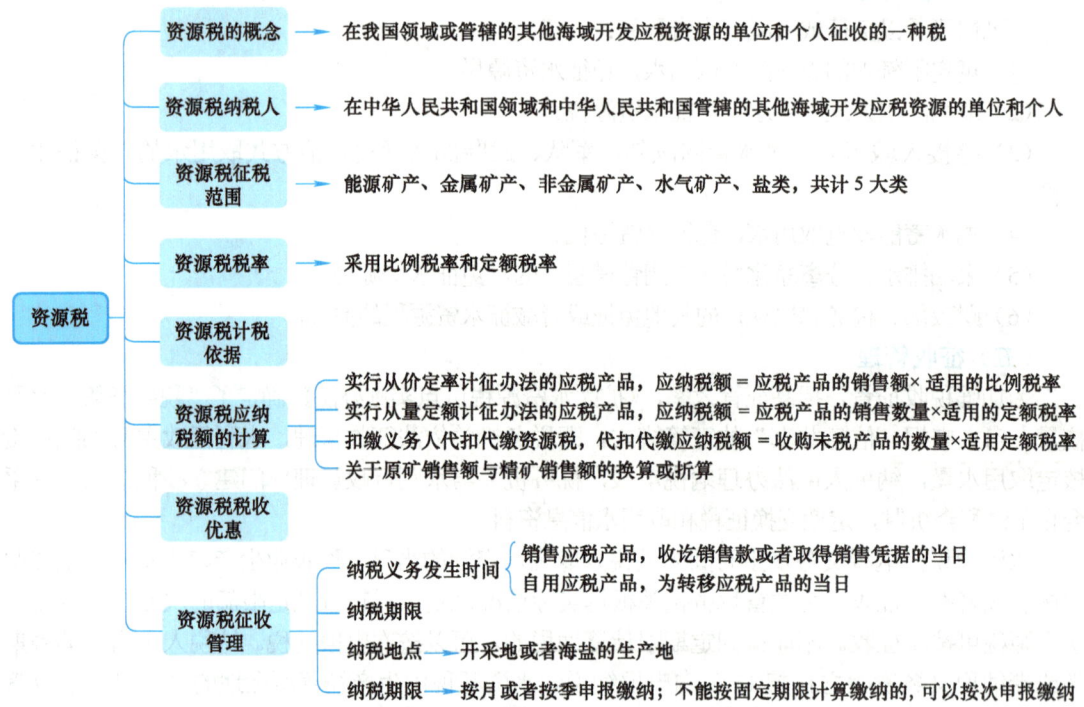

第八节 关税

学习导读

关税作为一种古老的税种,在我国可追溯至西周时期,《周礼·地官》中有最早的"关市之征"的记载。在国外,关税最早出现在欧洲,据《大英百科全书》解释,古时欧洲商人进入市场交易时需要向当地领主缴纳入市税。

公元前5世纪,希腊雅典就以收取使用港口报酬为名,对出入的货物征收使用费,也就是现在的关税。产生关税最直接的动因就是以保护费、通行费、使用费等名义,增加君主或统治者的收入。随着商品交换和商品流通领域的不断扩大,以及国际贸易的不断发展而使关税逐步发展。

第六章 其他税收法律制度

> 我国关税的发展大致划分为三个阶段：使用费阶段、国内关税阶段以及现行的国境或关境关税阶段。我国关税的相关法律、法规主要包括国务院颁布的《中华人民共和国进出口关税条例》（简称《进出口关税条例》）、《中华人民共和国海关进出口税则》（简称《海关进出口税则》），以及1987年1月22日第六届全国人民代表大会常务委员会第十九次会议通过、2000年7月8日第九届全国人民代表大会常务委员会第十六次会议修正的《中华人民共和国海关法》（简称《海关法》）。让我们以全球化的经济视角，看看现在的关税制度带来了哪些信息。

一、关税的概念

关税是对进出国境或关境[43]的货物、物品征收的一种税。

关税一般分为进口关税、出口关税和过境关税。我国目前对进出境货物征收的关税分为进口关税和出口关税两类。

二、关税纳税人

贸易性商品的纳税人是经营进口货物的收货人、出口货物的发货人。具体包括：

（1）外贸进出口公司。
（2）工贸或农贸结合的进出口公司。
（3）其他经批准经营进出口商品的企业。

物品的纳税人包括：

（1）入境旅客随身携带的行李、物品的持有人。
（2）各种运输工具上服务人员入境时携带自用物品的持有人。
（3）馈赠物品以及其他方式入境个人物品的所有人。
（4）个人邮递物品的收件人。

接受纳税人委托办理货物报关等有关手续的代理人，可以代办纳税手续。

三、关税征税范围

关税征税范围为准许进出境的货物和物品。货物是**贸易性**商品；物品是非贸易性商品，包括入境旅客随身携带的行李和物品、个人邮递物品、各种运输工具上的服务人员携带进口的自用物品、馈赠物品以及其他方式进境的个人物品。

四、关税税率

（一）税率的种类

关税的税率分为**进口**税率和**出口**税率两种。其中，进口税率又分为**普通税率**、**最惠国税率**、

知识拓展

[43] 关境又称税境，是指一国海关法规可以全面实施的境域。国境是一个主权国家的领土范围。在通常情况下，一国的关境与其国境的范围是一致的，关境即国境。但由于自由港、自由区和关税同盟的存在，关境与国境有时不完全一致。

协定税率、特惠税率、关税配额税率和暂定税率。进口货物适用何种关税税率是以进口货物的原产地为标准的。进口关税一般采用比例税率，实行从价计征的办法，但对啤酒、原油等少数货物实行从量计征，对广播用录像机、放像机、摄像机等实行从价加从量的复合税率。

1. 普通税率

对原产于未与我国共同适用最惠国条款的世界贸易组织成员，未与我国订有相互给予最惠国待遇、关税优惠条款贸易协定和特殊关税优惠条款贸易协定的国家或地区的进口货物，以及原产地不明的进口货物，按照普通税率征税。

2. 最惠国税率

对原产于与我国共同适用最惠国条款的世界贸易组织成员的进口货物，原产于与我国签订含有相互给予最惠国待遇的双边贸易协定的国家或地区的进口货物，以及原产于我国的进口货物，按照最惠国税率征税。

3. 协定税率

对原产于与我国签订含有关税优惠条款的区域性贸易协定的国家或地区的进口货物，按照协定税率征税。

4. 特惠税率

对原产于与我国签订有特殊优惠关税优惠条件的贸易协定的国家或地区的进口货物，按照特惠税率征税。

5. 关税配额税率

关税配额税率是指关税配额限度内的税率。关税配额是进口国限制进口货物数量的措施，把征收关税和进口配额相结合来限制进口。对在配额内的进口货物可以适用较低的关税配额税率，对配额之外的适用较高税率。

6. 暂定税率

暂定税率以最惠国税率为基础，在一些国内需要降低进口关税的货物，以及出于国际双边关系的考虑，需要个别安排的进口货物，按照暂定税率。

📢 **学习提示**：根据《进出口关税条例》的规定，适用特惠税率、协定税率的进口货物有暂定税率的，应当从低适用税率。

（二）税率的确定

（1）进出口货物应当按照收、发货人或者其代理人申报进口或出口之日实施的税率征税。

（2）进口货物到达前，经海关核准先行申报的，应当按照装载此货物的运输工具申报进境之日实施的税率征税。

（3）进出口货物的补税和退税，适用该进出口货物原申报进口或出口之日所实施的税率，但下列情况除外：

1）按照特定减、免税办法批准进口的货物，后因情况改变经海关批准转让或出售，需补税的应按照其原进口之日的税率征税。

2）保税性质的加工贸易进口料、件等进口货物，经批准转为内销应按照向海关申报转为内销当日的税率征税；如未经批准擅自转为内销，按照海关查获日期的税率征税。

3）对经批准缓税以后缴税的进口货物，不论分期或一次缴清税款都应按照进口货物原进口之日的税率征税。

4）分期支付租金的租赁进口货物，分期付税时应按照货物原进口之日的税率征税。

5）属于溢卸、误卸的货物事后确定需征税的，应按照其原运输工具申报进口日期的税率征税。若无法查明原进口日期,可按照补税当天的税率征税。

6)由于税则的改变、完税价格的审定或者其他工作差错而需要补征税款的,应按照原征税日期的税率征税。

7)走私的进口货物被查获补税的,应按照查获日期的税率征税。

8)暂时进口货物转为正式进口货物需要补税的,应按照转为正式进口货物之日的税率征税。

五、关税计税依据

我国对进出口货物征收关税,主要采取从价计征的办法,以商品价格为标准征收关税。因此,关税主要以进出口货物的完税价格为计税依据。

(一)进口货物的完税价格

1. 进口货物的成交价格

进口货物的完税价格由海关以货物的成交价格为基础审查确定,并应当包括该货物运抵中华人民共和国境内输入地点起卸前的运输费及其相关费用、保险费。即从价计算进口关税都要以合理、完整的到岸价格(CIF)作为完税价格,包括货价、起卸前的包装费、运费、保险费、劳务费、相关的特许权使用费和卖方佣金。

> **学习提示**:CIF 中的 C 是完整的货价,包含支付的佣金(支付给自己的采购代理人的购货佣金除外);I 是保险费,包含在出口国和进口途中的保险费;F 是运费和其他费用。

进口货物完税价格包含的因素如图 6-1 所示。

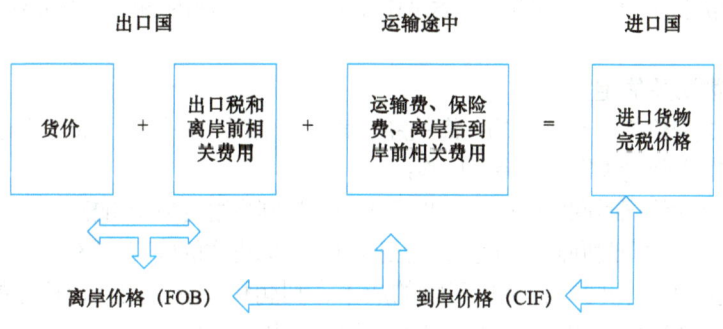

图 6-1 进口货物完税价格包含的因素

2. 需要计入关税完税价格的项目

(1)由买方负担的下列费用:①由买方负担的除购货佣金以外的佣金和经纪费;②由买方负担的与该货物视为一体的容器费用;③由买方负担的包装材料和包装劳务费用。

(2)与该货物的生产和向我国境内销售有关的,由买方以免费或者低于成本的方式提供并可以按适当比例分摊的料件、工具、模具、消耗材料及类似货物的价款,以及在境外开发、设计等相关服务的费用。

(3)买方需向卖方或者有关方支付的与进口货物有关的且符合进口条件的特许权使用费。

(4)卖方直接或间接从买方对该货物进口后转售、处置或使用所得中获得的收益。

3. 不需要计入完税价格的项目

(1)厂房、机械或者设备等货物进口后发生的建设、安装、装配、维修或者技术援助费用,但是保修费用除外。

(2)进口货物运抵中华人民共和国境内输入地点起卸后发生的运输费及其相关费用、保险费。

(3)进口关税、进口环节海关代征税及其他国内税。

(4)为在境内复制进口货物而支付的费用。

(5)境内外技术培训及境外考察费用。

4．进口完税价格确定的其他方法

(1)相同货物的成交价格估价方法。

(2)类似货物的成交价格估价方法。

(3)倒扣价格估价方法（以进口货物、相同或类似进口货物在境内的销售价格为基础）。

(4)计算价格估价方法。

(5)合理估价方法（补救方法）。

（二）出口货物的完税价格

出口货物的完税价格由海关以该货物的成交价格为基础审查确定，并应当包括货物运至中华人民共和国境内输出地点装载前的运输及其相关费用、保险费。

1．以成交价格为基础的完税价格

出口货物的成交价格是指该货物出口销售时，卖方为出口该货物应当向买方直接收取和间接收取的价款总额。

下列税收、费用不计入出口货物的完税价格：

(1)出口关税。

(2)在货物价款中单独列明的货物运至中华人民共和国境内输出地点装载后的运输及其相关费用、保险费。

2．出口货物海关估定方法

出口货物的成交价格不能确定的，海关经了解有关情况，并与纳税义务人进行价格磋商后，依次以下列价格审查确定该货物的完税价格：

(1)同时或者大约同时向同一国家或地区出口的相同货物的成交价格。

(2)同时或者大约同时向同一国家或地区出口的类似货物的成交价格。

(3)根据境内生产相同或者类似货物的成本、利润和一般费用（包括直接费用和间接费用）、境内发生的运输费及其相关费用、保险费计算所得的价格。

(4)按照合理方法估定的价格。

六、关税应纳税额的计算

（一）从价税计算方法

从价税是最普遍的关税计征方法，它以进（出）口货物的完税价格作为计税依据。

其应纳关税税额的计算公式为

$$应纳税额 = 应税进（出）口货物数量 \times 单位完税价格 \times 适用税率$$

（二）从量税计算方法

从量税以进口商品的数量为计税依据。其应纳关税税额的计算公式为

$$应纳税额 = 应税进口货物数量 \times 关税单位税额$$

（三）复合税计算方法

其应纳关税税额的计算公式为

应纳税额 = 应税进口货物数量 × 关税单位税额 + 应税进口货物数量 × 单位完税价格 × 适用税率

（四）滑准税计算方法

滑准税是指关税的税率随着进口商品价格的变动而反方向变动的一种税率形式，即价格越高，税率越低，税率为比例税率。其关税税额的计算方法与从价税的计算方法相同。

七、关税税收优惠

关税减免可分为法定减免税、特定减免税和临时减免税。

除法定减免税外的其他减免税均由国务院决定。在我国加入世界贸易组织（WTO）后，减征关税以最惠国税率或者普通税率为基准。

（一）法定减免税

（1）关税税额在人民币 50 元以下的一票货物，可免征关税。
（2）无商业价值的广告品和货样，可免征关税。
（3）外国政府、国际组织无偿赠送的物资，可免征关税。
（4）进出境运输工具装载的途中必需的燃料、物料和饮食用品，免征关税。
（5）在海关放行前损失的货物，可免征关税。
（6）在海关放行前遭受损坏的货物，可以根据海关认定的受损程度减征关税。
（7）我国缔结或者参加的国际条约规定减征、免征关税的货物、物品，按照规定予以减免关税。
（8）法律规定减征、免征关税的其他货物、物品。

因故退还的中国出口货物可免征进口关税，但已征收的出口关税不予退还；因故退还的境外进口货物可免征出口关税，但已征收的进口关税不予退还。

为境外厂商加工装配成品和为制造外销产品而进口的原材料、辅料、零件、部件、配套件和包装物料，海关按照实际加工出口的成品数量免征进口关税；或者对进口料、件先征进口关税，再按照实际加工出口的成品数量退税。

（二）特定减免税

（1）科教用品。
（2）残疾人专用品。
（3）慈善捐赠物资。
（4）加工贸易产品。
（5）边境贸易进口货物。
（6）保税区进口货物。
（7）出口加工区进出口货物。
（8）进口设备。
（9）特定行业或用途的减免税政策。
（10）特定地区的减免税政策。

（三）临时减免税

临时减免税是指以上法定和特定减免税以外的其他减免税，即由国务院根据《海关法》对某个单位、某类商品、某个项目或某批进出口货物的特殊情况，给予特别照顾，一案一批，专文下达的减免税。一般有单位、品种、期限、金额或数量等限制，不能比照执行。

八、关税征收管理

（一）关税纳税申报

进口货物自运输工具申报进境之日起 14 日内，出口货物在货物运抵海关监管区后装货的 24 小时以前，应由进出口货物的纳税义务人向货物进（出）境地海关申报；纳税人应当在海关填发税款缴款书之日起 15 日内（星期日和法定节假日除外）缴纳税款。逾期不缴税的除依法追缴外，由海关自到期次日起至缴清税款之日止，按日征收欠缴税额万分之五的滞纳金。关税纳税义务人因不可抗力因素或者在国家税收政策调整的情形下，不能按期缴纳税款的，经海关总署批准，可以延期缴纳税款，但最长不得超过 6 个月。

（二）关税退还、补征和追征

海关多征的税款，海关发现后应当立即退还；纳税人发现多缴税款的，自缴纳税款之日起 1 年内，可以书面形式要求海关退还多缴的税款并加算银行同期活期存款利息。

有下列情况之一，可自缴纳税款之日起 1 年内，书面声明理由连同纳税收据向海关申请退还关税，逾期不予受理：

（1）已征出口关税的货物，因故未装运出口，经海关查验属实申报退关的。
（2）因海关误征，多纳税款的。
（3）海关核准免验进口的货物，在完税后，经海关审查认可发现有短卸情形的。

海关应当自受理退税申请之日 30 日内做出书面答复并通知退税申请人。进出口退税后，发现少征或者漏征税款，海关有权在 1 年内予以补征税款；因收发货人或其代理人违反规定而造成少征或漏征税款，海关在 3 年内可以追征税款。

关税补征是指因非纳税人违反海关规定造成的少征或漏征关税，关税补征期为缴纳税款或货物、物品放行之日起 1 年内。

关税追征是指因纳税人违反海关规定造成少征或漏征关税，关税追征期为进出口货物完税之日或货物、物品放行之日起 3 年内，并加收滞纳金。

> **学习提示**：滞纳金从应缴纳税款之日起按每日万分之 5 加收。

（三）旅客携运进出境行李物品的征收规定

自 2016 年 6 月 1 日起，旅客携运进出境的行李物品有下列情形之一，海关暂不予放行：

（1）旅客不能当场缴纳进境物品税款的。
（2）进出境的物品属于许可证件管理的范围，但旅客不能当场提交的。
（3）进出境的物品超出自用合理数量，按规定应当办理货物报关手续或其他海关手续，其尚未办理的。
（4）对进出境物品的属性、内容存疑，需要由有关主管部门进行认定、鉴定、验核的。
（5）按规定暂不予以放行的其他行李物品。

> **本节导读分析**：关税是对进出国境或关境的货物、物品征收的一种税。征收关税有利于维护国家主权和经济利用，有利于调节国民经济和对外贸易，有利于为国家筹集财政资金。

实务案例

2018 年 11 月，国家主席习近平在首届中国国际进口博览会开幕式的主旨演讲中提出，我国将进一步扩大开放。为落实该指示，经国务院关税税则委员会审议通过，报国务院批准，自 2019 年 1 月 1 日起，调整部分商品的进出口关税。

对 700 余项商品实施进口暂定税率，包括新增对杂粕和部分药品生产原料实施零关税，适当降低棉花滑准税和部分毛皮进口暂定税率，取消有关锰渣等 4 种固体废物的进口暂定税率，取消氯化亚砜、新能源汽车用锂离子电池单体的进口暂定税率，恢复执行最惠国税率。继续对国内发展急需的航空发动机、汽车生产线焊接机器人等先进设备、天然饲草、天然铀等资源性产品实施较低的进口暂定税率。

对化肥、磷灰石、铁矿砂、矿渣、煤焦油、木浆等 94 项商品不再征收出口关税。

为支持"一带一路"和自由贸易区建设，加快推进我国与相关国家的经济贸易合作，营造有利于经济长期健康稳定发展的外部条件，2019 年我国对原产于 23 个国家或地区的部分商品实施协定税率，其中进一步降税的有中国与新西兰、秘鲁、哥斯达黎加、瑞士、冰岛、澳大利亚、韩国、格鲁吉亚自贸协定以及亚太贸易协定。根据内地与香港、澳门签署的货物贸易协议，对原产于香港、澳门的进口货物将全面实施零关税。随着最惠国税率的降低，相应调整亚太贸易协定项下的孟加拉国和老挝两国特惠税率。

该案例是与关税相关的简报，通过对本节内容的学习，我们了解到，关税税率的高低直接影响进出口企业的税负成本。上述案例中提到的关税调整，有利于促进我国与友邦的进出口贸易增长，从而体现关税统筹国内国际市场资源的职能，更有利于统筹协调国内相关产业均衡发展，推动开放合作，与国际共享发展成果。

思维导图

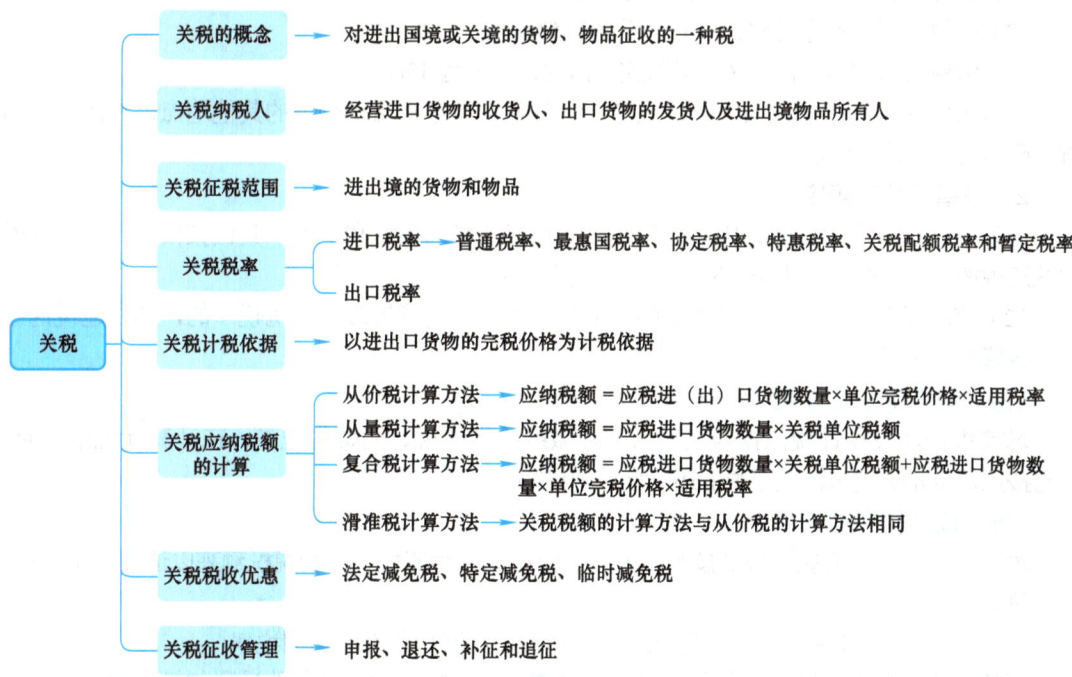

第九节 其他相关税

> **/学习导读/**
>
> 本章我们已经学习了房产税、契税、土地增值税、城镇土地使用税、车船税、印花税、资源税和关税八大法律制度,那么还有哪些相关税收法律制度呢?本节让我们学习一下吧。

一、城市维护建设税

(一)城市维护建设税的概念

城市维护建设税是以纳税人实际缴纳的增值税、消费税税额为计税依据所征收的一种税,简称"城建税",主要目的是筹集城镇设施建设和维护资金。

(二)城市维护建设税纳税人

城建税以在中华人民共和国境内缴纳增值税、消费税的单位和个人为纳税义务人,纳税义务人包括各类企业(含外商投资企业、外国企业)、行政单位、事业单位、军事单位、社会团体及其他单位以及个体工商户和其他个人(含外籍个人);增值税、消费税的扣缴义务人也是城建税扣缴义务人,在扣缴增值税、消费税的同时扣缴城建税。

(三)城市维护建设税税率

1. 税率的一般规定

(1)纳税人所在地为市区的,税率为7%。
(2)纳税人所在地为县城、镇的,税率为5%。
(3)纳税人所在地不在市区、县城或者镇的,税率为1%。

纳税人所在地是指纳税人住所地或者与纳税人生产经营活动相关的其他地点,具体地点由省、自治区、直辖市确定。

2. 税率的特殊规定

(1)由受托方代扣代缴、代收代缴增值税和消费税的单位和个人,其代扣代缴、代收代缴的城建税按受托方缴纳"两税"所在地的规定税率执行。
(2)流动经营等**无固定纳税地点**的单位和个人,在经营地缴纳"两税"的,其城建税的缴纳按**经营地**适用税率执行。

(四)城市维护建设税计税依据

城市维护建设税计税依据为纳税人实际缴纳的增值税、消费税税额。在计算计税依据时,应当按照规定扣除期末留抵退税退还的增值税税额。

(五)应纳税额的计算

城市维护建设税的应纳税额按照纳税人实际缴纳的增值税、消费税税额乘以适用税率计算。其计算公式为

$$应纳税额 = 实际缴纳的增值税、消费税税额 \times 适用税率$$

对实行增值税期末留抵退税的纳税人,**允许**其从城市维护建设税的计税依据中**扣除退还**的增值税税额。

【例6-11】 兴盛公司位于某市东城区,2020年11月应缴增值税90 000元,实际缴纳增值

税 80 000 元；应缴消费税 70 000 元，实际缴纳消费税 60 000 元。已知适用的城市维护建设税税率为 7%，该公司当月应缴纳城市维护建设税税额为多少？财务如何进行账务处理？

【解析】 根据城市维护建设税法律制度规定，城市维护建设税以纳税人实际缴纳的增值税、消费税税额为计税依据，该公司应纳城市维护建设税税额＝（80 000+60 000）×7%=140 000×7%=9 800（元）。

具体账务处理如下：
计提应缴纳的城市维护建设税时：
借：税金及附加   9 800
    贷：应交税费——应交城市维护建设税   9 800
实际缴纳已计提的城市维护建设税时：
借：应交税费——应交城市维护建设税   9 800
    贷：银行存款   9 800

（六）城市维护建设税税收优惠

城建税属于附加税，原则上不单独减免。

（1）对进口货物或者境外单位和个人向境内销售劳务、服务、无形资产缴纳的增值税、消费税税额，不征收城市维护建设税。

（2）对出口货物、劳务和跨境销售服务、无形资产以及因优惠政策退还增值税、消费税的，不退还已缴纳的城市维护建设税。

（3）对增值税、消费税实行先征后返、先征后退、即征即退办法的，除另有规定外，对随增值税、消费税附征的城市维护建设税，一律不予退（返）还。

（4）根据国民经济和社会发展的需要，国务院对重大公共基础设施建设、特殊产业和群体以及重大突发事件应对等情形可以规定减征或者免征城市维护建设税，报全国人民代表大会常务委员会备案。

📢 **学习提示**：城建税进口不征、出口不退，出口免抵要缴。

（七）城市维护建设税的征收管理

1．纳税义务发生时间

城市维护建设税的纳税义务发生时间与增值税、消费税的纳税义务发生时间一致，分别与增值税、消费税同时缴纳。

2．纳税地点

城市维护建设税纳税地点为实际缴纳增值税、消费税的地点。扣缴义务人应当向其机构所在地或者居住地的主管税务机关申报缴纳其扣缴的税款。有下列特殊情况的，按下列原则和办法确定：

（1）代扣代缴、代收代缴增值税、消费税的单位和个人，同时也是城市维护建设税的代扣代缴、代收代缴义务人，其纳税地点为代扣代收地。

（2）对流动经营等无固定纳税地点的单位和个人，应随同增值税、消费税在经营地纳税。

3．纳税期限

城市维护建设税按月或者按季计征；不能按固定期限计征的，可以按次计征。

实行按月或者按季计征的，纳税人（扣缴义务人）应当于月度或者季度终了之日起15日内申报并缴纳税款；实行按次计征的，纳税人（扣缴义务人）应当于纳税义务发生之日起15日内申报并缴纳税款。

二、教育费附加

（一）教育费附加的概念
教育费附加是以各单位和个人实际缴纳的增值税、消费税的税额为计征依据而征收的一种费用。其目的是加快发展教育事业，扩大教育经费资金来源。

（二）教育费附加征收范围
教育费附加的征收范围为税法规定征收增值税、消费税的单位和个人，包括外商投资企业、外国企业及外籍个人。

（三）教育费附加计征依据
教育费附加以纳税人实际缴纳的增值税、消费税税额之和为计征依据。

（四）教育费附加征收比率
教育费附加征收比率为3%，地方教育附加征收比率为2%。

（五）教育费附加的计算
$$应纳教育费附加 = 实际缴纳增值税、消费税税额之和 \times 征收比率$$

（六）教育费附加减免规定
教育费附加的减免，原则上比照增值税、消费税的减免规定。主要的减免规定有：

（1）对海关进口产品征收的增值税、消费税，不征收教育费附加。

（2）对由于减免增值税、消费税而发生退税的，可同时退还已征收的教育费附加；但对出口产品退还增值税、消费税的，不退还已征的教育费附加。

📢 **学习提示**：记忆口诀为"同征同免不同退"。

（七）教育费附加的征收管理
教育费附加的征收管理同增值税、消费税一致。

三、环境保护税

（一）环境保护税的概念
环境保护税是为了保护和改善环境，减少污染物排放，推进生态文明建设而征收的一种税。

（二）环境保护税纳税人
环境保护税纳税人为在中华人民共和国领域和中华人民共和国管辖的其他海域，直接向环境排放应税污染物的企业事业单位和其他生产经营者。按照规定征收环境保护税，不再征收排污费。

（三）环境保护税征税范围
环境保护税征税范围是《环境保护税法》所附《环境保护税税目税额表》《应税污染物和当量值表》规定的大气污染物、水污染物、固体废物和噪声等应税污染物。

下列情形不属于直接向环境排放污染物，不缴纳相应污染物的环境保护税：

（1）企业事业单位和其他生产经营者向依法设立的污水集中处理、生活垃圾集中处理场所排放应税污染物的。

（2）企业事业单位和其他生产经营者在符合国家和地方环境保护标准的设施、场所储存或者处置固体废物的。

依法设立的城乡污水集中处理、生活垃圾集中处理场所超过国家和地方规定的排放标准向环境排放应税污染物的，应当缴纳环境保护税。

企业事业单位和其他生产经营者储存或者处置固体废物不符合国家和地方环境保护标准的，应当缴纳环境保护税。

（四）环境保护税税率

环境保护税实行定额税率。环境保护税税目税额表见表6-6。

表6-6 环境保护税税目税额表

税目		计税单位	税额	备注
大气污染物		每污染当量	1.2～12元	
水污染物		每污染当量	1.4～14元	
固体废物	煤矸石	每吨	5元	
	尾矿	每吨	15元	
	危险废物	每吨	1 000元	
	冶炼渣、粉煤灰、炉渣、其他固体废物（含半固态、液态废物）	每吨	25元	
噪声	工业噪声	超标1～3dB	每月350元	1. 一个单位边界上有多处噪声超标，根据最高一处超标声级计算应纳税额；当沿边界长度超过100m有两个以上噪声超标，按照两个单位计算应纳税额 2. 一个单位有不同地点作业场所的，应当分别计算应纳税额，合并计征 3. 昼、夜均超标的环境噪声，昼、夜分别计算应纳税额，累计计征 4. 声源一个月内超标不足15天的，减半计算应纳税额 5. 夜间频繁突发和夜间偶然突发厂界超标噪声，按等效声级和峰值噪声两种指标中超标分贝值高的一项计算应纳税额
		超标4～6dB	每月700元	
		超标7～9dB	每月1 400元	
		超标10～12dB	每月2 800元	
		超标13～15dB	每月5 600元	
		超标16dB以上	每月11 200元	

（五）环境保护税计税依据

应税污染物的计税依据，按照下列方法确定：

（1）应税大气污染物按照污染物排放量折合的污染当量数确定。

（2）应税水污染物按照污染物排放量折合的污染当量数确定。

（3）应税固体废物按照固体废物的排放量确定。

（4）应税噪声按照超过国家规定标准的分贝数确定。

（六）环境保护税应纳税额的计算

环境保护税应纳税额按照下列方法计算：

1. 应税大气污染物
$$应纳税额 = 污染当量数 \times 具体适用税额$$

2. 应税水污染物
$$应纳税额 = 污染当量数 \times 具体适用税额$$

📢 **学习提示**：污染当量数＝该污染物的排放量÷该污染物的污染当量值。

3. 应税固体废物
$$应纳税额 = 固体废物排放量 \times 具体适用税额$$

4. 应税噪声
$$应纳税额 = 超过国家规定标准的分贝数对应的具体适用税额$$

其中，应税大气污染物、水污染物、固体废物的排放量和噪声的分贝数，按照下列顺序和方法计算：

（1）纳税人安装使用符合国家规定和监测规范的污染物自动监测设备的，按照污染物自动监测数据计算。

（2）纳税人未安装使用污染物自动监测设备的，按照监测机构出具的符合国家有关规定和监测规范的监测数据计算。

（3）因排放污染物种类多等原因不具备监测条件的，按照国务院环境保护主管部门规定的排污系数、物料衡算方法计算。

（七）环境保护税税收优惠

1. 暂免征税项目

（1）农业生产（不包括规模化养殖）排放应税污染物的。

（2）机动车、铁路机车、非道路移动机械、船舶和航空器等流动污染源排放应税污染物的。

（3）依法设立的城乡污水集中处理、生活垃圾集中处理场所排放相应应税污染物，不超过国家和地方规定的排放标准的。

（4）纳税人综合利用的固体废物，符合国家和地方环境保护标准的。

（5）国务院批准免税的其他情形。

2. 减征税额项目

（1）纳税人排放应税大气污染物或者水污染物的浓度值**低于**国家和地方规定的污染物**排放标准30%**的，**减按75%**征收环境保护税。

（2）纳税人排放应税大气污染物或者水污染物的浓度值**低于**国家和地方规定的污染物**排放标准50%**的，**减按50%**征收环境保护税。

（3）依法设立的生活垃圾焚烧发电厂、生活垃圾填埋场、生活垃圾堆肥厂，属于生活垃圾集中处理场所，其排放应税污染物不超过国家和地方规定的排放标准的，依法予以免征环境保护税。纳税人**任何一个**排放口排放应税大气污染物、水污染物的浓度值，以及**没有排放口**排放应税大气污染物的浓度值，超过国家和地方规定的污染物排放标准的，依法不予减征环境保护税。

（八）环境保护税的征收管理

1. 纳税义务发生时间

环境保护税的纳税义务发生时间为纳税人排放应税污染物的当日。

2. 纳税期限

按月计算，按季申报缴纳；不能按固定期限计算缴纳的，可以按次申报缴纳。纳税人按季申报缴纳的,应当自季度终了之日起 15 日内办理纳税申报并缴纳税款;纳税人按次申报缴纳的,应当自纳税义务发生之日起 15 日内办理纳税申报并缴纳税款。

3．纳税地点

纳税人应当向应税污染物排放地的税务机关申报缴纳环保税。

四、车辆购置税

（一）车辆购置税的概念

车辆购置税是对在中国境内购置应税车辆的单位和个人征收的一种税。

（二）车辆购置税纳税人

在中华人民共和国境内购置（并使用）汽车、有轨电车、汽车挂车、排气量超过 150mL 的摩托车（以下统称"应税车辆"）的单位和个人,为车辆购置税的纳税人,应当依法缴纳车辆购置税。

购置包括购买、进口、自产、受赠、获奖或者以其他方式取得并自用应税车辆的行为。其中,购买自用包括购买使用国产应税车辆和购买自用进口应税车辆（不包括购置销售行为）;进口自用是指直接进口或委托代理进口的自用应税车辆的行为;自产自用是指纳税人将自己生产的应税车辆作为最终消费品自己消费使用。

（三）车辆购置税征收范围

车辆购置税征收范围包括汽车、有轨电车、汽车挂车、排气量超过 150mL 的摩托车。

（四）车辆购置税税率

我国车辆购置税采用 10% 的比例税率。

（五）车辆购置税计税依据

车辆购置税的计税依据为应税车辆的计税价格。根据不同情况,计税价格按照下列规定确定：

（1）纳税人购买自用应税车辆的计税价格,为纳税人实际支付给销售者的全部价款,不包括增值税税款。

（2）纳税人进口自用应税车辆的计税价格,计算公式为

$$计税价格 = 关税完税价格 + 关税 + 消费税$$

（3）纳税人自产自用应税车辆的计税价格,按照纳税人生产的同类应税车辆的销售价格确定,不包括增值税税款。

（4）纳税人以受赠、获奖或者其他方式取得自用应税车辆的计税价格,按照购置应税车辆时相关凭证载明的价格确定,不包括增值税税款。

（5）纳税人申报的应税车辆计税价格明显偏低,又无正当理由的,由税务机关依照《中华人民共和国税收征收管理法》的规定核定其应纳税额。

> 学习提示：不论是购买国产车还是进口车,随购买车辆支付的工具件和零部件款及支付的车辆装饰费均应并入应纳税额征税。

（六）车辆购置税应纳税额的计算

车辆购置税实行从价定率的方法计算应纳税额。其计算公式如下：

$$应纳税额 = 计税依据 \times 税率$$

$$进口应税车辆应纳税额 = （关税完税价格 + 关税 + 消费税） \times 税率$$

（七）车辆购置税税收优惠

下列车辆免征车辆购置税：

（1）依照法律规定应当予以免税的外国驻华使馆、领事馆和国际组织驻华机构及其有关人员自用的车辆。

（2）中国人民解放军和中国人民武装警察部队列入装备订货计划的车辆。

（3）悬挂应急救援专用号牌的国家综合性消防救援车辆。

（4）设有固定装置的非运输专用作业车辆。

（5）城市公交企业购置的公共汽电车辆。

（6）农用三轮运输车。

（7）购置的新能源汽车。

根据国民经济和社会发展的需要，国务院可以规定减征或者其他免征车辆购置税的情形，报全国人民代表大会常务委员会备案。

（八）车辆购置税的征收管理

1. 纳税地点

车辆购置税实行一次性征收。购置已征车辆购置税的车辆，不再征收车辆购置税。车辆购置税由税务机关负责征收。纳税人购置应税车辆，应当向车辆登记注册地的主管税务机关申报缴纳车辆购置税；购置不需要办理车辆登记的应税车辆的，应当向纳税人所在地的主管税务机关申报纳税。

2. 纳税义务发生时间

车辆购置税的纳税义务发生时间为纳税人购置应税车辆的当日。纳税人应当自纳税义务发生之日起60日内申报缴纳车辆购置税。

3. 纳税环节

纳税人应当在向公安机关交通管理部门办理车辆注册登记前，缴纳车辆购置税。

免税、减税车辆因转让、改变用途等原因不再属于免税、减税范围的，纳税人应当在办理车辆转移登记或者变更登记前缴纳车辆购置税。计税价格以免税、减税车辆初次办理纳税申报时确定的计税价格为基准，每满一年扣减10%。

纳税人将已征车辆购置税的车辆退回车辆生产企业或者销售企业的，可以向主管税务机关申请退还车辆购置税。

退税额以已缴税款为基准，自缴纳税款之日至申请退税之日，每满一年扣减10%。

五、耕地占用税

（一）耕地占用税的概念

耕地占用税是为了合理利用土地资源，加强土地管理，保护耕地，对占用耕地建设建筑物、构筑物或者从事非农业建设的单位或者个人征收的一种税。

（二）耕地占用税纳税人

在中华人民共和国境内占用耕地建设建筑物、构筑物或者从事非农业建设的单位和个人，为耕地占用税的纳税人。占用耕地建设农田水利设施的，不缴纳耕地占用税。

（三）耕地占用税征税范围

耕地占用税征税范围包括纳税人为建设建筑物、构筑物或者从事非农业建设而占用的国家所有和集体所有的耕地。

占用园地、林地、草地、农田水利用地、养殖水面以及渔业水域滩涂等其他农用地建设建筑物、构筑物或者从事非农业建设的，应征收耕地占用税，适用税额可以适当低于当地占用耕地的适用税额。

建设直接为农业生产服务的生产设施占用上述规定的农用地的，不征收耕地占用税。

（四）耕地占用税税率

耕地占用税实行定额税率。根据不同地区的人均耕地面积和经济发展情况实行有地区差别的幅度税额标准，耕地占用税税率标准见表 6-7。

表 6-7 耕地占用税税率表

人均耕地面积	税 率
人均耕地不超过 1 亩①的地区	每平方米为 10～50 元
人均耕地超过 1 亩但不超过 2 亩的地区	每平方米为 8～40 元
人均耕地超过 2 亩但不超过 3 亩的地区	每平方米为 6～30 元
人均耕地超过 3 亩的地区	每平方米为 5～25 元

① 1 亩 = 666.6 m²。

各地区耕地占用税的适用税额，由省、自治区、直辖市人民政府根据人均耕地面积和经济发展等情况，在规定的税额幅度内提出，报同级人民代表大会常务委员会决定，并报全国人民代表大会常务委员会和国务院备案。

在人均耕地低于 0.5 亩的地区，省、自治区、直辖市可以根据当地经济发展情况，适当提高耕地占用税的适用税额，但提高的部分不得超过确定的适用税额的 50%。

占用基本农田的，应当按照确定的当地适用税额，加按 150% 征收。

占用园地、林地、草地、农田水利用地、养殖水面、渔业水域滩涂以及其他农用地建设建筑物、构筑物或者从事非农业建设的，适用税额可以适当低于本地区确定的适用税额，但降低的部分不得超过 50%。具体适用税额由省、自治区、直辖市人民政府提出，报同级人民代表大会常务委员会决定，并报全国人民代表大会常务委员会和国务院备案。

（五）耕地占用税计税依据

耕地占用税以纳税人实际占用的耕地面积为计税依据，按照规定的适用税额一次性征收。实际占用的耕地面积，包括经批准占用的耕地面积和未经批准占用的耕地面积。

纳税人实际占用耕地面积的核定以农用地转用审批文件为主要依据，必要的时候应当实地勘测。

（六）耕地占用税应纳税额的计算

耕地占用税应纳税额的计算公式为

$$应纳税额 = 实际占用耕地面积（平方米）\times 适用税额$$

（七）耕地占用税税收优惠

1. 免征耕地占用税

（1）军事设施、学校、幼儿园、社会福利机构、医疗机构占用耕地，免征耕地占用税。

📣 **学习提示**：学校内经营性场所和教职工住房占用耕地的，按照当地适用税额缴纳耕地占用税；医疗机构内职工住房占用耕地的，按照当地适用税额缴纳耕地占用税。

（2）铁路线路、公路线路、飞机场跑道、停机坪、港口、航道、水利工程占用耕地，减按每平方米 2 元的税额征收耕地占用税。

📖 **学习提示**：专用铁路和铁路专用线占用耕地的，按照当地适用税额缴纳耕地占用税；专用公路和城区内机动车道占用耕地的，按照当地适用税额缴纳耕地占用税。

（3）农村居民在规定用地标准以内占用耕地新建自用住宅，按照当地适用税额**减半征收**耕地占用税；其中农村居民经批准搬迁，新建自用住宅占用耕地**不超过**原宅基地面积的部分，免征耕地占用税。

（4）农村烈士遗属、因公牺牲军人遗属、残疾军人以及符合农村最低生活保障条件的农村居民，在规定用地标准以内新建自用住宅，免征耕地占用税。

（5）根据国民经济和社会发展的需要，国务院可以规定免征或者减征耕地占用税的其他情形，报全国人民代表大会常务委员会**备案**。

（6）按规定免征或者减征耕地占用税后，纳税人改变原占地用途，不再属于免征或者减征耕地占用税情形的，应当按照当地适用税额补缴耕地占用税。

2．临时占用

纳税人因建设项目施工或者地质勘查临时占用耕地，应当依法缴纳耕地占用税。纳税人在批准临时占用耕地期满之日起1年内依法复垦，恢复种植条件的，全额退还已经缴纳的耕地占用税。

3．损毁耕地

因挖损、采矿塌陷、压占、污染等损毁耕地属于税法所称的非农业建设，应依法缴纳耕地占用税；自自然资源、农业农村等相关部门认定损毁耕地之日起3年内依法复垦或修复，恢复种植条件的，依法办理退税。

（八）耕地占用税征收管理

1．纳税义务发生时间和纳税期限

耕地占用税的纳税义务发生时间为纳税人收到自然资源主管部门办理占用耕地手续的书面通知的当日。纳税人应当自纳税义务发生之日起30日内申报缴纳耕地占用税。

自然资源主管部门凭耕地占用税完税凭证或者免税凭证和其他有关文件发放建设用地批准书。

未经批准占用耕地的，耕地占用税纳税义务发生时间为自然资源主管部门认定的纳税人实际占用耕地的当日。因挖损、采矿塌陷、压占、污染等损毁耕地的纳税义务发生时间为自然资源、农业农村等相关部门认定损毁耕地的当日。

纳税人占地类型、占地面积和占地时间等纳税申报数据材料以自然资源等相关部门提供的相关材料为准；提供相关材料或者材料信息不完整的，经主管税务机关提出申请，由自然资源等相关部门自收到申请之日起30日内出具认定意见。

2．纳税地点

纳税人占用耕地或其他农用地，应当在**耕地或其他农用地所在地**申报纳税。

六、烟叶税

（一）烟叶税的概念

烟叶税是向收购烟叶的单位征收的一种税。

（二）烟叶税纳税人

烟叶税纳税人为在中华人民共和国境内收购烟叶的单位。因为我国实行烟草专卖制度，所以烟叶税纳税人具有特定性，一般是有权收购烟叶的烟草公司或者受其委托收购烟叶的单位。

（三）烟叶税征税范围

烟叶税征税范围包括晾晒烟叶、烤烟叶。

（四）烟叶税税率

烟叶税实行**比例税率**，税率为 20%。

（五）烟叶税计税依据

烟叶税的计税依据是纳税人收购烟叶实际支付的价款总额，具体包括纳税人支付给烟叶生产销售单位和个人的烟叶收购价款和价外补贴。其中，价外补贴统一按烟叶收购价款的 10% 计算。

价款总额的计算公式为

$$价款总额 = 收购价款 \times (1+10\%)$$

（六）烟叶税应纳税额的计算

烟叶税应纳税额的计算公式为

$$应纳税额 = 实际支付价款总额 \times 税率 = 收购价款 \times (1+10\%) \times 税率$$

（七）烟叶税征收管理

1．纳税义务发生时间

烟叶税纳税义务发生时间为纳税人收购烟叶的当天。

2．纳税地点

纳税人收购烟叶，应当向**烟叶收购地**的主管税务机关申报纳税。

3．纳税期限

按月计征，纳税人应当于纳税义务发生月终了之日起 15 日内申报并缴纳税款。

七、船舶吨税

（一）船舶吨税的概念

船舶吨税是对自中国境外港口进入境内港口的船舶征收的一种税。

（二）船舶吨税纳税人

对自中国境外港口进入中国境内港口的船舶（简称"应税船舶"）征收船舶吨税（简称"吨税"），以应税船舶负责人为纳税人。

（三）船舶吨税税目税率

吨税税目按船舶净吨位的大小分等级设置为四个税目。税率采用定额税率，分为 30 日、90 日和 1 年三种不同的税率，具体分为两类：普通税率和优惠税率，见表 6-8。

表 6-8 船舶吨税税目税率表

税目 （按船舶净吨位划分）	税率（元/净吨）					
	普通税率（按执照期限划分）			优惠税率（按执照期限划分）		
	1 年	90 日	30 日	1 年	90 日	30 日
不超过 2 000 净吨	12.6	4.2	2.1	9.0	3.0	1.5
超过 2 000 净吨，但不超过 10 000 净吨	24.0	8.0	4.0	17.4	5.8	2.9
超过 10 000 净吨，但不超过 50 000 净吨	27.6	9.2	4.6	19.8	6.6	3.3
超过 50 000 净吨	31.8	10.6	5.3	22.8	7.6	3.8

我国国籍的应税船舶，船籍国（地区）与我国签订含有互相给予船舶税费最惠国待遇条款的条约或者协定的应税船舶，适用优惠税率。其他应税船舶适用普通税率。

（四）船舶吨税计税依据
吨税以船舶净吨位为计税依据。

📢 **学习提示**：拖船按照发动机功率每千瓦折合净吨位 0.67t；无法提供净吨位证明文件的游艇按照发动机功率每千瓦折合净吨位 0.05t。

（五）船舶吨税应纳税额的计算
吨税按照船舶净吨位和吨税执照期限征收，应税船舶负责人在每次申报纳税时，可以选择申领一种期限的吨税执照。应纳税额的计算公式为

$$应纳税额 = 应税船舶净吨位 \times 适用税率$$

（六）船舶吨税税收优惠
下列船舶免征吨税：
（1）应纳税额在人民币 50 元以下的船舶。
（2）自境外以购买、受赠、继承等方式取得船舶所有权的初次进口到港的空载船舶。
（3）吨税执照期满后 24 小时内不上下客货的船舶。
（4）非机动船舶（不包括非机动驳船）。
（5）捕捞、养殖渔船。
（6）避难、防疫隔离、修理、终止运营或者拆解，并不上下客货的船舶。
（7）军队、武装警察部队专用或者征用的船舶。
（8）警用船舶。
（9）依照法律规定应当予以免税的外国驻华使领馆、国际组织驻华代表机构及其有关人员的船舶。
（10）国务院规定的其他船舶。

📢 **学习提示**：拖船和非机动驳船分别按相同净吨位船舶税率的 50% 计征税款。

（七）船舶吨税的征收管理

1. 纳税义务发生时间

吨税纳税义务发生时间为应税船舶进入境内港口的当日。由海关负责征收并制发缴款凭证。

应税船舶在吨税执照期满后尚未离开港口的，应当申领新的吨税执照，自上次执照期满的次日起续缴吨税。

2. 纳税期限

应税船舶负责人应当自海关填发吨税缴款凭证之日起 15 日内缴清税款。未按期缴清税款的，自滞纳税款之日起至缴清税款之日止，按日加收滞纳税款万分之五的税款滞纳金。

3. 纳税担保

应税船舶到达港口前，经海关核准先行申报并办结出入境手续的，应税船舶负责人应当向海关提供与其依法履行吨税缴纳义务相适应的担保；应税船舶到达港口后，依照船舶吨税法的规定向海关申报纳税。

下列财产、权利可以用于担保：
（1）人民币、可自由兑换货币。
（2）汇票、本票、支票、债券、存单。

（3）银行、非银行金融机构的保函。
（4）海关依法认可的其他财产、权利。

4. 补征、追征与退还

海关发现少征或者漏征税款的，应当自应税船舶应当缴纳税款之日起 1 年内补征税款。因应税船舶违反规定造成少征或者漏征税款的，海关可以自应当缴纳税款之日起 3 年内追征税款，并自应当缴纳税款之日起按日加征少征或者漏征税款万分之五的税款滞纳金。

海关发现多征税款的，应当在 24 小时内通知应税船舶办理退还手续，并加算银行同期活期存款利息。

应税船舶发现多缴税款的，可以自税款缴纳之日起 3 年内以书面形式要求海关退还多缴的税款并加算银行同期活期存款利息；海关应当自受理之日起 30 日内查实并通知应税船舶办理退还手续。

> **本节导读分析**：城市维护建设税为我国城市建设和维护提供了专项资金；教育费附加调动了各种社会力量兴办教育，筹措了教育经费；环境保护税保护和改善了环境，减少了污染物的排放；车辆购置税规范了政府行为，调节了收入差距；耕地占用税促进了农业可持续发展，保护了农民的切身利益；烟叶税体现了国家对烟草实行"寓禁于征"的政策；船舶吨税保障了海上航标的维护、建设和管理。这些小税种对增加我国的财政收入和健全税收体系具有深远的影响。

实务案例

2018 年 1 月 7 日上午 9 时，湖南省长沙市圭塘河巡河员巡查发现圭塘河某段河道存在疑似大量猪血污染水体的情况，并将相关情况上报有关部门。圭塘河所在区的环境保护局、市政管理局、相关街道等单位组成指挥部立即开展排查，查明血水是从振东路的雨水井排入，经比亚迪路，最后由圭塘河十号排口流入土塘河。截至 7 日 22 时，已全面切断污染源。

经初步调查，怀疑血水是从 A 公司排出流入圭塘河的。1 月 8 日，指挥部组织人员在事发河段以及 A 公司厂内挖掘勘查，排查河道中是否存在暗管偷排。经挖掘查实，未发现 A 公司存在暗管排污行为。在与 A 公司进一步核实的过程中，发现 A 公司与 B 公司签订长期供应猪血的购销合同。2018 年 1 月，由于高速公路结冰，B 公司未能及时赶来，导致猪血变质。A 公司联系了 C 清洁公司进行处理，C 清洁公司派 D 司机开槽车拉 3t 猪血到污水处理厂。D 司机在拉运猪血的路上，看见路旁的雨水井，突发奇想，将猪血排放到雨水井，导致污染。

区环境保护局对污染水体进行采样检测，检测结果显示化学需氧量、氨氮、动植物油等指标超标。1 月 8 日，环境保护局对 C 清洁公司 D 司机进行调查，其本人对违法排污事实供认不讳。区环境保护局对其违法行为进行立案，并将案件移交区公安分局处理，涉案司机被行政拘留 15 天。区环境保护局对 C 清洁公司向路边雨水管非法倾倒废弃物（猪血）行为处以 10 万元罚款，并对 A 公司加强监管。同时间，区环境保护局向税务部门发出《关于圭塘河水体污染事件的函》，说明了案情经过和处罚情况。区税务机关在接到区环境保护局《关于圭塘河水体污染事件的函》后，及时计算确认 C 清洁公司应补缴环境保护税税款 75.51 元。C 清洁公司接到上述通知后，认为该责任应由 A 公司和 B 公司承担，理由是：第一，C 清洁公司的 D 司机已因此事被行政拘留，承担了相关责任；第二，该污染物（猪血）本由 A 公司生产、B 公司消费，只是出于客观原因，C 清洁公司帮助 B 公司进行处理，不应承担排放该猪血导致的环境保护税。

该案例中涉及的企业有 A、B、C 三家，到底谁才应该承担责任呢？结合本节内容简单进行以下分析：环境保护税相关法律明文规定，环境保护税是对在我国领域以及管辖的其他海域直接向环境排放应税污染物的企事业单位和其他生产经营者征收的一种税。上述案例中，直接向环境排放应税污染物的单位为 C 清洁公司，因此，C 清洁公司应当承担相关责任。

思维导图

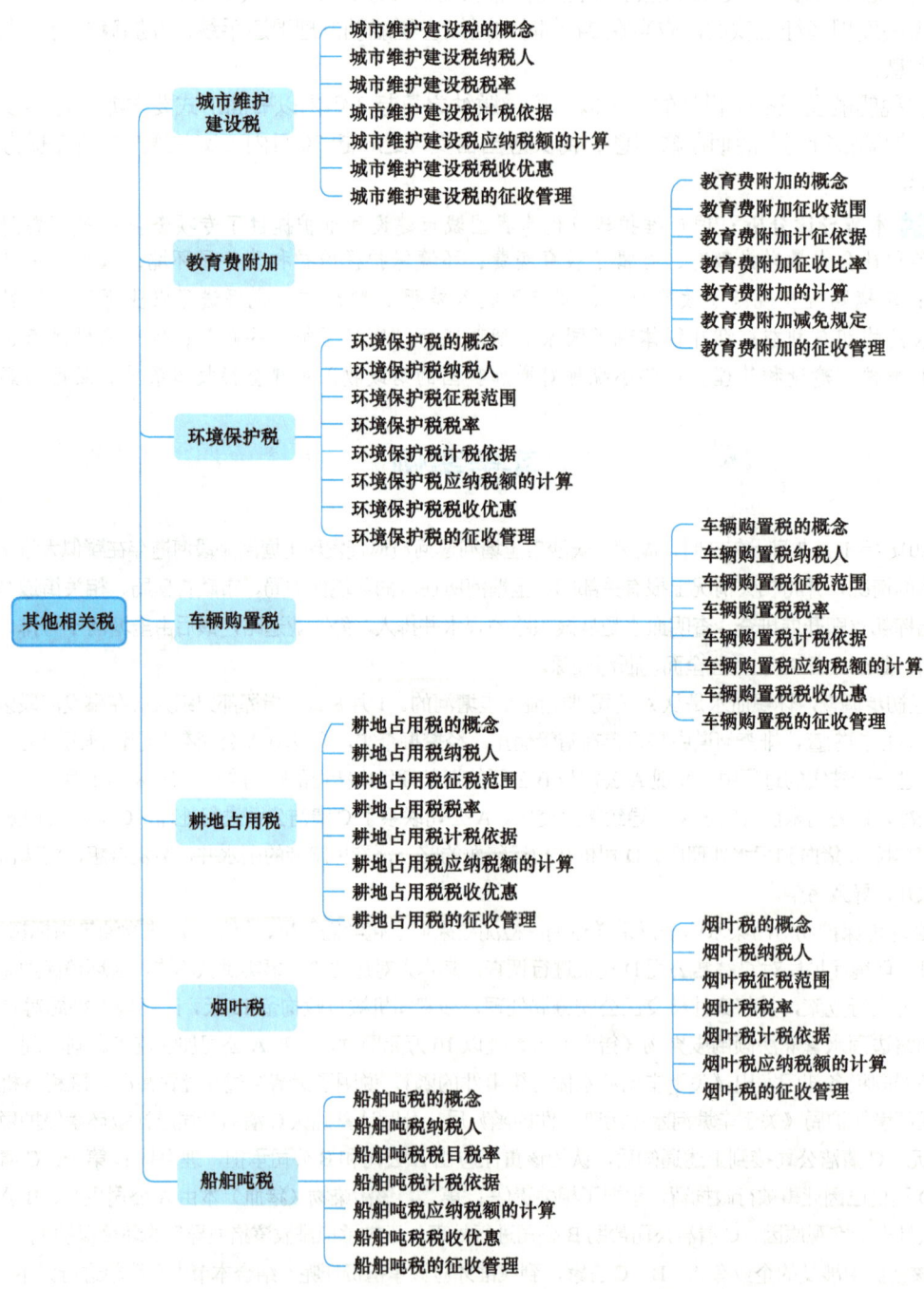

第六章　其他税收法律制度

本章导读分析

本章涉及的这些"小税种"虽然没有增值税、企业所得税等税种征税范围广，但是也在国民经济的发展中发挥着各自的作用，同时增加了国家的财政收入。站在企业的角度，企业应当着重注意对这些"小税种"的申报和缴纳，不能漏缴任何税种，否则也会给企业带来风险。

复习思考题

一、单项选择题

1. 林某有面积为 $140m^2$ 的住宅一套，不含增值税的市场价格为 96 万元。黄某有面积为 $120m^2$ 的住宅一套，不含增值税的市场价格为 72 万元。两人进行房屋交换，差价部分黄某以现金补偿林某。已知契税适用税率为 3%，根据契税法律制度的规定，黄某应缴纳的契税税额为（　　）万元。

   A. 4.8　　　　　B. 2.88　　　　　C. 2.16　　　　　D. 0.72

2. 某企业 2020 年自有生产用房原值 5 000 万元，账面已计提折旧 800 万元。已知从价计征房产税税率为 1.2%，当地政府规定计算房产余值的扣除比例为 20%。根据房产税法律制度的规定，该企业 2020 年度应缴纳的房产税税额为（　　）万元。

   A. 50.4　　　　　B. 40.32　　　　　C. 48　　　　　D. 60

3. 下列各项中，应缴纳城镇土地使用税的是（　　）。

   A. 直接用于水产养殖业的生产用地　　　B. 名胜古迹园区内附设的小卖部用地
   C. 公园中管理单位的办公用地　　　　　D. 免税单位无偿使用纳税单位的土地

4. 甲房地产公司开发一项房地产项目，2020 年 11 月，该项目实现全部销售，共计取得不含税收入 31 000 万元，准予从房地产转让收入额扣除的扣除项目金额为 20 045 万元。已知土地增值税税率为 40%，速算扣除系数为 5%，甲房地产公司该笔业务应缴纳土地增值税税额的下列计算公式中，正确的是（　　）。

   A.（31 000−20 045）×40%−31 000×5%=2 832（万元）
   B.（31 000−20 045）×40%−20 045×5%=3 379.75（万元）
   C. 31 000×40%−20 045×5%=11 397.75（万元）
   D. 31 000×40%−（31 000−20 045）×5%=11 852.25（万元）

5. 根据资源税法律制度的规定，下列各项中，属于资源税应税产品的是（　　）。

   A. 以已税原煤加工的洗选煤　　　B. 汽油
   C. 与原油同时开采的天然气　　　D. 人造石油

二、多项选择题

1. 下列各项中，不属于土地增值税征税范围的有（　　）。

   A. 国家机关转让自用的房产　　　B. 继承人依法继承的房产
   C. 对国有企业进行评估增值的房产　　　D. 对外出租的房产

2. 下列各项中，免征耕地占用税的有（　　）。

   A. 军事设施占用耕地　　　B. 临时占用耕地
   C. 医院内职工住房占用耕地　　　D. 学校教学楼占用耕地

3. 根据印花税法律制度的规定，下列各项中，不征收印花税的有（　　）。

   A. 记载资金的营业账簿　　　B. 银行同业拆借合同

C. 电网与用户之间签订的供用电合同　　D. 企业与主管部门签订的租赁承包合同

三、计算题

1. 甲煤矿为增值税一般纳税人，主要从事煤炭开采和销售业务，2020年5月有关经营情况如下：

（1）购进井下用原木一批，取得增值税专用发票注明税额26 000元。

（2）购进井下挖煤机一台，取得增值税专用发票注明税额93 500元。

（3）接受洗煤设备维修劳务，取得增值税专用发票注明税额6 800元。

（4）销售自产原煤2 000t，职工食堂领用自产原煤50t，职工宿舍供暖领用自产原煤100t，向乙煤矿无偿赠送自产原煤10t，原煤不含增值税单价500元/t。

已知原煤增值税税率为13%，资源税适用税率为8%，根据上述资料，不考虑其他因素，分析回答下列问题：

（1）计算甲煤矿当月允许抵扣的增值税进项税额。

（2）计算甲煤矿当月应缴纳的增值税税额。

（3）计算甲煤矿当月应缴纳的资源税税额。

2. 甲企业为增值税一般纳税人，2020年9月从国外进口1辆小汽车自用（排气量为2.5L的非新能源或节约能源车辆），海关审定的成交价格为20万元，支付给卖方的佣金5万元，向境外采购代理人支付的买方佣金2万元，运抵我国关境内输入地点起卸前的包装费、运费、保险费合计3万元。

已知关税税率为20%，消费税税率为25%，增值税税率为13%，车辆购置税税率为10%，车船税年基准税额为900元，根据上述资料，不考虑其他因素，分析回答下列问题：

（1）计算甲企业进口小汽车应缴纳的关税税额。

（2）计算甲企业进口小汽车应缴纳的车辆购置税。

（3）计算甲企业进口小汽车当年应缴纳的车船税

第七章

税收征收管理法律制度

> **本章导读**
>
> 国家兴旺，经济腾飞，优惠政策接连出台，千万家企业如同雨后春笋，在神州大地上破土而出，创业浪潮滚滚而来。在欢欣鼓舞的新气象、奋发激昂的新形势下，我们的国家宛若一艘巨轮，稳健地航行在经济全球化的汪洋之中，一切井然有序。那么，国家在税务管理方面颁布了哪些政策来保证税收秩序呢？本章我们来看看国家出台了哪些税收征收管理法律制度。

第一节 税务管理

> **/学习导读/**
>
> 企业诚信经营、如实纳税是生产经营的基本要求，而缴纳税款必须有理有据。但是，各类企业的经营管理能力参差不齐，国家作为统筹管理者，对企业提出了哪些税务管理规定呢？让我们学习本节内容，了解基本的税务管理规定吧。

一、税务管理的概念

税务管理是指税收征收管理机关为了**贯彻执行**国家**税收法律制度**，**加强税收工作**，**协调征税关系**而对纳税人和扣缴义务人实施的基础性的管理制度和管理行为。

税务管理是税收征收管理的重要内容，是税款征收的前提和基础。

税务管理主要包括**税务登记管理**、**账簿和凭证管理**、**发票管理**、**纳税申报管理**和**涉税专业服务管理**等。

二、税务登记管理

税务登记是税务机关对纳税人的基本情况及生产经营项目进行登记管理的一项基本制度，是整个税收征收管理的起点。

（一）税务登记申请人

1. 从事生产、经营的纳税人

企业，即从事生产经营的单位或组织，包括国有企业、集体企业、私营企业、中外合资合作企业、外商独资企业，以及各种联营、联合、股份制企业等。

企业在外地设立的分支机构和从事生产、经营的场所，个体工商户和从事生产、经营的事业单位，都应当办理税务登记。

2．非从事生产、经营但依法负有纳税义务的单位和个人

除国家机关、个人和无固定生产、经营场所的流动性农村小商贩外，其他非从事生产经营但依法负有纳税义务的单位和个人，均应当办理税务登记。

3．扣缴义务人

依法负有扣缴税款义务的扣缴义务人（**国家机关除外**），应当办理扣缴税款登记。

（二）"多证合一"登记制度改革

在全面实施企业、农民专业合作社工商营业执照、组织机构代码证、税务登记证、社会保险登记证、统计登记证"**五证合一、一照一码**"登记制度改革和个体工商户工商营业执照、税务登记证"两证整合"的基础上，将涉及企业、个体工商户和农民专业合作社登记、备案等有关事项和各类证照进一步整合到营业执照上，实现"多证合一、一照一码"，使营业执照成为企业唯一的"身份证"，使统一社会信用代码成为企业唯一的身份代码，实现企业"一照一码"走天下。

三、账簿和凭证管理

账簿和凭证是纳税人进行生产经营活动和核算财务收支的重要资料，也是税务机关对纳税人进行征税、管理、核查的重要依据。账簿和凭证管理是税收管理的基础性工作。

（一）账簿的设置

（1）从事生产、经营的纳税人应当自领取营业执照或者发生纳税义务之日起 15 日内，按照国家有关规定设置账簿。

（2）生产、经营规模小又确无建账能力的纳税人，可以聘请经批准从事会计代理记账业务的专业机构或者经税务机关认可的财会人员代为建账和办理账务。聘请上述机构或者人员有实际困难的，经县以上税务机关批准，可以按照税务机关的规定建立收支凭证粘贴簿、进货销货登记簿或者使用税控装置。

（3）扣缴义务人应当自税收法律、行政法规规定的扣缴义务发生之日起 10 日内，按照所代扣、代收的税种，分别设置代扣代缴、代收代缴税款账簿。

（二）账簿、凭证等涉税资料的保存

账簿、记账凭证、报表、完税凭证、发票、出口凭证以及其他有关涉税资料应当**保存 10 年**，但是法律、行政法规另有规定的除外。

账簿、记账凭证、完税凭证及其他有关资料**不得伪造、变造或者擅自损毁**。

四、发票管理

发票是指在购销商品、提供或者接受服务以及从事其他经营活动中，开具、收取的收付款凭证。

（一）发票的类型和适用范围

1．发票的类型

（1）增值税**专用发票**，包括增值税专用发票和机动车销售统一发票。

（2）增值税**普通发票**，包括增值税普通发票（折叠票）、增值税电子普通发票和增值税普通发票（卷票）。

（3）**其他发票**，包括农产品收购发票、农产品销售发票、门票、过路（过桥）费发票、定额发票、客运发票和二手车销售统一发票等。

2. 发票的适用范围

（1）增值税一般纳税人使用增值税发票管理系统（以下简称系统）。

1）增值税一般纳税人发生应税销售行为，使用增值税发票管理系统开具增值税专用发票、增值税普通发票、收费公路通行费增值税电子普通发票、机动车销售统一发票、增值税电子普通发票、二手车销售统一发票。

2）单位和个人可以登录全国增值税发票查验平台对系统开具的发票信息进行查验。

（2）增值税小规模纳税人使用增值税发票管理系统。增值税小规模纳税人发生应税销售行为，开具增值税普通发票，一般不使用增值税专用发票，可以到税务机关代开增值税专用发票。为持续推进"放管服"改革，小规模纳税人（其他个人除外）发生增值税应税行为，需要开具增值税专用发票的，可以自愿使用增值税发票管理系统自行开具。选择自行开具增值税专用发票的小规模纳税人，税务机关不再为其代开增值税专用发票。

（3）增值税普通发票（卷票）由纳税人自愿选择使用。纳税人可依法书面向税务机关要求使用印有本单位名称的增值税普通发票（折叠票）或增值税普通发票（卷票），税务机关按规定确认印有该单位名称发票的种类和数量。纳税人通过系统开具印有本单位名称的增值税普通发票（折叠票）或增值税普通发票（卷票）。

（4）门票、过路（过桥）费发票、定额发票、客运发票和二手车销售统一发票继续使用。

（5）餐饮行业增值税一般纳税人购进农业生产者自产农产品，可以使用税务机关监制的农产品收购发票，按照现行规定计算抵扣进项税额。

（6）税务机关使用系统代开增值税专用发票和增值税普通发票，代开增值税专用发票使用六联票，代开增值税普通发票使用五联票。

（二）发票的开具、使用和保管

1. 发票的开具

（1）由付款方向收款方开具发票的特殊情形。销售商品、提供服务以及从事其他经营活动的单位和个人，对外发生经营业务收取款项，收款方应当向付款方开具发票。但下列情况，由付款方向收款方开具发票：①收购单位和扣缴义务人支付个人款项时；②国家税务总局认为其他需要由付款方向收款方开具发票的。

（2）取得发票时，不得要求变更品名和金额。

（3）开具发票应当按照规定的时限、顺序、栏目，全部联次 **一次性** 如实开具，并加盖发票专用章。不符合规定的发票，不得作为财务报销凭证，任何单位和个人有权拒收。

（4）任何单位和个人不得有下列虚开发票的行为：①为他人、为自己开具与实际经营业务情况不符的发票；②让他人为自己开具与实际经营业务情况不符的发票；③介绍他人开具与实际经营业务情况不符的发票。

2. 发票的使用和保管

（1）任何单位和个人都应当按照发票管理规定使用发票，不得有下列行为：①转借、转让、介绍他人转让发票、发票监制章和发票防伪专用品；②**知道或者应当知道**是私自印制、伪造、变造、非法取得或者废止的发票而受让、开具、存放、携带、邮寄、运输；③拆本使用发票；④扩大发票使用范围；⑤以其他凭证代替发票使用。

（2）发票的保管应做到：

1）开具发票的单位和个人应当建立发票使用登记制度，设置发票登记簿，并定期向主管税务机关报告发票使用情况。

2）已开具的发票存根联和发票登记簿，**应当保存 5 年**；保存期满，报经税务机关查验后销毁。

3）开具发票的单位和个人应当按照税务机关的规定存放和保管发票，不得擅自损毁。

（三）增值税发票开具和使用的特别规定

自 2017 年 7 月 1 日起，购买方为企业（包括公司、非公司制企业法人、企业分支机构、个人独资企业、合伙企业和其他企业）的，索取增值税普通发票时，应向销售方提供纳税人识别号或统一社会信用代码；销售方为其开具增值税普通发票时，应在"**购买方纳税人识别号**"栏填写购买方的纳税人识别号或统一社会信用代码。不符合规定的发票，不得作为税收凭证。

销售方开具增值税发票时，发票内容应按照实际销售情况如实开具，不得根据购买方要求填开**与实际交易不符**的内容。

（四）发票的检查

（1）税务机关在发票管理中有权进行下列检查：

1）检查印制、领购、开具、取得、保管和缴销发票的情况。

2）调出发票查验。

3）查阅、复制与发票有关的凭证、资料。

4）向当事各方询问与发票有关的问题和情况。

5）在查处发票案件时，对与案件有关的情况和资料，可以记录、录音、录像、照相和复制。

（2）税务人员进行检查时，应当**出示税务检查证**。

（3）调出发票查验的具体规定：

1）调出已开具的发票查验。税务机关需要将已开具的发票调出查验时，应当向被查验的单位和个人开具"**发票换票证**"。"发票换票证"与所调出查验的发票具有同等效力。

> 📢 **学习提示**：只有税务机关依法开具的"发票换票证"才与原发票具有同等法律效力。

2）调出空白发票查验。税务机关需要将空白发票调出查验时，应当开具**收据**，经查无问题的，应当及时返还。

五、纳税申报管理

纳税申报是指纳税人按照税法规定，定期就计算缴纳税款的有关事项向税务机关提交书面报告的法定手续。

（一）纳税申报的内容

纳税人、扣缴义务人的纳税申报或者代扣代缴、代收代缴税款报告表的主要内容包括：税种、税目；应纳税项目或者应代扣代缴、代收代缴税款项目；计税依据；扣除项目及标准；适用税率或者单位税额；应退税项目及税额、应减免税项目及税额；应纳税额或者应代扣代缴、代收代缴税额；税款所属期限、延期缴纳税款、欠税、滞纳金等。

（二）纳税申报的方式

1. 自行申报

自行申报也称直接申报，是指自行直接到主管税务机关指定的办税服务场所办理纳税申报手续。

2. 邮寄申报

邮寄申报以**寄出的邮戳日期**为实际申报日期。

3. 数据电文申报

采取数据电文方式办理纳税申报的，其申报日期以税务机关计算机网络系统**收到该数据电文**的时间为准。与数据电文相对应的纸质申报资料的报送期限由税务机关确定。

4. 其他方式申报

其他方式申报，可以使用**简易申报**、**简并征期**等方式申报纳税。

（三）纳税申报的其他要求

（1）纳税人在纳税期内没有应纳税款的，也应当按照规定办理纳税申报。

（2）纳税人享受减税、免税待遇的，在减税、免税期间应当按照规定办理纳税申报。

（3）延期办理纳税申报：

1）因自身原因需要延期：**事前申请**。

① 纳税人、扣缴义务人按照规定的期限办理纳税申报或者报送代扣代缴、代收代缴税款报告表确有困难，需要延期的，应当在规定的期限内向税务机关提出书面延期申请，经税务机关核准，在核准的期限内办理。

② 经核准延期办理纳税申报、报送事项的，应当在纳税期内按照上期实际缴纳的税额或者税务机关核定的税额预缴税款，并在核准的延期内办理税款结算。

2）因不可抗力需要延期：**事后报告**。纳税人、扣缴义务人因不可抗力，不能按期办理纳税申报或者报送代扣代缴、代收代缴税款报告表的，可以延期办理；但是，应当在**不可抗力情形消除后**立即向税务机关报告。

六、涉税专业服务管理

涉税专业服务是指涉税专业服务机构**接受委托**，利用专业知识和技能，就涉税专业事项向委托人提供的税务代理等服务。

（一）涉税专业服务机构

涉税专业服务机构是指税务师事务所和从事涉税专业服务的会计师事务所、律师事务所、代理记账机构、税务代理公司、财税类咨询公司等机构。

税务机关对税务师事务所**实施行政登记管理**。未经行政登记，不得使用"税务师事务所"名称，不能享有税务师事务所的合法权益。税务师事务所合伙人或者股东由税务师、注册会计师、律师担任，税务师占比应高于50%，国家税务总局另有规定的除外。

从事涉税专业服务的会计师事务所和律师事务所，依法取得会计师事务所执业证书或者律师事务所执业许可证，**视同行政登记**。

> **学习提示**：行政登记是指行政机关为实现一定的行政管理目的，根据法律、法规、规章的有关规定，依相对人申请，对符合法定条件的涉及相对人人身权、财产权等方面的法律事实予以书面记载的行为。

（二）涉税专业服务的业务范围

（1）纳税申报代理。

（2）一般税务咨询。

（3）专业税务顾问。

（4）税收策划。

（5）涉税鉴证。

（6）纳税情况审查。接受行政机关、司法机关委托，依法对企业纳税情况进行审查，做出专业结论。

（7）其他税务事项代理。接受委托，代理建账记账、发票领用、减免退税申请等税务事项。

（8）其他涉税服务。专业税务顾问、税收策划、涉税鉴证、纳税情况审查等涉税业务，应当由具有税务师事务所、会计师事务所、律师事务所资质的涉税专业服务机构从事；相关文书应由税务师、注册会计师、律师签字，并承担相应的责任。

> 学习提示：税务机关所需的涉税专业服务，应当通过政府采购方式购买。

（三）涉税专业服务机构从事涉税专业服务的要求

1．委托协议必备内容

（1）委托人及涉税专业服务机构名称和住址。

（2）委托代理项目和范围。

（3）委托代理的方式。

（4）委托代理的期限。

（5）双方的义务及责任。

（6）委托代理费用、付款方式及付款期限。

（7）违约责任及赔偿方式。

（8）争议解决方式。

（9）其他需要载明的事项。

税务代理委托协议自**双方签字、盖章时起**即具有法律效力。

2．当事人

税务代理委托协议中的**当事人一方必须是涉税专业服务机构**，税务代理执业人员**不得以个人名义**直接接受委托。税务代理执业人员承办税务代理业务由涉税专业服务机构委派。

3．责任承担

（1）凡是由于委托方未及时提供真实的、完整的、合法的生产经营情况、财务报表及有关纳税资料造成代理工作失误的，由**委托方**承担责任。

（2）执业人员违反国家法律、法规进行代理或未按协议约定进行代理，给委托人造成损失的，由涉税专业服务机构和执业人员个人承担相应的赔偿责任。

4．涉税报告和文书

涉税专业服务机构为委托人出具的各类涉税报告和文书，由**双方留存备查**。其中，税收法律、法规及国家税务总局规定报送的，应当向税务机关报送。

5．税务代理业务档案

税务代理业务档案需妥善保存，由专人负责。税务代理业务档案保存应**不少于5年**。

（四）税务机关对涉税专业服务机构的监管

1．监管机关

税务机关对涉税专业服务机构在中华人民共和国境内从事涉税专业服务进行监管。

2．监管体系

税务机关通过建立行政登记、实名制管理、业务信息采集、检查和调查、信用评价、公告与推送等制度，以及加强对税务师行业协会的监督指导，形成较为完整的涉税专业服务机构监管体系。

> **本节导读分析**：保证国家税收秩序井然有序的原因是国家要求纳税人和扣缴义务人"应当"办理税务登记，并对纳税人和扣缴义务人依法设立账簿、凭证、纳税申报做了具体要求。所以，创业企业应按照税务管理要求，依法办理税务登记，依法纳税。

第二节 税款征收与税务检查

> **/学习导读/**
>
> 纳税人和扣缴义务人应当依法办理纳税登记、依法设置账簿并进行纳税申报。但是，大大小小的企业，经营模式、管理水平不同，它们的税款征收方式一样吗？还是有所差异？万一企业有意隐瞒营业规模、虚报税款又该怎么办呢？让我们进入本节内容，看看国家对此做了哪些税务管理规定。

一、税款征收

税款征收是税务机关依照税收法律、法规的规定，将纳税人依法应当缴纳的税款组织入库的一系列活动的总称。它是税收征收管理工作的中心环节，是全部税收征收管理工作的目的和归宿。

（一）税款征收方式

税款征收方式是指税务机关根据各税种的不同特点和纳税人的具体情况而确定的计算、征收税款的形式和方法。

1．查账征收

查账征收是指针对财务会计制度健全的纳税人，税务机关依据其报送的纳税申报表、财务会计报表和其他有关纳税资料，依照适用税率，计算其应缴纳税款的税款征收方式。它适用于**财务会计制度健全**，能够如实核算和提供生产、经营情况，并能正确计算应纳税款和如实履行纳税义务的纳税人。

2．查定征收

查定征收是指针对账务不全，但能控制其材料、产量或进销货物的纳税单位或个人，税务机关依据正常条件下的生产能力对其生产的应税产品查定产量、销售额并据以确定其应缴纳税款的税款征收方式。它适用于生产、经营规模较小，产品零星，税源分散，会计账册不健全，但**能控制原材料或进销货**的小型厂矿和作坊。

3．查验征收

查验征收是指税务机关对纳税人的应税商品、产品，通过查验数量，按市场一般销售单价计算其销售收入，并据以计算其应缴纳税款的税款征收方式。它适用于纳税人财务制度不健全，生产、经营不固定，**零星分散**、**流动性大**的税源。

4．定期定额征收

定期定额征收是指税务机关对小型个体工商户在一定经营地点、一定经营时期、一定经营范围内的应纳税经营额（包括经营数量）或所得额进行核定，并以此为计税依据，确定其应缴纳税额的一种税款征收方式。它适用于经主管税务机关认定和县以上税务机关（含县级）批准的生产、经营规模小，达不到规定设置账簿标准，**难以查账征收**，不能准确计算计税依据的个体工商户（包括个人独资企业）。

（二）应纳税额的核定

纳税人有下列情形之一的，税务机关**有权核定其应纳税额**：①依照法律、行政法规的规定可以不设置账簿的；②依照法律、行政法规的规定应当设置但未设置账簿的；③擅自销毁账簿或者拒不提供纳税资料的；④虽设置账簿，但账目混乱或者成本资料、收入凭证、费用凭证残缺不全，难以查账的；⑤发生纳税义务，**未按照规定的期限办理纳税申报**，经税务机关责令限期申报，逾期仍不申报的；⑥纳税人申报的计税依据**明显偏低，又无正当理由**的。

核定应纳税额的方法如下：①参照当地同类行业或者类似行业中经营规模和收入水平相近的纳税人的税负水平核定；②按照营业收入或者成本加合理的费用和利润的方法核定；③按照耗用的原材料、燃料、动力等推算或者测算核定；④按照其他合理方法核定。

> 📢 **学习提示**：税务机关有权采用上述任何一种方法核定应纳税额；当其中一种方法不足以正确核定应纳税额时，可以同时采用两种以上的方法核定。

（三）税款征收措施

1. 责令缴纳

（1）纳税人未按照规定期限缴纳税款的、扣缴义务人未按照规定期限解缴税款的，税务机关可责令限期缴纳，并从滞纳税款之日起，按日加收滞纳金。

滞纳金的加收标准：从滞纳税款之日起，按日加收滞纳税款**万分之五**的滞纳金。

加收滞纳金的起止时间：自税款**法定缴纳期限届满次日起**至纳税人、扣缴义务人实际缴纳或者解缴税款之日止。

（2）对未按照规定办理税务登记的从事生产、经营的纳税人以及临时从事生产、经营的纳税人，由税务机关核定其应纳税额，责令其缴纳应纳税额。纳税人不缴纳的，税务机关可以扣押其价值相当于应纳税款的商品、货物。扣押后缴纳应纳税款的，税务机关必须立即解除扣押，并归还所扣押的商品、货物；扣押后仍不缴纳税款的，经县以上税务局（分局）局长批准，依法拍卖或者变卖所扣押的商品、货物，以拍卖或者变卖所得抵缴税款。

（3）税务机关**有根据认为**从事生产、经营的纳税人有逃避纳税义务行为的，可以在规定的纳税期之前，责令限期缴纳应纳税款。逾期仍未缴纳的，税务机关有权采取其他税款征收措施。

（4）纳税担保人未按照规定的期限缴纳所担保的税款，税务机关可以责令其限期缴纳应纳税款。逾期仍未缴纳的，税务机关有权采取其他税款征收措施。

2. 责令提供纳税担保

（1）适用纳税担保的情形。

1）税务机关有根据认为从事生产、经营的纳税人有逃避纳税义务行为，**在规定的纳税期之前**已经责令其限期缴纳应纳税款，在限期内发现纳税人有明显的转移、隐匿其应纳税的商品、货物，以及其他财产或者应纳税收入的迹象，责成纳税人提供纳税担保的。

2）欠缴税款、滞纳金的纳税人或者其法定代表人需要出境的。

3）纳税人同税务机关在纳税上发生争议而未缴清税款，需要申请行政复议的。

4）税收法律、行政法规规定可以提供纳税担保的其他情形。

（2）纳税担保的范围包括税款、滞纳金和**实现税款、滞纳金的费用**。

（3）纳税担保的方式。纳税担保是指经税务机关同意或者确认，纳税人或者其他自然人、法人、经济组织以**保证、抵押、质押**的方式，为纳税人应当缴纳的税款及滞纳金提供担保的行为。

3. 采取税收保全措施

（1）适用税收保全的情形及措施。税务机关责令具有税法规定情形的纳税人提供纳税担保而纳税人拒绝提供纳税担保或无力提供纳税担保的，经县以上税务局（分局）局长批准，税务机关可以采取下列税收保全措施：

1）书面通知纳税人开户银行或者其他金融机构冻结纳税人的金额相当于应纳税款的存款。

2）扣押、查封纳税人的价值相当于应纳税款的商品、货物或者其他财产。

（2）不适用税收保全措施的财产。

1）个人及其所扶养家属**维持生活必需**的住房和用品（不包括机动车辆、金银饰品、古玩字画、豪华住宅或者一处以外的住房），不在税收保全措施的范围之内。

2）税务机关对**单价5 000元以下**的其他生活用品，不采取税收保全措施。

（3）税务机关采取税收保全措施的期限**一般不得超过6个月**。

4. 采取强制执行措施

（1）适用强制执行的情形及措施。从事生产、经营的纳税人、扣缴义务人未按照规定的期限缴纳或者解缴税款，纳税担保人未按照规定的期限缴纳所担保的税款，由税务机关责令限期缴纳。逾期仍未缴纳的，经县以上税务局（分局）局长批准，税务机关可以采取下列强制执行措施：①书面通知其开户银行或者其他金融机构从其存款中扣缴税款；②扣押、查封、依法拍卖或者变卖其价值相当于应纳税款的商品、货物或者其他财产，以拍卖或者变卖所得抵缴税款。

（2）强制执行的范围：①税务机关采取强制执行措施时，对上述纳税人、扣缴义务人、纳税担保人未缴纳的滞纳金同时强制执行；②个人及其所扶养家属维持生活必需的住房和用品（不包括机动车辆、金银饰品、古玩字画、豪华住宅或者一处以外的住房），不在强制执行措施的范围之内；③税务机关对单价5 000元以下的其他生活用品，不采取强制执行措施。

5. 阻止出境

欠缴税款的纳税人或者其法定代表人在出境前**未按规定结清应纳税款**、**滞纳金**或者**提供纳税担保**的，税务机关可以通知出境管理机关阻止其出境。

二、税务检查

税务检查又称纳税检查，是指税务机关根据税收法律、行政法规的规定，对纳税人、扣缴义务人履行纳税义务、扣缴义务及其他有关税务事项进行审查、核实、监督活动的总称。它是税收征收管理工作的一项重要内容，是确保国家对财政收入和税收法律法规贯彻落实的重要手段。

（一）税务机关在税务检查中的职权和职责

（1）税务检查权限。

1）**查账权**。检查纳税人的账簿、记账凭证、报表和有关资料，检查扣缴义务人代扣代缴、代收代缴税款账簿、记账凭证和有关资料。

2）**场地检查权**。到纳税人的生产、经营场所和货物存放地（不包括生活场所）检查纳税人应纳税的商品、货物或者其他财产，检查扣缴义务人与代扣代缴、代收代缴税款有关的经营情况。

3）**责成提供资料权**。责成纳税人、扣缴义务人提供与纳税或者代扣代缴、代收代缴税款有关的文件、证明材料和有关资料。

4）询问权。询问纳税人、扣缴义务人与纳税或者代扣代缴、代收代缴税款有关的问题和情况。

5）交通邮政检查权。到车站、码头、机场、邮政企业及其分支机构检查纳税人托运、邮寄应纳税商品、货物或者其他财产的有关单据、凭证和有关资料（不包括自带物品）。

6）存款账户查询权。经县以上税务局（分局）局长批准，指定专人负责，凭全国统一格式的检查存款账户许可证明，查询从事生产、经营的纳税人、扣缴义务人在银行或者其他金融机构的存款账户；税务机关在调查税收违法案件时，经设区的市、自治州以上税务局（分局）局长批准，可以查询案件涉嫌人员的储蓄存款。

（2）税务机关对从事生产、经营的纳税人以前纳税期的纳税情况依法进行税务检查时，发现纳税人有逃避纳税义务行为，并有明显的转移、隐匿其应纳税的商品、货物以及其他财产或者应纳税的收入迹象的，可以按照《税收征收管理法》规定的批准权限采取税收保全措施或者强制执行措施。

（3）税务机关调查税务违法案件时，对与案件有关的情况和资料，可以记录、录音、录像、照相和复制。

（4）税务机关依法进行税务检查时，有权向有关单位和个人调查纳税人、扣缴义务人和其他当事人与纳税或者代扣代缴、代收代缴税款有关的情况。

（5）税务机关派出的人员进行税务检查时，应当出示税务检查证和税务检查通知书，并有责任为被检查人保守秘密；未出示税务检查证和税务检查通知书的，被检查人有权拒绝检查。

（二）被检查人的义务

（1）纳税人、扣缴义务人必须接受税务机关依法进行的税务检查，如实反映情况，提供有关资料，不得拒绝、隐瞒。

（2）税务机关依法进行税务检查，向有关单位和个人调查纳税人、扣缴义务人和其他当事人与纳税或代扣代缴、代收代缴税款有关的情况时，有关单位和个人有义务向税务机关如实提供有关资料及证明材料。

本节导读分析：国家对不同经营模式下的企业有不同的税款征收规定，利用税款征收措施以保障国家税收权利。对于纳税人是否诚信纳税，税务机关有权对其进行税务检查。

第三节　税务行政复议

/学习导读/

税法规定，纳税人应当依法办理税务登记并在纳税期限内缴税，针对纳税人的征缴情况，税务机关有权进行核定检查。但在实务中，影响企业征缴税款的因素较多，部分企业业务范围广泛、涉税情况复杂。若税务机关因对企业的具体情况了解不够全面，从而做出导致企业承担过多税负等不利事项的决定，致使企业对税务机关所做的税务鉴定不服，那么企业应通过什么方式和途径保护自身的合法权益呢？让我们进入本节内容，看看法律在保护纳税人权益方面做了哪些规定。

一、税务行政复议的概念

税务行政复议是指纳税人和其他税务当事人对税务机关的税务行政行为不服，依法向上级税务机关提出申诉，请求上一级税务机关对原具体行政行为的合理性、合法性做出审议，复议机关依法对原行政行为的合理性、合法性做出裁决的行政司法活动。

二、税务行政复议范围

（1）申请人对税务机关下列具体行政行为不服的，可以提出行政复议申请：

📖 **学习提示**：纳税人及其当事人，简称申请人；税务机关，简称被申请人。

1）税务机关做出的征税行为，包括确认纳税主体、征税对象、征税范围、减税、免税、退税、抵扣税款、适用税率、计税依据、纳税环节、纳税期限、纳税地点和税款征收方式等具体行政行为，征收税款、加收滞纳金，扣缴义务人、受税务机关委托的单位和个人做出的代扣代缴、代收代缴、代征行为等。

2）行政许可、行政审批行为。

3）发票管理行为，包括发售、收缴、代开发票等。

4）税收保全措施、强制执行措施。

5）税务机关做出的行政处罚行为：①罚款；②没收财物和违法所得；③停止出口退税权。

6）税务机关不依法履行下列职责的行为：①开具、出具完税凭证；②行政赔偿；③行政奖励；④其他不依法履行职责的行为。

7）资格认定行为。

8）不依法确认纳税担保行为。

9）政府公开信息工作中的具体行政行为。

10）纳税信用等级评定行为。

11）通知出入境管理机关阻止出境行为。

12）税务机关做出的其他具体行政行为。

（2）附带审查。

1）申请人认为税务机关的具体行政行为所依据的下列规定不合法，对具体行为申请行政复议时，可以一并向复议机关提出对该规定（不含规章）的审查申请：①国家税务总局和国务院其他部门的规定；②其他各级税务机关的规定；③地方各级人民政府的规定；④地方人民政府部门的规定。

2）申请人对具体行政行为提出行政复议申请时不知道该具体行政行为所依据的规定的，可以在行政复议机关**做出行政复议决定以前**提出对该规定的审查申请。

三、税务行政复议管辖

（一）复议管辖的一般规定

（1）对各级税务局的具体行政行为不服的，向其上一级税务局申请行政复议。

（2）对计划单列市税务局的具体行政行为不服的，向国家税务总局申请行政复议。

（3）对税务所（分局）、各级税务局的稽查局做出的具体行政行为不服的，向其所属税务局申请行政复议。

（4）对国家税务总局做出的具体行政行为不服的，向国家税务总局申请行政复议；对行政复议决定不服，申请人可以向人民法院提起行政诉讼，也可以向国务院申请裁决。国务院的裁决为**最终裁决**。

📢 **学习提示**：国税地税机构合并后，实行以国家税务总局为主与省（区、市）人民政府双重领导管理体制。

（二）复议管辖的特殊规定

（1）对两个以上税务机关以共同的名义做出的具体行政行为不服的，向共同上一级税务机关申请行政复议；对税务机关与其他行政机关以共同的名义做出的具体行政行为不服的，向其共同上一级行政机关申请行政复议。

（2）对被撤销的税务机关在撤销以前所做出的具体行政行为不服的，向继续行使其职权的税务机关的上一级税务机关申请行政复议。

（3）对税务机关做出逾期不缴纳罚款和加处罚款的决定不服的，向做出行政处罚决定的税务机关申请行政复议；但对已处罚款和加处罚款都不服的，一并向做出行政处罚决定的税务机关的上一级税务机关申请行政复议。

四、税务行政复议申请与受理

（一）税务行政复议申请

（1）申请时间：申请人可以在知道税务机关做出具体行政行为之日起 **60 日内** 提出行政复议申请。

（2）延期：因**不可抗力**或者**被申请人设置障碍**等原因耽误法定申请期限的，申请期限的计算应当扣除被耽误时间。

（3）复议前提：申请人对复议范围中征税行为不服的，应当先向复议机关申请行政复议；对行政复议决定不服的，可以向人民法院提起行政诉讼。

申请人按前述规定申请行政复议的，必须依照税务机关根据法律、行政法规确定的税额、期限，先行缴纳或者解缴税款及滞纳金，或者提供相应的担保，方可在实际缴清税款和滞纳金后，或者所提供的担保得到做出具体行政行为的税务机关确认之日起 60 日内提出行政复议申请。

（4）复议形式：可以**书面申请**，也可以**口头申请**。书面申请应以当面递交、邮寄、传真等方式申请；口头申请应当场制作行政复议申请笔录，宣读并由申请人确认。

（二）税务行政复议受理

（1）考虑时间：复议机关收到行政复议申请后，应当在 **5 个工作日内** 进行审查，决定是否受理。

（2）反馈：对符合规定的行政复议申请，自行政复议机构收到之日起即为受理，应当书面告知申请人；对不符合规定的行政复议申请，决定不予受理，并书面告知申请人。对不属于本机关受理的行政复议申请，应当告知申请人向有关行政复议机关提出。复议机关收到行政复议申请以后，未按照规定期限审查并做出不予受理决定的，视为受理。

（3）上诉时间：对应当先向复议机关申请行政复议，对行政复议决定不服再向人民法院提起行政诉讼的具体行政行为，复议机关决定不予受理或者受理以后超过行政复议期限不做答复的，申请人可以自收到不予受理决定书之日起或者行政复议期满之日起 15 日内，依法向人民法院提起行政诉讼。

（4）不能并行：申请人向复议机关申请行政复议，复议机关已经受理的，在法定行政复议期限内申请人不得向人民法院提起行政诉讼；申请人向人民法院提起行政诉讼，人民法院已经依法受理的，不得申请行政复议。

（5）**行政复议期间具体行政行为不停止执行**。但有下列情形之一的，可以停止执行：①被申请人认为需要停止执行的；②行政复议机关认为需要停止执行的；③申请人申请停止执行，行政复议机关认为其要求合理，决定停止执行的；④法律规定停止执行的。

五、税务行政复议审查和决定

（一）税务行政复议审查

（1）行政复议机构审理行政复议案件，应当由**2名以上**行政复议工作人员参加。

（2）行政复议工作人员**应当具备**与履行行政复议职责**相适应的品行、专业知识和业务能力**。

税务机关中初次从事行政复议的人员，应当通过国家统一法律职业资格考试取得法律职业资格。

（3）听证程序：①对重大、复杂的案件，申请人提出要求或者行政复议机构认为必要时，可以采取听证的方式审理；②听证应当公开举行，但是涉及国家秘密、商业秘密或者个人隐私的除外；③行政复议听证人员不得少于2人，听证主持人由行政复议机构指定；④听证应当制作笔录，申请人、被申请人和第三人应当确认听证笔录内容；⑤第三人不参加听证的，不影响听证的举行。

（4）审查范围。行政复议机关应当全面审查被申请人的具体行政行为所依据的事实证据、法律程序、法律依据和设定的权利义务内容的**合法性**、**适当性**。

（5）行政复议申请的撤回。

1）申请人在行政复议决定做出以前撤回行政复议申请的，经行政复议机构同意，可以撤回。

2）申请人撤回行政复议申请的，不得再以**同一事实和理由**提出行政复议申请；但申请人能够证明撤回行政复议申请违背其真实意思表示的除外。

（6）被申请人改变原具体行政行为。行政复议期间被申请人改变原具体行政行为的，不影响行政复议案件的审理。但申请人依法撤回行政复议申请的除外。

（7）认为其依据不合法。行政复议机关审查被申请人的具体行政行为时，**认为其依据不合法**：①本机关有权处理的，应当在30日内依法处理；②本机关无权处理的，应当在7个工作日内按照法定程序逐级转送有权处理的国家机关依法处理；③处理期间，中止对具体行政行为的审查。

（二）税务行政复议决定

（1）具体行政行为有下列情形之一的，决定**撤销、变更或者确认**该具体行政行为违法：①主要事实不清、证据不足的；②适用依据错误的；③违反法定程序的；④超越或者滥用职权的；⑤具体行政行为明显不当的。

（2）决定期限。行政复议机关应当自受理申请之日起60日内做出行政复议决定；情况复杂，不能在规定期限内做出行政复议决定的，经行政复议机关负责人批准，可以适当延长，并告知申请人和被申请人，但延长期限最多不超过30日。

（3）生效。行政复议决定书**一经送达**，即发生法律效力。

本节导读分析：通过本节学习，我们了解到，如果纳税人对税务机关的税务行政行为不服，可依法向上级税务机关提出申诉。为了更好地掌握和应用行政复议，要重点学习行政复议的范围、行政复议管辖以及行政复议的申请等。

第四节　税收法律责任

/学习导读/

在我国的历史典故中，有不少关于偷税抗税的故事。例如，公元前271年，赵惠文王的弟弟平原君在都城邯郸开了九家大型店铺，分由其管家负责，而管家倚仗权势抗拒缴纳国家税款，并打伤前去收税的税务官。此事被当时赵国最高的"税务长官"赵奢知晓，赵奢为维护国法尊严，依据律法，果断处决了这九个店铺管家。在当代，虽然税务局"为国聚财、为民收税"，但仍有不少企业剑走偏锋、险中求利，因而偷税漏税。那么对于这些偷税漏税的企业，应该承担怎样的法律责任呢？让我们进入本节内容一起来学习。

一、违反税务管理规定的法律责任

（1）纳税人有下列行为之一的，由税务机关责令期限改正，可以处2 000元以下的罚款；情节严重的，处2 000元以上10 000元以下的罚款。

1）未按照规定设置、保管账簿或者保管记账凭证和有关资料的。

2）未按照规定将财务、会计制度或者财务、会计处理办法和会计核算软件报送税务机关备查的。

3）未按照规定将其全部银行账户向税务机关报告的。

4）未按照规定安装、使用税控装置，或者损毁或者擅自改动税控装置的。

（2）扣缴义务人未按照规定设置、保管代扣代缴、代收代缴税款账簿或者保管代扣代缴、代收代缴税款记账凭证及有关资料的，由税务机关责令期限改正，可以处2 000元以下的罚款；情节严重的，处2 000元以上5 000元以下的罚款。

（3）纳税人未按照规定的期限办理纳税申报和报送纳税资料的，或者扣缴义务人未按照规定的期限向税务机关报送代扣代缴、代收代缴税款报告表和有关资料的，由税务机关责令期限改正，可以处2 000元以下的罚款；情节严重的，处2 000元以上10 000元以下的罚款。

（4）纳税人、扣缴义务人编造虚假计税依据的，由税务机关责令限期改正，并处50 000元以下的罚款。

（5）非法印制、转借、倒卖、变造或者伪造完税凭证的，由税务机关责令改正，处2 000元以上10 000元以下的罚款；情节严重的，处10 000元以上50 000元以下的罚款；构成犯罪的，依法追究刑事责任。

（6）银行和其他金融机构未依照《税收征收管理法》的规定在从事生产、经营的纳税人的账户中登录税务登记证件号码，或者未按照规定在税务登记证件中登录从事生产、经营的纳税人的账户账号的，由税务机关责令期限改正，处2 000元以上20 000元以下的罚款；情节严重的，处20 000元以上50 000元以下的罚款。

（7）扣缴义务人应扣未扣、应收而不收税款的，由税务机关向纳税人追缴税款，对扣缴义务人处应扣未扣、应收未收税款 50% 以上 3 倍以下的罚款。

（8）税务代理人违反税收法律、行政法规，造成纳税人未缴或者少缴税款的，除由纳税人缴纳或者补缴应纳税款、滞纳金外，对税务代理人处纳税人未缴或者少缴税款 50% 以上 3 倍以下的罚款。

二、逃税行为的法律责任

（一）逃税行为的界定

逃税行为是指纳税人采取伪造、变造、隐匿、擅自销毁账簿、记账凭证，或者在账簿上多列支出或者不列、少列收入，或者经税务机关通知申报而拒不申报或者进行虚假的纳税申报的手段，不缴或者少缴应纳税款的行为。

（二）逃税行为的法律责任

（1）纳税人采取欺骗、隐瞒手段进行虚假纳税申报或者不申报，逃避缴纳税款数额较大并且占应纳税额 10% 以上的，处 3 年以下有期徒刑或者拘役，并处罚金；数额巨大并且占应纳税额 30% 以上的，处 3 年以上 7 年以下有期徒刑，并处罚金。对多次实施前述行为，未经处理的，按照累积数额计算。

（2）有逃税行为，经税务机关依法下达追缴通知后，补缴应纳税款，缴纳滞纳金，已受行政处罚的，不予追究刑事责任；但是，5 年内因逃避缴纳税款受过刑事处罚或者被税务机关给予 2 次以上行政处罚的除外。

（3）扣缴义务人采取上述手段，不缴或者少缴已扣、已收税款，由税务机关追缴其不缴或者少缴的税款、滞纳金，并处不缴或者少缴的税款 50% 以上 5 倍以下的罚款；构成犯罪的，依法追究刑事责任。

三、欠税行为的法律责任

欠税行为是指纳税人欠缴应纳税款，采取转移或者隐匿财产的手段，妨碍税务机关追缴欠缴的税款的行为。

纳税人欠缴应纳税款的，由税务机关追缴欠缴的税款、滞纳金，并处欠缴税款 50% 以上 5 倍以下的罚款；构成犯罪的，依法追究刑事责任。

四、抗税行为的法律责任

抗税行为是指纳税人、扣缴义务人以暴力、威胁方式拒不缴纳税款的行为。

对抗税行为，除由税务机关追缴其拒缴的税款、滞纳金外，依法追究刑事责任。情节轻微，未构成犯罪的，由税务机关追缴其拒缴的税款、滞纳金，并处拒缴税款 1 倍以上 5 倍以下的罚款。

五、骗税行为的法律责任

骗税行为是指纳税人以假报出口或者其他欺骗手段，骗取国家出口退税款的行为。

纳税人有骗税行为，由税务机关追缴其骗取的退税款，并处骗取税款 1 倍以上 5 倍以下的罚款；构成犯罪的，依法追究刑事责任。

为纳税人、扣缴义务人非法提供银行账户、发票、证明或者其他方便，骗取国家出口退税款的，税务机关除没收其违法所得外，可以处未缴、少缴或者骗取税款 1 倍以下的罚款。

六、纳税人、扣缴义务人不配合税务检查的法律责任

税务检查期间,纳税人、扣缴义务人发生不配合税务机关进行税务检查的下列行为,由税务机关责令改正,可以处 1 万元以下的罚款;情节严重的,处 1 万元以上 5 万元以下的罚款:

(1) 逃避、拒绝或者以其他方式阻挠税务机关检查的。
(2) 提供虚假资料,不如实反映情况,或者拒绝提供有关资料的。
(3) 拒绝或阻止税务机关记录、录音、录像、照相和复制与案件有关的情况和资料的。
(4) 转移、隐匿、销毁有关资料的。
(5) 有不依法接受税务检查的其他情形的。

【例 7-1】 根据税收征收管理法律制度的规定,纳税人发生的下列行为中,属于逃税行为的是( )。
A. 以暴力、威胁方法,拒不缴纳税款的
B. 在账簿上多列支出,少列收入,少缴应纳税款的
C. 未按照规定的期限办理纳税申报和报送纳税资料的
D. 假报出口、骗取国家出口退税款的

【答案】 B

【解析】 选项 A 属于抗税行为;选项 C 属于违反税务管理基本规定的行为;选项 D 属于骗税行为。

七、重大税收违法失信案件信息公布制度

税务机关依法规定,向社会公布重大税收违法失信案件信息,并将信息通报相关部门,共同实施严格监管和惩戒。

重大税收违法失信案件是指符合下列标准之一的案件:

(1) 纳税人伪造、变造、隐匿、擅自销毁账簿、记账凭证,或者在账簿上多列支出或者不列、少列收入,或者经税务机关通知申报而拒不申报或者进行虚假的纳税申报,不缴或者少缴应纳税款 100 万元以上,且任一年度不缴或者少缴应纳税款占当年各税种应纳税总额 10% 以上的。
(2) 纳税人欠缴应纳税款,采取转移或者隐匿财产的手段,妨碍税务机关追缴欠缴的税款,欠缴税款金额 10 万元以上的。
(3) 骗取国家出口退税款的。
(4) 以暴力、威胁方式拒不缴纳税款的。
(5) 虚开增值税专用发票或者虚开用于骗取出口退税、抵扣税款的其他发票的。
(6) 虚开普通发票 100 份或者金额 40 万元以上的。
(7) 私自印制、伪造、变造发票,非法制造发票防伪专用品,伪造发票监制章的。
(8) 具有偷税、逃避追缴欠税、骗取出口退税、抗税、虚开发票等行为,经税务机关检查确认走逃(失联)的。
(9) 其他违法情节严重、有较大社会影响的。

公布重大税收违法失信案件信息,应当主要包括以下内容:

(1) 对法人或者其他组织,公布其名称,统一社会信用代码或者纳税人识别号,注册地址,法定代表人、负责人或者经法院裁判确定的实际责任人的姓名、性别及身份证号码(隐去出生

年、月、日号码段，下同），经法院裁判确定的附有直接责任的财务人员、团伙成员的姓名、性别及身份证号码。

（2）对自然人，公布其姓名、性别、身份证号码。

📢 **学习提示**：上述两类重大税收违法失信案件的当事人，在公布前能按照《税务处理决定书》《税务行政处罚决定书》缴清税款、滞纳金和罚款的，经实施检查的税务机关确认，只将案件信息录入相关税务信息管理系统，不向社会公布该案件信息；在公布后能按照《税务处理决定书》《税务行政处罚决定书》缴清税款、滞纳金和罚款的，经实施检查的税务机关确认，停止公布并从告知栏中撤出，并将缴清税款、滞纳金和罚款的情况通知实施联合惩戒和管理的部门。

（3）主要违法事实。

（4）走逃（失联）情况。

（5）适用的相关法律依据。

（6）税务处理、税务行政处罚等情况。

（7）实施检查的单位。

（8）对公布的重大税收违法失信案件负有直接责任的涉税专业服务机构及从业人员，税务机关可以依法一并公布其名称、统一社会信用代码或者纳税人识别号、注册地址，以及直接责任人的姓名、性别、身份证号码、职业资格证书编号等。

案件信息一经录入相关税务信息管理系统，作为当事人的税收信用记录永久保存

✳ **本节导读分析**：按时缴税是每个公民和企业应尽的职责和义务，也是国家法律的规定，但是在现实生活中，总是有个别的企业为了自身的利益，采取伪造、隐匿、擅自销毁账簿、记账凭证等各种不公开的手段来偷逃税款。纳税人采取上述手段，不缴或者少缴已扣、已收税款，税务机关有权追缴其税款和滞纳金，并处以罚款，构成犯罪的，应依法追究刑事责任。

⚙ **知识小结**：逃税、欠税、抗税和骗税辨析

行为	违法情形认定	法律责任
逃税	① 纳税人伪造、变造、隐匿、擅自销毁账簿、记账凭证 ② 在账簿上多列支出或者不列、少列收入 ③ 经税务机关通知申报而拒不申报 ④ 经税务机关通知申报而进行虚假的纳税申报，不缴或者少缴应纳税款	① 税务机关追缴其不缴或少缴的税款、滞纳金，并处罚款 ② 构成犯罪的，依法追究刑事责任
欠税	纳税人欠缴应纳税款，采取转移或者隐匿财产的手段，妨碍税务机关追缴欠缴税款	① 税务机关追缴欠缴的税款、滞纳金，并处罚款 ② 构成犯罪的，依法追究刑事责任
抗税	纳税人、扣缴义务人以暴力、威胁方式拒不缴纳税款	① 除由税务机关追缴其拒缴的税款、滞纳金外，依法追究刑事责任 ② 情节轻微、未构成犯罪的，由税务机关追缴其拒缴的税款、滞纳金，并处罚款

（续）

行为	违法情形认定	法律责任
骗税	纳税人以假报出口或其他欺骗手段骗取出口退税款	①税务机关追缴其骗取的退税款，并处罚款；构成犯罪的，依法追究刑事责任 ②对骗取国家出口退税款的，税务机关可以在规定期间内停止为其办理出口退税

本章导读分析

为了保障国家这个庞大机器的正常运转，在每个社会阶段都会探讨和筹划更优化的税收方式与手段，不断完善和调整税收制度。要想更好地将税收政策贯彻到每一个纳税人，就要制定相关的税收征收管理法律制度。近年来，我国十分重视税收的征收管理工作，把加强税收征收管理提到了非常重要的位置。因此，纳税人熟悉相关政策、学习税收征收管理法律制度至关重要。

实务案例

2018年10月3日，新华社记者报道，群众举报演员范某某"阴阳合同"涉税案件事实已经查清。范某某在某电影剧组拍摄过程中实际取得片酬3 000万元，其中1 000万元已经申报纳税，其余2 000万元以拆分合同方式偷逃个人所得税618万元，少缴其他税112万元，合计730万元。此外，还查出范某某及其担任法定代表人的企业少缴税款2.48亿元，其中偷逃税款1.34亿元。

对上述违法行为，江苏省税务局依据《中华人民共和国税收征收管理法》及其实施细则的规定，对范某某及其担任法定代表人的企业追缴税款2.55亿元，加收滞纳金0.33亿元；对范某某采取拆分合同手段隐瞒真实收入偷逃税款处4倍罚款，计2.4亿元；对其利用工作室账户隐匿个人报酬偷逃税款处3倍罚款，计2.39亿元；对其担任法定代表人的企业少计收入偷逃税款处1倍罚款，计94.6万元；对其担任法定代表人的两户企业未代扣代缴个人所得税和非法提供便利协助少缴税款各处0.5倍罚款，分别计0.51亿元和0.65亿元。

9月30日，江苏省税务局依法向范某某正式下达《税务处理决定书》和《税务行政处罚决定书》，要求其将追缴的税款、滞纳金、罚款在收到上述处理处罚决定后在规定期限内缴清，并在规定期限内缴纳，依法不予追究刑事责任；若超过规定期限不缴纳税款和滞纳金、不接受行政处罚，税务机关将依法移送公安机关处理。

同时查证，2018年6月，在税务机关对范某某及其经纪人牟某所控制的相关公司展开调查期间，牟某指使公司员工隐匿、故意销毁涉案公司会计凭证、会计账簿，阻挠税务机关依法调查，涉嫌犯罪。现牟某等人已被公安机关依法采取强制措施进行进一步侦查。

范某某签订"阴阳合同"，少列收入，进行虚假纳税申报，少缴税款，属于偷税行为，税务机关应对其追缴少缴的税款、滞纳金及罚款；经纪人牟某指使公司员工隐匿、故意销毁涉案会计凭证、会计账簿，阻挠税务机关调查，不仅构成偷税行为，同时应承担不配合税务检查的法律责任。

第七章 税收征收管理法律制度

思维导图

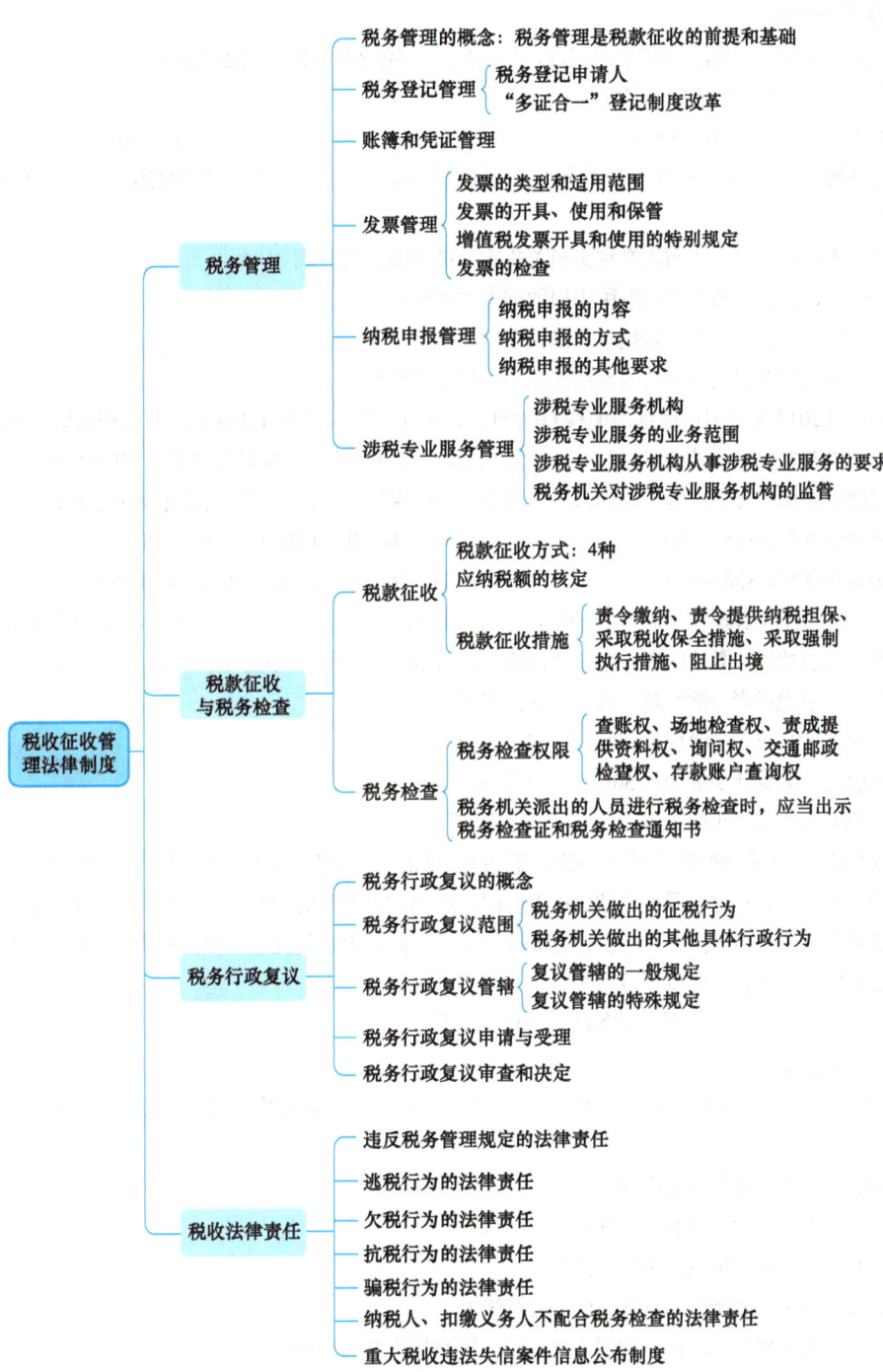

复习思考题

一、单项选择题

1. 根据税收征收管理法律制度的规定，从事生产、经营的纳税人应当自领取营业执照或者发生纳税义务之日起（   ）内，按规定设置账簿。
   A. 7日   B. 10日   C. 15日   D. 30日

2. 根据税收征收管理法律制度的规定，采取数据电文方式办理纳税申报的，其申报日期应当以（   ）为准。
   A. 纳税人、扣缴义务人首次在税务机关指定系统中填报的时间
   B. 纳税人、扣缴义务人发出纳税申报数据电文的时间
   C. 税务机关收到纳税申报数据电文确认书的时间
   D. 税务机关计算机网络系统收到纳税申报数据电文的时间

3. 某公司2019年8月应缴纳增值税60 000元，城市维护建设税4 200元。该公司在规定期限内未进行纳税申报，税务机关责令其缴纳税款并加收滞纳金，该公司在9月30日办理了申报缴纳手续。税务机关核定该公司增值税和城市维护建设税均以1个月为一个纳税期。该公司应缴纳的滞纳金金额是（   ）元。
   A. 60 000×0.5‰ ×15 = 450
   B. （60 000+4 200）×0.5‰ ×15=481.5
   C. 60 000×0.5‰ ×30 = 900
   D. （60 000+4 200）×0.5‰ ×30=963

4. 根据税收征收管理法律制度的规定，税务代理人违反税收法律、行政法规，造成纳税人未缴或者少缴税款的，除由纳税人缴纳或者补缴应纳税款、滞纳金外，对税务代理人处以（   ）罚款。
   A. 纳税人未缴或者少缴税款1倍以上3倍以下
   B. 纳税人未缴或者少缴税款30%以上3倍以下
   C. 纳税人未缴或者少缴税款50%以上3倍以下
   D. 纳税人未缴或者少缴税款50%以上5倍以下

5. 根据税收征收管理法律制度的规定，下列关于调出发票查验的说法中，不正确的是（   ）。
   A. 税务机关需要将已开具的发票调出查验时，应当向被查验的单位和个人开具发票换票证
   B. 发票换票证与所调出查验的发票有同等的效力，被调出查验发票的单位和个人不得拒绝接受
   C. 税务机关不得将空白发票调出查验
   D. 查验无问题的空白发票，税务机关应当及时返还

二、多项选择题

1. 根据税收征收管理法律制度的规定，下列各项中，可以不办理税务登记的有（   ）。
   A. 国家机关
   B. 企业在外地设立的分支机构
   C. 无固定生产经营场所的流动性农村小商贩
   D. 负有个人所得税纳税义务的自然人

2. 下列关于税务检查的说法中，不正确的有（   ）。
   A. 税务机关有权到车站检查纳税人托运应纳税商品的有关单据
   B. 税务机关在调查税收违法案件时，经县以上税务局（分局）局长批准，可以查询案件涉嫌人员的储蓄存款

C. 机关对从事生产、经营的纳税人以前纳税期的纳税情况依法进行税务检查时，发现纳税人有逃避纳税义务行为，并有明显的转移、隐匿其应纳税的商品、货物以及其他财产或者应纳税的收入的迹象的，可以按照规定的批准权限采取税收保全措施或者强制执行措施

D. 税务机关调查税务违法案件时，对与案件有关的情况和资料，可以记录、录音、录像、照相，但不得复制

3．下列各项中，属于税收征收管理法律制度禁止的行为有（　　）。

A．转借发票　　　　　　　　　　B．拆本使用发票

C．扩大发票使用范围　　　　　　D．以其他凭证代替发票使用

4．根据税收征收管理法律制度的规定，下列各项中，属于税款征收方式的有（　　）。

A．查验征收　　　　　　　　　　B．定期定额征收

C．查账征收　　　　　　　　　　D．查定征收

5．根据税收征收管理法律制度的规定，下列关于税务代理委托协议双方当事人的责任表述中，正确的有（　　）。

A．税务代理执业人员应严格按照税务代理委托协议约定的范围和权限开展工作

B．代理项目实施中的责任，应根据协议的约定确定

C．由于委托方未及时提供真实的、完整的、合法的生产经营情况、财务报表及有关纳税资料造成代理工作失误的，由委托方承担责任

D．执业人员违反国家法律、法规进行代理或未按协议约定进行代理，给委托人造成损失的，由执业人员个人承担相应的赔偿责任

三、简答题

某企业财务人员2016年采取虚假的纳税申报手段少缴增值税5万元。2020年6月，税务人员在检查中发现了这一问题，要求追征这笔税款。该企业财务人员认为时间已过3年，超过了税务机关的追征期，不应再缴纳这笔税款。

问：税务机关是否可以追征这笔税款？为什么？

参考文献

[1] 纪金莲. 税法 [M]. 2 版. 北京：高等教育出版社，2019.
[2] 梁伟样. 税法教程 [M]. 6 版. 北京：高等教育出版社，2018.
[3] 陈立，李涛，胡显莉. 税法 [M]. 3 版. 北京：清华大学出版社，2019.
[4] 中国注册会计师协会. 税法 [M]. 北京：中国财政经济出版社，2021.
[5] 财政部会计资格评价中心. 经济法 [M]. 北京：中国财政经济出版社，2021.
[6] 全国税务师职业资格考试教材编写组. 税法：Ⅰ [M]. 北京：中国税务出版社，2020.
[7] 中华会计网校. 税法：应试指南 [M]. 北京：人民出版社，2020.
[8] 马海涛. 中国税制 [M]. 10 版. 北京：中国人民大学出版社，2019.